现代性及其不满

*Modernity
and
Its Discontents*

[美]史蒂文·史密斯 — 著   朱陈拓 — 译

九 州 出 版 社
JIUZHOUPRESS

谨以此书献给苏珊

生命、舞与爱

为你自己塑造一位教导者。这就是说,即使他并不适合当你的教导者,你也要将他作为你自己的教导者,如此你才能想象他正在教授,而这样你才能在学习智慧中取得成功。

——摩西·迈蒙尼德(Moses Maimonides),《密释纳先贤篇评注》(*The Commentary to Mishnah Aboth*)

教育者本人一定是受教育的。
——卡尔·马克思(Karl Marx),《关于费尔巴哈的提纲》(*Theses on Feuerbach*)

目　录

前　言　/ i

第一部分　导　论

第 1 章　现代性问题　003

　　作为永久革命的现代性　/ 007

　　启蒙辩证法　/ 014

　　资产阶级问题　/ 019

　　现代性及其二重身　/ 027

第二部分　现代性

第 2 章　马基雅维利的《曼陀罗》与易变的自我　035

　　历史学家、喜剧作家以及悲剧作家　/ 039

　　卢克莱提娅和卢克莱齐娅　/ 043

　　阴谋　/ 049

马基雅维利,女权主义者? / 057
结论 / 062

第 3 章　勒内·笛卡尔的典范人生　064

为何写作《谈谈方法》? / 069
哲学家的教育 / 072
对认识的变革 / 074
临时的道德准则 / 076
"真正的人" / 082
"主宰和拥有者" / 085
笛卡尔式的宽宏 / 087
结论 / 091

第 4 章　霍布斯是基督徒吗?　095

宗教的自然种子 / 103
自然法 / 108
先知宗教 / 111
黑暗王国 / 117
一位身不由己的基督徒 / 119

第 5 章　斯宾诺莎是什么类型的犹太人?　127

宗教信仰的心理学来源 / 131
斯宾诺莎的宗教批判 / 136
斯宾诺莎的双重标准 / 140
希伯来神权政治 / 144

新耶路撒冷 / 148

斯宾诺莎的交易 / 151

第 6 章　本杰明·富兰克林的美国启蒙　156

教育与启蒙 / 162

宗教改革 / 166

道德改革 / 171

改革的局限 / 175

政治改革 / 177

我们的"快乐平庸" / 184

第 7 章　康德的自由国际主义　187

人权革命 / 190

康德的共和国 / 195

理性的观念 / 201

理性与历史 / 205

康德计划的局限 / 212

第 8 章　黑格尔和"资产阶级-基督教世界"　219

从政治社会到市民社会 / 221

"资产阶级意义上的市民" / 224

"资产阶级-基督教世界" / 229

劳动、道德的自我发展、教育 / 233

市民社会的未来 / 240

结论 / 243

第三部分　我们的不满

第 9 章　卢梭的反启蒙:《致达朗贝尔的信》 247

　　文人共和国 / 250

　　意见帝国 / 258

　　道德和艺术 / 262

　　作为立法者的卢梭 / 268

　　古或今? / 273

第 10 章　托克维尔的美国 279

　　托克维尔的母题 / 281

　　多数人的暴政 / 285

　　集权化的危险 / 291

　　民主专制主义 / 296

　　个人主义和温和专制主义 / 303

　　托克维尔的子嗣 / 308

　　结论 / 314

第 11 章　福楼拜和反资产阶级美学 316

　　浪漫主义的幻觉 / 322

　　启蒙的幻觉 / 326

　　通奸 / 329

　　超越善恶 / 335

　　结论 / 339

第12章　末世的想象：尼采、索雷尔、施米特　344

尼采的挑战　/　348

革命的虚无主义　/　354

悲观主义的哲学　/　363

神话与暴力　/　366

新道德　/　370

索雷尔的遗产　/　374

第13章　以赛亚·伯林：悲剧性的自由主义　381

自由　/　386

一元论与多元论　/　393

反启蒙及其问题　/　401

伯林的自由主义遗产　/　409

第14章　列奥·施特劳斯：论作为生活方式的哲学　417

"原初意义上的怀疑"　/　419

作为探求的哲学　/　424

古典政治哲学的自由主义　/　429

洞穴以及洞穴之下的洞穴　/　434

哲人与城邦　/　439

神学-政治困境　/　445

结论　/　451

第 15 章　兰佩杜萨所著《豹》的政治教诲　453

"我的主角究其根本，就是我" / 455

"内在的生命之形状" / 458

"他迎合潮流，仅此而已" / 463

"新人" / 467

"我们认为我们是神" / 470

"木乃伊般的记忆" / 474

第 16 章　赛姆勒先生的救赎　477

"窝囊废" / 480

"时代" / 484

"分辨，分辨又分辨" / 488

四季之人 / 493

第四部分　结　论

第 17 章　现代性及其二重身　501

出版后记 / 509

前　言

　　现代性是个难题。"现代性"这个词对很多人来说有不同意味。它既是一个过程（现代化）的名称，也是其相关事态的名称。这一术语首先在 16 到 17 世纪那场关于艺术创作正确模式的"古今之争"中流行起来，但后者很快转变为一场从哲学到政治，再到经济现象的辩论。现代性变得与下述事实相关：主权个体成为道德责任的唯一承载者，国家与公民社会相分离并成为不同的权威领域，社会世俗化或至少宗教的公共角色减弱，科学地位上升，以科学形式呈现的理性成为知识的标准，以及政治体制建立于对权利的承认之上，并以后者为其合法性的唯一基础。

　　我愿从现代性出发，把现代性当作某一独特类型的人的立足点，这一类人在古代和中世纪世界完全不为人所知，我称之为**资产阶级**（*bourgeois*）。我知道，"资产阶级"这一术语饱受争议，并且在当前已经失宠，但我仍乐意重新使用这一术语。我并不是在马克思主义的含义上用它来指"生产工具"的拥有者，而是用它来指城市中产阶级的成员，他们认为自身构成了某种与众不同的文化，并且有着与众不同的生活方式和道德特征。构成资产阶级生活方式的特质包括如下几项：欲求着自主性和自我引导，渴望在习惯、风俗和传统的支配之外独立生活，仅当在经过了自己的批判思维考察后才接受相应的道德惯例和道德实践,并且为自己的生活和行动承担最终责任。包括马基雅维利、蒙田、笛卡尔、霍布斯和斯宾诺莎在内的诸多作者将这些特质赋予这类全新的个体,而其他人则还认为慷慨、勇气、高贵、热爱名望和坚持己见等特质共同塑造了此类个体的道德特征。这些性格特征最初出现于早期现代,且独一无二地与西方的宪政民主制相关联。

上述性格特征在美国的生活方式中得到了最充分的认同。我们的建国文献——《独立宣言》和美国宪法——将现代哲学,即关于个人权利、共识政府和人民主权的哲学作为它们的出发点。我们的生活方式事实上迫使我们去问,建立在此种哲学之上的政体是否能够长存。这一致力于保障生命、自由和对幸福的追求的政府形式,毫无疑问是现代性最深刻和最珍贵的成就,而它——或许是有意为之——也留下了许多尚未回答的问题。什么是幸福?它是在追求中获得的呢,还是更多程度地在结果中获得的?幸福是等同于此刻的愉悦,还是存在于对德性或沉思等更高阶目标的体验中?追求幸福的观念是全人类的普遍愿望呢,抑或它仅仅强调了人性的某方面需要,并且可能是人性中极其有限的一面?

俗话说,没有辛劳就没有收获。我们的政体——作为一个致力于追求幸福的政体——被不满所困扰。迄今存在过的最强大最繁荣的社会竟会沉溺于持续的自我怀疑之中,这看起来似乎很奇怪,但正如一位著名的经济学家曾说过的,天下没有免费的午餐。对自主性的追求被它的批评者们刻画为一种形式的"主体性"或残酷侵略性,它被用来控制自然并支配他者;以贸易和商业的名义做出的种种主张被认为是对掠夺性的资本主义和盲目的消费主义的辩护；甚至民主的成就也被认为不过是造就了一片充满市侩和盲从的贫瘠废土。我在本书中发展的论点是，现代性已在其自身中发展出了一套反现代性的修辞，且这套修辞以哲学、文学和政治的形式表现出来。一度几乎被认为是自由和负责任个体的同义词的资产阶级，是如何与低俗的物质主义、道德的怯懦以及庸俗市侩联系在一起的？我想要探索的正是这一辩证法。

任何对现代性的解释都有陷入曲折的迂回以及陷阱中的潜在危险，而基于下述理由，我将从马基雅维利出发开始讨论。马基雅维利宣称自己制服了命运（fortuna），并发现了"新的模式和秩序"，这将我们置于通往进步观念的道路之上，而现代性正是借助进步观念这一主导性修辞来理解自身。将"我们"定义为现代人，进而与作为前现代人的"他们"相区别的，主要就是这个进步的观念。古代的政治哲学家和历史学家——希罗多德、修昔底德、柏拉图、波利比乌斯——都认为历史是政体更迭的无尽循环，其变化遵循着某种或多或少永恒的秩序。对他们而言，历史就是对同一副纸牌的不断重洗。现代性始于我们能够打破这一盛衰兴废的无尽模式的大胆观念，并且这种打破并非通过神圣或超自然的插手而达成，而是通过我们的一己之力而实现的。马基雅维利和那些选择追随他的人视政治为一件技艺作品，是对人类自发性和创造性的一种证明。

进步观念的经典表述是由启蒙运动的思想家——笛卡尔、霍布斯、斯宾诺莎、康德以及其他人——所给出的，他们在进步的观念中看到了解放以史无前例的形式展开的希望。进步的观念运用于心灵生活，以实现确定性并挣脱种种怀疑与绝望；运用于社会生活，通过摒除或消灭无知与迷信的大众形式来实现稳定、平衡和繁荣的市民秩序；最终运用于历史，将其整体看作人类的上升过程，最终将形成物质富足与在国际法体系监督下国家间和平共处的乌托邦图景。此处虑及的现代性绝非铁板一块。说成诸现代性（modernities）或许更为准确。它囊括了一切，从珍视宽容、商贸和发现自我的自由主义现代性，到更加雄心勃勃的计划，即对理性完美主义的大型社会工程的实现，以及由民族国家到世界联盟，甚至到世界国家的转变。

现代性不久后便遇见了其二重身（doppelgänger）。现代性将化身为它的反面，后者有时被称为反启蒙。启蒙运动自夸已创造了一个"品位的年代"，这在开始出现于18世纪中叶的批评者看来是一个虚伪、浅薄且表里不一的世界。自卢梭开始，公民社会的批评者日益发现这一全新文明——资产阶级文明——沉闷、肤浅和墨守成规得令人难以忍受。这一涓涓细流很快成为一阵浪潮。在美国革命和法国大革命中诞生的中产阶级民主国家成为诸多概念的家园，从马克思不受束缚的"商品拜物教"世界，到尼采的"末人"，到韦伯的"理性化世界"，再到海德格尔无名的常人（das Man）。那被现代性的创立者们视为进步和启蒙之家园的，在其批评者们看来则是一片文化贫困、道德与精神衰落的贫瘠景象。现代性已然引出了一套反现代性的完整话语。

但正如现代性并非铁板一块一样，反现代性亦是如此。现代性最好的批评者——我们从他们身上获益最多——并非那些进行了某种"否定辩证法"的人，而是那些如阿历克西·德·托克维尔（Alexis de Tocqueville）一样的人，他们接受近代民主制的现实，并希望用先前的道德、政治和宗教传统使其更深刻；又如以赛亚·伯林（Isaiah Berlin），用源自反启蒙的浪漫主义中的多元主义和差异性来滋养启蒙理性主义的一元论;又如列奥·施特劳斯(Leo Strauss),通过充满激情和有选择地采纳古典遗产的某些主题丰富了我们对现代性的理解。这些思想家们都意识到,现代性作为启蒙运动的原则——要求平等,追求自主,以及不停地追寻幸福——如果想要保持活力,就需要来自自身之外的给养。只有受教育的中产阶级——黑格尔称其为受过教育的市民阶层(Bildungsbürgertum)——才能够在其毁灭自我的内在倾向下保存现代性。

本书主要分为两个部分。第一部分"现代性",主要涉及早期现代性的某些经典主题和文本,由马基雅维利对于个人主义全新的"易变"形态的讨论开始,到霍布斯和斯宾诺莎对社会世俗化的论述,笛卡尔和富兰克林对近代自我观念的塑造,康德对人的权利的全球化的论述,以及黑格尔对市民社会和自由"主体性"文化的论述。第二部分"我们的不满",涉及现代性计划的某些伟大批评者,从卢梭对精致文化和艺术的批判开始,到托克维尔对民主专制全新形式的解释,福楼拜对近代资产阶级世界的激情抨击,尼采对进步观念的微妙颠覆,以及这种颠覆随后对乔治·索雷尔(Georges Sorel)、格奥尔格·卢卡奇(Georg Lukács)、马丁·海德格尔和卡尔·施米特等人所描绘的末世视域的影响。随后的章节将处理以赛亚·伯林和列奥·施特劳斯,他们都深刻地重审了现代性的轨迹。随后,我将考察现代性在文学领域中的两个杰出代表:朱塞佩·迪·兰佩杜萨(Giuseppe di Lampedusa)的《豹》(*The Leopard*)通过以其贵族祖辈的视角对意大利统一和旧秩序终结的沉思表达了对近代民主世界的斯多亚式反思;索尔·贝娄(Saul Bellow)的《赛姆勒先生的行星》(*Mr. Sammler's Planet*)通过刻画一位大屠杀幸存者在纽约的生活审视了当代美国。贝娄此书通常被视为对新左派和20世纪60年代性解放的充满愤怒和不满的攻击，这部分属实，但我认为，它同样呼吁让我们拥抱我们所栖居的共同世界。

很明显，本书标题来自弗洛伊德的《文明及其不满》（*Civilization and Its Discontents*）。但二者的相似之处仅限于此。弗洛伊德认为，文明基于我们压抑或升华本能欲望的能力。这就将我们描述成一种病态和神经质的动物。我无意提供一个如此宽泛的解释。我们不满的根源要更为宽泛和多元，远非精神病学的单一解释能够涵盖。可以肯定的是，每个成功的社会都要求其中的个体暂缓享乐的欲望，并对什么有益于他们个人及集体的福祉采取更长远的目光；但对于那些认为应该将柏拉图、康德、简·奥斯汀和索尔·贝娄作为压抑本能的研究案例的人来说，相信什么都有可能。我并不认为，现代的男性女性较之他们过去的同类必然更不适应环境或更无能。我们只是更加直言不讳地表达我们的愤懑。这种对自身的不满本身就是身为现代人之意义的一部分。我们是，或者至少正在成为，我们不满的总和。

鸣谢

就像莫里哀笔下的茹尔丹先生在四十岁时突然发现他终其一生都在用散文说话一样，我也直到最近才意识到，自己一直都在围绕现代性思考，但并没有真正地认识它。什么是现代，它与先前的事物有何不同，以及它对未来有何影响——在我充分意识到这些问题的存在之前，它们已伴随了我很久。

《现代性及其不满》的主题基于如下信念，对现代性的批判至少与我们对近代西方的人性及文明工程所抱有的信仰一样是必不可少的。我所谓的现代性在宽泛意义上指这样一套政体，它将科学以及理性的科学模式置于首要地位，将市场作为商品和服务的决定性分配者，将代议民主制作为政治统治的最先进形式，以及突出地将个人作为道德和政治的最高权威。此类观念和制度会因各种原因出现问题几乎无须赘述。现代性为何以及是如何成为其自身的一个问题的——以及应该对其做些什么——这是本书的主题。

每一本书都是爱的劳作，这本书也不例外。所有成就最终都得益于朋友们的奉献。我的同事和学生们听过本书表达的论点后，以书面或口头的方式表达了他们的支持或反对意见，对此我亏欠良多。他们是我在耶鲁政治学系尊敬的同事布赖恩·加尔斯腾（Bryan Garsten）、考茹娜·曼特娜（Karuna Mantena）和埃莱娜·兰德摩尔（Hélène Landemore）。我的朋友霍华德·布洛克（Howard Bloch）、朱塞佩·马佐塔（Giuseppe Mazzotta）、大卫·布罗米奇（David Bromwich）和安东尼·克龙曼（Anthony Kronman）都曾担当过优秀的对话者并在有些情况下担任良师。我同样想向那些多年来使我获益良多的朋友们致谢，他们是（无特定顺序）：内森·塔科夫（Nathan Tarcov）、迈克尔·莫舍（Michale Mosher）、奥雷利安·克拉尤图（Aurelian Craiutu）、兰·哈列维（Ran Halévi）以及乔舒亚·彻尼斯（Joshua Cherniss）。我特别感谢阿米·加伊什（Amy Gais）通读书稿并提出有益建议。至于这本书所题献的人，我从她那儿收获最多。

某些章节先前已在其他地方刊登，版本与此处的略有不同。它们是："An Exemplary Life: The Case of René Descartes," *Review of Metaphysics* 57，no. 3 (2004)；"The Political Teaching of Lampedusa's *The Leopard*," *Yale Review* 98，no. 3 (2010)；以及 "Mr. Sammler's Redemption," *Yale Review* 99，no. 2 (2011)。

第一部分

导　论

第 1 章

现代性问题

> 我的上帝！这是个什么世界啊。[①]
>
> ——森-马尔斯侯爵遗言

现代性是一个独特的现代观念。不然它还能是什么呢？"现代性"这一术语似乎提出了这样一个问题：较之何者谓之现代？很明显，是先前的事物。生活在公元前 5 世纪的人不会认为自己是"古代人"，生活在 10 世纪的人也不会认为自己是"中世纪人"，然而今天的我们都认为自己是现代人——或是后现代人——无论男女。如果像"现代"和"现代性"这样的术语有任何含义的话，它们一定是区分性的术语。更进一步说，古代人与现代人的区分不可避免地与现代世界的合法性问题相联系。现代性的合法性在于何处？这或许看上去是个悖论，甚至就连提出现代性的合法性问题也是徒劳无益的。我们栖身于现代性，正如鱼游于水中。它正是我们赖以生存和行动的环境。然而，这并不完全是问题之所在。

[①] 引自 Alfred de Vigny, *Cinq-Mars: Or, A Conspiracy under Louis XIII*, trans. William Hazlitt (London: David Bogue, 1847), 341。

古代人与现代人的区分并非仅仅是一个时间视域的问题。现代性是一种精神状况。当然，已有种种努力试图确立现代性的起源或以某种方式追溯现代性的发端。有些学者将其追溯到 15 世纪对新大陆的探索和发现，其他学者则将其追溯到由哈维、伽利略和牛顿所引发的科学革命，还有些学者将其追溯到笛卡尔、霍布斯和斯宾诺莎所主导的哲学创新，因为他们为知识寻求新的理性基础。① 现代性已然同那场灾难性宗教战争的结束相关联，那场战争贯穿 16 世纪、涂炭欧洲，并产生了关于世俗主义和宽容的近代理论。② 现代性也被等同于 1689 年、1776 年和 1789 年的社会与政治革命，在这些革命中首次出现了平等和人权的语言。③ 有些人将现代性等同于艺术和美学领域的新发展，这些发展同以普鲁斯特、乔伊斯和詹姆斯等作家为代表的现代主义鼎盛时期相联系。弗吉尼亚·伍尔芙（Virginia Woolf）曾令人难忘地宣称，人性本身在"1910 年 12 月前后"发生了改变。④

现代性的问题不仅事关其起源，还涉及其意义。现代性是一个融贯的观念吗？按照一种盛行的说法，我们着实已经对现代性丧失了信心。现代性或"现代计划"立足于某个对普遍性的宣称之上，即它在科学、政治和法律领域的成就能够作为人性的范本。现代性对于人性和文明开化的计划的信心体现在诸如法国的《人权宣言》和联合国的《世界人权宣言》一类的文

---

① Richard Rorty, *Philosophy and the Mirror of Nature* (Princeton: Princeton University Press, 1979).
② John Rawls, *Political Liberalism* (New York: Columbia University Press, 1996), xvii.
③ 见 Robert Palmer, *The Age of the Democratic Revolution: A Political History of Europe and America, 1760–1800* (Princeton: Princeton University Press, 1959, 1964); 又见 Steven Pincus, *1688: The First Modern Revolution* (New Haven: Yale University Press, 2009)。
④ Robert Pippin, *Modernity as a Philosophical Problem: On the Dissatisfactions of European High Culture* (Oxford: Blackwell, 1991), 29.

献中。这些文件借以述说自身的术语暗示了一种普世社会，这一社会基于平等的人权之上，且由国家所组成的联盟构成，致力于保障其公民的健康、安全和繁荣。然而，现下的主流意见对此类目标已日益失去信心。这在某种程度上是由马克思主义和后殖民主义的遗产所导致的，它们将这一使命视作西方帝国主义的一种遮遮掩掩的形式（又或者也许并不那么遮掩），后者试图将自身的生活方式强加于发展中国家的世界。信心的丧失同样被归咎于历史主义和相对主义的影响，它们将此类关于普遍主义的断言都视为特殊主义的一种伪装形式。现代性不过是一个如今已显露疲态的历史结构罢了。按照这种说法，现代性正处在被另一种新的历史时代所取代的风口浪尖，这一历史时代通常被称为后现代，但它究竟会是什么样，并无定论。

现代性不再是一个庆祝的原因，而成了一个怀疑的理由。它将我们对自身感觉到的问题记录在案。我们对西方基本善意的信仰受到了一系列兴起的对立意识形态的挑战——共产主义，法西斯主义，以及更近的政治伊斯兰或"伊斯兰主义"——所有这些都试图回应位于现代性核心的道德和灵魂上的空虚。根据它们的解释，现代自由民主制是一种致力于满足我们世俗欲望的政体。它那十足的物质主义成为焦虑的原因。这尤其意味着终极关怀的价值被搁置或被"私人化"。用约翰·罗尔斯（John Rawls）及其学派的话来说，自由主义必须对整全性的道德学说——那些事关良好生活、什么使生活更值得一过以及诸如此类的学说——保持中立，因为这些学说内在地富有争议，并因而处于合于理性的公民所能达成的共识之外。其结果则是，现代民主制被指责无力回答，甚至于无法提出关于生活的最根本问题。正是现代民主制的物质主义和技术主义再次成了问题之所在。

在罗尔斯主义所构想的世界中,理性公民将其最为珍视的道德观念置于一旁,以达成政治上的权宜之计(modus vivendi)——即罗尔斯所谓"重叠共识"(overlapping consensus)——这样一个世界与有关"历史终结"的主张高度一致,这一主张认为,发达国家之间爆发战争的危险已荡然无存。历史终结这一论题从未真正地与历史有关,而是与政治秩序的正当性有关。它基于对黑格尔主义信念的某种复兴,这一信念认为,自由民主秩序代表了政治正当性的最终形式,它能够提供一种彻底令人满意和完全开化的生活方式。民主制被认为是代表了政治发展的最高形式,而其他所有政体都会或快或慢地向其演化。当西方方兴未艾的市场民主制看起来完全压制了其意识形态上的竞争者时,这一学说便开始显露。

随着冷战结束,我们进入了一个民主和平的时期,民族关系的紧张将会消泯,而国家之间的冲突能够用"软实力"解决,这一乌托邦式的信念在2001年9月11日的清晨迎来了一个令人震惊的终结。我们发现自己再次陷入了由流血与冲突所支配的历史领域之中。为确保永久和平而设想的全球公民社会的可望愿景,如今已搁浅在远比预想得更顽强的政治现实沙滩之中。在俄罗斯与中东地区复苏的国家主义和民族部落主义(ethnic tribalism)已然嘲弄了那我们都已成为——或正在成为——自由民主人士的主张。又一次,我们发现自己处于由流血与冲突所支配的历史领域之中。现代性开始显得不再像它通常被认为的那样"现代"。

这类问题迫使我们回到现代性的起点,以便看清问题的症结所在。现代性的诞生不祥地始于一场文学辩论,这一辩论在英格兰被称为"书籍之战"（the battle of the books），在法国被称为"古今之争"（querelle des anciens et des modernes）。这起初是一场关于近代作家是否应继续受自亚里士多德时代起确立的美学和文学创作规则束缚的论战。我们是否只是站在巨人肩膀上的侏儒，或者近代作家能够创作出属于他们自己的作品，其能够与古典世界最伟大的作品相抗衡甚至超越它们？这一论争如今看来似乎有点荒诞。争论莎士比亚优于或劣于荷马、或是弥尔顿优于或劣于埃斯库罗斯的意义何在？但是，起初的文学论争很快就散播到了宗教、科学、道德、经济以及政治等广泛的领域。最激进的现代主义者之一——弗朗西斯·培根（Francis Bacon）曾调侃称，我们所称的古代人其实一点也不古老。他们处于人类的童年时期。我们这些现代人才是真正的古人，因为我们已经拥有更长久的历史和更丰富的经验来供我们吸纳。[1]知识随时代而进步，而为人类知识的整体做出了更多贡献的，正是作为后来者的我们。位于这场论战核心的是这样一个信念：现代性的特征是不断的变化、知识的不断革命，人的生活在这些革命之后将会比之前更好，并且在未来还将不断改善。

作为永久革命的现代性

第一位系统和完整地介入这一论争的作者是一位佛罗伦萨

---

[1] Francis Bacon, *The New Organon*, in *Selected Philosophical Works*, ed. Rose-Mary Sargent (Indianapolis: Hackett, 1999), sec. 72: "回溯至千年以上，他们就没有配称为历史的历史……在我们的时代，新世界的许多部分以及旧世界的各方的界线都是已经知道的了，我们的经验库藏也增加到无限的数量。"［译按］中译文见：培根，《新工具》，许宝骙译，北京：商务印书馆，1986 年，第 49—50 页。

人，尼科洛·马基雅维利（Niccolò Machiavelli）。在《君主论》（*The Prince*）的第十五章，马基雅维利呈上战书，并直率地宣布自己站在现代人这一边。"我的观点与别人的不同，"马基雅维利自信地断言道，"可是，因为我的目的是写一些东西，即对于那些通晓它的人是有用的东西，我觉得最好论述一下事物在实际上的真实情况，而不是论述对事物的想象。许多人曾经幻想那些从来没有人见过或者知道在现实中存在过的共和国和君主国。可是人们实际上怎样生活同人们应当怎样生活，其距离是如此之大，以至一个人要是为了应该怎样办而把实际上是怎么回事置诸脑后，那么他不但不能保存自己，反而会导致自我毁灭。"[1]

马基雅维利此处的主张是将政治置于一个新的——一个现代的——基础之上，为政治赋予其先前所未有过的现实主义，将政治从想象的幻象中解放出来，并为其提供一个不同的、并且某种程度上"更低"的人性概念，这一概念更符合实际的人类行为。在马基雅维利的叙事中，古代人是空想者和梦想家，他们相信有一个秩序井然的宇宙，并试图弄清人类在其中的确切位置，而知识的要务则是让自然服务于我们的目的。他把自己引荐为新真理——*alla verità effettuale della cosa*（关于事物的有效真理）——的孕育者，这类真理不关注事物应该是什么，而关注事物实际上是什么。重要的是关于"是什么"的知识，而非关于"应该是什么"的知识。与马基雅维利的现实主义相联系的是，他通常被看作新政治"科学"之鼻祖。所谓科

---

[1] Niccolò Machiavelli, *The Prince*, trans. Harvey C. Mansfield (Chicago: University of Chicago Press, 1998), chap. 15, p. 61.［译按］中译文见：马基雅维利，《君主论》，潘汉典译，北京：商务印书馆，1985年，第73页。

学,指的是对诸事实及其关系的因果分析,它不再被理解为是对亚里士多德式的目的因的研究,而是对动力因或手段的研究。它基于一种对经验主义的青睐之上,即一种归纳精神,将自身限制于能够直接被看见、观察、测量和量化的事物。马基雅维利式的新政治科学将会是一门关于权力的科学。

作为一位现代性的先知,马基雅维利并不那么现代。他的语言仍充满了关于预言、奴役、解放和未来救赎的圣经指涉。和摩西一样,他指出了前往应许之地的道路,即便他从未完全到达过那里。他大胆地自比克里斯托弗·哥伦布,后者发现了新大陆,即便他并不完全清楚他所发现的是什么。马基雅维利引入了一个有助于现代人理解其自身与古代人之间关系的新比喻,也就是进步。按照这种说法,古代人极大地受制于自然或**命运**(*fortuna*)。马基雅维利告诉我们,罗马的建立是由于撞了大运——大大的好运。但借由正确科学的武装或者对自然和历史有了正确理解后,我们就能将自己从对命运的依赖中解放出来。成为现代人意味着我们能将事态掌握在自己手中,能够通过我们赤手空拳的努力取得成功,而在过去,成功与否受托于希望、祈祷,甚至是历史的无尽轮回。这并不是说,古代的人们不能想象一个比他们所寓居的世界更为美好的世界,而是说他们只是不知道该如何去实现它。有史以来第一次,我们能够自由并自觉地去做古代人指望机运去达成的事情。通过遵循精心的行动计划,我们能够通过"反思和抉择"——用亚历山大·汉密尔顿(Alexander Hamilton)贴切的措辞——实现那过去往往是"偶然和外力"之结果的事情。[①]

[①] Alexander Hamilton, James Madison, and John Jay, *The Federalist Papers*, ed. Jacob E. Cooke (Middletown, CT: Wesleyan University Press, 1961), No. 1, p. 3.

对于那些赞成这一事业的人而言，现代性被视为进步的同义词。进步——或如今所谓进步主义——表明了某种对变化的态度。诚然，古代作者也理解变化的重要性，但他们往往将其视为腐朽或衰败的同义词。历史是周期性地在自由和暴政、文明与野蛮之间的摇摆。间歇的和平与自由当然是可能的，但并没有理由相信它们将永远存续。另一方面，进步主义者相信，变化总体而言会朝更好的方向发生。进步意味着认为现在较之于过去、未来较之于现在更好。旧的理论和学说被列为现在的"前辈"和"先驱"，并由此被评估为对未来进步的贡献或阻碍。16—17世纪的科学革命为进步的信念提供了最为切实的证据。有史以来第一次，科学被认为是一项累积性的事业，是原则上无限的知识缓慢而持续的堆积。我们无从知晓科学进步将引向何处。我们只能说，因为所有知识都是暂时性的，并都会受到未来的修正，所以科学能够无限进步；而正因为科学所取得的进步超越了先前时代所能想象的任何事物，所以有理由相信，人类的境况或许能够无限改进。科学就这样成了能够适用于每种人类努力的标准。我们正在进入一个新时代——启蒙时代——这一时代不仅将自然的权威，而且将社会、政治和宗教的一切权威置于理性和实验的绝对控制之下。

当然，没有人幻想进步的事业会是畅通无阻的。凌驾于进步信念之上，并与之相对立的是神学政治的复杂整体，其具体体现为教会作为地上之人的组织者所承担的角色。数个世纪以来，上帝以及教会中上帝的世俗解释者们的话语一直是毋庸置疑的权威来源。如果教会和世俗权威产生冲突，人们应当追随何者？要进步便意味着要反对"黑暗王国"（the kingdom of darkness）：如托马斯·霍布斯在《利维坦》的最后一部分所称呼的,这一称呼是他对教士权力的简称,尤其指的是罗马天主教和长老会教士的权力。教士权术贯穿了整个神学政治体系,在这一体系中宗教领袖用他们的权力来谋求自身利益,而这些利益对良好的政府和真正的信仰都造成了损害。在霍布斯和斯宾诺莎等早期启蒙运动中的批评者看来,正是教团的独立性——它主张自己是意见之最终裁定者——引发了内战,并造成了(宗教)审判政治刻意的残酷性。

对教会政治的批判是16—17世纪民族国家出现的前提。由霍布斯首先发展成为近代政治基石的主权概念,诞生于对圣经政治的激烈批判之中。对宗教的批判绝非仅仅是历史的旁白,它同时也(正如我们将在本书后文中看到的)是现代国家的基本前提,后者被构想为一种至高无上和自主的政治形式。正是基于启示的假定事实,祭司及其代理人才宣称他们有统治的资格。对圣经启示的信仰势必对民族国家提出严峻的挑战,后者声称自己对其内部事务有着绝对的主权。对于霍布斯、博丹(Bodin)、斯宾诺莎和洛克来说,为了不再陷入神学政治的窠臼,一套全新的政治学是必须的。他们的政治学将某种形式的世俗政治学,将神学居于政治的控制之下,或者用《威斯特伐利亚条约》(Treaty of Westphalia)中的著名说法,"**谁的领土,谁的宗教**"(*cuius regio, eius religio*);此后,各国的首脑就有权决定国家的宗教信仰了。就其是自身事务的掌控者而言,这些国家是主权国家;他们终结了对普世教会的设计,并在一个新的国际体系中理应得到其他国家的尊重。

与主权国家的出现相关联的是主权个体的出现。男人们或女人们不再被认为是捆绑于某个家庭、城邦、行会、财产或宗教团体;他们被认为是"天然地"自由和平等的个体,能够自由地就任何看起来是理性的社会或政治安排达成共识。自此，个人摆脱了所有传统的束缚，成为道德和政治权威的共同核心。因此便出现了"自我"这一易变的全新概念，这一概念由意愿与选择能力、自由的能动性和独立意识构成，而独立意识指的是我们意识到自己不再依赖于上帝而是能依靠自身去实现自己的独特人格。这一全新的个人观念是从神圣的目的之中、或从有序宇宙中的特定位置中切割出来的，它对许多人而言似乎有着可怕的前景，但对皮科·德拉·米兰多拉（Pico della Mirandello）、塞万提斯、蒙田、帕斯卡、沙朗和霍布斯而言，它似乎是某种有无量价值的事物。

笛卡尔通常被正确地解读为现代哲学的创立者，他提出了其后所有哲学家都必须争论的问题。这当然正确，但这忽视了如下事实，即笛卡尔同样在一场漫长的发现之旅中发展起了自我的现代概念。笛卡尔的 *cogito ergo sum*——我思故我在——用哲学为这一全新的个人主义发声。在笛卡尔对普遍怀疑和方法原则的著名讨论之下，是一个关于自我教育的故事，在这一故事中笛卡尔拒斥前辈的著作和研究，于1619年11月10日起离群索居，在那间著名的有炉子取暖的房间内独自一人沉思长达三日，决定果断行事，在经历了游历和冒险后最终定居阿姆斯特丹，在那里他可以不受身边事物的侵扰追求自己的哲学。笛卡尔的故事就是**典型**的在现代有关自我发现的经典作品中屡次讲述过的现代故事，这些经典作品包括丹尼尔·笛福（Daniel Defoe）的《鲁滨逊漂流记》，约翰·班扬（John Bunyan）的《天路历程》（*Pilgrim's Progress*）以及本杰明·富兰克林的《自传》——他在其中兴奋昂扬地叙述自己如何成了白手起家者的原型。

然而，启蒙运动及其后继者的中心主张在于，相信知识——尤其是科学知识——的增长必将带来更好的社会状况。启蒙运动是一项教育计划。在狄德罗和达朗贝尔指导下出版的法语巨著《百科全书》(*Encyclopédie*)便是如下观点的晴雨表：科学进展到何处，道德和政治便必然随之发展到何种程度。现代是一个前所未有的自由时代。要叫停或扭转知识的增长，就意味着要叫停人类自由的进步。知识的进步不仅意味着从宗教偏见和宗教迷信中得到解放，而且意味着从那统治了欧洲政治数世纪之久的王权和祭坛下得到解放。因为科技进步的最优条件要求民族间的交流，或至少是来自不同国家的科学家和研究者间的交流，所以对"开放社会"的偏好出现了，这一社会不仅崇尚商业和交换的自由，而且更看重信仰和意见自由。那些不仅宽容、而且事实上鼓励最大限度思想自由的社会，是最有可能在进步的新时代去互相分享的社会。

早期现代的伟大革命均以平等和人权这些进步理想的名义而进行。这些理想在某些政体中得到表现，这些政体致力于生命、自由、财产和对幸福的追求等经典的现代原则。美国是首个真正意义上的现代国家，也就是说，它是首个自觉地建立于现代哲学原则之上的国家。《独立宣言》、美国宪法以及林肯的葛底斯堡演说（Gettysburg Address）表述了那些据称放之四海而皆准的普遍原则。正是在美国，早期现代性的那些学说首次得以落实。现代哲学的创立者们根据人类历史将近代政治解释为人类由自然状态上升至市民社会的漫长斗争。这是一个充满恐惧与焦虑、贫穷与无知的原始状态如何被一个合法保障人身和财产的社会契约所取代的叙事。所谓市民社会，指的是一类以财产、科学和商业为支柱的特定文明。正是由自然社会向市民社会的转型，构成了伟大的启蒙运动的历史理论的基础，这些理论由洛克、康德和孔多塞（Condorcet）给出了相应表述。

进步这一理念与近代世界的伟大革命运动密切相关。革命（revolution）一词最初指的是循环，指的是自然主义意义上的回到固定的起源。波利比乌斯用**轮转**（*anacyclosis*）这一词语来指一个国家被周期性地推翻以及它重返本原的过程。古代意义上的革命观念就其意指返回本原这一点而言是保守的，且革命（*revolutio*）一词以"re"为前缀也同样暗示了这点。现代性与此不同之处在于，它主张革命是一个全新的出发点。革命成了人类进步名副其实的引擎，而这一进步不存在回头路。革命本身不再被视为是对可敬古老传统的反叛，甚至不再被视为对高尚开端的恢复，而是被认为是对一个更美好未来的预示。历史的进步也许如康德和孔多塞所理解的那样，是一个线性发展的过程，或是如黑格尔和马克思所想象的那样，是通过辩证的运动达成的，但无论如何历史进程那不可阻挡的向前运动趋势都不会改变。革命不再被视为时间长河内孤立的事件，而是被视为一系列驱使历史无情前进，甚至罔顾政治行动者的意图的加速过程。而这距离将世界历史的整体视为一个永恒革命的舞台仅有一步之遥。

启蒙辩证法

古代人与现代人之间的区别经常被形容为一场争论。然而这一术语却有时代错置的危险。争论往往指一场辩论或一场对话。当争论的一方甚至都不在场时，争论又该如何开展呢？更确切地说，现代性这一概念暗含了同历史传统，以及同先前的思维和实践模式的决裂。这自然引发了许多问题。是什么证明有这一断裂，又是什么赋予其合法性？过去存在何种问题，使得与过去的这场决裂如此必要？而这一决裂是否真的在观念上是可能的？有一种观念认为，现代性代表了某种崭新的开端，而在这一开端之处，旧事物被新事物所取代，这一观念从认识论上看幼稚不堪。现代性的创立者们难道不是在继续沿用他们前辈的语言来说话和写作吗？即使不自知，但也不因此延续了原先通行的含义和用法吗？类似地，历史学家们已经表明，近代的某些概念和范畴本身即基于早期基督教的理想之上。例如，革命和人类进步这两个现代习语便被认为是新开端和时代终结的末世论愿景这两个神学概念的"世俗化"。从许多方面来说，我们也许并不像我们所想的那样现代。如果这些反驳有分量，那么现代性计划的合法性便值得怀疑。[1]

就现代性的合法性展开辩论的尝试被冠以许多不同的名称，不过出于择优考量，我更愿意称其为反启蒙。"反启蒙"虽不是以赛亚·伯林（Isaiah Berlin）造的词，却与他的名字广泛联系在一起。[2] 伯林将这一术语用作与对启蒙运动的浪漫主义反动相差不远的同义词。他认为，启蒙运动与一种过度的还原主义以及人性一元论联姻，认为人的行为在时空层面上基本同一，并

---

[1] 关于现代性作为宗教概念的"世俗化"，见 Karl Löwith, *Meaning in History* (Chicago: University of Chicago Press, 1949); 关于重申现代经验之新颖性的尝试，见 Hans Blumenberg, *The Legitimacy of the Modern Age*, trans. Robert M. Wallace (Cambridge, MA: MIT Press, 1983)。

[2] 见 Isaiah Berlin, "The Counter-Enlightenment", in *Against the Current: Essays in the History of Ideas*, ed. Henry Hardy (New York: Penguin Press, 1982), 1-24; 关于该术语的谱系学，见 Robert Wokler, "Isaiah Berlin's Enlightenment and Counter-Enlightenment", in *Isaiah Berlin's Counter-Enlightenment*, ed. Joseph Mali and Robert Wokler (Philadelphia: American Philosophical Society, 2003), 13-31。

因此受制于放之四海而皆准的普遍解释法则。时至今日,这依旧是社会科学的官方观点,这一观点认为,人性不以时间为转移,仅仅对一个或有限的几个变量做出回应。与之相反,反启蒙则坚持不同民族文化的多样性,相信文化要么作为有机体根据自身的内在原则而发展,要么是孟德斯鸠所说的"民族的一般精神"塑造了其独特的法律、风俗和制度。与其说反启蒙发现,不如说其重新发现了民族性格的重要性,这一观点认为斯巴达人和雅典人,希腊人和波斯人,德意志人和意大利人按照对世界的不同理解而行动,并且这些不同的理解不能被还原到关于行为的统一法则上。事实上,存在着一种多元主义或文化多样性,根据这种多元主义或文化多样性,不仅我们的某些次要特性,而且我们人之为人的基本特征——我们的心性、灵魂和心智——都不可避免地为历史和我们栖于其间的社会生活的复杂纹路所塑造。反启蒙与这一全新"历史意识"的兴起密不可分。

我不想在此就伯林对"反启蒙"这一术语的使用多加辩驳——我将在之后就其展开论述——而毋宁以一种更宽泛的方式用这一术语来描述一种返回式的运动,其导致了对现代性这一观念自身的重新思考和深化。我的思考如下。现代性的每次运动都会发展出一套完整的对立叙事。现代性与我们制度的世俗化相关,这一观念引发了对理性化和世界"祛魅"的恐惧;市场经济和商业共和国的兴起反过来让位于在政治、文学、艺术和哲学领域得到表达的反资产阶级心态;从作为个体性和自由主体性之所在的现代性观念中产生了对于无家可归、失范和异化的关注;民主制的成就伴随着对从众主义、独立性的丧失和"孤独人群"的诞生的恐惧;甚至进步这一观念本身也生出了与衰退、堕落和萧条的角色有关的对立命题。这些并非完全是反现代的概念,因为它们是现代性自身结构的一部分。现代性已经与我们对其感受到的疑虑密不可分。在现代性及其批判间的循环往复似乎验证了德国的马克斯·霍克海默和西奥多·阿多诺这两位批评者的说法,也就是他们所称的"启蒙辩证法"。①

这一说法意味深长。现代性永远无法让自身完全免遭批判性质询,正是这一过程创造了现代性。那曾用来反对过去的批判精神转而反对现代性自身,造就其自身对现在的不满情绪,这只是一个时间问题。现代性携带的对其自身计划的质疑和疑惑与驱使它考察其在古典时代和中世纪先辈的行动同源。实际上我想说的是,成为现代人便意味着要表现出不确定性和病态的一系列症状:从洛克的"不安"(uneasiness)、卢梭的"自尊心"(amour-propre)、黑格尔的"哀怨意识"(unhappy consciousness)和克尔凯郭尔(Kierkegaard)的"忧惧"(anxiety),到托克维尔的"焦虑"(*inquiétude*)、马克思的"异化"(alienation)以及韦伯的"祛魅"(disenchantment)。这类怀疑态度甚至让某些人追问现代性的根基,并追问其所宣称的胜利是否为时尚早。现代性的观念让位于对历史的终结、"末人"的出现,以及后现代的兴起等一系列相关现象的恐惧。尽管着实有些言过其实,但有些观点认为,启蒙运动的主要受益者是 20 世纪的"极权主义民主制",其宏大的社会工程计划据称得到了人性的可塑性和社会的重铸这两个启蒙运动观念的启发。②

---

① Max Horkheimer and Theodor Adorno, *Dialectic of Enlightenment*, trans. John Cummings (New York: Seabury Press, 1972).
② Jacob Talmon, *The Origins of Totalitarian Democracy* (New York: Norton, 1970).

黑格尔和马克思的这一观点显然正确：每个论题都包含着其自身的反题。而每次启蒙运动也都产生了与之对应的反启蒙。这并不是说反启蒙只是一种反动。当然，曾经有，也一直会有反动者认为有可能将历史的时钟倒拨，恢复业已失去的有荣光的世界。可这并非反启蒙的运动中最为深谋远虑的代言人的目的。他们的目的并非恢复业已失去的世界，而是创造一个更加一往无前的新世界。发端于18世纪后25年的德国，反启蒙开始重新确认国家或民族的观念，将其看作某种较之于世界主义更高等、更高贵并且更值得尊重的事物。个别的事物被认为比普遍的事物更伟大，因为根据某种洞见，即道德完善只有在小型社会团体中才有可能，人们则由信任、友谊和公民自豪感的纽带所联结。我所称的这种反向运动已然以多种形式出现，从赫尔德和柏克（Burke）的人道和自由多元主义，到小说家和诗人的浪漫主义审美反动——他们认为资产阶级社会完全沉浸于与物质有关的事务之中，而对美好和人的高贵之处视而不见——再到无政府主义者和革命派往往十分暴力且锡利亚主义的拒绝，他们视现代性为一种"总体化的"或同质性的文化，无法容忍真正的个人主义、差异和特殊性。此类虚无主义的拒绝包括约瑟夫·德·迈斯特（Joseph de Maistre）对反革命的呼吁，来自德国、俄国和当代中东部分地区的民族主义和集体主义呼吁——要求坚持自己真正的本土文化以反对他们视为人造的毁灭灵魂的西方物质主义。

反启蒙通常表现为有关衰亡的末日叙事的形式。从马克斯·诺尔道（Max Nordau）的《堕落》（*Degeneration*），乔治·索雷尔（Georges Sorel）的《进步的幻象》（*Illusions of Progress*），以及奥斯瓦尔德·斯宾格勒（Oswald Spengler）的——可能是错误的译名——《西方的没落》(Decline of the West),到阿拉斯代尔·麦金太尔的《追寻美德》和弗朗西斯·福山(Francis Fukuyama)的《历史的终结与最后的人》(The End of History and the Last Man)——这类作品都通过使进步观念反对其自身来宣称启蒙已经结束。他们并不将进步视为主要对人类历史由野蛮到文明的叙事,而是将其视为某种历史意识——某种世界观(weltanschauung)——之一,而它必然迎来自然的和不可避免的终结。如今此类关于衰落的叙事只增不减,即使它们看起来更加地社会科学化而不那么地末世论。预测西方文明即将或要在未来衰落的作品包括:伊恩·莫里斯(Ian Morris)的《西方将主宰多久》(Why the West Rules—For Now),尼尔·弗格森(Niall Ferguson)的《文明》(Civilization: The West and the Rest),托马斯·弗里德曼(Thomas Friedman)和迈克尔·曼德尔鲍姆(Michael Mandelbaum)的《我们曾经辉煌》(That Used to Be Us),以及乔治·帕克(George Packer)的《解体》(The Unwinding)。所有这些作品——有时以悲哀的笔调,有时并不——不仅预测了西方文明的终结,还预言某种新的野蛮主义可能回归。此类预言幸而未能应验——至少现在如此——尽管它们提出的警告值得严肃对待。

资产阶级问题

同现代性的起源一样,反启蒙的起源同样是一个争论不休的主题。是谁,或是什么引发了这一抵抗运动?一个方便但并非没有争议的起点是1750年,这一年让-雅克·卢梭(Jean-

Jacques Rousseau)发表了《论科学与艺术》(*Discourse on the Sciences and the Arts*)。卢梭这篇被人熟知的"论文一"(*First Discourse*)是对第戎学院一个作文题的作答,题目是艺术与科学的进步是否促进了道德的进步。卢梭果断地对此回答了"不"。他认为,在这个进步的世纪并非一切都向着同一个方向前进。某些领域的进步意味着其他领域的退步甚至衰败。"随着我们的科学和艺术的日趋完美,"卢梭抱怨道,"我们的心灵便日益腐败。"[1]科学技术的发展可能与道德的败坏携手并进。卢梭并不是像一个无知者或某种完全拒绝现代性的卢德分子那样进行写作。他的目的并非谴责有关科学和艺术的文化,而是试图保护它们免遭难以避免的庸俗化,这种庸俗化将它们作为大众教育的工具来使用。与保护真正的启蒙运动免受社会侵蚀同样重要的,是保护社会免受启蒙成果的侵蚀。

正如反启蒙这一术语本身所表明的,它起初是一场对现代性的孪生引擎——科学和商业——的反对或反动。新自然科学以及其受数学启发的方法为所有形式的知识提供了典范。科学在此种意义上是进步的:其方法和结论都能够世代相传,并由此为将来的研究提供坚实的基础。精度不够科学手段所能测量之物,将不再被认为是知识。正如科学希望去限制想象力进行形而上学的狂想,商业也被指望来驯服和平息任性的激情与欲望,尤其是对战争、征服和支配的欲望。据其支持者称,在大不列颠和美国所建立的新兴商业制度代表了与旧制度(ancien régime)相对的另一种安全和稳健的替代选择,后者对道德光

---

[1] Jean-Jacques Rousseau, *Discourse on the Sciences and the Arts or First Discourse*, in *The Discourses and Other Early Political Writings,* trans. Victor Gourevitch (Cambridge: Cambridge University Press, 1997), 9.

辉充满希冀，不屑于庸碌之业，并致力于如光荣和名誉等无形的目标。①

位于反启蒙核心的是对一种全新文明的批判，卢梭用"整齐划一""表里不一"，以及"虚伪"等词来形容它。毕竟，文明（civilization）有别于文化（culture）。文明与艺术和科学的发展相关，而文化则因体现在语言、诗歌、音乐和舞蹈中独有的民族精神和原创精神而与文明相互区别。文明是浅薄的；而文化则是深厚的。文明能够按照社会经济发展程度以"高级"或"低级"来排序，但只有文化才称得上"正统"或"不正统"。文化的观念从未完全失去其作为对土壤之耕种——农业——的原初意义，而文明则预设了人类向资产阶级和城市居住者的转变。也许存在原始文化或乡村文化，但从来没有所谓乡村文明。即使是作为启蒙运动伟大旗手的康德也不得不承认在卢梭的指控中有部分真理。"我们已在很高程度上通过艺术和科学而开化，"康德写道，"我们已**文明化**得对各种各样的社会风度和礼仪不堪重负。但是，认为我们已经**在道德上成熟**，那还差得很远。"②

卢梭抗议的并非文明本身，而是某种特定形式的文明，用一个短语来概括便是：资产阶级文明。这一形式的文明产生了资产阶级这一全新类型的人，他们礼貌、文明、优雅的同时又懦弱、虚伪和不真诚。资产阶级这一概念是由卢梭所铸就的。

---

① 对于这一故事做出杰出讲述的是 Albert O. Hirschman, *The Passions and the Interests: Political Arguments for Capitalism before Its Triumph* (Princeton: Princeton University Press, 1977); Ralph Lerner, "Commerce and Character," *The Thinking Revolutionary: Principle and Practice in the New Republic* (Ithaca: Cornell University Press, 1987), 195−221。

② Immanuel Kant, "Idea for a Universal History with a Cosmopolitan Intent," *Political Writings*, ed. Hans Reiss, trans. H. B. Nisbet (Cambridge: Cambridge University Press, 1970), 49。

我并不是说他发明了这一术语——早在他之前,莫里哀便创作了名为《贵人迷》(*Le bourgeois gentilhomme*)的戏剧——但正是卢梭使其流行开来。在《爱弥儿》(*Emile*)开篇,卢梭便将资产阶级定义如下:"凡是想在社会秩序中把自然的感情保持在第一位的人,是不知道他有什么需要的。如果经常是处在自相矛盾的境地,经常在他的倾向和应尽的本分之间徘徊犹豫,则他既不能成为一个人,也不能成为一个公民。他对自己和别人都将一无好处。它将成为我们今日下述类型的人之一:法国人,英国人,资产阶级。他将成为一无可取的人。"①

如上面一段引文所述,资产阶级是某种位居中间的人。他并不只是低于贵族而又高于农民的这一中间阶级的成员。成为资产阶级便意味着既不单纯为自己也不单单为别人而活。它意味着被束缚于责任与欲望之间的中间状态,用卢梭的话说便是与自己"相矛盾"。资产阶级是社会学家所谓"身份焦虑"的受害者。它位于两种身份之间,即自然人——自然状态下的野蛮人——和公民之间,而公民能够做出体现非凡勇气和自我牺牲的行为,这两种人分别而言都呈现出整全性或完善性。正是所谓的资产阶级社会的矛盾本性以及对一种真正统一的生活形式的追求,增强了在后面一个世纪内马克思主义修辞的力量。对卢梭和其后的马克思来说,被政治经济学以及关于效用与自私的伦理学所支配的现代国家,既缺乏英雄式的伟大,又缺乏社会正义的根基。

"资产阶级"这一术语直到马克思那儿才成为政治词语,他借用了许多卢梭的词汇。这一词语同《共产党宣言》(*Commu-*

---

① Jean-Jacques Rousseau, *Emile or On Education,* trans. Allan Bloom (New York: Basic Books, 1979), 40.

nist Manifesto）的关联最令人耳熟能详，在其中马克思将近代历史描述为资产阶级和无产阶级这两个主要阶级间的宏大斗争。但即使对马克思来说，这一术语也并非完全负面。他赞扬资产阶级引入了不断创新的要素并使生存条件产生革命性改变，摧毁了"素被尊崇的观念"以及创造了新生活形式（"一切坚固的东西都烟消云散了"）①。他将资产阶级同封建贵族斗争的早期英雄阶段与当时资产阶级只为维护自身利益而行动的衰落阶段做了区分。在马克思的分析中，资产阶级同资本家完全相同，而资产阶级统治对马克思而言意味着一种建立在对工人阶级的压迫和剥削之上的文明形式。成为资产阶级便意味着成为一位毫无良心的剥削者，剥削自己的邻人以及侵吞土地的产出。资产阶级一词开始与绝对的压迫、绝对的不公和因此而来的绝对的邪恶相联系。

实际上对资产阶级吹响战斗号角的并非马克思而是尼采。同其他资产阶级统治的主要怀恨者一样，尼采和马克思都是资产阶级出身：一个是数代新教牧师家庭的儿子，另一个则是一位律师的儿子。他们都取得了赢得资产阶级尊重的终极证明——博士学位。资产阶级的自我厌恶现象肯定是最引人注意的现代心理现象之一，由此产生了众多塑造过令人难忘的角色的文学作品。（与之相对，为何不存在自我厌恶的贵族或自我厌恶的农民呢？）通过将现代文明的理想追溯至其在英国的起源，尼采使这种资产阶级的自我仇恨得到了极致的完成。

从许多作品中选取的如下三段节选，能够表明现代文明与

---

① Karl Marx, *The Communist Manifesto*, in *The Marx-Engels Reader*, ed. Robert Tucker (New York: Norton, 1976), 476; 又见 Marshall Berman, *All That Is Solid Melts into Air: The Experience of Modernity* (New York: Penguin, 1988)。

其英国哲学根源间的联系。第一段节选来自海因里希·海涅（Heinrich Heine），作为他那一代中最世界主义的德国人，他视洛克为唯物主义和心灵机械论的源头。"法国哲学家们以约翰·洛克为师，"他写道，"洛克正是法国哲学家们所需要的救主。洛克的《人类理解论》（*Essay Concerning Human Understanding*）是法国哲学家的福音书，他们对此坚信不移……他把人的精神比作一种计算机，整个人变成了一架英国机器。"[1] 类似地，海涅的同时代人马克思将现代市场经济同英国的自由贸易与功利主义伦理这两个观念相联系。"那里占统治地位的，"他讽刺地评论道，"只是自由、平等、所有权和边沁（Bentham）。"[2] 或考虑来自尼采的进一步例证："他们不是哲学的种族——这些英国人：培根意味着对哲学精神的全面进攻，霍布斯、休谟和洛克则意味着一百多年来'哲学家'这一概念的被唾弃和贬值……正是冲着洛克，谢林掷地有声地说，'我瞧不起洛克'。"[3]

德国人对洛克这一典型英国人的鄙视表明了一切。同海涅和马克思一样，尼采将霍布斯、洛克和边沁的英国哲学与某一新兴资产阶级社会的兴起相联系，那一社会建立在关于人权和多数人的最大幸福的观念之上。先前引用的三位作者都看到了这些概念在自由民主制诞生过程中所起到的显著作用，而三则

---

[1] Heinrich Heine, *Concerning the History of Religion and Philosophy in Germany*, in *The Romantic School and Other Essays*, ed. Jost Hermand and Robert C. Holub (New York: Continuum, 1985), 168.［译按］中译文见:《论德国宗教和哲学的历史》，海安译，北京：商务印书馆，1972 年 2 月，第 59 页。

[2] Karl Marx, *Capital*, trans. Samuel Moore and Edward Aveling (London: Lawrence and Wishart, 1970), 176.

[3] Friedrich Nietzsche, *Beyond Good and Evil*, trans. Walter Kaufmann (New York: Random House, 1966), sec. 252.［译按］中译文见：尼采,《善恶的彼岸》，北京：团结出版社，2001 年 9 月，第 191 页。

引用都呈现了社会的退化，由对崇高和伟大的向往退化到对那不诗意的、缺乏美感的并彻底物质化的事物的向往。人们发现，尼采在《查拉图斯特拉如是说》中描绘的令人难忘的"末人"肖像是对未来居于大众民主制下的人的最好写照，在那一世界中，种族和文化将会消失，既不存在统治也不存在被统治（"两者都需要太多的劳累"），人们既不富裕又不贫穷，没有爱恨，而唯一真实的激情就是安逸的自我保存。这是一个由自由、平等和繁荣的个体所组成的普遍社会，而对这些个体尼采只能报之以鄙视。①

尼采对末人的恐惧滋养了欧洲部分重要哲学家们的想象，他们并非视其为对现代社会必然趋势或倾向的预测，而认为它是对当下现实的实际描述。尼采最伟大的信徒，马丁·海德格尔（Martin Heidegger），便谈到由"常人"支配的日常生活所具有的"非本真性"。这一存在形式的无人格性体现在其"平均状态"和"敉平"所有可能性。他用**公共领域**（Offentlichkeit）这一启蒙运动的术语——这个词意味着开放、透明和市民社会——来描绘这样的一个世界，它充斥着喋喋不休的闲谈，流于肤浅的意见，以及我们今天所谓的"嗡嗡谈话"（buzz）。②虽然海德格尔并没有明确地将他对公共领域的批判与代议民主制相联系，他的同时代人卡尔·施米特（Carl Schmitt）却认为，将议会制政府论述为一种被喋喋不休的闲谈所支配、且无能力采取行动的政权是毫无问题的。施米特很喜欢引用西班牙法学家多诺索·科特斯（Donoso Cortés）称资产阶级为 *una clasa*

---

① Friedrich Nietzsche, *Thus Spoke Zarathustra,* trans. Walter Kaufmann (Harmondsworth: Penguin, 1968), 17–18.
② Martin Heidegger, *Being and Time,* trans. John Macquarrie and Edward Robinson (San Francisco: Harper Collins, 1962), 211–214.

discutidora——讨论阶级或"闲聊阶级"——的讽刺说法，以表明所有政治活动向空谈阔论转变的企图。[1] 此处距离施米特投入纯粹决断主义伦理学的怀抱仅一步之遥，根据此种伦理学，抉择不再是审慎判断的结果，而是一种非理性和无根基的意志行为。

尼采的文化批判过不了多久便传到了美国。[2] 资产阶级的概念或许属于欧洲文学与哲学的崇高传统，但其在美国的独特分支则更侧重对下述事物的恐惧：顺从大流，顽固个人主义者的消失，以及无处不在的平均化——这种平均化通常与"美国中产阶级"这一轻蔑称谓相联系。辛克莱·刘易斯（Sinclair Lewis）的小说《巴比特》（*Babbit*）虽然如今已不再被大量阅读，但其产生了"巴比特作风"（Babbitry）这一用来描述 20 世纪 20 年代的小镇居民的词语，他们参与公民支持者俱乐部并赞美其成员的美德。记者 H. L. 门肯（H. L. Menken）创造了"愚民阶级"（booboisie）这个词——这个词是笨蛋（boob）和资产阶级（bourgeois）这两个词语的结合——来形容民主制下的典型普通人。更近一些，《纽约时报》（*New York Times*）专栏作家大卫·布鲁克斯（David Brooks）在他的著作《天堂里的布波族》（*Bobos in Paradise*）——布波族（Bobo）是波西米亚（bohemian）和资产阶级（bourgeois）两个词语的结合——通过恶搞这一词语来描述如今作为高端消费者的雅皮士（Yuppies），他们在消费上大手大脚但对自由主义价值却止于口头上的赞同：他们购买环保主义的保险杠贴纸，然后将其贴到他们的萨博班 SUV 上。从舍伍

---

[1] Carl Schmitt, *Political Theology: Four Chapters on the Concept of Sovereignty,* trans. George Schwab (Cambridge, MA: MIT Press, 1988), 59.
[2] 见 Jennifer Ratner-Rosenhagen, *American Nietzsche: A History of an Icon and His Ideas* (Chicago: University of Chicago Press, 2012).

德·安德森（Sherwood Anderson）的著作《小城畸人》（*Winesburg Ohio*）到亚历山大·佩恩（Alexander Payne）的电影《内布拉斯加》（*Nebraska*）都描绘了一种美国式的现代性，它正愈加无情、不宽容、压抑，并迂腐得令人窒息。

但与此同时，反启蒙又进行了另一种叙事，它并非关乎颓废，而是关乎可能的解放。关于现代性如何发现历史以及历史方法的故事，已被用无数种方式讲述了许多次。反启蒙表明了现代性这一观念本身就是历史的产物，它不再是一个宏大的元叙事中的绝对时刻，而是一个有所不同的"时刻"，其力量在当下甚至已经消耗殆尽。通过跳进一个全新并且（因为不可知而）尚还未知的历史时期，现代性本身可能会被超越。反启蒙的这一挖掘行为的要点并非出于对"推动终结"的弥赛亚式渴望，或试图宣布进入一个全新的后形而上学时代，虽然它的确在海德格尔和其他后现代主义者的作品中出现。反启蒙最初是一种回归，它挖掘现代性的基础，看清现代性从何开始，并想要了解什么办法可以阻止它的自我消解。启发这一回归的，并非只是为其自身之故而对古老事物的怀旧或对过往的热爱，而是人类最深沉和持久的渴望：渴望为我们自身之故并用我们自己的眼睛看清现代性之所是，而不是仅借他人的权威来审视现代性有何隐藏。

现代性及其二重身

我想要提出如下问题：如何能在保持对现代性的批判立场的同时，免受对其进行激进否定的诱惑？如果反启蒙从一开始便是现代性的二重身,那么又该如何面对这种挑战呢?第一步便是要意识到,为现代性支持者和批评者所接纳的现代性标准图景,并不是在各方面都准确的。启蒙运动及其反启蒙批评者,在现代计划中更多是合作者而非对手。他们代表了现代性的两面。现代性并不单一,它包括了许多相互竞争的部分。对现代性的不满——确切地说,现代性的异化——本身就是一个典型的现代现象。除了对现代性表示不满,难道还有更好的手段表达现代性吗?仅仅是对现代性的批评并不必然意味着全盘拒绝。

现代性最好的辩护者们经常恰好是那些吸纳了反启蒙思想成果,但尚未被引导投入法西斯主义或是其他"反动现代主义"形式怀抱的人。[1] 在挑战启蒙的支配地位时,存在并不必然滑向虚无主义和资产阶级自我厌恶的路径。最有可能捕捉到这一敏感性的是阿历克西·德·托克维尔。也许因为身为贵族,他并没有表现卢梭、福楼拜、马克思和尼采这类人展现的资产阶级的焦虑感和异化感。托克维尔鲜明地表达了对平等时代的担忧。他对伟大的中产阶级民主制,以及它的物质主义、对舒适的热爱、和对无限进步的信念深深抱有怀疑。然而托克维尔的著作却没有怨恨(ressentiment)精神——怨恨作为对复仇的无法遏制的欲望,被尼采视为现代的恶习。托克维尔将民主视为一种历史必然性,但它能够被那些有利于自由的实践和制度所节制。

下述这一例子能够对此加以说明。托克维尔承认当今民主

---

[1] Jeffrey Herf, *Reactionary Modernism: Technology, Culture, and Politics in Weimar and the Third Reich* (New York: Cambridge University Press, 1986); 又见 Zeev Sternhell, *The Anti-Enlightenment Tradition,* trans. David Naisel (New Haven: Yale University Press, 2010)。

时代将建立在一种自利的伦理之上,他称其为"正确理解的自我利益"。[1] 托克维尔所谓正确理解的自我利益,指的并不是贪财或贪婪——它并不是在奥利佛·斯通(Oliver Stone)导演的《华尔街》(Wall Street)中戈登·盖柯(Gordon Gekko)所说的名言"贪婪是好事"——而是一种人类抱负的总和。正确理解的自我利益暗示了启蒙、反思以及与追求此类抱负的方式有关的冷静盘算的精神。当自我利益被正确理解时,它能够作为一定公民德性的基础,当然此种德性并非那包含了美、高贵和自我牺牲的高级贵族德性,而是较低等级的、世俗的"资产阶级"德性,包括了合作、节制、宽容以及对自我的征服。对此类德性,我们不能嗤之以鼻。托克维尔并没有指责自利是琐碎、狭隘或是粗俗的,或是像康德的追随者那样视其为某种伦理学的扭曲。与之相反,他认为其能够对一定的心灵与思想的卓越成就负责,这种卓越成就与民主时代最适合。

另一位充分吸收了托克维尔对现代性理解的思想家,是德国流亡哲学家列奥·施特劳斯。在所有20世纪思想家中,施特劳斯最致力于复兴对柏拉图和古典政治哲学的严肃研究。尤其值得一提的是,他反对将柏拉图与极权主义肤浅地联系在一起,而这在第二次世界大战后尤其普遍。他对古代的观点相当复杂。施特劳斯并没有将其视作针对现代自由民主所存在的问题的简便的备选方案,也没有将其看作在现代民主的演进过程中迈出的婴儿般犹豫的第一步。他坚持认为,虽然古代并不能为今天的问题提供现成答案,但通过将现代自由民主制唤回经常被遗忘的前现代根基之上,西方传统中的前现代思想——既包括古

---

[1] Alexis de Tocqueville, *Democracy in America,* trans. Harvey C. Mansfield and Delba Winthrop (Chicago: University of Chicago Press, 2000), II, ii, 8 (pp. 500-503).

典时代也包括中世纪——就能够为现代自由民主制提供重要的理论支持。

在他对博雅教育（liberal education）的未来的思考中，施特劳斯最为旗帜鲜明地发展了这些观念。在他看来，博雅教育从词源学上与有胸襟的美德（the virtue of liberality）相联系，其最初意味着慷慨或宽容。因此，自由民主制便是一种包括了对——且不说是经过挑选的——少数人的教育的政体，在是民主政体的同时，它还吸收了某些先前与贵族制相关联的特征。① 因此自由民主制是古人所谓的"混合政体"之一种，因为它混合了民主和贵族原则，换言之，在这一政体中所有人在原则上都能享受到博雅教育的成果。施特劳斯相信这至今仍成立，尤其是对美国和英国而言，在这些地方博雅教育的传统以及公共服务的德性仍在那些伟大的大学内得到培养，比如牛津和耶鲁。

然而正如施特劳斯所知道的那样，博雅教育的一切实践目的都在于维持某一少数群体——他乐于刻意使用"绅士"（gentlemen）这一老派术语——他们在当代民主制下能够作为抵御大众文化压力的中流砥柱。现代教育日益与古人为其奠定的基础相脱离，并在本性上变得越来越技术化和专门化。现代教育并没有成为大众民主制的中流砥柱，相反却成为它的女仆。只有基于经典或"伟大著作"的教育才能够为现代的男性或女性提供卓越的品位，而这种品位曾被不公正地否定。"博雅教育，"施特劳斯写道，"是我们从大众民主向原始意义上的民主攀登的梯子；博雅教育是在民主的大众社会里创建贵族政治必

---

① Leo Strauss, "What Is Liberal Education?" in *Liberalism Ancient and Modern* (New York: Basic Books, 1968), 4.［译按］中译文见：施特劳斯，《古今自由主义》，马志娟译，南京：江苏人民出版社，2012年6月，第4页，所引译文标点略有改动。

然要付出的努力。"① 因为此类评论的缘故,施特劳斯经常被描述为精英主义者和民主的敌人。然而他更愿称自己为自由民主制的挚友,正是因为自己是其挚友,所以才不允许自己成为奉承它的人。

反启蒙充其量只是帮忙在现代性及其批评者之间发起了一场被过早打断的对话。重启这一辩论的目的并不在于宣布其中一方最终战胜了另一方——这样的胜利究竟会是如何?这难以想象——而是为了发现我们现代人还需要学习什么,或至少去发现什么是不能遗忘的重要事物。事实上,正如托克维尔和施特劳斯这类作者所意识到的,现代性与其对立面之间的裂隙从来就没有像早期现代主义者试图宣称的那样彻底。连续性与中断性的重要领域都持续存在,并以丰硕的成果来表达自身。正是出于让这一对话保持生机的目的,我写就了此书。

---

① Strauss, "What Is Liberal Education?" 5.

第二部分

现代性

第 2 章

马基雅维利的《曼陀罗》与易变的自我

每个人按照其智力和想象力而行为。[1]

——尼科洛·马基雅维利

没有人会对此感到惊讶——我只不过是在复述一个已被充分接受的观点——如果我说马基雅维利是现代政治科学的创立者的话。

当然，早在马基雅维利之前，古代作者们就已尝试建立起一门有关政治的科学。柏拉图、亚里士多德、波利比乌斯以及西塞罗都曾做出过严肃且系统性的努力，整理和阐释有关政治生活的资料，并提出有关各种政权如何产生并消亡的规律和法则。据称，古人的失败并非源于他们试图建立政治科学的努力，而是源于他们如此尝试时想要采取的方法。方法上的天真（naïveté）正是马基雅维利、培根、笛卡尔、霍布斯以及其他人反对古人的原因，而他们这些人试图将知识建立在一个更坚实的新基础之上。

---

[1] 引自 Machiavelli to Giovan Battista Soderini, September 1506, in *Machiavelli and His Friends: Their Personal Correspondence,* trans. and ed. James B. Atkinson and David Sices (DeKalb: Northern Illinois University Press, 2004), 135。

马基雅维利是现代政治科学的创立者这一观念绝不是不言自明的。他似乎并没有做出任何大胆的实验性创举，那通常更多地与笛卡尔和霍布斯联系在一起。他最著名的作品，《君主论》，遵循的是"君主宝鉴"（mirror of princes）这一可追溯至色诺芬的传统文体；他篇幅最长同时也是最伟大的著作，《论李维》（Discourses on Livy），其形式是对罗马历史学家李维作品前十卷的评论。难道还有什么比这个更传统的？然而，与其说马基雅维利的现代性体现在方法论的创新之中，不如说更多地体现在他对同先前的传统权威进行决裂的呼吁之中。

马基雅维利的现代性还表现在他对新颖性的偏好上，他偏好新的胜过旧的，偏好大胆和实验性的事物胜过已经过考验而正确的事物。他对新事物的拥抱同样与他的现实主义紧密联系，与"关于事物的有效真理"而非想象紧密相连。所谓有效真理，他指的是关于"是"的知识而非关于"应当"的知识，是关于事物如何实际运作而非关于它们应当如何的知识。这是使之后所有方法论上的创新得以可能的先决步骤，也就是说，马基雅维利尝试单独通过政治生活本身来确定政治生活的规则，而非让规则屈服于道德、神学或形而上学的要求。但不应将马基雅维利的现实主义误认为是亚里士多德对政治家的构想，即知晓如何在由矛盾驱动的情境下建立或重建秩序。在马基雅维利对有效真理的推崇之后，紧接着的是他著名的（或者说臭名昭著的）论断：那些想要成功的君主必须学会如何"不为善"（not to be good），换句话说，也就是去学会如何打破既有的规则和习俗。遵循马基雅维利教诲的君主将不仅仅是一位改革者，更是一位从头建立自己权威的革命者。

马基雅维利的现代性最频繁地体现在他对新君主的构想

之中，他的新君主带来了"新模式与新秩序"，与摩西、吕库古（Lycurgus）、居鲁士和罗慕路斯等过去的伟大立法者相并列。[1] 马基雅维利对此类古典模范的仰慕隐藏了这样的事实，即他的君主是对一个全新和高度理想化的政治家的构想，其本身同时也是个人的、自主的和自我立法的。马基雅维利认为政治是一件技艺的作品，是意志和诡计的产物，也是人新得到的特定创造力和人类能动性的产物。他本人是文艺复兴时期佛罗伦萨的产物，也是米开朗琪罗（Michelangelo）和莱昂纳多（Leonardo）的同时代人。[2] "复兴"（Renaissance）一词可以指"重生"，但那个时期却是一个充满卓越创造的时期。文艺复兴并非只是对古代事物的恢复；它同时还是新事物的先兆。事实上，作为尼采同时代人的历史学家雅各布·布克哈特（Jacob Burckhardt），至今仍是对此最敏锐的分析者，他认为文艺复兴实际上代表了某种全新的倾向，这种倾向包含一个全新的、易变的人性观，各种个性的组合，"自由人格"前所未见的繁荣，以及对私人生活价值的全新关注。[3]

这种个性和自我表达的易变特征最早在15世纪意大利的薄伽丘（Boccaccio）和皮科·德拉·米兰多拉（Pico della Mirandola）那儿得到复活。此类特征同样能在拉伯雷（Rabelais）之类的作家上得以体现，他以空前的热情对此加以探寻；以及塞万提斯，他创作了首部以自我发现为主题的现代小说；还有笛卡尔，他

---

[1] Niccolò Machiavelli, *The Prince,* trans. Harvey C. Mansfield (Chicago: University of Chicago Press, 1985), 22–24.
[2] Roger Masters, *Fortune Is a River: Leonardo da Vinci and Niccolò Machiavelli's Magnificent Dream to Change the Course of Florentine History* (New York: Free Press, 1998).
[3] Jacob Burckhardt, *The Civilization of the Renaissance in Italy,* trans. S. G. C. Middlemore (New York: Penguin, 1990), 98–103, 120–123.

发现了其"我思故我在"(cogito ergo sum)的孤独内在性。充满进取心的个人追求理智上与物质上的财富并对自己负责,这一精神也能在类似班扬和笛福的小说、洛克和伯纳德·曼德维尔(Bernard Mandeville)的政治学,以及富兰克林和卢梭的自传中见到。我们不妨阅读霍布斯的"诗体自传"(Verse Life),以理解他把握经验的易变特征的尝试:

> 四年来我一直想方设法尝试,
> 动笔写我的著作《论物体》(De Corpore),夜以继日;
> 将所有有形之物置于一起比较,
> 思考形式上的已知变化与何时发生。
> 追问自己如何迫使这个普罗透斯(Proteus)
> 让他展示出自己的欺骗和诡计。①

马基雅维利用来描述自我创造的易变特质的是**幻想**(fantasia)这一词语。在马基雅维利的所有心理学词汇中,这一术语不仅是最具暗示性,也是最被低估的术语之一。马基雅维利也许看起来像是幻想的批评者,因为它与乌托邦和奇妙的天马行空相联系,但实际上对他来说,这一概念同样表明了人类个体能动性的力量,而这种力量造就了个体人格的巨大多样性。这一术语还经常与人的创造力等同起来,而人正是通过后者才能够展露自己的抱负并实现自己的个性。马基雅维利的判断与其由审慎所决定,不如说经常更多地由美学和可能的极限的扩展所决定。幻想具有一种有意为之的"戏剧性"特征,使得马基雅维利

---

① Thomas Hobbes, "The Verse Life," in *Human Nature and De Corpore Politico,* ed. J. C. A. Gaskin (New York: Oxford University Press, 1994), 258.

能够将政治视为演出的场所。①

马基雅维利对这一全新个体性的主张并没有仅仅被限制在政治领域。在所有的社会结构中，最持久并且对政治的存续而言最为本质的是家庭。然而，《君主论》和《论李维》对家庭的作用关注甚少。这似乎是一个明显故意的遗漏，但家庭在马基雅维利的作品中并非完全缺席。马基雅维利以极其严肃的态度处理了家庭这一主题，但却是在绝大多数读者不曾料想过的地方，也就是他的喜剧杰作《曼陀罗》之中。② 在这儿我们发现，马基雅维利将他那种创新、新颖和胆大妄为的方法同样运用于私人生活之中，就像他将其用于建立国家一样。位于这一作品的核心的甚至是一种公共生活和个人生活的混淆。这一作品完全称得上是马基雅维利对全新家庭价值的奠基。

历史学家、喜剧作家以及悲剧作家

许多读者可能并没有意识到，马基雅维利并非仅仅是重要政治论著的作者，而且同时是一位诗人和剧作家，他创作了文艺复兴时期最受欢迎且至今仍在广泛上演的喜剧。《曼陀罗》——最初名为《尼洽老爷》(*Messer Nicia*)或是《卡利米科和卢克莱齐娅的喜剧》(*Commedia di Callimico e di Lucre-*

---

① 见 Kenneth Minogue, "Theatricality and Politics: Machiavelli's Concept of Fantasia," in *The Morality of Politics,* ed. Bhikhu Parekh and R. N. Berki (London: George Allen and Unwin, 1972), 148–162; 另见 Maurizio Viroli's description of Machiavelli as "a realist with imagination" in *Redeeming the Prince: The Meaning of Machiavelli's Masterpiece* (Princeton: Princeton University Press, 2014), 66–91。

② Niccolò Machiavelli, *Mandragola,* trans. Mera J. Flaumenhaft (Long Grove, IL: Waveland Press, 1981); 相关引文将在文中以幕次加场次的形式给出。

zia)——写于1518年,虽然很有可能早在其上演之前便向参与奥理切拉黎之园(Orti Oricellari)聚会的朋友们诵读过。这一剧作从不缺乏赞扬者。据伏尔泰称,这一喜剧"可能比阿里斯托芬的所有喜剧还要有价值",而麦考莱(Macaulay)则宣称它"胜过哥尔多尼(Goldoni)的最好作品,并仅次于莫里哀的最好作品"。① 它曾被改编为一出歌剧,并于20世纪70年代于纽约的舞台上演,由当时还名不见经传的年轻男演员汤姆·汉克斯(Tom Hanks)出演卡利米科(Callimico)一角。自此剧第一次上演起,便有种种努力试图将马基雅维利这一喜剧杰作与他的政治教诲相联系。在何种方面马基雅维利以喜剧的形式表达了他的政治教诲?《曼陀罗》中的角色如何表现真实历史人物与事件? 这一以欺骗和诡计为主题的家庭喜剧,如何支持马基雅维利对自己作为"新模式和新秩序"发现者的宣称?

在一封写给朋友弗朗切斯科·圭恰迪尼(Francesco Guicciardini)的信中,马基雅维利称自己为"历史学家、喜剧作家和悲剧作家"(*istorico, comico, et tragico*)②。"历史学家"和"悲剧作家"这样的词看起来很容易理解,但我们通常并不认为马基雅维利是一位喜剧作家。虽然他的政治作品经常闪现机智和讽刺的片段,但是我们更容易感受到他对待政治的严肃性,并因此可以认为他的作品更类似于悲剧而非喜剧。马基雅维利对近代意大利衰退甚至是堕落的描绘丝毫不令人愉悦。马基雅维利笔下的枭雄,如切萨雷·博尔贾(Cesare Borgia)和卡斯特鲁乔·卡斯特拉卡尼(Castruccio Castracani),都是为命运的力量所压倒

---

① 引自 J. R. Hale, *Machiavelli and Renaissance Italy* (New York: Collier, 1966), 159。
② Machiavelli to Francesco Guicciardini, October 21, 1525, in *Machiavelli and His Friends*, 371; 另见 Roberto Ridolfi, *The Life of Niccolò Machiavelli*, trans. Cecil Grayson (Chicago: University of Chicago Press, 1954), 220−231。

的失败者。如果考虑到他认为自己所处时代的败坏不堪这一事实，甚至马基雅维利对去模仿罗马、希腊和希伯来英雄人物伟大事迹的劝诫本身也注定是失败的。①

然而，与此同时，这类悲剧元素很容易就被过分夸大了。马基雅维利充满自信地预言：掌握和控制命运是可能的。他并未陷入绝望，而是认为，如果通过规划和深谋远虑来从事罗马人仅通过机遇所成就的事业，不仅模仿罗马人是可能的，甚至超越他们也是可能的。马基雅维利的作品在它的读者心中激起了未来属于他们的乐观和自信。众所周知，喜剧更吸引年轻人，他们尤其乐于看到体面从他们长辈的脸上被撕下的样子，而马基雅维利正是面向年轻人——实际上，非常年轻的人（giovanissimi）——来诵读这一作品。②

据马基雅维利的传记作者罗伯托·里多尔菲（Roberto Ridolfi）所述，马基雅维利创作《曼陀罗》时正处于"他人生最暗淡的时光"，纵然这段时光"被他的杰作所点缀"。③《曼陀罗》的背景在该剧的开场白中得到表达。"那就是贵地佛罗伦萨。"马基雅维利对他的观众，他同时代的佛罗伦萨人民说道（开场白）。他清楚地表明他那时的佛罗伦萨是这样的一个地方，德性得不到奖赏，人们更急于因自己的苦难谴责他人而非为了改善自己的境况去工作和斗争。对于这本书的作者，他写

---

① 对马基雅维利的悲剧主题的探索，见 Ronald L. Martinez, "Tragic Machiavelli," in *The Comedy and Tragedy of Machiavelli: Essays on the Literary Works,* ed. Vickie B. Sullivan (New Haven: Yale University Press, 2000), 102-119。
② Niccolò Machiavelli, *Discourses on Livy,* trans. Harvey C. Mansfield and Nathan Tarcov (Chicago: University of Chicago Press, 1996), I.61; 另见 Leo Strauss, "Niccolò Machiavelli," in *Studies in Platonic Political Philosophy,* ed. Thomas L. Pangle (Chicago: University of Chicago Press, 1983), 221。
③ Ridolfi, *The Life of Niccolò Machiavelli,* 170.

道：" 没有很大的名声。"马基雅维利隐藏了自己政治流亡的事实，注明道："用这些个空想奇思，让他忧伤的日子有一丝甜蜜，因为他没有别的去处，可以让他露个脸；因为他已被禁止展现德性的其他方面，对他的辛劳也没个偿报（开场白）。"马基雅维利将这一剧作视为一种偏离——当然，是一种令人愉悦的偏离——从政治的严肃事业中偏离。然而，将其最严肃的教诲以关于家庭生活的轻松愉悦的喜剧的形式伪装起来，这是多么符合马基雅维利作风的一种行为啊！

马基雅维利的诙谐口吻同样包含了悲伤和苦涩的真情实感，这源于他在政治上的挫折，或许是《君主论》在争取读者上的失败。这体现在《曼陀罗》的开场白中，在其中他对在社会地位和高贵程度上高于他的人表达了一种骄傲的蔑视：

> 如果某人认为，诽谤污蔑
> 和冷嘲热讽就
> 能使他偃旗息鼓，
> 我可就要向此人提出警告
> 尖酸刻薄他难道不会，
> 这本就是他拿手好戏，
> 不管是什么地界，
> 只要还说咱们这口音，
> 他决不敬畏任何一人，
> 就算他曾施礼如仪，
> 就算那人比他华服锦衣。（开场白）

卢克莱提娅和卢克莱齐娅

马基雅维利的这一戏剧本身喜剧式地重述了罗马历史中的一项重大事件：卢克莱提娅被强暴。[1] 这一故事在李维对罗马由王政时期向共和国时期转型的解释中处于核心位置。据李维对这一故事的讲述，一群来自罗马的年轻的王室亲贵当时坐在他们的战斗营地周围，夸耀他们妻子的德性。他们中的一位——柯拉廷诺斯（Collatinus）——坚称他的妻子卢克莱提娅是最贞洁的，并诱惑其他人离开帐篷并返回城镇，在那儿他们可以悄悄地观察她。当他们到达时，几位王室女子正在参加盛宴并与朋友们嬉戏，但他们却发现卢克莱提娅"在她的纺纱前弯下腰，被她的仆从环绕，并在灯光下工作"（I.57）。柯拉廷诺斯对自己的胜利十分高兴，并邀请他的同伴们到他家，而同伴中的一人赛克斯图斯·塔克文（Sextus Tarquinius）是国王的儿子，产生了想要诱奸她的疯狂情感。几天过后，塔克文找到借口重回柯拉廷诺斯的家，受邀进门并在晚饭后被带到了客房。当一家人熟睡后，塔克文持剑进入卢克莱提娅的房间并强迫她服从自己。最初卢克莱提娅加以拒绝，但塔克文威胁将杀死她，并且之后会把一具被谋杀的奴隶尸体赤身裸体地放在她床边以证明她因通奸而遭杀害，从而进一步地羞辱她。"当借着威胁，用他的淫欲压过了她坚守的贞洁后，"李维写道，"他出门离开，带着对这位妇女的贞洁之征服的狂喜。"（I.58）

随后的故事是，卢克莱提娅召她的父亲和丈夫回家为这一罪行做证。他们两人都被要求带一位值得信任的同伴。卢克莱

---

[1] Livy, *The Rise of Rome: Books One to Five,* trans. T. J. Luce (Oxford: Oxford University Press, 1998), I.57–60; 相关引文将在文中以卷次加节次的形式给出。

提娅的父亲带来了普布利乌斯·瓦勒留斯（Publius Valerius）——正是《联邦党人文集》（*Federalist Papers*）的作者们所化名的普布利乌斯——而柯拉廷诺斯带来了他的朋友尤尼乌斯·布鲁图斯（Junius Brutus）。当卢克莱提娅向他们表明她被塔克文强暴时，她也让他们做出保证，这暴行必被报复；随后她用一把匕首刺向自己的心脏并当场死亡。布鲁图斯——先前人们认为他是一个傻瓜和笨蛋——将沾满鲜血的匕首从她的身上拔下，并宣布将向塔克文和他的家族复仇（I.56）。当布鲁图斯在卢克莱提娅的尸体旁发表了一番演讲，并宣称必须将塔克文家族赶下台时，周围的人对他身上"奇迹般的改变"感到惊讶。李维承认，布鲁图斯用他的愚蠢这一声誉作为掩护，等待着时机，直到他有机会成为人民的解放者。"那些最英勇的年轻人们"很快加入了布鲁图斯的队伍，而此事的结局是他们向罗马进军并借复仇行动建立了共和国（I.59）。

　　卢克莱提娅的故事成了罗马的伟大建国神话之一，奥古斯丁在《上帝之城》中对此进行了详细的讨论。① 奥古斯丁对卢克莱提娅的故事非常感兴趣，并提出了一个李维不曾问过的问题，也就是关于自杀的伦理问题。一个人结束自己的生命在道德上是否是正当的？如果卢克莱提娅真的贞洁的话，那么她犯了什么罪？奥古斯丁设想了一个思想实验，在这一实验中有两个卢克莱提娅，其中一个是受害者，而另一个则是凶手。为何罗马人要歌颂一位杀害了一名无辜妇女的凶手？但随后奥古斯丁转而继续考虑另一种可能性。如果卢克莱提娅并非像李维的解释所暗示的那样无可指责的话，又会如何？如果卢克莱提娅实际

---

① Saint Augustine, City of God, trans. Henry Bettenson (Harmondsworth: Penguin, 1972), I.19.

上是自身受害的帮凶,又会如何?在这种情况下,褒扬她的牺牲将是有罪的。卢克莱提娅的死亡是罗马人对贞操和世俗德性观念的错误尊崇所导致的结果。正是"由于羞耻而产生的懦弱,而非她对荣耀的崇高价值的追求",才导致了卢克莱提娅的死亡。自杀成为一种道德上的虚弱,而非勇气的标志。卢克莱提娅的自杀实际上是一起关于虚荣心受损的案例:"因为她不能向世界展示自己的良知,所以她认为自己必须在世人面前展示自己受到的惩罚,以证明自己的心志。"(I.19)奥古斯丁认为,当女基督教徒被侵犯时,她们并不会以放弃自己的生命的方式来应对。与罪上加罪相比较,她们更愿意保持"她们内心贞洁的荣耀"。真正的荣耀在"自己良心的见证"之中,而非对他人意见的关注之中(I.19)。当奥古斯丁成功削弱卢克莱提娅的牺牲这一事件的信服度之时,似乎已经没有其他可说的了。

马基雅维利在《论李维》中的三个不同地方提到了卢克莱提娅被强暴一事。有趣的是,他试图弱化这一事件。他称其为一场"意外",一个"错误",以及一个"过度行为"。在《论李维》第三卷第 2 章中,他用卢克莱提娅的故事来说明布鲁图斯装疯卖傻所体现的智慧。这一章以如下不同寻常的句子开头:"从没有人像尤尼乌斯·布鲁图斯那样,因装疯卖傻立下杰出功业,被推崇为极为审慎(tanto prudente)又极为明智(tanto estimato savio)的表率。"令马基雅维利惊叹的不仅是布鲁图斯让自己在享用遗产的同时安全生活的掩饰能力,还包括他利用强暴所带来的"时机"从而"推翻国王并解放自己的祖国"。与表达对强暴的愤怒相反,马基雅维利从中冷静地得出了两条关于筹谋篡位者应如何行事的教益。如果他们认为自己的力量足够强大从而能够推翻统治君主,那么他们应该公然开战,因为这"危险更小且更加体面"。但如果他们认为自己的实力过于弱小而不能立即发动政变,那么他们应当"通过对他的愿望曲意逢迎,并享受他所享受的一切事物"来想方设法与君主交好。通过第二种装疯卖傻的策略,就既能够享受到君主的慷慨,又同时"有足够的实现你们意图的机会"。[1]

三章之后,马基雅维利得出了另一条教益。对君主而言,维持王国的关键在于尊重那些由他的先辈所建立的古老制度和习俗。塔克文家族被驱逐的真正原因并非对卢克莱提娅的强暴,而是因为君主剥夺了元老院的古老特权并开始实施僭政。塔克文不仅失去了元老院的支持,他还因强迫平民们从事无意义的工作而疏离了他们,从而"使罗马人个个义愤填膺,只要时机一到,他们就会揭竿而起"。"时机"这一词语于此处泄露了天机。对马基雅维利来说,这个词意味着采取行动的借口或托辞。"即使卢克莱提娅的事件没有发生,"他写道,"只要再有什么变故,也会引起同样的后果,假如塔克文像别的君王那样生活,就算他的儿子赛克斯图斯犯下了罪过,布鲁图斯和柯拉廷诺斯也会向他伸出援手,而不是向想要报复赛克斯图斯的罗马人民伸出援手。"[2]马基雅维利认为,这一事件被布鲁图斯利用作为推翻王政并建立共和国的托辞;换句话说,任何其他事件都同样能为他所用。至少可以说,马基雅维利并未因强暴而愤怒。

最后,在《论李维》的第三卷第26章"女人如何导致国家的灭亡"中,马基雅维利更进一步地指责这一罪行中的受害者。"女人,"他写道,"已经成为许多麻烦的原因,他们给城市的统治者带来了极大的危害。"书中卢克莱提娅和之后的维尔吉

---

[1] Machiavelli, *Discourses on Livy*, III.2.
[2] Machiavelli, *Discourses on Livy*, III.5.

尼娅（Virginia）的被强暴仅仅是用来证明导致僭主垮台的普遍规律的两个例子。马基雅维利甚至借用亚里士多德——亚里士多德！——的洞见，说明导致政治革命的"首要原因"之一便是暴君对女人的伤害，不论这一伤害是不是通过强暴或是通过破坏她们的婚姻而造成的。他的推荐做法是："所以我要说，拥有绝对权力的君主，或共和国的统治者，不应当忽略这个问题，而应当重视因为这样的意外事件可能产生的混乱，及时留心这样的事件，以便在给他们的国家或共和国带来伤害和动乱之前尽可能加以补救。"① 马基雅维利在此处复述了他在《君主论》中发现的一条教益，也就是说，一位统治者如果想要保持权力，那么不染指臣民的财产和妻女这一点非常重要。②

在《论李维》中被作为意外和托辞来对待的事件，在《曼陀罗》中则成了一个笑话，在这个笑话中新的卢克莱提娅——卢克莱齐娅·卡芙琦（Lucrezia Calfucci）——成为在推翻旧秩序的过程中一位有意愿并且有能力的帮凶。李维将该故事叙述成了一出深刻的关于羞辱和复仇的道德故事。罗马妇女的贞洁被非常严肃地对待，如此严肃以至于事实上对这一禁忌的违反导致了一个全新共和政权的建立。但如果说李维的这一叙事是以共和国的诞生为结束的话，那么马基雅维利的再叙事便是以新秩序的建立为结果，这一结果更多地以欺骗而非以武力达成，而通过这两种手段他们各自都能够实现最美妙的梦想。

在《曼陀罗》中，卢克莱提娅被强暴的故事被颠倒过来了。首先，罗马的卢克莱提娅的被强暴和自杀被一起阴谋取代，在其中，马基雅维利的卢克莱齐娅在对她丈夫的骗局中成为一位

---

① Machiavelli, *Discourses on Livy*, III.26.
② Machiavelli, *Prince*, 67, 72.

主动意愿甚至显得急切的参与者。与小塔克文这位强迫卢克莱提娅的世袭王子相对应，马基雅维利创造了卡利米科，据我们所知，这一角色为了逃避困扰着他祖国的战争，在国外作为外邦人生活了 20 年。卡利米科明确地提到了"查理的出征"，即法国国王查理八世 1494 年对意大利的入侵。这一剧作的行动在政治失败和德性丧失的阴影下展开，此处的德性至少是政治意义上的德性。政治生活看起来似乎并不是卡利米科所关注的重点。个人阴谋成为政治生活的替代品。无论你如何评价卡利米科，他肯定不是一个爱国者。

在《曼陀罗》中，古代罗马人那严厉和无情的道德被一种现代的伊壁鸠鲁式道德取代，它强调对幸福的追求是唯一重要的。开场白前献歌的开头简洁明快地陈述了此剧的核心哲学：

有道是人生短暂，痛苦甚多；
每个人活着便是受难，
让我们跟随欲望，虚掷年华，
因为那逃避快乐
愿以苦楚忧虑为生者，必不知这世上的骗局或者来自此类丑恶，
或者来自难忍的怪事——所有有死者均如此。（献歌）

换句话说，因为命运难以预测，我们不妨追寻快乐，无论它领往何处。人生过于短暂，因此我们不能拒绝任何想要的事物。不必忧虑，即时行乐。

阴谋

  人们经常注意到,《曼陀罗》的核心是一场阴谋,而阴谋这一主题贴近马基雅维利思想的核心,并且同时是《论李维》中最长一章的标题。[1] 在那一章中马基雅维利考察了一系列不同的阴谋:有单独一人进行的阴谋,有由弱者或强者组织的阴谋,有因告密者、轻率以及计划的改变而给阴谋带来的危险,还有反对君主国或反对共和国的阴谋。然而在这一冗长的章节内他并没有讨论家庭内阴谋的可能性,其中包括丈夫对妻子、妻子对丈夫以及母亲对女儿的阴谋。在《论李维》中,马基雅维利引用了塔西佗(Tacitus)的"金玉良言",即人们必须尊重过去的事物而服从现在的事物,可以期盼好的君主但必须接受命运所给予他的。[2] 该章节整体上交代的是阴谋会遭遇的危险以及它们成功的极小可能性。然而尽管马基雅维利做出了明显的警告,他却自导自演了一个阴谋。通过将阴谋问题置于戏剧的中心地位,马基雅维利邀请读者成为他所设情节(plot)的同谋。

  这一阴谋的主要人物——我不愿称他为英雄——是卡利米科·瓜达尼(Callimico Guadagni)。这场行动由一场在巴黎的外邦人间的晚餐谈话开始,他们正在争辩法国和意大利妇女各自的优点。卡利米科承认他没有办法就此做出自己的判断,因为他离开意大利太久了。但一位与他共同进餐的伙伴吹嘘说,他的一位亲戚——卢克莱齐娅·卡芙琦——因其美貌和品行而

---

[1] Machiavelli, *Discourses on Livy*, III.6.
[2] 马基雅维利或许指的是塔西佗的如下陈述:"我能适应当前的时代;固然我希望有好皇帝,但任何坏的皇帝我也能忍受。" Tacitus, *The History,* in *The Complete Works,* trans. Alfred John Church and William Jackson Brodribb, ed. Moses Hadas (New York: Modern Library, 1942), IV.8.

闻名于世,这一说法让其他共进晚餐的客人"惊呆了"——这是马基雅维利最喜欢的词语之一。正像李维的卢克莱提娅故事中的小塔克文一样,卡利米科被激起了欲火,想要亲自见她,但问题是卢克莱齐娅正受困于一段没有子嗣的婚姻中,而婚姻的另一方则被描述为"佛罗伦萨头脑最简单也最愚蠢的男人"(I.1)。

为了加快实施他的计划,卡利米科回到佛罗伦萨。在他仆人的帮助下,卡利米科寻求曾做过媒人的李古潦的帮助,李古潦策划了一个阴谋,让卡利米科扮演一位最近刚从法国国王的宫廷归来的名医,而这位名医将会说服尼洽,使他相信让自己妻子怀孕的唯一方法是让她喝下由一种特定植物的根——曼陀罗花或曼陀罗草的根——所做的爱情药水。美中不足的是——他告诉容易上当的尼洽——药水会让第一个跟她同房的男人死去。在这之前,李古潦不仅成功争取到了家庭牧师的帮助,还得到了卢克莱齐娅母亲的帮助,并让他们成为计划的一部分。卡利米科此时已伪装成街头歌手,并假装自己被尼洽说服和他的妻子上床。在他们办事的当晚,卡利米科向卢克莱齐娅揭露了骗局,而她决定把卡利米科当作她的长期情人。这一戏剧以这对开心的男女打算继续维持骗局作为结束,留下相信他们的私生子确实是自己孩子的糊涂尼洽。

《曼陀罗》会不可避免地被拿来同马基雅维利的《君主论》相比较。在何种程度上这出剧作是一个对马基雅维利所处的佛罗伦萨的寓言?在多大程度上这一剧作的角色再现了现实中佛罗伦萨的政治人物?哪一角色最好地体现了那些极具特点的德性——力量与狡猾,狮子与狐狸的品质——而这些德性正是马基雅维利认为真正的君主所要具备的?这一剧作揭示了由各角色依其觉察力和操纵能力而形成的层级结构。它完美地例证了马基雅维利的格言，伟大的伪装者和欺骗者总是比头脑简单和顺从的人得到更好的下场。那么问题是：谁是主谋？说到底，谁是最终的赢家？①

最明显的选择似乎是卡利米科。人们当然能把他看成是马基雅维利式"新君主"的例子，其推翻了以尼洽所代表的家庭中传统的或世袭的首领。同马基雅维利的新君主类似，卡利米科以传统规则和权威的外来者面目出现。我们所知道的关于他的一切是，他自幼失去父母并在国外生活了20年，其间不属于任何国家，也没有任何朋友。在全剧开场，他作为流亡者在巴黎生活，试图让法国宫廷中的每个人都觉得他是"讨人喜欢的"，并被说服回到佛罗伦萨，只为亲自去见美丽的卢克莱齐娅。他愿意成为一个孩子的父亲，而孩子和他的真正关系永远不会被揭露。他唯一的伙伴李古潦，与他最近才相熟，并且是社会上的下等人。简而言之，卡利米科孤独一人，极度超脱于与家庭、朋友和国家的传统纽带之外。他是某种"新人类"，一位试图削弱传统婚姻与家庭制度的潜在篡位者，正如马基雅维利的新君主寻求削弱现有的政治秩序一样。

然而，卡利米科最多只是一位不完美的马基雅维利主义者。问题在于他过于软弱。他是自己欲望的造物。他对卢克莱齐娅的色欲，让他完全依赖于命运（fortuna）和他人的心血来潮之

---

① 关于将《曼陀罗》作为一部政治寓言的解读，见 Carnes Lord, "Allegory in Machiavelli's *Mandragola*," in *Political Philosophy and the Human Soul*, ed. Michael Palmer and Thomas L. Pangle (Lanham, MD: Rowman and Littlefield, 1995), 149−173；下文所将清楚表明的，我不同意洛德（Lord）将卢克莱齐娅等同于佛罗伦萨的波波洛（popolo），只是在等待一位主人。关于将《曼陀罗》作为解读《君主论》的模板的有用评论，见 Mikael Hörnqvist, *Machiavelli and Empire* (Cambridge: Cambridge University Press, 2004), 1−4, 34−37。

上。卡利米科最大的才能在于愉悦他人的技艺，使自己"被中产阶级和绅士，外国人和本国人，穷人以及富人都觉得是讨人喜欢的"（I.1）。除愉悦他人的欲望外，马基雅维利还描述卡利米科"是为了礼节才追求荣耀与奖赏"，这表明他缺乏作为一位真正君主所必要的男子德性（开场白）。真正的马基雅维利主义者——不妨借用这一马基雅维利的最著名刻画之一——知道，依赖于命运（fortuna）的人必将走向毁灭。这就是为何"迅猛胜于小心谨慎，因为命运之神是一个女子，你想要压倒她，就必须打她，冲击她"。① 但这一形象与卡利米科恰恰相反，卡利米科发现自己备受煎熬，被希望与恐惧撕裂（Ⅳ.1）。在全剧的关键时刻，他甚至企图自杀〔"或者就从那窗口跳下去，或者就在她门口给自己来一刀"（Ⅳ.4）〕以结束自己的痛苦。人们能想象一位马基雅维利笔下的英雄如此屈服于女人带来的怀疑与不确定性吗？

如果说按照世俗的眼光来看，卡利米科是一个缺乏正当性的人的话，那么尼洽则是基于岁数和习俗的传统权威的化身。然而有人认为，尼洽才是马基雅维利笔下的真正君主，因为他如此完美地扮演了愚人，以至于他让所有人相信自己真的是个傻瓜。② 毕竟，在戏剧的结尾尼洽得到了他最想要的事物：一个子嗣（即使这并不是他自己的）。这是马基雅维利对他的读者开的玩笑吗？如果是的话，那这个玩笑开成功了。这一说法在欺骗这一主题上似乎走得太远了。尼洽几乎被普遍认为是一个傻瓜。"老尼洽是剧中的闪光点，"麦考莱写道，"我们想不出任何

---

① Machiavelli, *Prince*, 101.
② 关于这一暗示，见 Harvey C. Mansfield, "The Cuckold in *Mandragola*," in *The Comedy and Tragedy of Machiavelli*, 27-28。

堪与之相比的角色。莫里哀所嘲笑的愚蠢行为往往出于装腔作势，而非出于真的愚昧。"[1] 如果尼洽确实有所伪装的话，那么他的隐藏是如此之深，以至于没有人意识到他伪装了。

就像很多其他作品一样，马基雅维利在这里对名字的选择告诉了我们一些东西。当然，尼洽（Nicia）这一名字与马基雅维利自己的名字尼科洛（Niccolò）存在着相似。但更有可能的是，尼洽这一名字指向雅典将军尼西阿斯（Nicias），他的拖延、迷信和轻信导致伯罗奔尼撒战争中西西里战役雅典一方的惨败。雅典人尼西阿斯是一位体面人，但行事迟缓和谨慎。对修昔底德（Thucydides）来说尼西阿斯是一个真正的悲剧英雄，修昔底德写道，他"是我的时代所有希腊人中最不应遭受此种命运的，因为他一生都通过严格关注德性来规范自身"。[2] 但如果说尼西阿斯对修昔底德而言是一位悲剧英雄的话，那么马基雅维利笔下的同名人物则是一个傻瓜。他轻易地为卡利马科所骗，后者受李古潦鼓舞在演讲中加入老套的拉丁短语和其他他所知道的能打动尼洽的胡言乱语。马基雅维利对尼洽的自命不凡的描写——一位沉湎于波爱修斯哲学的有学识的博士（*dottore*）——也表达马基雅维利对同时代人文主义者的嘲弄，他曾在《论李维》的前言中讽刺他们宁可用古代雕塑的碎片来装饰自己的家也不愿尝试复兴古代德性。[3]

此外还有两个角色，他们并非阴谋的推动者，但他们对阴谋的成功来说仍然必不可少：卢克莱齐娅的母亲索斯特拉塔

---

[1] Thomas Babington, Lord Macaulay, "Machiavelli," in *Literary Essays* (Oxford: Oxford University Press, 1923), 73.
[2] Thucydides, *The Landmark Thucydides: A Comprehensive Guide to the Peloponnesian War*, ed. Robert B. Strassler (New York: Free Press, 1996), VII.86.
[3] Machiavelli, *Discourses on Livy*, Preface to book I.

(Sostrata),以及家庭牧师提莫窦修士(Fra Timoteo)。索斯特拉塔被介绍为一贯"善于交际的"——放荡的女人——而她的主要任务是说服卢克莱齐娅顺从卡利米科。"我觉得你得相信"是她对自己女儿的第一句话(Ⅲ.10)。上述谈论中的相信指的是如下担忧:卢克莱齐娅如遵照丈夫关于孩子的安排,则将要承受可能的"过错"。卢克莱齐娅不仅被要求同意通奸行为,还要同意成为让一名无辜男子死亡的同谋。"哪怕在世上就剩我一个女人,"她向母亲哀叹,"全人类都要靠我来留种,我也不相信我会干这样的事儿。"(Ⅲ.10)对卢克莱齐娅来说,道德是一件非黑即白的事情。即使人类的未来只取决于她一个人,她同样不向罪行臣服。她似乎认可康德的如下律令,*fiat iustitia, et pereat mundus*,要让正义实现,即使世界会因此毁灭。①

正在此处,提莫窦修士出场。早些时候他被介绍是一位"过着不良生活的修士",换句话说就是坏透心肠(开场白)。李古潦认为他是"狡猾"和"精明"的,是那些"既知道我们的罪孽,也知道他们自己的罪孽"并请君入瓮的人之一(Ⅲ.2)。"狡猾"和"精明"这样的修辞表明修士并不是完全不值得信任的傻瓜。他自己本身就是一个诡计多端的骗子;他是个精明的操纵者,擅长操纵人,尤其是女人,他认为她们"缺少头脑"。马基雅维利是多么喜欢把家庭牧师当作背叛的工具啊!

但确实正是在修士的桌子上,流产的诡计得以产生。正如马基雅维利所知,所有成功的阴谋都必须为自己包裹上宗教的外衣,李古潦也着手网罗修士。他介绍说,卡利米科是尼洽的侄子,一个鳏夫,在将唯一的女儿寄托在修道院后就去法国生

---

① Immanuel Kant, "Perpetual Peace," *Political Writings,* ed. Hans Reiss (Cambridge: Cambridge University Press, 1970), 123.

活了。李古潦告诉提莫窦修士,修女们没有尽到她们的职责,以致他的女儿如今已怀孕四个月。李古潦请求修士帮忙说服女修道院院长,让她给这名姑娘流产用的药剂。"您瞧瞧,"他对修士说,"办了这桩事,能带来多少好处:您保住了修道院、姑娘,以及她家人的名誉。"而要承担风险的不过是"一块没生下的肉,没知没觉的,而又早晚会走向夭折"(III.4)。李古潦——以尼洽的名义——向修道院支付了一大笔钱,而我们有理由怀疑,其中的大部分会落入修士的腰包。但在这一幕结束前,李古潦自己道歉并带回了一条按说应是好的消息,即那名姑娘自己流产了而不再需要修士。救济金仍旧会支付,但与此同时修士要再办另一件事,"没那么难办,不是什么丑事,更受我们欢迎,对您更受用"(III.6)。劝说修士参与第一个阴谋,使让修士同意第二个阴谋变得更容易。提莫窦现在已经完全成为他们当中的一员。

在剧本开头,我们知道李古潦曾是一位媒人,而现在则过着像"寄生虫"般的生活,加入尼洽的家庭并坐上了他家的餐桌。然而尽管尼洽在资助他,李古潦仍然成了卡利米科的帮手。这是为何?

我认为,很明显李古潦是马基雅维利的自我形象。[1] "一个做坏事的能手"是马基雅维利在开场白中对他的描述,而这同马基雅维利是邪恶之师的传统观点接近。[2] 李古潦是整场阴谋的幕后策划者,这场阴谋让尼洽倒下,让卡利米科成为新君主。

---

[1] Mera J. Flaumenhaft, "The Comic Remedy in Private Spectacle: Machiavelli's *Mandragola,*" *The Civic Spectacle: Essays on Drama and Community* (Lanham, MD: Rowman and Littlefield, 1994), 91; Mark Hulliung, *Citizen Machiavelli* (Princeton: Princeton University Press, 1983), 118: "Ligurio is the perfect Machiavellian."

[2] Leo Strauss, *Thoughts on Machiavelli* (Seattle: University of Washington Press, 1958), 9.

彼时他曾对卡利米科说："不必怀疑我的忠诚，因为就算我所设想的好处并不存在，你我总是血性相投。"（I.3）李古潦感觉到自己和卡利米科间有一种模糊的亲切感：除了李古潦是对这场闹剧本身感到好奇而卡利米科并非如此之外，他们明显是一丘之貉。正如李古潦所说，驱使他行动的并非"好处"，而是能够组织阴谋和控制统治者的机会，正如这一件事看起来的那样。"我几乎和你本人一样，希望你的欲望能够得到满足。"他对卡利米科说（I.3）。仅举一例，在《君主论》第三章中马基雅维利便描述了罗马人的德性，即发现时机和预见危机的能力。在剧中我们看到，尼洽要带卢克莱齐娅去澡堂以增加她怀孕的概率，但李古潦立刻发现了这一计划的危险。在澡堂中卢克莱齐娅有可能看见那些富有和有条件的年轻男人，而他们将成为卡利米科的竞争者。在这样的竞争中，卡利米科是否会胜出全无定论。更好的做法是待在佛罗伦萨，并让李古潦见机行事地实施他的计划。

和马基雅维利一样，李古潦是一位熟练的操纵者。他将自己置于青年与大胆而非老年与传统一边。他的座右铭或许是，放马让年轻人破坏一切。贯穿全剧，作为一个修辞和说服的大师，李古潦表现得和马基雅维利表现自身的方式高度相似；我们见证了他如何与尼洽、卡利米科、提莫窦修士和索斯特拉塔攀谈并说服他们。我们甚至能够说这部剧的主题便是私人领域内说服的技艺，以及这一技艺出于阴谋目的的被使用。[①] 整个阴谋就是对李古潦聪明才智的见证。我们也许会问李古潦从这一阴谋中得到了什么，就像我们可能会问马基雅维利期待从指导

---

① Hörnqvist, *Machiavelli and Empire*, 2.

君主和其他潜在的国家领导者中得到什么一样。正如李古潦对卡利米科说的，并非利益驱使他这么做，他的动机也并非爱欲上的野心，而显然正是这一野心驱使着卡利米科。驱使他的是统治的欲望。李古潦显然并不会直接统治，但他希望在幕后统治，在新王位背后掌权，掌控统治者。想要间接地统治是主导李古潦和马基雅维利的激情。这是哲学家的激情：不为人所见地统治。

马基雅维利，女权主义者？

这一出剧的中心人物——可以说是皇冠上的宝石——是卢克莱齐娅。对于她的古罗马前辈我们已有所了解；和罗马的卢克莱提娅一样，在全剧开始我们被告知卢克莱齐娅是"极度诚实的"——在与性有关的传统意义上这通常指贞洁和有德性——并同时具有当时传统的宗教虔诚。尼洽讲的故事是，卢克莱齐娅曾相信一位邻居，那位邻居告诉她连续 40 天参加早上的弥撒就可以治疗她所谓的不育。但我们同样得知，她那自然的虔诚因开始得寸进尺的修士而受到削弱，而在那之后她便愈发怀疑和警戒（Ⅲ.2）。她似乎已经准备好被腐化了。

在大部分情况下，卢克莱齐娅被表现为一个被动的人物，而唯一有待解答的问题便是谁将掌控她。此外，她似乎自己也意识到了这点。随着剧情的展开，她使自己成为自我诱奸的主动参与者。首先，她让自己相信修士的诡辩，而修士受李古潦贿赂已经成为阴谋的一分子。"有许多事情，"提莫窦修士就通奸一事对她说，"从远处看很吓人、很讨厌、很古怪，可这些事情如果近看，它们就会变得很合人情、很可以接受，也很平常；常言道，对邪恶事物的恐惧要远过于邪恶事物本身。"（Ⅲ.11）通奸行为也许本身是一项罪行，但修士说，"意愿才是罪行所在，而非身体……至于良心方面，你必须牢记下面这一原则：如果确定的善和不确定的恶同时存在，那么一个人永远不应该因为对恶的担忧而抛弃了善。此处确定的善是你将怀孕，将为我们的主孕育一个灵魂。而不确定的恶是在你服下药剂后和你同床的人可能会死去……至于行为方面，如果说行为是有罪的，那只是一个寓言，因为犯罪的是意愿，而不是身体"（Ⅲ.11）。修士接下来将卢克莱齐娅的处境同《圣经》中罗得（Lot）的女儿们相提并论，后者与其父亲同房是因为她们认为这是延续人类种族的唯一手段。其主旨似乎是：快意人生，只要别太过分。

卢克莱齐娅之所以被说服，并非只是由于家庭神父，还因为母亲和自己丈夫的合作，而她的丈夫如此急于得到子嗣以至于支持一项对自己不利的阴谋。如果所有人都一致同意，那么她似乎就得问：我该向谁提出拒绝呢？她对情人的最后讲话如下：

> 既然你的狡猾、我丈夫的愚蠢、我母亲的轻信和我告解师的恶意竟让我做出这种我自己决不会做的事情，我坚信这是天意，天意便是如此；我也不会拒绝上天想让我接受的事情。因此，我就把你当我的领主、主人和向导；你是我的神父、我的守护者，并且我希望你成为我的一切，而我丈夫在这一夜想要得到的，我希望你永远拥有。因此你将成为我丈夫的密友，明早你去教堂，并且会和我们共同进餐，你什么时候来，待多久，都由你决定，而我们任

何时候都能够在一起,并且不受怀疑。(V.4)

每个人都知道,任何以婚姻结尾的喜剧都会承诺,故事的主角从此以后就会开心地生活下去。此处马基雅维利颠覆了这一套路,我们要注意到要开心生活下去的是一对情人,卡利米科将能如己所愿地来去自如,甚至能与这家人共同进餐,而与此同时,他和卢克莱齐娅将继续对其丈夫的欺骗。这便是全新的马基雅维利式的家庭!

但这就是故事的全部吗?卢克莱齐娅经常被展现为——正如我先前做的那样——一个主要是被动消极的人物,她在剧情中对诱惑自己的行为表示同意或默认。但这完全准确吗?事实上,卢克莱齐娅与命运女神(Fortuna)存在着诸多相同之处,而马基雅维利正是对后者非常着迷。[1] 同命运女神一样,卢克莱齐娅是年轻人(卡利米科)的朋友,并且鼓励他大胆地接近自己。同命运女神一样,卢克莱齐娅有着易变和适应能力强的品质。在剧中,她显然是心理上最具柔韧性的角色。在开头我们获知她是贞洁和不能收买的,但到了剧末,她变得大胆和果断。她愿意欺骗自己的丈夫,并为得到自己想要的事物而行动。"瞧她是如何回答的,"尼洽对着她说,"她看上去活像只公鸡"(V.5)。

卢克莱齐娅具备许多作为君主所必需的品质。她有着能自我调适的易变品质以及抓住时机的意愿,而这些是马基雅维利

---

[1] 见 Hanna F. Pitkin, *Fortune Is a Woman* (Berkeley: University of California Press, 1984), 110–114; 见 Susan Behuniak-Long, "The Significance of Lucrezia in Machiavelli's *La Mandragola*," *Review of Politics* 51 (1989): 270–272。

的立国君主所具备的特征。① 用马基雅维利自己的话来说，他称卢克莱齐娅是"一位机敏的年轻女子"（开场白）。在第一幕中，卡利米科评论道："她有位富有的丈夫，他放手让她管自己的所有事情。"随后我们便看到，"她的佣人或仆人没有一个不害怕她的"（I.1）。这暗示卢克莱齐娅有着专横甚至暴君的一面，而她有德性的名声只不过是一副面具，正如许多文艺复兴喜剧里出现的那样。这些品质暗示，卢克莱齐娅而非李古潦可能才是真正的操纵者。这一点甚至李古潦本人也提及了，他称她是"审慎的"和"明智的，举止得当的，**适合统治一个王国**"（I.3；强调为后加）。什么使她适合统治？很有可能是因为她是马基雅维利在《君主论》第十八章所提建议的典范，即在政治中重要的是具备有德性的**名声**，而实际上拥有这些德性却可能是最有害的。在这一章中马基雅维利评论道，对于一位君主而言重要的不是拥有德性而是**显得像**拥有它们一样，"要显得慈悲为怀、笃守信义、合乎人道、清廉正直、虔敬信神，并且还要这样去做"——但同时，他评论道，如果有必要的话，"还要知道如何转变到其对立面"。"所以一位君主必须有一种精神，随时顺应命运的风向和事物的变幻情况……如果可能的话，还是不要背离善良之道，但为必然性所迫时也必须懂得如何行恶。"② 这段话似乎完全可以作为卢克莱齐娅的座右铭。

在全剧剧末，卢克莱齐娅看起来仿佛经历了"重生"，而当布鲁图斯组织人们驱逐塔克文家族并建立共和国时，李维用

---

① 对卢克莱齐娅的颇具煽动性的女权主义解读，见 Heather Hadar Wright, "Lucrezia in *Mandragola*: Machiavelli's New Prince," *Interpretation* 36 (2009): 155: "卢克莱齐娅是马基雅维利的新君主，完美例示了他所说的德性（virtù）。"另见 Michelle Tolman Clarke, "On the Woman Question in Machiavelli," *Review of Politics* 67 (2005): 229–255。

② Machiavelli, *Prince*, 70.

同样的词语来形容这位曾被认为是傻瓜的人物。问题在于，她是真的发生了转变，还是一直以来都是如此精明？她是由原先的腼腆和害羞变得大胆和直率，还是说她只不过是和布鲁图斯一样装傻？在何种程度上她真的是一位顺从又虔诚的妻子？还是说她是马基雅维利式**德性**（virtù）的化身？她是否在等待着颠覆王国——当然肯定不是实际的帝国，而是在尼洽的传统专制统治下的家庭？她奇迹般的重生只不过展现了她真正自我的易变本性。一言以蔽之，卢克莱齐娅变得更具德性了，但这种德性并不是基督教意义上的，而是马基雅维利式的德性：勇于冒险，大胆自信，并试图掌控。她只不过抛弃了谦逊的面纱并揭示了一贯的自我。和李维笔下的布鲁图斯类似，她之前不过是为了抓住机会而假装是傻瓜。虽然她把卡利米科奉为自己的"领主、主人和向导"，但很明显是她真正地在幕后操控。我们都知道卡利米科对她有热烈的欲望，但我们从未见到这一欲望得到回报。卢克莱齐娅只是利用卡利米科的激情来推进她的计划。她似乎就是那类新的君主——或**女君主**（principessa）——也许甚至是马基雅维利在他的著作中描写的女权主义新英雄。

卢克莱齐娅已然领会《论李维》第三卷第 5 章的教诲。在那一章中马基雅维利称，如果一位君主想要在众目睽睽之下赢得合法性，他必须尊重国家的古老习俗和处事方式。这也就是为何该剧以卡利米科答应随着卢克莱齐娅去教堂为他们的结合献上祝福为结局。旧的形式必须被尊敬，即使它们是被用来使一个激进的全新开端合法化。提莫窦修士在那儿献上自己的祝福，而在他们的三角家庭（ménage à trois）中的所有人会永远幸福快乐地生活下去。

所有这些都让人得出如下结论，卢克莱齐娅不只是（且不同于）她最初所展现的样子。我已表明，与其说她是整个阴谋的消极陪衬，不如说她是阴谋的主要推动者。她有着操控性的一面，而这似乎对她那因虔诚和顺从而具有的好名声有所削弱。卢克莱齐娅想要什么，卢克莱齐娅就能得到什么。在操控他人和抓住时机以实现自己目的的能力之中，她展示了现代性的曙光。而且虽然卢克莱齐娅这一名字可以追溯至罗马历史中一位因无瑕的名声和德性而闻名的关键人物，但其同样可以指一位截然不同的人物。卢克莱齐娅·博尔贾（Lucrezia Borgia）是切萨雷·博尔贾的妹妹，切萨雷是《君主论》中马基雅维利笔下的英雄之一。卢克莱齐娅·博尔贾在历史上因愿意用滥交、欺骗和谋杀来实现自己的目的而闻名，这比起她的兄长有过之而无不及。当马基雅维利的剧作首次上演时卢克莱齐娅·博尔贾仍然在世，而关于她名声的传说在那时已经成了谈资。也许她才是（马基雅维利的）卢克莱齐娅所影射的同名人物。

结论

让我们回到马基雅维利的自我描述上来：**历史学家、喜剧作家以及悲剧作家**（*istorico, comico, et tragico*）。马基雅维利是历史学家呢，还是喜剧作家，抑或是悲剧作家？他在各种场合都提到了这三者，但这穷尽了所有的可能吗？我们注意到他并没有提及"哲学家"，也许是因为他将哲学同无所事事的沉思以及乌托邦式的幻想相联系。许多作者都将意大利的命运视为居于他著作中心的悲剧英雄——或女英雄。《君主论》最后一章呼吁将意大利从蛮族手中解放出来，这一章通常被解读为马基雅维利对祖国命运的悲剧式挽歌。

但马基雅维利同样以充满活力和预言式的笔调提及意大利自我解放的力量。与其说他的观点是悲剧的，不如说他的观点是富有教益和鼓舞人心的。他认同年少多于年长，认同大胆多于谨慎，认同新颖多于传统。他的写作以对自由以及对国家的爱来激励读者，尽管他认为意大利几个世纪以来的基督教统治已使人丧失了对这些的热爱。他在自己的作品内倾注了对生活的热爱以及运用想象抓住和掌控时机的喜悦，如同《曼陀罗》的喜剧式结局所表现的那样。这一戏剧的结局预示着一个新生命的到来，也即卢克莱齐娅和卡利米科的孩子的诞生，而这个孩子的真实身份永远不会被揭露。这预示着现代性以一个篡夺行为——一场阴谋——为开端，这一行为的后代将不会知晓自己真正出身的非法性。马基雅维利指出了通向大胆新未来的途径，其合法性将被蒙于机密和欺骗之中。而如果我们不能看到这点的话，那么这一喜剧就会在我们自己身上上演。

第3章

勒内·笛卡尔的典范人生

请记住你心灵所经历的历史。你所有的朋友都对此充满期待。①

——盖·德·巴尔扎克（Guez de Balzac）

致笛卡尔，1628年3月30日

勒内·笛卡尔是现代哲学的创立者，这是一个被普遍承认的事实。② 尽管政治理论家们经常认为他是一个新时代的先驱，但关于他的现代性确切地说究竟意味着什么，人们依然存在广泛的分歧。他的大部分读者关注 *cogito*，即作为一切知识来源（*fons et origo*）的"我思"（I think）。怀疑的方法以及明见性规则，在完成对真理基础的与众不同的现代探索中起到了关键作

---

① 引自 René Descartes, *Discours de la méthode,* ed. Gilbert Gadoffre (Manchester: University of Manchester Press, 1964), xxi。
② David Lachterman, *The Ethics of Geometry: A Genealogy of Modernity* (New York: Routledge, 1989); Stephen Toulmin, *Cosmopolis: The Hidden Agenda of Modernity* (New York: Free Press, 1990); John Cottingham, "A New Start? Cartesian Metaphysics and the Emergence of Modern Philosophy," in *The Rise of Modern Philosophy: The Tensions between the New and Traditional Philosophies from Machiavelli to Leibniz,* ed. Tom Sorrell (Oxford: Clarendon, 1993), 145-166.

用。① 托克维尔认为，笛卡尔的方法完美地适于新民主时代，同时也是革命的预兆："因此 18 世纪的哲学方法并非法国人所专有，而是具有广泛的民主性的，这解释了为什么它能在全欧盛行，并使全欧的面貌为之一新。法国人之所以能使世界天翻地覆，并不是因为他们改变了自己的古老信仰，革新了自己的古老民情，而是因为他们首先提出了一种能够使人轻易地攻击一切旧的事物并为新的事物铺平道路的哲学方法，并将这种方法普遍推行。"②

近来，笛卡尔对后世的影响几乎被颠倒过来了。曾被作为启蒙运动进步主义模范的他，如今已成为从基因工程到环境恶化等种种恶行事实上的代言人。他已成为后现代主义者的稻草人，后者认为他的思想构成了两类截然不同的现代病的核心：主体性和侵略性。孤独的思想者这一笛卡尔的示例，据说使一元主体成为真理的唯一基础。类似地，正是这一笛卡尔式主体——摆脱了传统、习俗和历史的锁链——的无根性树立起对自然和环境专横和控制的态度。根据马丁·海德格尔的权威说法，笛卡尔主义携带了极权主义的种子，而极权主义的特征就

---

① Richard Rorty, *Philosophy and the Mirror of Nature* (Princeton: Princeton University Press, 1979), 136-137: "笛卡尔对心灵的发明……给了哲学家新的立足之地……它提供了一个领域，在其内与单纯**意见**相对立的**确定性**得以可能。"关于笛卡尔主义对统一的科学的渴望，见 Thomas Spragens, *The Irony of Liberal Reason* (Chicago: University of Chicago Press, 1981), 35-40; 又见 Edwin Curley, *Behind the Geometrical Method: A Reading of Spinoza's Ethics* (Princeton: Princeton University Press, 1984), 4-6。

② Alexis de Tocqueville, *Democracy in America,* trans. Harvey Mansfield and Delba Winthrop (Chicago: University of Chicago Press, 2000), II.i.1 (p. 405); 类似的，在 Friedrich Nietzsche, *Beyond Good and Evil,* trans. Walter Kaufmann (New York: Random House, 1966), no. 191, p. 104 中，称笛卡尔为"理性主义之父"，并附加了说明，"并因此是革命之祖"。

体现在掌控自然的技术和对社会的全方面支配上。[1]

对笛卡尔的后现代式解读绝非只有漫画式的夸张（它当然很夸张）。毋宁说，这种漫画式的夸张依赖于对笛卡尔的特定误读，即认为笛卡尔是只关心纯粹形而上学与认识论的问题的思想家（我能知道什么？），罔顾了道德和伦理问题（我应该做什么？）。一个对《谈谈方法》(Discourse on Method)的细致解读表明，这并不是一本关于某个名为在思的我（ego cogitans）的匿名认识论主体如何进行创造的书，而是由名为勒内·笛卡尔的真实历史个体所著的一本自传。[2]《谈谈方法》出版于1637年，当时笛卡尔四十一岁。在这本书中，他进行了如下讲述：个人背景以及在拉·弗来施耶稣会公学（the Jesuit college of La Flèche）接受教育的经过［"欧洲最著名的学校之一"（I:113）］；他对他老师以及古往今来的哲学书籍的幻想的破灭，尽管正是这些老师和书籍给予他教导；在一个暖房内经过一整天闭关后如何发现了著名的方法原则，而当时他仍以士兵身份参加席卷了德国的战争（即三十年战争）；他如何阐明一种"临时的道德准则"，并在思想实验的整个过程中以此引导自己；以及他持续性的游历，其促使他最终在荷兰定居［"定居在众多忙碌的居民之间，这些居民更多地关心自己的事务而非他人的事务。"

---

[1] Martin Heidegger, *Nietzsche, vol. 4: Nihilism,* trans. Joan Stambaugh, David Krell, and Frank Capuzzi (San Francisco: Harper's, 1991), 28: "现代形而上学首先在超人学说中，即在关于人在存在者中间具有无条件优先地位的学说中，达到了其本质的最广泛的和最终的规定。在那个学说中，笛卡尔可以庆祝他至高的胜利。" 见 Emmanuel Faye, *Heidegger: The Introduction of Nazism into Philosophy,* trans. Michael B. Smith (New Haven: Yale University Press, 2009), 92–96, 266–272。

[2] 对笛卡尔的引用采用卷数和页码来表示，依据的是 the *Philosophical Writings of Descartes,* trans. John Cottingham, Robert Stroothoff, and Dugald Murdoch (Cambridge: Cambridge University Press, 1985); 故引用时简写为 PW。

（I:126）]。

通常《谈谈方法》被视为对怀疑主义危机的回应，这一危机是由古代的皮浪主义的复兴所引起的。笛卡尔是围绕马林·梅森（Marin Mersenne）的圈子中最出名的成员，这一圈子中还包括皮埃尔·伽桑狄（Pierre Gassendi）和霍布斯。梅森的圈子非常关注对新科学的创造，那将能回应皮浪主义者的怀疑主义挑战。笛卡尔著名的"普遍怀疑"方法接纳了皮埃尔·沙朗（Pierre Charron）和蒙田等思想家的怀疑主义，但他增加了属于自己的例外条款。我思故我在（cogito ergo sum）被期待能够提供一个有着绝对确定性（我不能怀疑我在怀疑，否则便陷入自我矛盾）的平台，而这一平台能够作为关于知识的新科学的基础。这一科学将为人类进步和人的不断提升奠定基础。[①]

至少可以说，笛卡尔对怀疑主义的解答已被证明是有争议的，然而尽管《谈谈方法》的认识论已是一个被广泛研究的主题，这一作品的道德重要性却经常得不到承认。对笛卡尔道德理论的研究主要集中在《谈谈方法》第三部分的临时的道德准则（morale par provision），然而正如这一词语本身所表明的，这种道德规范不过是临时的。这并不是笛卡尔就这一主题的定论，这可在他在写给克劳德·皮科神父（Abbé Claude Picot）的信中清楚地见到，这封信被作为《哲学原理》（Principles of Philosophy）法国版（1647）前言，在其中笛卡尔用知识之树的比喻来解释他的道德观。"整个哲学就像一棵树，"他写道，"树

---

① 关于笛卡尔对皮浪怀疑论危机（crise pyrrhonienne）的回答，见 Richard Popkin, The History of Scepticism: From Savonarola to Bayle (Oxford: Oxford University Press, 2003), 143–157; Richard Tuck, Philosophy and Government, 1572–1651 (Cambridge: Cambridge University Press, 1993), 284–294; 又见 Bernard Williams, "Descartes's Use of Skepticism," in The Skeptical Tradition, ed. Myles Burnyeat (Berkeley: University of California Press, 1983), 337–352。

根是形而上学，树干是物理学，由树干上生出来的枝丫是所有其他科学，而它们可以被简化为三大主要分支，即医学、机械学和伦理学。"对于伦理学，他理解为是"最高和最完美的道德体系，其预设了对其他科学的全部知识，并且是**智慧的最终阶段**"（I:186；强调为后加）。

（对于笛卡尔来说）一个完善道德体系的计划从来没有完成过，但至少可以说对这一体系的概述已在《谈谈方法》中呈现了。关于此书，一个很少被问及的问题是：为何笛卡尔选择将他的研究工作以自传的形式呈现？伦理学与自传间的关系是什么？通过选择以一部哲学自传的形式呈现自己的思想，笛卡尔创造了典范史这一文体的现代变种，此种文体在最近由文艺复兴史家所复兴。① 但同其吸收借鉴的普鲁塔克式传记体不同，笛卡尔试图使之不朽的是自己的人生。这是近代首批伟大自传之一。

笛卡尔是"历史乃生活之师"（historia magistra vitae）这一古典模式的继承者。②《谈谈方法》最初被称为"一部历史，或如果你愿意的话，一部寓言"，且寓言故事的中心是笛卡尔自己（I:112）。他认为自己的人生是一项非凡成就，同时也是一件尤其"值得模仿"的事业。位于他人生故事核心的实际上是对志业的典型的现代诉求。他的诉求不仅是认识论上的，也同样是道德上的。笛卡尔不仅问：我能做什么？他还问：我应该做什么？正是这种对志业或一生从事的事业的追寻使他成为现代

---

① 关于典范史这一问题，见 Timothy Hampton, *Writing from History: The Rhetoric of Exemplarity in Renaissance Literature* (Ithaca: Cornell University Press, 1990); 笛卡尔对典范（*exempla*）方法的使用，见 Lachterman, *The Ethics of Geometry,* 131-134。

② 该说法最初出自 Cicero, *De oratore,* 2.ix.36。

自我发现的伟大探索者之一。

我们很容易将笛卡尔的故事简化成同清楚分明的观念、身心二元论,以及"机器内的幽灵"有关的几句陈词滥调。① 这完全是从笛卡尔试图为其赋予声音的个体的深刻描绘中抽取出来的。《谈谈方法》首先是一部成长教育小说(bildungsroman),一部有关自我发现的小说。它所讲述的故事不仅与发现有关,还是一个关于人生塑造的故事。笛卡尔人生的故事并非与他的哲学无关;他的故事由他的哲学所组成。在勾勒出自我轮廓的过程中,笛卡尔显然吸收了蒙田《随笔集》(Essays)中的个人化风格,但同样重要的是他先于堂·吉诃德(Don Quixote)、鲁滨逊·克鲁索(Robinson Crusoe)以及爱玛·包法利(Emma Bovary)等人开启了对现代自我的伟大哲学探索。②

为何写作《谈谈方法》?

在《谈谈方法》第六部分开头,笛卡尔提到三年前已完成相关论著,并准备将前者作为其导论。③ 他对推迟出版的决定,对理解这部作品的创作所处的神学-政治语境并非无关紧要,强

---

① 见 Gilbert Ryle, *The Concept of Mind* (New York: Hutchinson, 1949), 15–18。
② 笛卡尔自我概念的来源是一个争议话题;关于基督教和奥古斯丁方面的来源,见 Charles Taylor, *Sources of the Self: The Making of the Modern Identity* (Cambridge, MA: Harvard University Press, 1989), 143–158;关于蒙田的伦理怀疑主义对笛卡尔的重要性,见 Karl Joachim Weintraub, *The Value of the Individual: Self and Circumstance in Autobiography* (Chicago: University of Chicago Press, 1978), 173, 177–178。
③ 法文原文的完整标题如下:*Discours de la méthode pour bien conduire sa raison, et chercher la vérité dans les sciences: Plus la dioptrique, les météores et la géométrie qui sont des essais de cette méthode*(谈谈正确运用自己的理性在各门学问里寻求真理的方法,另附关于这些方法的折光学、气象学和几何学的文章)。

制与迫害的氛围尤其引起了笛卡尔的注意,这迫使他推迟自己作品的出版。①

在《谈谈方法》接近末尾处,笛卡尔暗中而非明确地提到伽利略(Galileo)的名字,其著作《试金石》(*The Assayer*)(*Il saggiatore*)已经影响了梅森的圈子。笛卡尔尤其对伽利略认为"伟大的自然之书"以数学语言写就的观点感到着迷。②伽利略被迫公开宣布放弃自己的观点,这个事实为自由研究的边界问题提供了令人警醒的教训。虽然他声称已并没发现伽利略论著中的任何东西能够被解释为"对宗教或国家有损害",笛卡尔仍然决定推迟出版自己的作品。在虚假谦逊的掩护下,他称他感觉有必要撤回自己的作品,以免"在我自己的见解中存在错误,虽然我已一贯小心谨慎,从不采纳我没有明确证明的任何新观点,并从不写作对任何人可能不利的任何东西"(I:141-142)。他极力声明,他改变自己想法的理由,在于某些公众利益。

对一位将"不可撼动的决心"作为自己方法之必要组成部分的作者来说,笛卡尔的犹豫不决似乎令人不解。在最初决定不出版自己的作品之后,他接着给出了现在将其呈现给大众的两个理由。首先,他担心如果自己没能出版这一著作,那些知晓其存在的人"也许会假想不出版的原因比那实际的原因更令

---

① 关于恐吓的背景,见 Leo Strauss, *Persecution and the Art of Writing* (Chicago: University of Chicago Press, 1980), 17, 22, 33。

② 见 Galileo Galilei, "The Assayer," in *Discoveries and Opinions,* trans. Stillman Drake (New York: Doubleday, 1957), 237-238: "哲学由宇宙这部伟大著作写就,后者持续地向我们的凝视敞开。但只有人掌握了关于它的语言并阅读构成它的文字,才能理解这本书。宇宙由数学的语言写就,其文字乃三角、圆及其他几何图形,没有这些,人不可能理解宇宙的任何只言片语;没有这些,人将在黑暗的迷宫中游荡。"

我蒙羞"（I:149）。他自称自己对名誉漠不关心（"我虽然不过分好名"），但与此同时他又担心，由于自己不情愿出版，自己的名誉将会受损。

第二个理由其实更能揭示真相。不仅仅是出于对自己名誉的担忧，而且是出于对造福大众的渴望，笛卡尔才同意出版《谈谈方法》。他强调了自己计划背后的积极的人道主义。"每个人，"他说道，"都应当尽力为他人谋福利。"（I:145）此处的福利并不仅仅关系到这一代人，也同样关系到后代。这一计划不能由笛卡尔独自实施，而是需要数代人的帮助："由于需要做的实验无穷无尽，我发现我的自学计划不得不一天一天推迟，如果没有别人帮助我是不可能完成的。所以我尽管没有那么大的派头，不敢指望大家都来大力参加我的事业，还是不愿意过分不尽责任，弄到死后留下骂名。人们总有一天会责备我太疏忽，没有让他们知道怎样才能帮助我完成计划，否则可以给他们留下许多更好的成果，我却没有做到。"（I:149）

和培根一样，笛卡尔相信，或者想让别人相信，自己本质上是人道主义和宽宏的。[①] 这些术语是笛卡尔所提出的这种全新伦理计划中的关键术语。当他承认"我的研究"有待于许多未来研究者来完成时，有的不仅仅是一股自豪感或抱负。但这种伦理意味着什么？其源自何处？运用它会带来什么好处？在尝试回答此类问题之前，笛卡尔觉得有必要讲述自己的故事。

[①] 关于培根式的人文主义，见 Francis Bacon, *New Organon,* 1, art. 129, in *Selected Philosophical Works,* ed. Rose-Mary Sargent (Indianapolis: Hackett, 1999), 145-147；又见 Robert Faulkner, *Francis Bacon and the Project of Progress* (Lanham, MD: Rowman and Littlefield, 1993), 62-65。

哲学家的教育

《谈谈方法》的第一部分讲述了关于一位年轻哲学家的教育的故事。在故事开头，笛卡尔就非常谦虚地告诉读者，"那种正确判断、辨别真假的力量"人人都差不多一样（I:111）。对智识上平等的这一主张与他在该作末尾的说法相吻合，在那里他称自己更愿意让那些把"良知及其运用"（*le bon sens avec l'étude*）（I:151）相结合的读者，而非由那些依据"古人"标准判断事物的学者来阅读自己的作品。

此书作者从未宣称自己智力超群，并且他实际上发明了自己的方法来弥补自己心智的"平庸"。虽然他表达了智识方面的谦逊，但他仍禁不住夸耀自己在拉·弗来施时耶稣会会士对他的教育，他称，除在那儿上常规课程外，"凡是大家认为十分稀奇、十分古怪的学问，只要捞得到讲它的书，我统统读了"（I:113）。这种教育的结果似乎是一种苏格拉底式的意识，即认识到现有知识的局限或无价值。

笛卡尔列举了传统知识的无用之处，其中尤其突出了学习语言与历史的无用。具有讽刺意味的是，笛卡尔看起来并没注意到自己用了相同的词（"寓言"）来形容那些无用但迷人的故事和《谈谈方法》两者，他拒绝接受前者却认为后者十分坦率且能够作为典范。倘若那类知识被认为是无用的话，为何他要称自己的著作是"一部历史或……一则寓言"？这必然会使读者感到奇怪：这一著作究竟是作为真实叙事，还是作为有益的虚构故事被呈现？虽然笛卡尔承认读伟大的著作"有如同前代高贤促膝谈心"，但他仍然认为这不过略好于智识上的走马观花："同古人交谈有如旅行异域，知道一点殊方异俗是有好处的，可以帮助我们比较恰当地评价本乡的风俗,不至于总以为违反本乡习惯的事情统统是可笑的、不合理的。……可是旅行过久就会对乡土生疏,对古代的事情过分好奇每每会对现代的事情茫然无知。"(I:113-114)如果考虑到旅行在他自己的智识发展过程中所起到的广泛作用,笛卡尔对在远离祖国的旅行上花费过多时间的危险的警告无疑充满了讽刺。

最终,试图在伟大心灵之间实现某种和解的失败让笛卡尔绝望。不能带来确定性的学识是不值得拥有的。虽然哲学已经发展了数个世纪,但哲学中没有一个命题不充满争议,因此所有命题都是可疑的。人们最多只能期待获得可能的知识而非真理。即使数学因"其推理的确定性和自明性"而令笛卡尔"感到喜爱",但它仍未能发现自己的"真正用途"。决定放弃学习"世界上的伟大书籍"(*le grand livre du monde*)后,他下定决心花费时间游历并"与气质不同、层次不同的人交往,积累各种经验,并在命运带来的各种情境下考验(自己)"(I:115)。这番沉浸于实践经历的结果是怀疑主义的教诲,"那些曾靠例证和习俗说服我的东西,如今我不再对之坚信不疑"。

直到第一部分末尾,笛卡尔才有了一个决定性的发现,这一发现对《谈谈方法》的其余部分是决定性的。未能在自身之外的东西("例证和习俗")中为知识找到满意的基础,他判断只有自身之内的事物才是可靠的:"终于有一天我下定决心也研究自己,集中精力来选择我应当遵循的道路。"(I:116)问题是:既然内在——人类主体性的内部世界——相较游历和学习为人生提供了更好的指引,那么其本性是什么?

对认识的变革

笛卡尔对认识的变革的计划，产生于他在一间有炉子的暖房（poêle）的一整天的闭门沉思中，当时他刚参加完巴伐利亚皇帝的加冕礼后返回军队。他丝毫没有提及作为一名普通公民的他为何参加了加冕礼。同时他几乎没有提及那不平凡的一天里究竟发生了什么，以至于让他提出智识变革的构想。[1] 他的首要思想集中在开端的本性上。正如建筑若是由一位单独建筑师设计便更完美，所有的打地基活动都同样如此。斯巴达政治体制受到广泛称誉并不是因为它的法律令人钦佩，而是因为所有法律都由一个人制定并指向同一个目的（I:117）。对建筑和政治成立的事情，对知识同样也成立。现存的学科知识往往都是零散生成的，并不存在一个统一的计划，而这解释了为何它们不过是意见和大概的推理的拼凑物。

笛卡尔否认他对智识变革所采取的计划有着革命性的设计。与马基雅维利不同，他认为，对国家或教育的改革来说，想要从头开始是不明智的，而对自己的观点和信念来说，"把它们一扫而空，以便之后再用更好的代替它们"是可取的。（I:117）他看起来并没有意识到，一下便将一个人的所有观点一扫而空是不可能的。这怎么可能呢？对于他先前的观点笛卡尔又将用什么来取代？然而，他仍然坚持他的计划只涉及自己，并不打算将其用来指导任何其他人〔"我的计划只不过是改造自己思想

---

[1] 对笛卡尔受启发的著名故事，见 Adrien Baillet, *La vie de M. Des-Cartes* (1691; reprinted New York: Garland, 1987), 1: 77–86; John R. Cole, *The Olympian Dreams and Youthful Rebellion of René Descartes* (Urbana: University of Illinois Press, 1992), 61–77; Geneviéve Rodis-Lewis, *Descartes: His Life and Thought*, trans. Jane Marie Todd (Ithaca: Cornell University Press, 1998), 33–44。

的尝试,从未逾越"(I:118)]。他严厉指责所有那些许下承诺,试图彻底革新公共制度的改革者("那些好事和浮躁的人物")。

笛卡尔认为自己是两类人的平均。其中一类人"上帝对其更加眷顾",毫无疑问他们将会认为笛卡尔自我改善的计划过于谨慎,而另一类人则已经满足于遵循现有观点和实践,并将其作为唯一可靠的指引。笛卡尔告诉读者,如果不是因为他发现再奇怪的观点或习俗都有人在某地加以实践,他可能会将自己归类为第二类人;而他的游历让他确信,习俗是变化无常的,我们采取并施行的观点则纯粹出于际遇。"我在游历期间就已经认识到,"他用了一句完全可以出现在蒙田作品里的话,"与我们的意见针锋相对的人并不因此就全都是蛮子和野人,正好相反,有许多人运用理性的程度与我们相等,或者更高。"(I:119)[1] 而结果便是,笛卡尔意识到有必要让自己成为自身的向导。

从为知识寻求可靠基础的渴望出发,笛卡尔列举了四条方法上的规则。这些规则的优点在于它们相对简洁,假设规则使用者下定"强大和坚定不移的决心,永远不会不遵循它们"(I:120)的话。这些方法上的规则本身并不是某种形式的知识,而是一种手段,通过将真理从意见中筛出,来决定什么算作知识。由于笛卡尔的观点是所有知识都相互联系,所以这些方法上的规则应当能够适用于所有人类事业。笛卡尔对自己的方法有着充分自信,认为只要"两到三个月"后,那些起先看起来困难的问题就会得到解决,而至于其他的问题,至少也能够确定是否存在解决方案。笛卡尔的主要担忧似乎是,尽管他大胆

---

[1] 比较 Michel de Montaigne, "Of Cannibals," in *The Complete Essays,* trans. Donald Frame (Stanford: Stanford University Press, 1971), 152: "我认为,从我知道的那些来看,那个国家里没什么野蛮和缺乏教养的东西,除了每个人都把不属于他的习俗的东西称作'野蛮'。"

地宣称"一样事物的真理只有一个,谁发现了这个真理,谁就知道了关于这件事物所能知道的一切"(I:121),掌握此种方法可能还是会让他显得"过于自傲"。

临时的道德准则

在《谈谈方法》第三部分,笛卡尔考察了采用其方法上的规则所可能带来的实践后果。如伽利略的例子已经表明的那样,人们普遍认为新科学的应用会对道德和宗教生活的实践产生令人不安的影响。相应地,笛卡尔觉得有必要解决某些批评者(或潜在的批评者)的关切,后者将新方法视为对现有模式和秩序的颠覆。虽然笛卡尔为了保护自己免受不信上帝的指控,除了明见性(évidence)规则以外还附加了关于上帝存在的论证,但他清楚地知道自己所作所为如履薄冰,只能煞费苦心地保护自己免于落入纷争旋涡之中。

笛卡尔对那类批评的回答体现在"临时的道德准则"(morale par provision)中,至少直到其方法的成果开始取得成效之前,这一准则都被视为行为指南。[1] 笛卡尔在此处提出的问题是:"怀疑主义者如何能做到依自己的信念而活?"也就是说,在让自己先前的所有信念都让步于系统的怀疑之后,在世上生活如何得

---

[1] 笛卡尔的"morale par provision"经常被翻译为"临时的道德准则"(morale provisoire),但最近有主张称"par provision"只是被错误地理解为"临时性的";见 John Marshall, *Descartes's Moral Theory* (Ithaca: Cornell University Press, 1998), 16-17。我赞同存在翻译上的问题,但仍然认为"morale par provision"对于笛卡尔来说指的是对道德存在怀疑和不确定的阶段的权宜之计,而非一种成熟的道德理论。另见 Pierre Mesnard, *Essai sur la morale de Descartes* (Paris: Boivin, 1936), 46-66; Geneviéve Rodis-Lewis, *La morale de Descartes* (Paris: Presses Universitaires de France, 1957), 9-23。

以可能？[1] 为了回答这个问题，笛卡尔自己试图通过肯定道德教诲中宽泛意义上的"保守"本质，从而来缓和批评意见。正如我们将看到的，他对服从现有法律与宗教的承诺，直至新的或明确的道德教诲能够被揭示之前，只不过是一种盖着薄纱的伪装。笛卡尔不可能不是一位双重教诲的大师。[2]

笛卡尔式道德的临时性或开放性清晰地体现在，笛卡尔试图将这种道德用作一种预防措施，以使询问者免受系统性怀疑所带来的扰乱作用。笛卡尔想象自己是一位建筑师，在建造一幢新房子时必须安放一些临时性的支撑，他描绘了一幅在等待新的住处建成的同时，"（他）在其中能尽可能地快乐生活"的图景。临时的道德准则由"三条或者四条准则"构成，他知道它们"并不完美"，但直到能被确定的或科学的道德所取代前，它们都必须被遵循。第一条准则是"服从我国的法律和习俗，笃守我靠神保佑从小就领受的宗教，在其他一切事情上以周围最明智的人为榜样，尊奉他们在实践上一直接受的那些最合乎中道、最不极端的意见，并以此约束自己"（I:122）。在先前拒斥把习俗与观点视作真理指南后，笛卡尔在这儿承认它们的指引是权威的。决定不仅依照意见，而且是依照"最不极端"和"最合乎中道"的意见生活，意在为激进怀疑的误导作用树一道

---

[1] 关于对这一问题的更常见的处理，见 Myles Burnyeat, "Can the Skeptic Live His Skepticism?" in *The Skeptical Tradition*, 117-148。

[2] 笛卡尔提供了怀疑他的伦理学的真诚性的内在证据。在对话中，据说他曾经说道："作者并不打算写关于伦理学的书，但由于如学究那类的人，他**不得不把这些**（临时性的道德）规则包括进去；否则的话，那些人会说作者他是一个毫无宗教信仰和信念的人，还打算用他的方法推翻信仰。"见 John Cottingham, ed., *Descartes' Conversation with Burman* (Oxford: Clarendon, 1976), 49. 关于笛卡尔的真诚问题的研究，见 Hiram Caton, "The Problem of Descartes's Sincerity," *Philosophical Forum* 2 (1971): 355-370；另见 William Bluhm, *Force or Freedom? The Paradox in Modern Political Thought* (New Haven: Yale University Press, 1984), 311-313。

藩篱。从方法论上的怀疑中排除公众习俗这一行为，经常让笛卡尔似乎——至少在一定程度上——显得谨慎且害怕改变。[1]他声称"这些庞然大物推倒了就极难扶起，甚至动摇了就极难摆稳"，并且"忍受旧体制的不尽完善总要比改变旧体制简单"，这暗示了笛卡尔式的怀疑在外在的保守主义之下蕴藏着内在的激进主义（I:118）。显然，这些方法上的规则仅适用于理论和科学事务，而不适用于实践。这一条规则的原则似乎是内在的自由和外在的遵从。[2]

如果认为笛卡尔是一个保守的卫道者，满足于仅依照现行法律和习俗来生活，那就大错特错了。用麦考莱评价培根的话来评价他可能更加准确，即他的哲学气质表现出"一种大胆与节制的奇异结合"。[3]这在第二条临时道德准则中体现得尤为明显，这条准则尤其鼓励某种专一和坚定。这一准则意味着他下定决心"在自己的行动中尽我所能地坚定果断，一旦采纳某种观点，即使它十分可疑，我也毫不动摇地坚决遵循，就如同它十分可靠一样"（I:123）。在这儿，笛卡尔将自己比作一名在森林里迷路的旅客，为了避免绕圈，决心向一个方向笔直前行。这表明，即使缺乏可靠信息，采取一种坚定或果断的态度也是

---

[1] 见 Sheldon Wolin, "Political Theory as a Vocation," in *Machiavelli and the Nature of Political Thought,* ed. Martin Fleischer (New York: Atheneum, 1972), 38-39; Raymond Polin, "Descartes et la philosophie politique," in *Mélanges Alexandre Koyré* (Paris: Hermann, 1964), 388，此处谈及了笛卡尔的"保持沉默"以及《谈谈方法》的保守主义；类似的，见 Spragens, *The Irony of Liberal Reason,* 70-72，此处将笛卡尔的道德科学视作"新旧观念的逻辑上的不稳定混合体"，并认为笛卡尔在宗教事务上"态度迂腐，并对权威奴颜婢膝"。

[2] 见 Montaigne, "Of the Art of Discussion," in *Complete Essays,* 714: "我的理性绝未惯于点头哈腰，我仅仅是弯了弯我的膝盖。"另见 Tvetan Todorov, *Imperfect Garden: The Legacy of Humanism,* trans. Carol Cosman (Princeton: Princeton University Press, 2002), 56-57。

[3] Thomas Babington, Lord Macaulay, "Lord Bacon," in *Literary Essays Contributed to the Edinburgh Review* (London: Oxford University Press, 1923), 399.

很重要的。只有有力而果断地采取一套行动方针，才有可能避免"所有的遗憾与悔恨，而那常常困扰意志薄弱和优柔寡断的人"（I:123）。简言之，那个犹豫不决的他消失了。

笛卡尔的第三条准则为他的思想受斯多亚主义的影响提供了证据。"我的第三条准则是，"他写道，"永远只求掌握自己而非掌控命运，只求改变自己的欲望而非世界的秩序。"（I:123）第三条准则的本质在于自我控制的德性。虽然之后他将会夸耀，使用这些方法上的规则将会让我们成为"自然的掌控者和拥有者"，但在此处他希望看起来更加谦逊，只是宣称"除了我们的思想，没有任何事物完全在我们的力量之内"（I:123）。虽然无力控制命运，我们至少仍能够控制自己的思想与欲望。我们应当学会欲求那些我们力量所及的事物。如果我们只能教导自己，认为所有"外在的善好"都超乎自己的力量之外，这样我们就会免于沮丧和不悦。这听起来大体上像是好建议，尽管笛卡尔举的例子触目惊心：当一个人生病时不应渴望健康，当被囚禁时不应渴望自由。不过，笛卡尔也承认这需要"长期实践和反复思考，才能适应从这个角度看待万事万物"（I:124）。

当笛卡尔决定"来检视人们这一生从事的各种职业，以便挑选出最好的职业"（I:124）时，对这一道德准则的采纳才算完整。在这种"人生的比较"基础上，笛卡尔对自己选择成为一名知识探索者表示满意。在《谈谈方法》末尾，他再次确认了这一选择，并宣称"我已经下定决心把今后的实践完全用来求得一点关于自然的知识，从这些知识中我们可以推出一些医学上的规则，这些规则较之我们至今所拥有的要更可靠"（I:151）。笛卡尔并没有告诉我们为何他宣称自己的方式是最好的，而只是称除此之外再无更好的方式。他的问题似乎不是"哪种生活方式是最好的？"这一古代问题，而是"在我的一生中我应该做什么？"这一存在主义问题。

或许我们想知道，笛卡尔的临时的道德准则究竟是构成了一套一以贯之的伦理，还是说只是一套出于方便而制定的审慎的指导方针。① 如果是后者的话，人们便可合法地怀疑，在这些临时规定中究竟是否明确存在任何道德。然而事实上，笛卡尔有意地将这些规则描述成临时的，这表明它们不过暂时居于其位，直到他能够有把握列举他的明确的道德原则。"par provision"一词的含义同该词的言下之意完全一致，即暂时的或机运的。其原则类似于为了抵御围攻而囤积弹药或补给。因此，临时道德原则应当被视为是采取一种保护措施，直到时机来临，它能够被更高级或更完整的道德原则所取代。但无论如何，这不是笛卡尔在这一主题上的最终论述。完整或最终的道德原则，将会以"最高级和最完善的道德体系"的形式出现，如我们所见，这一体系在作为《哲学原理》前言的那封信中已有所暗指（I:186）。

同对临时道德原则的采纳联系在一起的，似乎并非任何对放松或心平气和（ataraxia）的斯多亚式想象，而是一段充满疯狂行为和自我探索的时光。② 直到他完成对各种职业的探讨之后，笛卡尔才告诉读者，自己受到引诱离开暖房，并开始持续九年的一系列冒险，而对于这九年的时间，他说："我只是在世界上转来转去，在有喜剧上演的地方，尝试做一个观众而非演员。"（I:125）虽然先前他曾抱怨称，过多的游历会让人成为自己祖国的异客，但在这儿他却强调自己对习俗或习惯的有意疏离——

---

① Marshall, *Descartes's Moral Theory*, 18-19.
② 关于笛卡尔的斯多亚主义的局限，见 Rodis-Lewis, *La morale de Descartes*, 21-22.

这些习俗或习惯大概可被称作"家"——并用超然的反讽者的眼光看待世界。同《圣经》中的该隐一样，笛卡尔似乎被迫在世界上漂泊，直到到达他所在时代的挪得之地才定居下来。

然而，笛卡尔的游历却引向一种最奇特和最闭塞的生活方式："恰好在八年前，这一欲望让我下定决心避开一切可能遇到熟人的场合，并在这个国家（荷兰）隐居下来。这儿经历了连年烽火之后已经建立了这般秩序，即驻军的作用仅在于保障和平成果能够更安全地为人享用。这儿忙碌的大批民众更关心自己的事务，而非对他人的事务感到好奇。我住在他们中间能够过着独自一人的孤独生活，就像住在最遥远的荒漠中，而同时又能享受到繁华都市的大多数便利。"（I:126）

笛卡尔的游历将他带到了荷兰，欧洲卓越的商业之都，这再合适不过。在这儿，笛卡尔能够作为一名外地人和普通个人而生活，并同时享受到所有的生活便利。"我每天在人群的喧嚣中散步，感受到的自由和平静就如同你在自己那枝叶茂盛的小树林中所能体会到的一样，并且我对自己碰见的人们所花费的注意力，并不比对你树林中的树或沿路遇见的小动物多。"在一封致巴尔扎克的信中他这样写道（Ⅲ:31）。作为《谈谈方法》出版后的一代，斯宾诺莎也许会赞美这一政体，因为在这儿你能够思考自己喜欢的事物，并表达自己思考的东西。"因为在这个最繁荣的共和国，"斯宾诺莎写道，"最壮丽的城市中，各民族以及各宗派的人，都能最大程度地融洽生活。"[1] 荷兰共和国的宽容包容了像笛卡尔和斯宾诺莎之类的人，至少让他们能够有一个暂时的避难所，能够自由地追求自己所选择的生活方式。

---

[1] Baruch Spinoza, *Theological-Political Treatise,* trans. Samuel Shirley (Indianapolis: Hackett, 1998), 228.

当然，这随即带来一个深刻的问题，即笛卡尔所选择的生活方式与他的第二故乡之间究竟存在着什么关系。[①] 商业共和国与新哲学之间有何联系？从何种意义上，笛卡尔的方法实践完美地契合像荷兰这般的商业社会？笛卡尔的方法是否预示了本杰明·富兰克林和亚当·斯密的商业伦理？在什么意义上笛卡尔的孤独与他所表达的为人类带来帮助和慰藉的渴望相联系？只有考虑了笛卡尔在《谈谈方法》第六部分中间接提到的最终道德原则，上述问题才能够得到解答。

"真正的人"

在《谈谈方法》的第四和第五部分，笛卡尔带着他的读者分别简略地浏览了他的形而上学和物理学。这一部分所呈现的自我图像，是一个思考的实体——著名的"cogito ego sum"——我思故我在。然而为了得出这一概念，笛卡尔觉得有必要引入自己系统性的怀疑方案。因为我们的感官有时可能会欺骗我们，于是他得出结论称"所有曾经进入过我心灵中的事物，并不比我梦中的幻象更加真实"（I:127）。而在任何事物都可被怀疑的世界中，能够作为确定性基础的只有思考的经验本身。我们不能怀疑我们在思考，这一事实为笛卡尔提供了达到真理的平台。

那么，没有任何事物是确定的，所有事物都可能是梦境，

[①] 笛卡尔对任何特定地点的情感都是值得怀疑的，见 Descartes's letter to the Princess Elizabeth, June/July 1648: "像我现在这样，一只脚在一个国家，另一只脚在另一个国家，我为自己脚踏两条船的状态感到开心，因为这很自由。"引自 Todorov, *Imperfect Garden*, 55。

在这样一幅偏执的世界视野中,自我又是什么呢?笛卡尔的回答如下:"我认识到我是一个实体,它的全部本质或本性只是去思考,并且它不需要任何场所,或依赖任何质料性事物而存在。所以这个'我'——使我是其所是的灵魂——与身体完全不同,且确切而言比身体更容易认识,甚至即使身体不存在,它也不会不是它所是的事物。"(I:127)

我"与身体完全不同"这一奇怪观念,与一种关于运动中的身体的唯物主义物理学相联系。此处,笛卡尔涉及了他先前的论著《世界》[The world (Le monde)],该书写作于1629年至1635年,但在他死后的1664年才出版。笛卡尔只对这一著作给出过最简略的总结,从光的问题出发重写《圣经·创世记》关于创造的解释。然而由于伽利略遇到的麻烦,他决定放弃这一作品的出版["我不想就此类事情进行过多的公开讨论"(I:132)]并转而关注对人类创造物的讨论。① 我们被告知,人类世界由各种"自动机"和其他机械形体构成。由于预见到后来对人工智能的讨论,笛卡尔甚至考虑是否可能出现类人机器,以及我们该如何分辨机器人与人类(I:139)。

不论机器人与人类之间有着什么相似之处,笛卡尔坚持认为区别他们有"两种非常确定的方法"。第一种方法来源于语言的本性。虽然我们能够想象这样一台机器,它能够就特定情境做出简单的预编程响应,"但难以想象的是,有一台能够产生不同文字排列的机器,在它所在的场合,可以就任何话都能给出足够有意义的答案,正如最愚蠢的人所能做到的那样"(I:140)。

---

① 笛卡尔就伽利略一事表达了忧虑,他对梅森说,他已经烧毁了自己的某些论文并藏起了其他一些论文,至于原因,他称:"我并不想发表一本个中只言片语可能会被教会反对的著作,所以我宁愿把它压下来,而不是以残缺的形式发表它。"见 Letter to Mersenne, late November, 1633 (*PW*, 3:41)。

人类本性所独有的第二个特征是涵盖一切的理性，以及不为机器所拥有的在能力上的开放性。理性是一个"能够用于所有场合的普遍工具"，即使最好的机器也不能复制它。机器人"实际上不可能"具备"在生活中的各种偶然场合，像理性驱使我们行动那样地做出行为"的能力（I:140）。

问题在于，作为思考的实体的心灵与作为广延实体的身体之间的联系是什么。笛卡尔似乎意识到他所给出的人的概念极其别扭，这一概念包含一个由理性、感觉和信念构成的内部世界，以及一个由运动的身体构成的外部世界。在一度确认了灵魂相对于身体的独立性后，他如今似乎考虑重新把它们结合起来："并且我已表明，光说它（灵魂）住在人的身体里面就像舵手在船上似的是不够的，这只不过或许能让它的四肢运动，但它必须更紧密地与身体联结起来，才能够让身体在运动以外，有同我们一样的感觉和欲望，并构成一个真正的人（*un vrai homme*）。"（I:141）

笛卡尔在这段中对"真正的人"这一术语的使用并非只是认识论上的，同样也是伦理上的。他似乎有意为人（vir）[更不用说**真正**（vrai）]重新赋予德性。此处的德性暗示着真实性、个体性和自我主张的观念。他的自我概念是一个有自主权、自觉和自我立法的行为者。理性的自主性不仅在知识领域得到了表达，同样在一种新的道德理想主义和世界主义中得到了表达，我们能够在笛卡尔关于宽宏和人文主义的伦理学中找到它们。这种伦理并非公民的伦理，而是某一类特殊个体的伦理，其脱离了同家园与祖国的所有特殊联系，使考虑整个人类的福祉得以可能。最重要的是，**人类**（*humanité*）才是笛卡尔所希望服务的。

"主宰和拥有者"

《谈谈方法》最后部分对笛卡尔具有决定性的宽宏伦理观有所暗示。虽然他表达了对出版的反感，但一种人道主义道德迫使他公开他的作品。"我认为自己不能在秘而不宣的同时，不严重违反法则，那一法则迫使我们贡献全部力量以增进人类的总体福祉。"（I:142）笛卡尔并没有指明那一法则的来源，或解释为何等待三年后他突然感受到这一法则的力量。和之前的培根一样，他通过突出自己哲学中有用和博爱的特征将自己的哲学同经院中纯粹的"思辨哲学"区分开来。

正是在此处，笛卡尔首次详细说明了其研究的更大目标和目的："凭借这一哲学，我们能够知道火、水、空气、星辰、天空以及我们环境中一切其他物体的力量和作用，就像我们熟知工匠们的各种手艺一样；从而我们能够运用这些知识——如同工匠运用他们的手艺——达成一切合理的目的，并因此让我们自己成为自然的主宰和拥有者。"（I:142-143）

笛卡尔关于掌控的科学，其好处将首先体现在使增加舒适与便利得以可能的"无数工具"中。但笛卡尔式的科学首要关心的还是健康问题（"毫无疑问其是人生中最主要的幸福，也是其他一切幸福的基础"）。笛卡尔坚持医学在未来的进展可能会无限地拓展人生的界限："我们在医学上知道的东西，与尚待了解的东西相比，可以说几乎等于零；如果我们充分认识了各种疾病的原因和自然已提供的所有治疗手段，那么我们可能就能让自己免于无数身体疾病和精神疾病，甚至能够免于衰老虚弱。"（I:143）

笛卡尔的伦理学意在促进和保障健康以及物质上的富足，这一任务并非一日之功，而是需要一代代科学研究者的协调合作。他谦虚地认为,自己只不过为科学的大厦添上一块砖罢了:"通过在前人的基础上工作,并将许多人的人生和劳作结合在一起,我们一起合作能够取得更大的进展,而这是任何人靠自己所做不到的。"(I:143)

笛卡尔所提及的对自然的掌控和拥有,被普遍认为是对完全治理的技术社会以及理性社会秩序的另一种乌托邦式愿景的预兆。他希望我们有朝一日能够克服"衰老虚弱",这对莱昂·卡斯(Leon Kass)来说意味着是一种改变人类状况的危险尝试,其不仅无限期延长生命,还试图不虔诚地延长我们为《圣经》所指定的七十岁生命。① 对约瑟夫·克罗波西(Joseph Cropsey)而言,笛卡尔像《圣经》中的蛇一样提出了一个"博爱的伊甸园"的可能性,在其中人类能够享受到先前被禁止的事物,包括知识之树的果实。②

笛卡尔以蛇一样诱惑者的面目出现,这只是故事的一部分。虽然笛卡尔暗示了科学所能带来的实际好处,那些为他所许诺的物质利益迷得晕头转向的人,却常常忽略了这一计划还有着重要的道德维度。《谈谈方法》多次提及位于新科学之下的公共利益和宽宏精神。同先前一样,此处的伦理并非适用于将自己同国家利益绑在一起的公民,而是适用于人类的施惠者,他们超脱于一切义务和依附之外。笛卡尔也许是以让自己的作品遵守自己国家的"法律与习俗"为开始的,但他却以披上人类发言人的披风作为结束。与他的新科学一样,他的新伦理的目的并不仅是技术上的进步,还包括对人性在道德上的掌控。

---

① Leon Kass, "Mortality and Morality: The Virtues of Finitude," *Toward a More Natural Science* (New York: Free Press, 1988), 299–317.
② Joseph Cropsey, "On Descartes' 'Discourse on Method,' " in *Political Philosophy and the Issues of Politics* (Chicago: University of Chicago Press, 1977), 289.

笛卡尔式的宽宏

笛卡尔从来没有讲清楚，其让我们成为"自然的主人和拥有者"的允诺背后有何伦理含义，但在《谈谈方法》的末尾他确实简略地触及这点。虽然这一说法在他的全部已知作品中仅出现过一次，但其仍旧是他最具辨识度的主题之一。[①] 虽然笛卡尔表达了对马基雅维利的深恶痛绝，但他的掌控概念有着强烈的马基雅维利式的弦外之音。他对马基雅维利的拒绝是在马基雅维利为其准备的基础上展开的。他那真正的人（un vrai homme）的概念暗示了大胆和勇敢等马基雅维利式的品质。虽然在《君主论》中马基雅维利表示一位君主最多有一半的可能胜过命运，但笛卡尔则表示只要有着适当的坚定意志，我们就能成为自己命运的主宰。他的目标似乎是完全克服作为人生控制因素的机运。这种对自主和自足的笛卡尔式渴望，可恰当地用那种君主自我创造的马基雅维利式政治学来比喻。[②]

[①] 迄今对这一主题最好的处理，见 Richard Kennington, "Descartes and the Mastery of Nature," *Organism, Medicine, and Metaphysics,* ed. Stuart F. Spicker (Dordrecht: Reidel, 1978), 201-223。

[②] 笛卡尔的"马基雅维利主义"是英语文献很少讨论的一个主题。主要的证据是笛卡尔于 1646 年 9 月写给伊丽莎白公主的信，信中对《君主论》做了评论，将其视作"卓越"的；另外一封写于 1646 年 10 月或 11 月，信中他提及马基雅维利是"君主中的物理学家"，并且说："我最近已读过他对李维的著述，觉得里边没什么糟糕的（*mauvais*）。"（*PW*, 3:292, 297）对该主题的完整处理，见梅纳（Mesnard）的《笛卡尔道德评论》（*Essai sur la morale de Descartes*），第 190—212 页，其中谈及"笛卡尔所谓的马基雅维利主义"（le prétendu machiavélisme de Descartes）；博林（Polin）在《笛卡尔和政治哲学》（"Descartes et la philosophie politique"）第 394—395 页中，强调笛卡尔的反马基雅维利主义和其受惠于柏拉图和亚里士多德的古典政治理论；另见 Richard Kennington, "René Descartes," in *History of Political Philosophy,* ed. Joseph Cropsey and Leo Strauss (Chicago: Rand McNally, 1972), 395-396; Bluhm, *Force or Freedom,* 33; Rodis-Lewis, *La morale de Descartes,* 102-105。笛卡尔借口他的私人生活使他并不适合担负公共责任提供指导，在好几处地方他谢绝了提供政治建议；参见他于 1646 年 5 月写给伊丽莎白公主的信："我过着幽居的生活，总已远离俗务，以至于倘若我试图班门弄斧，说人应当过为公众服务的生活，那我的愚蠢程度，并不在一个希望在汉尼拔面前发表关于将军义务的演说的哲学家之下。"（*PW*, 3:287-288）

虽然自我掌控的伦理仅在《谈谈方法》最后被简略提及，但这可被视为某种关于宽宏的完全体的伦理学或他最终的伦理学的绪论，这种伦理学在《论灵魂的激情》(Passions of the Soul, 1649) 中得到论述，那是笛卡尔生前出版的最后一部作品。在那里，笛卡尔向他的读者强调，自己不是以修辞学家或道德学家的身份，而是以一名**物理学家**的身份 (en physicien) 进行研究，也就是说，作为一位研究激情的科学家或生理学家，旨在理解它们的原因和结果 (I:327)。基于对激情的所谓科学上或医学上的理解，这一作品提供了关于激情本身的伦理学，从而补全和完善了《谈谈方法》中临时的道德准则。正是在道德心理学的领域里，笛卡尔宣称自己偏离前辈们的事业最远："我们从古人那儿获得的科学知识中，再没有其他缺陷，比他们关于激情的作品所具备的缺陷更明显……如果不离开他们所遵循的道路，我将无法通达真理。这就是我为何必须像在考察一个前人未有涉猎的话题一样写作的原因。"(I:327) 虽然他没有提到斯多亚派的名字，但他所指的古代学说明显是斯多亚主义的。与试图抑制激情相反，这一新科学的目标在于将其导向更高贵的目的。

在《激情》开头所宣告的新道德直到全书结尾才取得成果，**宽宏**(générosité) 被认为是德性中的王者["是所有其他德性的关键，并且能够作为所有激情紊乱状况的一般补救措施" (I:388)]。[1] 笛卡尔告诉读者，宽宏由两部分组成。第一部分由如下知识构成，即除意志自由外没有任何事物真正地属于我

---

[1] 关于宽宏在笛卡尔伦理学思想中的地位，见 Kennington, "Descartes," 406-408; Marshall, *Descartes's Moral Theory*, 148-166; Genevieve Rodis-Lewis, "Le dernier fruit de la métaphysique Cartésienne: La générosité," *Les études philosophiques* I (1987): 43-54。

们，并且除了为或好或坏的目的使用自由意志外，没有任何人会因任何事物受到赞扬或指责。构成第二部分的是"合理使用它（意志）的一股坚定和持续的决心——也就是说，从不缺乏意志来承担或落实他所认为的最好的事物"。要承接这两部分能力，便是要"以一种完美的方式追求德性"（I:384）。

当使用宽宏（générosité）这一术语时，笛卡尔有意识地挪用一种贵族的理想，这一理想类型重现于17世纪下半叶，例如出现在《贺拉斯》（Horace）和《熙德》（Le Cid）等高乃依（Corneille）的剧作中。[①] 具有讽刺意味的是，这一词语的使用唤起的是远早于笛卡尔对激情心理学的最终研究的理想。其本身令人回想起过往英雄（居鲁士、亚历山大、凯撒）的英勇行为，此类与历史和诗歌有关的事物是《谈谈方法》中笛卡尔表面上驳斥的。然而不同于他的同时代人——霍布斯、拉罗什福科（La Rochefoucauld）以及帕斯卡——乐于表明英雄德性是如何由虚荣和对实际知识的疯狂逃离的现实形式构成的，笛卡尔似乎想保留德性的部分古典先例，虽然这种保留有所修正。与**宽宏的人**（l'homme généreux）这一理想类型相联系的是绅士这一古典理想，以及亚里士多德的灵魂弘大之人（megalopsychos），或者说灵魂大写的人，这种人之所以得到甚多是因为他应得甚多。但笛卡尔对宽宏的精神（générosité de l'esprit）所对应的英雄伦理以重要的方式做出了修改。经调整后，笛卡尔的伦理更少地服务于实现军事和政治目的，而更多地服务于自我主宰和控制激情的私人目的。他有意地将自己对宽宏的理解同古罗马和经院哲学中的**雅量**（magnanimitas）概念做了区分

[①] 见 Ernst Cassirer, *Descartes, Corneille, Christine de Suède*, trans. Madeleine Francés and Paul Schrecker (Paris: J. Vrin, 1942), 101–121。

（I:388）。笛卡尔强调，同古代的德性伦理不同，他的伦理并非战士或政治家的伦理，而是在范围上更加平等和包容。任何有足够坚定和坚决的意志行为的人都能够获得它。[①]

于是，笛卡尔的宽宏便暗示了一种具有道德内在性的伦理学，与对激情和意志力量的理性掌控息息相关。这正是一场个体与自我对抗的私人斗争。正是这种对自我的掌控为道德自主和个人责任奠定了真正的基础，之后的康德对这两者有着令人印象更深刻的表达。因此，宽宏的人从不会表达对他人的鄙视，并且更多地将错误行为归因于糟糕的判断而不是不良的意图（I:384）。宽宏保护人们免于鄙视和自卑。不论宽宏的人在财富、荣誉、美貌以及智识上处于何种劣势地位，他们从不会觉得自己被轻视。相反，他们感到自信，能自我肯定，而这是由于他们知道德性完全由意志所决定。除此之外，宽宏还存在于那超越了仇恨、恐惧、愤怒和忌妒等激情的力量之中，因为这些情感毫无价值地依赖于他人的意见（I:385）。

然而，英雄般自我主宰的科学只是故事的一半。笛卡尔式的宽宏并非单单指导如何控制激情，它同样被利用来实现去救济人类境况的十分博爱的愿景。宽宏这一理想还表明了笛卡尔对医学和高等数学的兴趣，这两者是各知识分支中最能造福人类的。它将伟大灵魂的英雄理想的一部分与意图服务人类的现代民主激情结合了起来。宽宏的公共维度体现在为了公众利益而采取的大规模行动中："那些以此种方式展现宽宏的人们，自然而然地被引导去建功立业，与此同时，对于自己感觉不能实现的那些事，他们也不会去做。而且因为他们最尊崇与人为善，

[①] 见 Cassirer, *Descartes, Corneille, Christine de Suéde*, 72-75; Taylor, *Sources of the Self*, 153.

并且将自己的利益置之度外,所以他们总是彬彬有礼、温文尔雅,并常常施惠于他人。"(I:385)

在阅读他所提到的"功业"和"与人为善"的这些内容时,不可能不让人想到它们代表了笛卡尔对自己所选生活方式的最终反思,同时也是他寻找伦理上的志业后所得到的答案。笛卡尔关于宽宏的伦理学并非仅是《谈谈方法》的一个附录。正如他的一位主要传记作者所指出的,这一伦理学是"他的形而上学的结果"①。他的伦理学不再谨慎和保守而变得大胆和有魄力。笛卡尔是他自己故事中的英雄。笛卡尔的宽宏与灵魂的提升并没有太多关联——它并不是某种基督教的**博爱**(caritas)——因为前者意味着公共慈善行为以及人类在此世的改善。② 笛卡尔显然认为自己是一名人道的施与者,并且他的施与是普遍和世界性的。宽宏应被理解为帮助人类的义务,并且它构成了笛卡尔科学计划的道德核心。

结论

"笛卡尔长期以来一直被人们尊为'现代哲学的奠基者',但从来没有人将其视为现代政治哲学的奠基人。"理查德·肯宁顿(Richard Kennington)曾这样写道。③ 在所有伟大的哲学家中,笛卡尔可能曾是最不与政治直接相关的,但这并不妨碍读他作品的读者把他的名字同许多现代意识形态和社会运动相联

---

① Rodis-Lewis, "Le dernier fruit de la métaphysique Cartésienne," 43–54.
② 关于基督教的博爱和笛卡尔的宽宏大量之间的区别,见 Rodis-Lewis, *La morale de Descartes*, 95–97.
③ Kennington, "Descartes," 395.

系,这些意识形态和社会运动包括民主、技术以及父权制等。批评者们猛烈抨击他和他的思想,认为它们导致了一系列现代病和现代症状。有些人指责他开创了一种背井离乡的无根的自我概念,这一自我概念被认为是现代自由主义政治哲学的典型特征;有的人认为,他的主观主义导致了对自然的傲慢态度以及对地球进行技术性支配的扩张性欲望;而在另外一些人看来,他那基于宽宏的伦理预兆了一种基于同情和人道主义的温和的道德。

我已尝试表明,《谈谈方法》并非如绝大多数阅读者所阐释的那样,只是一部近代科学的认识论或方法论导论。它也不单单是对16世纪皮浪主义所引发的危机的一个"后怀疑主义"回应。[1] 笛卡尔对道德的关切和他关切认识论一样多。笛卡尔称道德为"最高等级的智慧"这一事实,表明他认为自己在科学上的努力是为道德或政治上的教诲服务。作为一本道德自传,《谈谈方法》的首要关注是人应当如何度过自己的人生这个问题。在作者高度个人化甚至存在主义的寻求中,这一作品就人生的志业或规划提供了一个强有力的典范。《谈谈方法》更多的是一部关于自我发现的小说而非科学作品,是一种文艺复兴时期的典范文学,此类文学将自我的创造置于文本的中心。

笛卡尔也许并没有写下某种政治哲学,但他从政治的角度理解自己的哲学。同马基雅维利、蒙田、霍布斯和斯宾诺莎一道,笛卡尔帮助塑造了某种理想主义品位和崇高的道德目的,而他们也共同描绘了作为人类自由意志和选择的产物的政治与国家的建设性图景。如果我们在解读这一伦理学时只关注对外

---

[1] Tuck, *Philosophy and Government*, 285.

在自然的技术掌控,那么它的目的便被误读了。同对环境的控制相比,即使笛卡尔没有更注重对内在生活的道德掌控,也至少同样地关注这两者。他对意志坚定和坚决等品质的强调,意在要求个体运用力量掌控命运或天意,并为自己的行为负责。他的作品同样是一篇对个体自主性和尊严的颂词。宽宏被用来形容那些强大或伟大的灵魂,他们将贵族的荣耀准则带到资产阶级现代性的开端中来。①

最重要的是,笛卡尔的志业同他对人性进行道德改善的计划相联系。这一改善是为向科学敞开可能性并因此为公众启蒙提供可能的社会所准备的。阿姆斯特丹是他眼中此类社会的模板,正如后一代的斯宾诺莎所认为的那样,但显然笛卡尔认为他的方法有着更广泛的普世目标。直到两个世纪后托克维尔才会宣称,美国是第一个真正意义上的笛卡尔式国家,虽然笛卡尔在那儿并没有多少读者。"在文明世界里没有哪个国家,"托克维尔宣称,"像美国那样不注重哲学了。"但这并没有妨碍美国人发展出他们自己截然不同的方法:"摆脱一统的思想、习惯的束缚、家庭的清规、阶级的观点,甚至在一定程度上摆脱民族的偏见;只把传统视为一种习得的知识,把现存的事物视为创新和改进的有用学习材料;依靠自己的力量并全凭借自己的实践去探索事物的原因;不拘泥手段地去获得结果;不拘一格地去深入事物的根基所在——这一切就是我以下将要称之为美

---

① 关于这一贵族准则,Spinoza, *Ethics,* III, Prop. 59S:"从与能认识的心灵相关联的情绪而出的一切主动的行为,都可以称为精神的力量(*fortitudo*)。精神的力量可分为意志力(*animositas*)和仁爱力(*generositas*)两种。" *The Collected Works of Spinoza,* trans. and ed. Edwin Curley (Princeton: Princeton University Press, 1985), 529; 另见 Steven B. Smith, *Spinoza's Book of Life: Freedom and Redemption in the "Ethics"* (New Haven: Yale University Press, 2003), 114-116。

国人的哲学方法的主要特征。"[1]

在《谈谈方法》到托克维尔的《论美国的民主》出版的这段时间内,笛卡尔的箴言被如此深刻地汲取,以至于其教导者的影响被完全抹去了。"美国是世界上研究笛卡尔的学说最少,但实行得最好的一个国家。""关于这一点,"托克维尔补充道,"并没有什么值得惊奇的。"[2]

---

[1] Tocqueville, *Democracy in America,* II.i.1 (p. 403).
[2] Tocqueville, *Democracy in America,* II.i.1 (p. 403).

第 4 章

霍布斯是基督徒吗？

在所有基督教的作家中，哲学家霍布斯是唯一能清楚看出这种弊病及其补救方法的人，他敢于提议把鹰的两个头重新结合在一起，并完全重建政治的统一；因为没有政治的统一，无论是国家还是政府就永远不会很好地组织起来。[1]

——让-雅克·卢梭

如果说笛卡尔是现代哲学奠基者的话，那么霍布斯就可被称为现代政治哲学的创建者。他高调地自夸道——他是一位非常大言不惭的人——直到他的《论公民》(De Cive) 在 1642 年出版后，"公民科学"才诞生。[2] 当然，霍布斯对自己是政治科学创始者的宣言，面临来自马基雅维利和培根所做工作的严峻竞争。所有这些思想家都宣称自己将政治学提高到了科学的地

---

[1] 引自 Jean-Jacques Rousseau, *Of the Social Contract,* in *The Social Contract and Other Later Political Writings,* ed. Victor Gourevitch (Cambridge: Cambridge University Press, 1997), IV.8 (p. 146)。

[2] Thomas Hobbes, Epistle Dedicatory to *De Corpore,* in *The English Works of Thomas Hobbes,* ed. William Molesworth (London: Bohn, 1839), I. ix.

位,但只有霍布斯将这一宣称作为他思考的基本前提。霍布斯的新颖之处何在?

很少有人会否认,是霍布斯首先充满活力以及清晰地发展了主权国家的现代观念。他用来描述国家的术语——利维坦——对许多人来说,已经足够使霍布斯臭名昭著。根据这种解释,霍布斯是现代国家理论的奠基者,从马克斯·韦伯和卡尔·施密特,到汉斯·凯尔森(Hans Kelsen)和亨利·基辛格(Henry Kissinger),他的理论随后在伟大的现代现实主义者的作品中得到了更充分的论述。确实,国家作为一给定疆域内强制手段的拥有者这一现代概念是现代政治的本质,而没有霍布斯我们便难以如此思考这一概念。①

但霍布斯所关注的不仅是作为暴力垄断者的国家,还包括让暴力的使用合法化的方式。当考虑到权力的合法使用时,他作为一位道德学家并非现实主义者。因此,他引入了社会契约这一用语,依据社会契约,每一个体所同意或定下的协议构成了所有合法权威的基础。契约,或如霍布斯所称的"信约",一个有意使用的《圣经》概念,是个体借之得以摆脱自然状态的不确定和反复无常,进入公民社会的和平王国的工具。契约概念本身已是有诸多争议的主题。一项契约即是一项协议,也就是说,是在有能力做出承诺并维系承诺的人们之间达成的一种道德关系。但自然状态却被认为是一种先于所有道德而存在的状态。既然如此,以一种类似契约的道德制度作为任何道德的基础又如何可能呢?在社会契约的核心似乎有着令人绝望的循

---

① 这一观念或许最常与马克斯·韦伯相联系,Max Weber, "Politics as a Vocation," in *From Max Weber: Essays in Sociology,* ed. H. H. Gerth and C. W. Mills (New York: Oxford University Press, 1958), 78。

环。此类问题在最近几十年内又再次得到关注,尤其是自从约翰·罗尔斯的《正义论》(*A Theory of Justice*)出版之后,社会契约理论迎来了复兴。

霍布斯的绝大多数读者关注《利维坦》(*Leviathan*)的前两部分,这两部分的标题为"论人"和"论国家",在这两部分中,霍布斯就自然状态和社会契约提供了令人难忘的解释,然而读者们却忽略了这部著作以"论基督教体系的国家"和"论黑暗王国"为题的后半部分。① 然而如果只关注作品的前半部分的话,对于霍布斯这一作品的解释是极其断章取义的。存在着这样一种倾向,即试图忽略霍布斯思想中的神学维度,或假设这部分内容对当代读者来说没有什么意义。虽然仅依据著名的"囚徒困境"就可以思考霍布斯的自然状态,但这一做法将自然状态完全从霍布斯思想中根植的希伯来与末世论维度中抽象出来。直到近期——准确地说,最近——部分解读者才开始对霍布斯政治理论中的《圣经》的甚至是预言的层面加以严肃的关注。确实,由于对政治神学的兴趣的复兴,霍布斯的宗教批判已成为一个充满争议的话题。②

此处产生的问题是:宗教在霍布斯思想中具有何种地位?关于这一问题众说纷纭。一种传统观点认为,霍布斯是一个彻底的唯物主义者,他对宗教的观点就其本身而言最多不过是烟

---

① 我所采用的是埃德温·柯莱(Edwin Curley)的《利维坦》版本(Indianapolis: Hackett, 1994);引用将在括号里给出卷数、章次和节次。
② 对其的早期理解,可见 J. G. A. Pocock, "Time, History, and Eschatology in the Thought of Thomas Hobbes," in *Politics, Language, and Time: Essays on Political Thought and History* (New York: Atheneum, 1973), 148−201; Eldon J. Eisenach, *Two Worlds of Liberalism: Religion and Politics in Hobbes, Locke, and Mill* (Chicago: University of Chicago Press, 1981), 13−71; Eric Nelson, *The Hebrew Republic: Jewish Sources and the Transformation of European Political Thought* (Cambridge, MA: Harvard University Press, 2010), 53−56, 122−128。

雾弹，用于掩饰他近乎赤裸裸的无神论。"我们足以说，"莱斯利·斯蒂芬（Leslie Stephen）[今日更多是以弗吉尼亚·伍尔芙（Virginia Woolf）父亲的身份被铭记]曾写道，"如果他完全省略神学，那么他的体系显然会更加前后一致和易于理解。"① 根据这种解读，霍布斯之所以会关注宗教，只是他所处历史情境中的偶然因素使然，当时情况迫使他在传统观点上做点表面功夫，但这同他最终的世俗哲学原则没有本质联系。斯蒂芬认为，霍布斯的唯物主义是"与任何能够称为有神论的东西都不兼容的"。②

对于霍布斯的无神论式解读最著名的挑战者是霍瓦德·沃伦德（Howard Warrender），他试图将霍布斯置于一个更古老的自然法传统中。③ 对沃伦德来说，霍布斯的社会契约理论想要言之有理，则必须有一个关于道德义务的先行解释。如果我们只是理性的利己主义者，那么随之而来的争论便是：但凡出现了食言似乎对自己有利的时刻，于此刻打破誓言对我们来说难道不是理性的吗？但是，沃伦德将义务理论置于霍布斯哲学的中心。只有将社会契约置于自然法所施加的更高义务之下，社会契约才能拥有智识上可理解的前后一致性。根据这种解读，将霍布斯同阿奎那（Aquinas）或任何自然法的中世纪伟大辩护者们区别开来是非常困难的。沃伦德的观点在 F. C. 胡德（F. C.

---

① Leslie Stephen, *Hobbes* (Ann Arbor: University of Michigan Press, 1962), 152.
② Stephen, *Hobbes,* 155.
③ 见 Howard Warrender, *The Political Philosophy of Hobbes: His Theory of Obligation* (Oxford: Oxford University Press, 1957); 对读者有帮助的批评可见 Brian Barry, "Warrender and His Critics," in *Hobbes and Rousseau: A Collection of Critical Essays,* ed. Maurice Cranston and Richard S. Peters (Garden City: Doubleday, 1972), 37–65; John Plamenatz, "Mr. Warrender's Hobbes" and Warrender's "A Reply to Mr. Plamenatz," in *Hobbes Studies,* ed. Keith Brown (Oxford: Blackwell, 1965), 73–87, 89–100.

Hood)的《托马斯·霍布斯的神圣政治学》(*The Divine Politics of Thomas Hobbes*),以及晚近的 A. P. 马丁尼奇(A. P. Martinich)所著的《利维坦的两个上帝》(*The Two Gods of Leviathan*)中得到了更充分的阐述。马丁尼奇称,霍布斯不仅受惠于自然法传统,而且是一位基督徒和宗教思想家,甚至相当虔诚。[①] 以上我们便已完整回顾了正反各方观点。

所有这些观点都没有真正切中要害。如果霍布斯真是一位传统的自然法理论家的话,为何他要独辟蹊径,宣布甚至捍卫自己同哲学传统的割裂?那一传统他称其为"亚里士多德学(Aristotelity)",一个由亚里士多德(Aristotle)和基督教(Christianity)而来的组合词(IV.xlvi.13)。对沃伦德论点最显而易见的反驳是,如果霍布斯真是一位正统基督徒的话,为何他的同时代人没有一位接受这点?恰恰相反,霍布斯的早期读者一致认为他是一个反传统者,试图从每个个体以自我利益为目的的计算中,而非从任何神学权威中推导出所有义务。将霍布斯视为一位有神论者,无异于暗示实际上他周围的每个人都误解了他,并且直到他死后三个多世纪后其思想的真正含义才清晰可见。像沃伦德及其拥趸所提供的这种解释理论,同对霍布斯思想的最初反响过于遥远,并不具备历史意义上的可信度。[②]

我想提出的观点是,霍布斯政治哲学的核心——正是它让霍布斯成为一个彻底的现代主义者——是对宗教的批判。霍布

[①] 见 F. C. Hood, *The Divine Politics of Thomas Hobbes* (Oxford: Oxford University Press, 1960); A. L. Martinich, *The Two Gods of Leviathan* (Cambridge: Cambridge University Press, 1992); 对其有价值的批评,见 Edwin Curley, "Calvin or Hobbes, or, Hobbes as an Orthodox Christian," *Journal of the History of Philosophy* 34 (1996): 257−271。
[②] 见 Quentin Skinner, "The Context of Hobbes' Theory of Political Obligation," *Hobbes and Rousseau*, 109−142。

斯的目的在于瓦解他称之为"黑暗王国"的神学-政治的整个联结。我们之后将看到,黑暗王国指的是神权政治的某一特定构造,在其中祭司或那些声称代表上帝的人篡夺了政治上的权威。国王与祭司之间的斗争一直是基督教政治的祸根,它导致了持续的战争、冲突和不稳定。霍布斯希望通过将宗教置于新的基础之上,从而在单一领导下重新统一宗教与世俗权力。作为现代政治神学家,霍布斯最先承认,没有哪个主权者能够承担起撇开宗教的后果,因此宗教必须服务于支持国家合法性的目的。列奥·施特劳斯就曾一针见血地评论道,霍布斯的作品至少应当同斯宾诺莎的作品一样,被作为一部神学-政治论著来考虑。[1]

宗教与世俗权力的这种统一,在将霍布斯视为统一国家之拥趸的现代解读中处于基础性的地位。卡尔·施米特在其著作《霍布斯国家学说中的利维坦》(*The Leviathan in the State Theory of Thomas Hobbes*)中同意霍布斯的观点,认可政治冲突的中心地位和由绝对主权者去决定战争与和平的需要。"霍布斯的利维坦,"施米特写道,"作为神与人、野兽与机器的混合体,是为人们带来和平与安全的可朽之神。"[2] 霍布斯是施米特的政治决断论学说的伟大先行者。这在霍布斯讨论关于奇迹的《圣经》教条时尤为明显。主权者说它是奇迹,它就是奇迹。它是人们被命令去相信的事物。对施米特来说,霍布斯体系中的重大缺陷(在这之后会有更详细的讨论)在于准许了信仰自由,

---

[1] Leo Strauss, *The Political Philosophy of Hobbes: Its Basis and Genesis,* trans. Elsa M. Sinclair (Chicago: University of Chicago Press, 1966), 71;另见 Leo Strauss, *Hobbes's Critique of Religion and Related Writings,* trans. Gabriel Bartlett and Svetozar Minkov (Chicago: University of Chicago Press, 2011), 23。

[2] Carl Schmitt, *The Leviathan in the State Theory of Thomas Hobbes: Meaning and Failure of a Political Symbol,* trans. George Schwab and Erna Hilfstein (Westport, CT: Greenwood Press, 1996), 53。

而国家和法律无法渗透进这一领域。施米特宣称，霍布斯体系的阿基里斯之踵——这一缺陷随后被斯宾诺莎和摩西·门德尔松（Moses Mendelssohn）所利用——准许了私人与公共领域、信仰与忏悔之间的划分，而这为将来的自由主义哲学及其中立国家学说铺平了道路。这对施米特来说，无异于为强大的利维坦敲响了丧钟。①

列奥·施特劳斯与迈克尔·奥克肖特（Michael Oakeshott）更加坦率地陈述了霍布斯与自由主义之间的这种联系。施特劳斯早在1932年《对卡尔·施米特〈政治的概念〉的评论》（Comments on Carl Schmitt's *Concept of the Political*）一文中就认为，施米特将霍布斯列为自由主义的伟大批评者是误解了霍布斯，事实上霍布斯位于自由主义传统的开端。②这一观点在他随后的经典研究《霍布斯的政治哲学：基础与起源》（*The Political Philosophy of Hobbes: Its Basis and Its Genesis*）中发扬光大，在其中施特劳斯确信，霍布斯绝对史无前例地强调了个体的自然权利——而非责任或义务——并将其作为政治的基础。这一权利——自我保全的权利——并非来自任何超越性的源头，而是来自对骄傲和恐惧的激情的分析。从一开始，霍布斯就尝试将他的新道德学说建立在相互恐惧之上，而非对荣耀或荣誉的欲望之上，后者只会导致冲突，而前者指引我们寻求和平。他强调永远存在的暴死之危险，并将其作为资产阶级存在的先决条件。根据施特劳斯的解释，霍布斯就一种新的道德学说给出了决定性的表述，而这一道德学说是对和平、安全

---

① Schmitt, *The Leviathan in the State Theory of Thomas Hobbes*, 57-58.
② 见 Leo Strauss, "Comments on Carl Schmitt's *Der Begriff des Politischen*," in Carl Schmitt, *The Concept of the Political*, trans. George Schwab (New Brunswick, NJ: Rutgers University Press, 1976), 81-105。

与舒适的现代资产阶级欲望的发祥地。①

施特劳斯的论证被迈克尔·奥克肖特在为《利维坦》划时代的 1946 年版本所写的导论中有所修正地接受。② 在奥克肖特眼中，霍布斯对唯名论和怀疑主义的结合使他升格为近代自由主义的辩护者之一。位于霍布斯的个人主义中心的是他对人类理性局限的怀疑主义评判。"他对理性力量的怀疑，同时适用于主权者所具有的'人造理性'和自然人所具有的理性，这种怀疑和他对个人主义的支持一起，将他与同时代或其他任何时代的理性主义专制者区别开来。"奥克肖特写道。③ 然而奥克肖特同样挑战施特劳斯曾提出过的对霍布斯的"资产阶级"式解读。根据奥克肖特的解读，霍布斯的个人主义还包含了骄傲、雅量、荣耀等贵族元素，其自身与那种关注恐惧和安全的低劣个人主义不同。"事实上，虽然霍布斯本人并非自由主义者，但同那些自称是自由主义哲学的辩护者相比较，他的思想却有着更多自由主义哲学的内容。"奥克肖特断言道。④

施特劳斯和奥克肖特都同意霍布斯本质上是一位人文主义者，他的教诲更多地基于对个人的全新道德态度，而非他的科学自然主义。这种阐释最近就所涉霍布斯宗教观而言，在马克·里拉的著作《夭折的上帝》(*The Stillborn God*) 中得到了辩护。在此书中，霍布斯和洛克一样都被里拉认为是他所谓的

---

① 见 Strauss, *The Political Philosophy of Hobbes*, 108–128; 关于霍布斯作为资产阶级哲学家的另一种观点，见 C. B. Macpherson, *The Political Theory of Possessive Individualism: Hobbes to Locke* (Oxford: Oxford University Press, 1962)。
② Michael Oakeshott, ed., *Leviathan* (Oxford: Blackwell, 1946); 奥克肖特对施特劳斯的研究提出了他自己的批评，见 "Dr. Leo Strauss on Hobbes," in *Hobbes on Civil Association* (Indianapolis: Liberty Fund, 1975), 141–158。
③ Michael Oakeshott, "Introduction to *Leviathan*," in *Hobbes on Civil Association*, 67.
④ Oakeshott, "Introduction to *Leviathan*," 67.

"大分离"的支持者。霍布斯将宗教工具化，剥离了它同真理和启示有关的权力，并将其完全转变成了一种人类制作的事物。宗教的这种人类化意味着它将最终被还原为某种无关紧要的事物，从属于个体良心的私人领域并变得同如何决定公共利益无关。据里拉所说："如果没有霍布斯，今日现代自由民主政体如何处理宗教和政治将难以想象。"[1]

宗教的自然种子

霍布斯已预料到他对宗教的观点将被证明是充满争议的。在《利维坦》致弗朗西斯·哥多芬（Francis Godolphin）[他是霍布斯朋友西德尼·哥多芬（Sidney Godolphin）的弟弟，西德尼之前在英国内战中被杀]的献词中他写道："最冒犯人的或许是，不同于其他人通常使用《圣经》经文的方式，我将某些特定《圣经》经文挪作他用。"（书信献词）霍布斯清楚地知道他正如履薄冰地进入神学迷宫之中。如其大致所宣称的那样，他的目的是改革神学，使其不仅不会而且也不能够与社会秩序的要求相冲突。此处霍布斯对基督教采取了一种不容妥协的世俗态度。衡量宗教的唯一标准是其对维护社会和平所起的作用。在给出这一论断时，霍布斯并非从基督教的领域中撤离，而是提出了自己对一种真正信仰的构想。

霍布斯实际上对宗教提供了两套分析，一种是自然的，另一种则是预言式的。霍布斯对自然宗教的经典论述在《利维坦》

---

[1] Mark Lilla, *The Stillborn God: Religion, Politics, and the Modern West* (New York: Knopf, 2007), 88.

的第十二章，那一章包含了可说是全书中最重要的句子："由于除开人类以外便没有任何宗教的迹象或其成果，所以我们就没有理由怀疑宗教的种子也只存在于人类身上。"（I.xii.1）这一段中所述的宗教的"种子"是什么？有人也许会认为如果这一种子是由上帝种下的话，那么这一陈述中并没有特别异端或不虔诚，但这并非霍布斯所认为的。

霍布斯将宗教的种子追溯到人类对事物原因的好奇心。我们都有想知道制约着我们的好运或厄运的原因的欲望。我们也倾向于相信所有事情必有其原因并去追本溯源。同野兽满足于享受"平日"不同，人类有着将自己的经验通过纳入时间序列而置于某种秩序之下的需求，而这一时间序列被追溯至作为事物第一原因的上帝。考虑到霍布斯坚决否认我们有能力抓住知识的最终基础，尽管将上帝设为首要原因如何能够满足我们的好奇心这一点并非立刻显而易见，但我们不妨暂时接受这点。宗教仅仅是人类试图安身立命的方式，至少在能被一种更高级和更充分的理解形式所取代前一直如此。

根据霍布斯的说法，困难在于，心灵是羸弱的，事物的原因经常难以确定。对原因的无知成了焦虑和恐惧的源泉，而这两者对霍布斯来说就是人类境况的真相（I.xii.5）。人生而脆弱无知，并为一系列不确定性所困。霍布斯推断，作为这种恐惧的结果，我们创造了想象中的力量，这种力量是我们命运的主宰，而它会被祈祷和祭品打动，改善我们的境况。因此，宗教就是这种想象的投影，它创造了一个充满魑魅魍魉的幻想世界，而这些魑魅魍魉被设想能掌控我们的生活。在一处地方，霍布斯简单地将宗教定义为对由心灵想象的或"捏造"的"无形力量"的恐惧（I.vi.36）。与这一迷信的恐惧相结合的是我们去遵从别人的倾向；我们认为他们比自己聪明，能代替我们进行思考。这便是祭司的来源，同时也是其他那些利用我们的易受欺骗来获得权力并让自己处于优越地位的权威的来源。

霍布斯表述了经典的关于宗教的"恐惧理论"，这一理论最早在卢克莱修（Lucretius）著名的（或者说臭名昭著的）散文诗《物性论》（De rerum natura）中得到了可谓是最卓越的阐述。卢克莱修对早期现代思想家——霍布斯、斯宾诺莎、伏尔泰——的影响已被证实。[①] 霍布斯和卢克莱修在一系列主题上意见一致。关于自然，他们都有广泛意义上关于自然的反神学和唯物主义的理论。对于人性，他们都有非政治的构想，并认为人的幸福在于快乐和减轻痛苦，虽然就什么是最高的快乐这点他们意见不一；并且最重要的是，他们认为如果我们希望在和平与满足的状态中愉快地生活，那么恐惧是需要被掌控的最基本的激情；卢克莱修将自己的诗歌当作恐惧的解药和实现心灵宁静的手段。他使用了光和暗的隐喻来描绘从基于恐惧、无知和迷信的生活到基于理性、科学和对自然的真正理解的生活的转换，这幅图景在启蒙运动中被他的伟大后继者们广泛采用。对死亡的恐惧是所有宗教的源泉。宗教建立在我们脱离这种恐惧的需求之上，但最终仅仅是重建这种恐惧。所有宗教中关于死后永久惩罚的故事成为焦虑的不竭源泉。

卢克莱修的教诲总是因为过于朴素而不能真正流行开来。

---

① 关于伊壁鸠鲁主义在塑造现代性中的重要作用，见 Stephen Greenblatt, *The Swerve: How the World Became Modern* (New York: Norton, 2012)。很不幸，此书几乎没有涉及霍布斯或斯宾诺莎。关于卢克莱修对启蒙的宗教批判的重要性的更好解读，见 Leo Strauss, *Spinoza's Critique of Religion,* trans. Elsa M. Sinclair (New York: Schocken, 1965), 37-52；另见 James H. Nichols, *Epicurean Political Philosophy: The "De rerum natura" of Lucretius* (Ithaca: Cornell University Press, 1976), 188-190。

他认为自然是由运动的物体构成,并不具有意图或神圣目的,这一观念始终是为哲学精英而非为轻信的大众所准备的。霍布斯接受了卢克莱修关于恐惧的首要地位的观点,并为其赋予了政治的维度。他可以被称为政治伊壁鸠鲁主义的奠基人。[1]霍布斯的科学或许不能驱逐恐惧,但它能够改变恐惧的方向。在一个秩序良好的国家中,其国民不再互相畏惧而是害怕主权者,后者是掌控生死大权的所有事务的世俗核心。稳定、繁荣甚至是公民自由作为其结果有望缓解这种我们在自然状态下极易感受到的非理性的恐惧。而即使恐惧不能被驱逐,它也可以被管理。通过采纳卢克莱修对神的产生的心理学解释,霍布斯希望能够减少恐惧和迷信,而它们是我们对自然无知的直接结果:"这种经常存在的恐惧,在人类对原因无知的情况下(就好像在黑暗中一样),是始终伴随着人类的,它必然要以某种事物为其对象。因此,当我们看不见任何东西的时候,无从找出祸福的根源,便只有归之于某种不可见的力量,可能就是在这种意义下,某些旧诗人说,神最初是由人类的恐惧创造出来的。谈到众神(也就是异教徒的诸神)时,这一说法是非常正确的。"(I.xii.6)

霍布斯在这一段话中小心地区分了那源于恐惧的"外邦人"或异教徒的诸神,以及源于那理解自然动因的渴望的一神教的神,虽然很难看出这一区分建立在什么基础上。然而基于这一区分,霍布斯进而区别了两种宗教。"这些种子,"他说道,"受到了两种人的培育。"(I.xii.12)第一种人是那些像努马(Numa)的人,他们通过自己的"发明"建立了宗教,而第二种人是那些

---

[1] 见 Leo Strauss, *Natural Right and History* (Chicago: University of Chicago Press, 1971), 168-169。

像亚伯拉罕、摩西和"我们的救主"的人,他们通过"上帝的命令与指示"建立了宗教。异教徒的民间神学创造了仪式、节日和典礼并以此建立"尘世政治",而犹太教和基督教的创立者则建立"神圣政治",这不仅建立了尘世的和平,还向追随者们允诺在来世的位置。稍后我们将继续讨论此处霍布斯究竟想要表达什么。

在上面这段引文中,霍布斯提到"旧诗人",这并不仅仅是在指卢克莱修——古典遗产中最具争议的作者——还包含了对一种新态度的期待,这种态度将逐渐体现现代性的特征。这种恐惧和焦虑的倾向被霍布斯转变为事实上对全人类成立的普遍经验——因为如果不是对人类本质和命运的探索,政治哲学还能是什么呢?——而这一经验也就是随后洛克所称的"不安",卢梭的"自尊心",以及托克维尔的焦虑。[①] 霍布斯如下的著名陈述已经很好地总结了这一态度:人生不存在最高的善(summum bonum),而所有的行动都只不过是避免痛苦和横死的手段。人生变成了无止境的对欲望的追求,这一追求永不停息(I.xi.1)。

向卢克莱修的回归同样预示了一种全新的社会和政治的教诲。持续的急躁、不眠与不安与其说是人的本性的标志,不如说更多的是现代性的标志。霍布斯的新道德本质上是资产阶级道德,一种有关奋斗、自我创造和独立的道德,这种道德甚至不包含笛卡尔那种斯多亚主义的自足的残余。这是同古人所尊崇与荣誉、荣耀和雅量有关的道德相对的反题。并非对声誉的渴望,而是对逃离恐惧的持续性欲望,成为行动的主要驱动力。

[①] 一些有用的反思可见 Pierre Manent, *The City of Man*, trans. Marc A. LePain (Princeton: Princeton University Press, 1998), 130—133。

这同样标志着一个全新阶级掌握了政治权力。这一新阶级没有传统的扶助，不受习俗权威的困扰，仅仅只是追求自身的欲望。《利维坦》是一部为新阶级准备的手册——当然，这是一部冗长且雄心勃勃的手册——让其向通往权力之路迈出试探性的第一步。而如果说这一新阶级的抱负早已在一个世纪前便被马基雅维利的新君主先行一步的话，那么只有在霍布斯这儿，它才得到了完整的理论性表达，并在斯宾诺莎、洛克、休谟、富兰克林以及《联邦党人文集》作者们的作品中得到充满共鸣的解读。

自然法

这种状况意味着什么是显而易见的。根本的不确定性倾向导致了战争状态，霍布斯将其同人的自然状态相联系（I.xiii.8）。他不仅注意到如物质资源短缺和部分人对声名的渴求等事物是冲突的通常来源，而且承认宗教加剧了这一状况。人们可以如卡尔·克劳斯（Karl Kraus）评价精神分析那样评价宗教：那是一种自认为自己是解药的疾病。问题在于只要人类的理性仍旧可能犯错（不妨借用詹姆斯·麦迪逊这一妥帖的说法），我们又如何知道哪个宗教才是真正的宗教？每位先知和祭司都宣称自己是上帝的代言人，但是，因为没有人能够确切知道上帝的意志或心意，我们又该相信谁呢？宗教在所有人相互对抗的战争中加入了"意识形态的"成分。霍布斯的著名解释是，"孤独、贫穷、污秽、野蛮和短暂的"自然状态不仅是一场为了世俗生存和物质福祉的斗争，还是一场关于生活与崇拜的正当方式的斗争。它是一场"神学-政治"冲突。对霍布斯而言，说人是宗教的动物，并不意味着我们按照上帝的形象被造或我们伴随着神圣恩典的灵光出生，而仅仅是为人类的自相残杀又提供了一条理由。它向本已残酷的自然状态世界加入了马基雅维利所谓"虔诚的残酷"（pious cruelty）这一元素。[①]

如果人类的自然状况是一个有着最大程度恐惧和焦虑的状况，那么必须找到一种补救措施来缓和这种状况。为了逃离恐惧，霍布斯罗列了一系列法则——他称其为"自然法"——来着手提供一个和平的转变过程，由充满恐惧的自然状态过渡到和平的社会王国。这些法则为组织和维持社会提供了一般规则或基本框架。这些法则中第一条也是最著名的一条是如下命令，在任何可能的时间地点都追求和平（I.xiv.4）。随之而来的是进一步的法则——总共有十九条——如社交性、感激、平等和谦逊，以及在社会中必须致力于人的福祉的法则，这些法则随后据说构成了"真正和唯一的道德哲学"（I.xv.40）。

霍布斯的历代读者都提出过的问题是，这些法则的地位是怎样的。霍布斯在写作时有时候仿佛认为这些自然法不过是"定理"或"理性的结论"，其作为实践理性的准则为审慎和先见之明所决定。此类法则似乎就是康德所谓的"假言律令"，也就是能够帮助我们满足自己欲望的实用规则。霍布斯的自然法可以被视为是对我们实际经验做出回应的人类发明。然而这些法则何以声称是"真正和唯一的道德哲学"？这些法则是否有任何真正的道德力量？当它们不再能为我们带来便利时，为何我们不该简单地无视这些法则？也许是意识到了这一问题，霍布斯有时称这些法则为上帝的法则，以便为它们赋予额外的道德

[①] Niccolò Machiavelli, *The Prince,* trans. Harvey C. Mansfield (Chicago: University of Chicago Press, 1985), 88.

力量。他坚持认为，即使在自然状态中，自然法在良知上（in foro interno）也有约束力，即使没有办法在实际行为中（in foro externo）执行它们（I.xv.36）。

在第十五章的最后两句话里，霍布斯似乎就这一问题提供了某个解决方案："这些理性的规定人们一向称之为法，但这是不恰当的，因为它们只不过是有关哪些事物有助于人们的自我保全和自卫的结论或法则而已。正式说来，所谓法律是有权管辖他人的人所说的话。但我们如果认为这些法则是以有权支配万事万物的上帝的话宣布的，那么它们也就可以恰当地被称为法。"（I.xv.41）

这一段话至少可以说是含糊不清的。霍布斯称这些理性的规则为"自然法"，却说这是"不恰当的"。法律需要对应的立法者，而关于霍布斯的上帝，至今我们所能说的就是，他是所有事物的第一因，但却几乎不是那种对人类事务发号施令或进行干预的存在。但如果这些规则并不真正是法律，那么为何霍布斯要继续用这一术语呢？一个回答是他有意地援引一个更古老和更可敬的道德词语，这一词语可以追溯到西塞罗和斯多亚派，从而能够伪装起那更激进的甚至是无神论的政治教诲，并使其更易被接受。如果这一解读是正确的，那么霍布斯似乎瓦解了先前曾暗示过的区分，即由异教徒所建立的纯粹政治性宗教和与亚伯拉罕、摩西和"我们的救主"的言论相联系的"神圣政治"之间的区分（I.xii.12）。

然而霍布斯同样给自己留下了回旋的余地。上文引用的第二句话中，他称，如果指引我们寻求和平的这些法则被视为"是由以有权支配万事万物的上帝的话宣布的"，它们就能够正确地被称为自然法。在这段话的基础上，沃伦德和胡德认为自然法受到神圣许可的真正支持。它们并非只是审慎的经验法则而是上帝的真实话语。但此处霍布斯的语言是极度模糊的。他并没有确切地说自然法是由上帝所吩咐的；他只是说如果我们这么考虑的话，那么它们就是真实和适当的法律。这一结果是非常不具有确定性的。

当然，问题在于自然法本身并不具有强制力。令人觉得讽刺的是，我们不能仅仅依靠自然法，因为我们并不是那么害怕上帝。如果相信人们害怕上帝是理所当然的，那就不必由一个世俗的主权者来统治我们，但正因为我们容易接受一系列迷信和其他非理性事物，我们必须找到另一种方式来促使人们尊重自然法。这就是为何主权——霍布斯所称的"会死的上帝"——需要被创造出来，并能够像上帝在尘世的代理者那样行事。似乎我们更惧怕那更小的权力而不是那更大的权力！霍布斯的主权者负有义务去执行自然法，而主权者本身仍旧是自然法的统治对象。主权者也许对他任何的统治对象都没有亏欠，但他和所有人一样，依旧受自然法的制约。

先知宗教

《利维坦》中只有两章同自然宗教有关，但有十二章涉及《圣经》、预言和末世论等主题。然而，大部分现代读者们都大致略过此书这部分内容。《利维坦》对宗教问题的关注要远甚于霍布斯的早期政治作品中对相关问题的关注，但少有人关注为何如此。一种可能是，霍布斯的早期作品受他对几何学和几何方法的发现的影响。霍布斯对欧几里得的发现使他发明了关于新道德和新政治科学的模式。这一发现表面上标志了霍布斯由他基于对历史的鉴赏的早期"人文主义"阶段过渡到了他成熟的"科学"研究。①

然而若主张霍布斯作品中存在人文主义阶段和科学阶段之间的断裂,在解释《利维坦》时就存在困难,因为在其中科学与神学部分得到了几乎同等的关注,而历史——至少是《圣经》历史——得到了相当严肃的对待。如果霍布斯是一个前后一致的科学自然主义者的话,为何《圣经》在他最重要的作品里占据了半数篇幅?原因在于,只有在《利维坦》中霍布斯才充分意识到,《圣经》对一种科学的政治学所提出的主张提出了最深层次的、最深刻的挑战。如果要证明一种科学的政治学的可能性,只有表明宗教所传授的事物丝毫不与理性背道而驰才行。科学和宗教也许有着不同的来源——前者基于理性,后者基于启示——但它们并行不悖。

霍布斯在《利维坦》第三十一章引入了启示宗教的概念,这章的标题是"论自然的上帝之国",在这一章中他区分了所谓的自然宗教与先知宗教:"我们可以说上帝的王国有两种:一种是**自然的**,另一种是**先知的**。在自然的上帝王国中,所有根据正确理性的自然指令而承认天意安排的人都归他统治。在先知的上帝王国中,他选定了一个特殊的民族(犹太民族)作为自己的臣民,他不但以自然理性统治他们,而且通过圣者先知的口颁布制定的法律统治他们,同时也唯有他们才受到这种统治。"(II.xxxi.4)

霍布斯理所当然地——或表现得理所当然地——认为《圣

---

① 见 Strauss, *The Political Philosophy of Hobbes,* 79-107。

经》是上帝的启示话语，并由他的先知们流传下来。但我们如何能够确定这点呢？这自然引出了"什么是先知？"这一问题，并且霍布斯花费了相当多的时间区分真正的先知与虚假的先知。先知是人与上帝之间的中介。他注意到在所有的先知中摩西是独一无二的，因为他是唯一一位上帝直接对其说话的先知；而其他所有先知都是通过幻象或梦境间接地获得他们的预言的（III.xxxvi.11）。霍布斯意识到，根据这一标准，绝大多数先知将会是虚假的。预言同所有人类活动一样是一种权力的形式，并且他注意到，任何声称听到圣音的人都很有可能在主张某种形式的对他人的权力。随之而来的结论是，绝大多数声称自己是先知的人，要么是自欺欺人，要么根据霍布斯不雅的说法，就是"骗子"。直到亚哈（Ahab）确定米该雅（Micaiah）是唯一真正的先知，在此之前他咨询的那四百位先知显然是假的。在一段最尖锐的话中，霍布斯曾评论称："如果说（上帝）在梦境中对他传了谕，这便只等于说他梦见上帝对他传了谕；任何人只要知道梦大部分是自然现象，可以从原先的思想中产生，他这种说法便完全没有说服力让这人相信……如果说他由于超自然的神感而说话，那便等于是说他发现自己有一种强烈的愿望要说话，或者是他自己具有一种无法提出自然和充分的理由的强烈看法。"（III.xxxii.6）换句话说，那些声称收到预言的人通常是不知在何处住口的自吹自擂者罢了。

霍布斯对先知宗教的解释采取了圣经史的形式。他是一位杰出的希伯来学家，深入到希伯来历史的深层意义中了解社会的构成，即使他并不懂希伯来语。[①] 当然，霍布斯是《圣经》的

---

① 关于霍布斯对希伯来语的无知，见 Noel Malcolm, "Hobbes, Ezra, and the Bible," in *Aspects of Hobbes* (Oxford: Clarendon Press, 2002), 413。

独创性解读者，他的目的是让他对先知历史的解释能够同他在《利维坦》第一和第二部分中对权威之基础的理论解释相一致。他的核心论点被一次又一次地复述，即上帝的王国是名副其实的政治主权国家而非一个宗教意义上的精神层面的主权国家："上帝的王国是实际的王国而不是比喻的王国，不但在《旧约》里这样看，而且在《新约》也这样看。当我们说：'因为国度、权柄和荣耀全是你的'时，就应理解为根据我们的信约而成立的，而不是根据上帝的权力而成立的上帝的王国，因为后者是上帝永远具有的。因此，我们在祷告中说：'愿你的国降临'时，除非是指基督对那个上帝王国的复兴，否则便是多余的。"（III.xxxv.11）

霍布斯的先知历史是一出三幕剧。[①] 在第一幕中，上帝选择了亚伯拉罕和他的子嗣以服务于"一个祭司的王国和一个神圣的民族"。这一王国首先由上帝同亚伯拉罕之间的信约建立，并凭着上帝同摩西在西奈山所立的信约复兴。依据这一信约的条款，上帝直接统治希伯来人，而摩西和之后的先知们不过是上帝的"代统治者"（III.xxxv.7）。但在摩西死后，在西奈所立的信约越来越不稳定，因为不同的先知们之间为了政治权力相互倾轧。虽然神权政治在原始意义上指上帝的直接统治，但逐渐在实际上指祭司或其他声称代神发话的人的统治。争相宣称获得神圣灵感导致了一种无政府状态——霍布斯自然状态的原型——在这一状态中权威分散于诸部落中，并且"以色列人中没有主权权力存在"（III.xl.10）。

这就带我们走向了第二幕。与摩西的信约在撒母耳（Samuel）

[①] Ronald Beiner, *Civil Religion: A Dialogue in the History of Political Philosophy* (Cambridge: Cambridge University Press, 2011), 53-55.

的时代被废止了，当时以利（Eli）的儿子使人们对预言中的传承丧失了信仰并要求立王，这样他们能够"像所有其他民族一样"接受统治。根据霍布斯对这一叙事的解读，这在预言叙事中标志着一个决定性的时刻。这是对上帝的一系列背叛之一，而这些背叛源于《创世记》（Genesis）中人从知识之树那里偷食禁果。霍布斯予以特别关注的《圣经》段落中，在撒母耳就王权的危险警告以色列人之后（撒母耳记上 8:10），上帝（又一次）告诉撒母耳"百姓向你说的一切话，你只管依从"。这个无比清楚的例子警告我们：要小心自己所希望的东西。

但霍布斯在这部戏剧的第三幕也是最后一幕，准备了一出基督对上帝的王国在地上的复兴。基督许诺恢复与上帝之间的信约，那一信约自摩西到撒母耳时期存在，并因选出了扫罗而中止。扫罗作为一位有血有肉的国王的加冕就是一场针对上帝的叛乱，直到耶稣再临时才被完全拨乱反正。同旧的信约一样，新的信约将是这个世界的王国，由耶路撒冷进行统治。两者的区别在于，基督的王国还未来临："如果基督在地上的时候并没有王国在这世界，那么他第一次降临人世又是为了什么目的呢？"随后霍布斯自问自答："这是为了立一个新约，使原先由于《旧约》属于上帝、后来又由于以色列人选扫罗为王背叛上帝而中止的王国复归于上帝……所以当救主在人世时，便具有两重职责，一重是宣告自己是基督，另一重是通过宣教和行奇迹劝服人们，并使他们准备好实现无愧于信徒所享受的永生的生活。"（III.xli.4）

霍布斯主张基督的作用将不过是恢复上帝与摩西之间的古代希伯来信约，这经常被认为是他爱犹主义（philosemitism）的体现。通过让基督在摩西式的神权政治的重建中充当代理人，霍布斯事实上让基督教"犹太化"了（III.xli.4）。用格肖姆·肖勒姆（Gershom Scholem）的话说，霍布斯是一位复辟论的而非末世论的弥赛亚主义者。① 在传统的犹太教中，复辟论的弥赛亚主义特指重建大卫王治下的王国的政治主权。它同样否认来世代表了任何同历史时间的断裂，或是会带来某些激进的全新法律。霍布斯的基督教王国——作为一个重建的神权政治——将会回归到上帝直接统治他的子民而不由任何政治机构的强制性力量作为中介的时刻。这一王国将可以被称为一个纯粹"基于信仰的"信徒团体，正如亚伯拉罕和摩西时期犹太人所维持的那一团体一样。②

社会由上帝的法律直接掌管，这一观念暗示了霍布斯思想中一个反君主制的甚至是弥赛亚主义的维度，这同经常与他牵强地联系在一起的政治现实主义相去甚远。但——此处才是关键所在——基督的王国尚未到来。基督并非以一个立法者或政治奠基者，而是以一个教导者的身份到来。他所做的不过是宣布上帝王国即将到来，但并不触动现有国家的法律和犹太人的习惯（III.xli.5）。上帝的王国还只是一种未来的情形，并且目前还看不到日子的尽头。此外，霍布斯不是沙巴泰·泽维（Sabbatai Zevi），后者在二十二岁时宣称自己是弥赛亚并宣布上帝的王国近在眼前。霍布斯将会坚决反对人类任何强制终结或通过人类手段造成终结的企图。直到基督回归的那一天到来前，我们仍旧是扫罗那背叛了上帝的后代。法律制度和主权之所以仍旧能全力强制对其的遵从，正是因为信仰仍旧缺失。霍布斯

---

① Gershom Scholem, "Toward an Understanding of the Messianic Idea in Judaism," in *The Messianic Idea in Judaism and Other Essays in Jewish Spirituality* (New York: Schocken, 1971), 1–36.
② 见 Beiner, *Civil Religion*, 55; Warren Zev Harvey, "The Israelite Kingdom of God in Hobbes' Political Thought," *Hebraic Political Studies* 1 (2006): 310–327.

的政治学仍旧是为堕落时代考虑的政治学。直到基督再临此世前，国王的统治仍将绝对屹立不倒。

黑暗王国

霍布斯的上帝王国是一个易引起争论的概念，其意在反对黑暗王国（《利维坦》第四部分的标题）。霍布斯用黑暗王国意指"一个骗子的联盟，为了在今世取得统治人的权力这一目的，力图以黑暗和错误的说法熄灭他们身上的天性和福音之光，破坏他们进入未来的上帝国的准备"（IV.xliv.1）。他所谓的"联盟"指的主要是天主教和长老会的神职人员，但在更一般意义上指的是某些祭司们的阴谋，他们声称自己对上帝的道路有着特殊的知识，并将自己树立为他人要遵从的权威。

祭司权威主张的基础首先来自一种错误的形而上学。这得回溯到对独立于身体实存的永恒灵魂的信仰，以及更进一步对超越此世的来生的信仰。对霍布斯来说，并不存在超越此世的生活，并且他花了《利维坦》的整整一章（第三十八章）来展示永恒所意味着的东西适用于国家的生命，而非个体的生命。霍布斯不仅揭示了死后永恒幸福的观念的真相，类似地，他也暗中破坏了永恒惩罚的观念。地狱的观念是对希伯来语中的矶汉那（Gehenna）的翻译，它实际上指的是耶路撒冷郊外的一个垃圾场，在那儿火持续不断地燃烧（III.xviii.10）！但这种错误的形而上学却有着重要的政治后果。祭司制度将自己作为一种王国内的王国，作为一个与世俗权力竞争的精神上的王国。而这导致的结果就是国王和祭司间持续不断的内战。

有必要在此重申，霍布斯的目的是在单一领导下重新统一宗教与世俗权力。这意味着要向世俗主权者赋予权力，如建立某种公共崇拜，决定《圣经》中的哪些卷册应被视为正典，以及代表整个国家来阐释《圣经》，甚至教会也不过是获授权的主权者臂膀罢了。霍布斯用一句不同寻常的话将教会定义为"明证基督教信仰并结合在一个主权者的人格之中的一群人，他们应当在主权者的命令下聚会，没有主权者的权力为根据就不应当聚会"（III.xxxix.4）。因为教会必须在世俗主权者的控制之下，基督徒有责任遵守主权者的宗教。世俗与宗教权力不过是一枚硬币的正反两面，霍布斯在第三十九章最后一段中详细描述了这点："因此，在今世之中，除世俗政府之外，既没有国家的，又没有宗教的政府；也没有国家兼教会的统治者所禁止传布的任何说法能对任何人民是合法的。这统治者只能有一个，否则在一国之内，教会与国家之间、唯灵论者与世俗主义者之间以及法律之剑与信仰之盾之间就必然会随之出现党争和内战；（比这更糟的是）在每一个基督徒心中都必然会随之出现基督徒与普通人之间的冲突。"（III.xxxix.5）霍布斯用如下主张作为这一段话的总结，即"世俗主权者"不过是"牧者之长"，因为"《圣经》把这职位赋给了"他。

霍布斯策略的一个主要部分显然是卸去神职人员的权力。霍布斯帮助开启了一场针对启蒙运动所称的"神职权术"的战争，这一战争在伏尔泰的"消灭败类"（*écrasez l'infâme*）口号中达到顶点。合法性权力的来源只能有一个，那就是主权者。如霍布斯所坚称的，这一观点同样能在《圣经》中得到理解。因为基督的王国尚未来临，因此基督并没有政治权威，而他的使徒就更不具备了。"基督的使者在今世的职务是使人相信并信仰基督，"霍布斯写道，"但信仰既不依靠强制或命令，也与之无关；它所依靠的只是从理性中，或从人们已经相信的事物中所引出的论点的肯定性或可能性。"（III.xlii.9）神职人员的权力是"辅助性的"而非"权威性的"。由这便能更进一步得出，对异端或其他形式的不信教的迫害是完全被禁止的（III.xlii.25）。[①]

霍布斯向读者保证，为了保证救赎所需要做的一切是对基督的信仰和对主权者法律的遵守（III.xliii.3）。这构成了霍布斯公民宗教的基本原则。"唯一必须的（*unum necessarium*）（即《圣经》上说明的得救所绝对必要的信条）是：耶稣是基督。"（III.xliii.11）这便是救赎所全部需要的。考虑到教会或是牧师都没有任何强制性的权力，如果国王是一个不信教者或禁止对基督信仰的异教徒的话，那会如何呢？霍布斯对这一问题的解答，同之后洛克关于宗教宽容的观点一样怪异。"关于这一问题我的答复是，"霍布斯回答说，"这种禁止是没有用的，因为信与不信不能由人家命令决定。"（III.xlii.11）法律可以强迫行动但不能强迫信仰。由于这一原因，即使某人被迫放弃对基督的信仰，霍布斯也称他没有犯罪。"口头的宣称，"他评论道，"不过是表面的。"并且只是说明遵从，并不能说明信仰。

一位身不由己的基督徒

所以，从霍布斯的宗教批判中我们能得到什么呢？在他的

[①] 关于霍布斯对异端法的创造性阐释，见 Thomas Hobbes, *A Dialogue Between a Philosopher and a Student of the Common Laws of England,* ed. Joseph Cropsey (Chicago: University of Chicago Press, 1971), 122-132；另见 Thomas Hobbes, *Behemoth or The Long Parliament,* ed. Ferdinand Tönnies (Chicago: University of Chicago Press, 1990), 8-18。

同时代人看来，霍布斯是无神论者这一点是毫无疑问的。他的唯物主义，从人到运动中的物质的还原，对个人不朽的否认，以及对主教制度独立性的攻击，所有这一切让克拉伦登伯爵（the Earl of Clarendon）——霍布斯最早且最好的读者之一——这样的人评论称"一个好的基督徒几乎不能够在听到霍布斯的名字同时不做祷告"。[1] 今天的意见则完全相反。我们经常以自己的怀疑主义为傲，但当霍布斯宣称自己信仰宗教时我们却毫不怀疑。我们更怀疑那些质疑他真诚的人，而非怀疑霍布斯。正因如此，亨宁·格拉夫·雷文特洛（Henning Graf Reventlow）在他的鸿篇巨著《圣经权威与现代世界的兴起》（*The Authority of the Bible and the Rise of the Modern World*）中，以评论霍布斯"完全是其时代之子"结束关于他的章节，换句话说，他是一名同传统的教会政治保持一致的基督教人文主义者。[2] 为何霍布斯的同时代人没能把握这点？我们宣称自己充分了解了霍布斯，但我们对他的了解似乎远少于那些烧毁他著作的人。

更有趣的——且更困难的——问题是如何评估霍布斯的宗教信仰的真诚性。对约翰·波考克（John Pocock）来说，显然难以想象像霍布斯这样一位"出了名地傲慢"和"对'无关紧要的演说'深恶痛绝"的思想家，能够写下他所不相信的东西。[3] 确实，对于一位曾因说自己与恐惧为双生子而著称的人来

---

[1] 引自 Samuel I. Mintz, *The Hunting of Leviathan: Seventeenth-Century Reactions to the Materialism and Moral Philosophy of Thomas Hobbes* (Cambridge: Cambridge University Press, 1962), 57。

[2] Henning Graf Reventlow, *The Authority of the Bible and the Rise of the Modern World* (Philadelphia: Fortress Press, 1985), 221–222.

[3] Pocock, "Time, History, and Eschatology in the Thought of Thomas Hobbes," 162.

说，霍布斯就其时代的标准来说异常坦率。① 但就连霍布斯的坦率也有其限度。质疑霍布斯彻底真诚的一个主要证据来源于约翰·奥布里（John Aubrey）的《名人小传》(*Brief Lives*)的记载：当霍布斯读斯宾诺莎的《神学政治论》(*Theologico-Political Treatise*)时评论道，这一作品"超过他半个身位，因为他不敢如此大胆地写作"。②

奥布里的论述可作为证据充分证实施特劳斯的观点，即出于对迫害的恐惧，霍布斯不愿意公开表达他的宗教信念。施特劳斯认为，霍布斯的宗教观点与彼时英国政治的飘忽不定，以及霍布斯对生存或至少和平离世的渴望息息相关，而霍布斯确实如愿在八十九岁的高龄离世。虽然他在早期作品中"较为靠近英国圣公会主教派教义（Anglican Episcopalianism）"，但这些表象可以是迷惑性的。"那时他就像后来一样，远远不是一个虔诚笃信的基督教徒，"施特劳斯评论道，"只有政治上的考虑，才使他为教会的主教团体制辩护；出于同一个原因，他在那时谈论宗教教义，较之于英国内战时期、共和国时期及摄政时期，更为谨慎小心。"③

施特劳斯称霍布斯从未是一位"虔诚笃信的基督教徒"，而是一位出于方便的基督徒，这迫使我们不仅思考霍布斯说了什么，还要思考他在说这些时的诚意。施特劳斯随后承认，即使是用霍布斯自己对无神论的标准来考察，他也无法证明霍布斯

---

① Thomas Hobbes, "The Verse Life," in *Human Nature and De Corpore Politico,* ed. J. C. A. Gaskin (New York: Oxford University Press, 1994), 254.
② John Aubrey, *Brief Lives,* ed. Andrew Clark (Oxford: Clarendon Press, 1898), l:397; 埃德温·柯莱做了一个非常有用的讨论，见 "'I durst not write so boldly' or How to Read Hobbes' Theologico-Political Treatise," in *Hobbes e Spinoza,* ed. Daniela Bostrenghi (Naples: Bibliopolis, 1992); 另见 Stephen, *Hobbes,* 156, 228; Strauss, *Hobbes' Critique of Religion,* 23, 32。
③ Strauss, *The Political Philosophy of Hobbes,* 74.

是一个无神论者。① 施特劳斯显然正确地注意到，今日许多就宗教问题写作的人没能注意到前几代意图避免迫害的作者在写作中所采取的"谨慎"和"适应"的程度。人们不能用读伯特兰·罗素（Bertrand Russell）有关宗教的作品的同样方式阅读霍布斯对同一主题的论述。然而即使假设这确实是真的，那么霍布斯也未能通过自己的测试，因为他的作品为他带来了无尽的麻烦。他也许没有遭受苏格拉底的命运，但对他教义的频繁攻击和"霍布斯主义"这一新词的诞生，足以阻碍对他思想的严肃考量，直到他在20世纪获得平反。②

问题的关键不在于霍布斯在自己心底究竟信仰什么，而是他想要得到怎样的理解。没人能够知道霍布斯的想法，人只能知晓他的言语。而即使我们能够知道霍布斯的想法，又有什么不同呢？如上所述，霍布斯出了名地反对教权。他所谓的"黑暗王国"指的不仅是罗马教会而且也是长老会，他谴责后者将燃起内战的火焰。然而霍布斯反复坚称基督教信仰的唯一信条是"耶稣是基督"，不论他是否有意将其作为对他无神论指控的预防措施，凭这一点足以给他贴上基督徒的标签。霍布斯也许是一名特殊的基督徒，是某一教派的成员，但他仍然是一名基督徒。

问题是，如果霍布斯确实是一名基督徒，即使很古怪，那么他是哪类基督徒呢？一个回答是，他是一名神学怀疑论者。这并不是说他怀疑宗教本身，而是说他怀疑宗教用于为自己辩护的各种论证。如我们所见，这对涉及那些声称为上帝说话的人而言尤其如此。霍布斯并没有否认一个人可能获得来自上帝

---

① 见 Strauss, *Natural Right and History*, 199。
② 关于对霍布斯的攻击，见 Mintz, *The Hunting of Leviathan*。

的真正交流。他只是否认这让任何人有权将他或她的观点强加于他人之上。因为没有人能够确认另一人有关神圣沟通的宣言,继而没有人对那自称听到上帝之声的人负有任何义务(III.xxxii.9)。我们所有人有权确定的是,上帝存在,并且他的道路是不可知的(I.xi.25)。超出这一点,我们所试图宣称的任何事情都是某种形式的不虔诚。

霍布斯可以否认这种怀疑主义是对无神论的一种遮掩。无神论是一种庸俗的怀疑主义。它声称自己知道某些不能被知晓的事物,就像那称在自己心中不存在上帝的愚昧之徒一样(I.xv.4)。对霍布斯来说恰恰相反,信仰同怀疑主义密不可分,同我们不能知晓的事物密不可分。霍布斯的怀疑主义宗教的本质,如雪莉·莱特文(Shirley Letwin)所论证的,是济慈(Keats)所描述的一种"消极的能力",也就是说,"有能力与不确定性、神秘事物和怀疑共处,同时不会因想要达到事实与理性而贸然行动"。霍布斯的目的在于限制理性从而为信仰留下空间。[①]

与霍布斯是否真诚这一争论相联系的,是他同自由主义的关系问题。如果我们关注他将教会和所有其他形式的民间组织置于主权者控制之下的尝试,那么会发现,霍布斯似乎在讨好某种危险的政教合一制(caesaro-papism)。毫无争议的是,霍布斯在某些事务上赋予了主权者极大的权力,如《圣经》解释的权利(III.xxxiii.25),宣布《圣经》中的哪几卷应当被视为权威的权利(III.xxxiii.1),删改或禁止那些被认为危及公共安全

[①] Shirley Letwin, "Skepticism and Toleration in Hobbes' Political Thought," *Early Modern Skepticism and the Origins of Toleration,* ed. Alan Levine (Lanham, MD: Lexington Books, 1999), 176; 另见 Oakeshott, "Introduction to *Leviathan,*" 11–13。

的书籍的权利，将臣民开除教籍的权利（III.xlii.29），以及即便有违良知也能强制敬神的权利。像卡尔·施米特之类的20世纪思想家转向霍布斯的主权学说并将其作为某种形式的政治"决断论"，这并不奇怪。

最近，许多修正主义的阐释者们试图为将霍布斯作为宽容主义者的解读进行论证。[①] 根据这种解读，他将在法律上不受限的权威归于主权者，但他同时认为这一权威必须被尽可能保守地运用。这一观点认为，霍布斯就主权者能够合理要求其臣民的内容进行了限制。他关于强迫宗教上统一的论证与其说是原则上的，不如说更多是务实和政治的。在《贝希摩斯》(*Behemoth*)这本他关于英国内战史的著述中，他反复表明，强迫宗教上统一的尝试是如何适得其反并带来冲突和抵抗。[②] 主权者应当能够控制那些真正对和平与秩序**确实有**危险的观念，但仍应留下足够空间允许人们在他们的私人生活中思考和活动。霍布斯坚持，宗教同信仰有关——而信仰不同于行为，不能被强制。外在的服从与内在的自由的结合是霍布斯的宗教崇拜的关键。霍布斯将基督教还原为单一准则——"耶稣是基督"——为人们能够做什么和相信什么留下了极大的余地。

关于霍布斯是宽容主义者的最有力证据出现在《利维坦》末尾的一个段落中（IV.xlvii.19）。在此处，霍布斯讲述了一段

[①] 见 Alan Ryan, "A More Tolerant Hobbes," *Justifying Toleration,* ed. Susan Mendus (Cambridge: Cambridge University Press, 1998), 37–59; Richard Tuck, "Hobbes and Locke on Toleration," in *Thomas Hobbes and Political Theory,* ed. Mary G. Dietz (Lawrence: University of Kansas Press, 1990), 153–171; Edwin Curley, "Hobbes and the Cause of Religious Toleration," *The Cambridge Companion to Hobbes' Leviathan,* ed. Patricia Springborg (Cambridge: Cambridge University Press, 2006), 309–334; 另见 Stephen, *Hobbes,* 233, 斯蒂芬这个观点足足早了一个多世纪："因此霍布斯似乎更支持完全的宗教宽容和国家在宗教事务上全然的漠不关心。"
[②] Hobbes, *Behemoth,* 62: "对教义的压抑反而引起众怒，也就是说，既增加了他们的怨恨，又助长了已经是信徒之人的力量。"

简短且进行过必要删减的基督教历史，一个教会逐渐侵占良知自由的故事。在最初的基督教中，良知被认为是自由的，而言词和行动则受世俗权威的管辖。不久之后，"长老们"决定了他们认为合适的教义，而所有持不同意见的人都被开除教籍。"而这，"霍布斯写道，"是对他们的自由所打上的第一个结。"第二个结是任命主教以管辖地方长老之时。而最后一个结，则是将罗马主教任命为最高教长（Pontifex Maximus）以便监督帝国的全部主教。

有人也许会设想，统一的基督教世界这一天主教图景，也许与霍布斯的渴求不谋而合，即正如卢梭所说的，将鹰的两个头结合在一起。但他接下来表明，自宗教改革以来，基督教欧洲的境况回归到早期基督教的情形，彼时祭司的权力还尚未增强以至控制人们的信仰："首先，教皇的权力被女王伊丽莎白全部解除；……这样便解开了第一个结。其后，英格兰的长老会长老推翻了教皇权力，于是便解开了第二个结。几乎就在同时，长老的权力也被剥夺了，于是我们便又归于原始基督徒的独立状态，每个人都可以随自己的心愿追随保罗，追随矶发（Cephas）或追随亚波罗（Apollos）。"（IV.xlvii.20）

霍布斯继续考察这一全新的教会共同体，认为其是曾存在过的教会组织中"最好的"；"首先，由于除开道本身以外，应当没有任何权力可以管辖人们的良知；而道使信仰在每一个人身上发生作用时，并不永远按照栽种和浇灌的人的目的，而是按照叫它生长的上帝本身的目的。其次，（有人教导旁人说，每一个小错里都存在着极大的危险，于是便）要求自身具有理性的人服从另一人的理性或服从许多其他人的多数意见，这是不合理性的（其情形差不多等于是把自己的得救用掷骰子看单双的方式进行冒险)"（III.xlvii.20）。

很明显，霍布斯在此处论述的是自宗教改革以来基督教欧洲的情况。宗教大战的结束和《威斯特伐利亚条约》的签署削弱了普世教会的主张，并开启了通往宗教多元主义的可能性的大门，至少开启了一条门缝。我们处在所有人都能够思考或相信他们所意愿的事物的形势下，并且强制让人们相信他人告诉他们要相信的事物是违背理性的。霍布斯似乎在这儿暗示了一种宗教宽容，这对公民社会来说是最好的安排。简言之，我们现在已经接近了斯宾诺莎的领域。

第 5 章

斯宾诺莎是什么类型的犹太人？

> [霍布斯]对我说[斯宾诺莎]超过他半个身位，因为他不敢如此大胆地写作。[①]
>
> ——约翰·奥布里

斯宾诺莎在现代性的发展中占有中心地位。他是第一位现代犹太人模范，这一模范随后成为犹太身份的一种独特现代形式的典型。然而直至今天，在他去世 300 年后，下述问题仍悬而未决："斯宾诺莎是什么类型的犹太人？"斯宾诺莎和犹太主义之间有何关系，他如何改变了犹太人的传统？以及最重要的是，他对犹太主义的改变是如何从现代性的发展中诞生的？毫无疑问，是斯宾诺莎首先将后来著名的犹太人问题——"der Judenfrage"——置于现代哲学的中心。[②]

斯宾诺莎同犹太主义的关系绝非他思想中次要或边缘的一

[①] 引自 John Aubrey, *Brief Lives*, ed. Andrew Clark (Oxford: Clarendon Press, 1898), I:397.
[②] 见 Steven B. Smith, *Spinoza, Liberalism, and the Question of Jewish Identity* (New Haven: Yale University Press, 1997); 另见 Adam Sutcliffe, *Judaism and Enlightenment* (Cambridge: Cambridge University Press, 2003); Daniel B. Schwartz, *The First Modern Jew: Spinoza and the History of an Image* (Princeton: Princeton University Press, 2012).

面。这并非如有时候所描绘的那样，只是他自画像中的一个偶然特质，或只具备心理学上的兴趣。得益于像哈利·沃夫森（Harry Wolfson）和施洛莫·皮内斯（Shlomo Pines）等斯宾诺莎的杰出研究者的研究，我们能够知道斯宾诺莎生活在同中世纪犹太哲学家和注释家的宏大主题和文本的几乎不间断的对话之中，例如迈蒙尼德，哈斯代·克雷斯卡斯（Hasdai Crescas），吉尔松尼德（Gersonides），拉希（Rashi），伊本·以斯拉（Ibn Ezra），以及莱昂·埃布里奥（Leone Ebreo）。① 而与此同时，斯宾诺莎受到来自犹太传统的诋毁远甚于其他犹太思想家。斯宾诺莎并非其所属传统的一位虔诚中介人和忠诚传播者；相反，他是其最深刻和最影响深远的批评者，而他对古典犹太主义的文本和源头的层层深入和精熟，使他的批评更是直击痛点。

让我们从审判斯宾诺莎一案中总是被列举的"铁证"开始。1656年7月27日（犹太历5416年5月6日），阿姆斯特丹犹太教会长老会向二十四岁的巴鲁赫·德·斯宾诺莎（Baruch de Espinosa）宣布如下"咒诅"（Herem），即逐出教会的法令："以天使之名圣人之言，我们封杀、断绝、诅咒、咒逐巴鲁赫·德·斯宾诺莎……并加以所有《妥拉》（Torah）所书诅咒。他将受诅于白天黑夜，受诅于睡梦清醒之时，受诅于来去之间；愿主不意欲宽恕他，愿主的暴怒和灼热烘烤他……他如今的确离开了主，离开了一直在的你们的上帝。"②

咒诅的文本并没有描述拉比们让阿姆斯特丹的犹太共同体

---

① 见 Harry A. Wolfson, *The Philosophy of Spinoza,* 2 vols. (Cambridge, MA: Harvard University Press, 1934); Shlomo Pines, "Spinoza's 'Tractatus Theologico-Politicus,' Maimonides, and Kant," *Scripta Hierosolymitana* 20 (1968): 3–54。
② 引自 Yirmiyahu Yovel, *Spinoza and Other Heretics: The Marrano of Reason* (Princeton: Princeton University Press, 1989), 3。

同斯宾诺莎断绝往来的细节。有一些模糊的文字提到斯宾诺莎实践或坚持"可怖的异端邪说""可怕的事迹"以及"邪恶的观点"。事实上咒诅以一不祥警告结束，它称任何人如果试图帮助、慰藉或支持斯宾诺莎或"阅读由他创作或书写的任何作品"都将遭受相同的命运。

斯宾诺莎被革出教会的原因十分模糊，甚至在历史中佚失了。但在咒诅颁布的十四年后，斯宾诺莎凭借伪造的出版许可出版了一部匿名作品，在其中清算了他与犹太主义和犹太民族的恩怨。《神学政治论》(Tractatus Theologico-Politicus)为将斯宾诺莎革出教会的裁判的正当性提供了所有必要的证据。[1] 对一些人而言，这一作品证明对斯宾诺莎的至今尚未被解除的封杀是完全合理的。而对另一些人来说，斯宾诺莎的遭遇让他成为殉道者队伍中的一员，从苏格拉底到耶稣再到伽利略，他们因思想自由和观念自由的事业而遭受迫害。直至今天，斯宾诺莎的遗产仍遭到激烈的争辩。

斯宾诺莎的形象在诸多的犹太思想中存在深刻分歧。近代犹太主义的某些权威人物认为斯宾诺莎是完全有理由被封杀的。德国新康德主义伟大创始人之一赫尔曼·科亨(Hermann Cohen)就谴责他为"民族的变节者"和"叛教者"，称他在一个反犹太世界的面前诋毁犹太主义。斯宾诺莎被科亨描绘为犹太人的背叛者，因"人类无法理解的背叛"而有罪。[2] 法国哲

---

[1] Baruch Spinoza, *The Theologico-Political Treatise,* trans. Samuel Shirley (Indianapolis: Hackett, 1998); references to the text will be to chapter and page number.［译按］中译本可参考巴鲁赫·斯宾诺莎著,《神学政治论》，温锡增译，北京：商务印书馆，1963。对原文的翻译从英文直接译出，并参考中译本。

[2] Hermann Cohen, "Spinoza über Staat und Religion, Judentum und Christentum," *in Jüdische Schriften,* ed. Bruno Strauss (Berlin: Schwetscheke, 1924), 3:360, 361, 371.

学家和塔木德学者伊曼纽尔·列维纳斯（Emmanuel Levinas）的评价同样严厉。"斯宾诺莎，"列维纳斯写道，"因背叛而有罪……由于斯宾诺莎所青睐的理性主义，基督教才得以在暗中取胜，在让人皈依的同时不用背负叛教的恶名。"[1]

斯宾诺莎在被某些人强烈谴责的同时，也受到其他人的推崇。在《罗马和耶路撒冷》（Rome and Jerusalem）中，莫西·赫斯（Moses Hess）以"一位青年斯宾诺莎主义者"署名并将斯宾诺莎视为犹太民族对巴勒斯坦家园之渴望的先知。[2] 乔治·艾略特（George Eliot）曾着手翻译《神学政治论》，而在她的小说《丹尼尔·德龙达》（Daniel Deronda）中莫迪凯（Mordecai）一角将斯宾诺莎视为原初的犹太复国主义者，他"不能理解为何以色列不应再次成为被选中的国家"："谁说我们民族的历史与文学已经死去？难道它们不像希腊和罗马的历史与文学一样，激发了革命，点燃了欧洲思想之火，并让非正义的力量发抖？这些只是从坟墓中挖掘出的遗物罢了。而我们的遗产则在百万人类身躯上震动着，从未停止。"[3]

不时会出现请愿要求废除对斯宾诺莎的封杀。1925年在耶路撒冷希伯来大学，希伯来学家和历史学家约瑟夫·克劳斯纳（Joseph Klausner）谴责了对斯宾诺莎的封杀，认为其是一种历史的不合时宜。斯宾诺莎也许被驱逐出了犹太人共同体，但他并非不再是一个犹太人（稍后我将继续讨论这一点）。斯宾诺莎表明成为一名全新类型的犹太人意味着什么。"封杀被撤回了，"

---

[1] Emmanuel Levinas, "The Spinoza Case," *Difficult Freedom: Essays on Judaism,* trans. Sean Hand (London: Athlone Press, 1990), 108.
[2] Moses Hess, *The Holy History of Mankind and Other Writings,* ed. Shlomo Avineri (Cambridge: Cambridge University Press, 2004).
[3] George Eliot, *Daniel Deronda,* ed. Graham Handley (Oxford: Clarendon Press, 1984), 498.

克劳斯纳宣布道——没人知道是出于谁的名义——然后宣读了三次下述宣告,"巴鲁赫·斯宾诺莎,你是我们的兄弟。"[1] 戴维·本-古里安(David Ben-Gurion)重复了类似的呼吁,但同样不怎么成功。

斯宾诺莎对犹太主义所持的观点如何有助于塑造我们的现代性概念?这些观点是否正当,又有什么能够解释它们?是什么导致了对斯宾诺莎作品的完全不同的回应?最后,斯宾诺莎是什么类型的犹太人,以及他对现代犹太主义有何——好或坏的——影响?

宗教信仰的心理学来源

《神学政治论》中的第一句话如下:"如果人们能够对他们的环境施加彻底的控制,或持续的好运总与他们的命运相伴,他们将永远不会成为迷信的牺牲品。"(Pref/1)此处的关键词是**迷信**(superstition)。斯宾诺莎提出了一个关于人类心理和我们信仰起源的宽泛论断,并且为随后的所有论述搭建了舞台。他于此处协助发动了启蒙运动对迷信的战争,或者说发动了这样一场运动,这一运动后来体现在伏尔泰的著名口号"消灭败类"(écrasez l'infâme)之中。这一著作的目的是解释迷信的起源,并因此将读者从中解放出来。它的任务既是诊断又是解放。但到底何谓迷信?毕竟斯宾诺莎从未在任何地方对这一术语准确

---

[1] Joseph Klausner, "The Jewish Character of Spinoza's Teaching," in *The Jewish Political Tradition: Membership,* ed. Michael Walzer, Menachem Lorberbaum, and Noam J. Zohar (New Haven: Yale University Press, 2003), 419.

地下过定义。

迷信是错误信仰的一种。我称其为一种（species），因为很明显并非所有错误信仰都是迷信。许多错误的信仰不过是基于事实上的错误信息或基于错误的认识。此类信仰应当成为基于经验证据证伪的对象。与之相对照，迷信则是拒绝有证据支持之主张的那些信仰。斯宾诺莎提供了一个心理学的分析，解释为何迷信在头脑中有着如此持续性的影响。对斯宾诺莎而言，迷信根植于激情之中。作为人类，我们易于受各种不同的激情左右——希望和恐惧是其中最强有力的两种——而这是由我们的生活状况所决定的。我们被认为是在此类激情之中"摇摆不定"并让它们——而非理性——决定我们的信仰。激情并非智识创造力的来源，而是错误与困惑的来源。对事物原因的无知带来了恐惧，而最终正是对未知事物的恐惧——此处恐惧是主导性的激情——使某些人相信未来是可以确定的，但不是通过对自然的研究实现，而是通过向萨满、算命者，以及那些以人类易受欺骗之特性为生的骗子咨询来实现（Pref/1）。

根据斯宾诺莎的激情心理学，也许存在许多种迷信，而最大的迷信——可以说是所有迷信之母——是认为上帝是一个有意图的能动者：一个同我们类似但比我们无限地强大的存在，祷告和乞求能够对其施加影响，让其为我们行事或改善我们的处境。这一信念创造了一套包括习惯、制度和仪式在内的宏大上层建筑——有组织的宗教整体——其反过来招致了对人类心灵的奴役："专制主义的最终奥秘，也即它的支柱和赖以持续的原因，是让人们处于欺瞒之中，并用宗教这华而不实的名目遮掩用来控制人民的恐惧，这样一来他们就会如同为自己得到救赎而战一样为了使自己被奴役而斗争，仅仅为一个人

而抛洒自己的热血和生命，不以为耻，反视为最高的尊荣。"（Pref/3）

虽然迷信确实是一定形式的欺骗和错误信仰，但它却不仅是如此；它还是政治控制和迫害的工具。斯宾诺莎所谓的迫害，指的是使用武力或强制性力量来控制心灵。《神学政治论》试图解开的一个核心悖论是，基督教起初作为一个爱与和平的宗教，是如何变成了一个迫害和不宽容的宗教的。斯宾诺莎将不宽容的源头追溯至人类的软弱和易受欺骗，而人类也愿意让出自己理性和自我立法的力量，将其交给渴求权力的祭司和国王。作为人类易受欺骗的结果，信仰已变得与"轻信和教条一致"，而宗教成为"某种滑稽的神秘仪式"（Pref/4）。

最危险的是，教会与国家联手，不仅利用大众的轻信控制了他们的行为，还控制了他们的心灵。正是由于对所有形式的审查和心灵控制的反对，斯宾诺莎作为思想和观点自由的伟大拥护者之一，成了自由主义传统中的一员："以偏见之名行事，或是以任何方式对公民的自由判断施加强制力，这些做法都是同人民的自由完全不兼容的。至于那些披着宗教外衣所进行的迫害行为，它们自然有其唯一的源头，就是法律侵入了思辨思维的领域，于是信仰遭到审判且被谴责为罪行。这些信仰的坚持者和追随者之所以牺牲，并不是由于公共利益，而是因为他们反对者的仇恨和野蛮。"（Pref/3）

《神学政治论》的意图是将心灵从《圣经》和教会的监督下解放出来。和霍布斯类似，斯宾诺莎小心翼翼地称他反对的不是宗教本身而是祭司权术，也就是神职人员和其他宗教权威对人类的有意欺骗，他们运用其权力以实现对人类的支配。他对此的提议随后成了一个经典的自由主义举动，即将理性和启示的领域分割开来。理性同心灵的运作及其掌握事实和必然真理的能力相关，而启示同与虔敬和遵从有关的正确举止和行为相关。对于斯宾诺莎而言，关键的不是中世纪时期的如何调和信仰与理性的问题，而是如何将它们分开这一非常现代的问题。斯宾诺莎站在随后所谓"大分离"（Great Separation）——哲学和宗教的分离——的前线，在这基础上整个现代性的结构得以建立。[①] 理性和启示的竞争并非达到水深火热的地步，它们之间只是无法比较。它们并非相互冲突，因为它们说不同的语言，在不同的假设上运作，并因此占有各自截然不同的活动领域（Pref/6）。

这一论证的目标受众是谁？在《神学政治论》前言靠近末尾处，斯宾诺莎承认"有学问的读者"是他的受众（Pref/7）。似乎这一著作主要是一部面向被启蒙的少数人的哲学作品，他们已经成功逃脱了偏见和迷信的桎梏。但经过更细致的考查便能发现，这并不完全正确。因为几乎与此同时他也承认他作品的"主要观点"已为"哲学家们所熟悉"（Pref/7）。斯宾诺莎似乎不太可能写一本书来告诉他的听众他们已经知道的东西。同时，他说他并不把此书推荐给"普通人"以及那些"为同一种情感态度所害的人"（Pref/8）。这些人处于传道者、神职人员的影响之下，并且潜在和事实上迫害斯宾诺莎的人也在其中。对这样一些读者来说，这一著作将被证明是无用的或比无用更糟的，还甚至可能会让其作者受到伤害和辱骂。但斯宾诺莎同样不太可能让外行读者警惕一本用深奥的学术语言——拉丁语——写成的书，因为在任何情况下他们大多数人并不懂拉丁

[①] 见 Mark Lilla, *The Stillborn God* (New York: Alfred A. Knopf, 2007), 86-145。

语。所以，此书的真正受众是谁？

此书的理想读者，既非数量稀少且在政治上无显著地位的哲学家，也非人数众多但也更危险的普罗大众。相反，斯宾诺莎诉求的是那些更能被"自由主义的方式"说服的人，对这些人来说，宗教战争和宗教裁判所等事件引发了对实现某种和平融合或妥协（modus vivendi）的渴望，以期能结束宗教迫害。因历史的偶然原因，此类"自由主义"读者最有可能来自荷兰新教地区的异见教派，其在荷兰脱离西班牙哈布斯堡王朝的斗争中有很大的影响力（XVIII/210-11）。《神学政治论》在某些角度而言很像马基雅维利的《君主论》，它是一部意图实现民族解放的爱国主义作品。此书真正面向的目标群体——如门诺会（Mennonites）和学院会（Collegiants）等"左倾"异议者——代表了荷兰政治和欧洲政治中的一个新派别：自由派。

政治上而言，这些异见教派是荷兰政治中共和派的主要支持者，他们反对奥兰治王室（House of Orange）的君主制拥趸以及加尔文派的神职人员。① 这些教派自身并没有脱离偏见，但斯宾诺莎希望他们将会有兴趣把宽容从一个哲学理想转变为公共政策事务。他自信地认为，这些教派"将从此书中收获甚多"。他甚至诉诸他们身上的公民爱国主义情感，赞美生活在一个共和国内的"难得好运"，在这个共和国内"没有任何事物比自由更值得尊敬、更珍贵"（Pref/3）。阿姆斯特丹的商业共和国

---

① 关于将《神学政治论》作为对斯宾诺莎时代荷兰政治的一种介入的解读，见 Michael Rosenthal, "Why Spinoza Chose the Hebrews: The Exemplary Function of Prophecy in the *Theologico-Political Treatise*," in *Jewish Themes in Spinoza's Philosophy*, ed. Heidi M. Ravven and Lenn E. Goodman (Albany: SUNY Press, 2002), 225-260; 又见 Susan James, *Spinoza on Philosophy, Religion, and Politics: The Theologico-Political Treatise* (Oxford: Oxford University Press, 2012), 282-289。

模式是17世纪的"欧洲奇迹",而斯宾诺莎希望推广和输出它。他推断,这样的政权会极大地有益于犹太人。

斯宾诺莎的宗教批判

《神学政治论》的每个读者都要面对斯宾诺莎的宗教以及其与整部作品之间的关系问题。这一作品主要处理的是犹太教的文本材料及原典;它的引用几乎仅限于犹太权威或犹太先人。有些读者下结论称,斯宾诺莎的《圣经》批判仅是对希伯来《圣经》的批判,而其他人则反驳说,他批判希伯来《圣经》是为了对一般意义上启示宗教的权力发起一场更广泛的攻击。但无论如何,斯宾诺莎都着手去系统性地削弱犹太信仰和犹太生活的三大支柱:《妥拉》的启示性,先知的地位,以及犹太民族的神圣"拣选"。我将依次考察这三者。

斯宾诺莎《圣经》批判的基本原则总的来说就是唯独《圣经》(sola Scriptura)这一新教原则的变种,也就是说,只根据《圣经》本身去解读《圣经》,不使用任何历史评注,不受任何祭司或拉比权威的干扰。[①] 这一方法的核心原则在于,"解释《圣经》的方法与解释自然的方法并无不同":"因为解释自然的方法本质上在于展开对自然的详细研究,而这种研究作为可靠数据的来源,我们可以借之推导出自然界事物的定义。现在用完全一致的方式来解释《圣经》,这就要求我们对《圣经》进行直接研究,这一研究作为固定资料和原则的来源,由此出发我们可

[①] 关于斯宾诺莎同《圣经》批判史的关系,见 J. Samuel Preus, *Spinoza and the Irrelevance of Biblical Authority* (Cambridge: Cambridge University Press, 2001)。

以借逻辑推理推导出《圣经》作者们的意思。"(VII/87)同笛卡尔那获得清晰明确知识的方法相似,斯宾诺莎自信地断言道,只要遵循他的重建性流程"就能取得稳步进展而没有任何犯错的危险"(VII/87)。

《圣经》的学习者必须像一个博物学家寻求任何物理现象的解释一样来处理他的功课。"自然之书"和"万书之书"受制于同样的因果法则和过程。《圣经》不应被视为启示真理的宝库,而是应当像一位科学家研究事物的自然原因那样,用同样的价值中立态度来考察。对斯宾诺莎来说,这就意味着考察一种《圣经》的自然史,仅依照文本写就时的时间、地点和环境来对《圣经》进行推理。《圣经》学者必须对希伯来语言有彻底的了解,记录下所有相互比照下显得含糊或不一致的段落,并将每一卷的内容同其后衔接的内容联系起来。斯宾诺莎开创了如今被称为"正典形成"(canon formation)的方法,这一方法表明那些构成《圣经》的诸多不同作品,是如何被统一在一个单一整体中并被接受为一个神圣的文本(VII/88-90)。

斯宾诺莎的阅读方法是后来为人所熟知的"高等批判"(higher criticism)的17世纪先驱。这一批判的目的显然在于,通过将《圣经》历史化,表明《圣经》是纯粹的历史性作品,就像任何其他的古代文学作品一样,从而削弱其权威。因此斯宾诺莎区分了"象形文字般难解的"作品和"可理解的"作品,前者如《圣经》,需要精细和艰苦的历史重建方法来阅读,后者如欧几里得的《几何原本》,其意义对于任何能够遵循从前提到结论的推理链条的人来说是自明的(VII/注释232)。没有人为了理解三角形的性质而必须成为一位希腊语或古代历史方面博学的学习者。但《圣经》叙述的内容是某种完全不同的东西。

如果有人想要明白它所记录的怪异且常常难以解释的事件，那么他就需要具备语文学家、考古学家，甚至是社会心理学家所具有的令人敬畏的技能。经过适当的重组之后，《圣经》便表明自身作为一部想象类文学作品，同在许多古代民族中找到的作品没有什么不同。斯宾诺莎甚至通过将以利亚（Elijah）的故事与他之后回忆的奥维德（Ovid）的作品以及《疯狂奥兰多》（Orlando Furioso）的故事相比较（VII/97），为将《圣经》作为文学作品研究进行了铺垫。

斯宾诺莎运用唯独《圣经》这一方法怀疑《圣经》字面上的真理，因为其包含了很多谬论和对历史的时代错置。例如，他煞费苦心否认摩西五经的作者是摩西。他在很大程度上证明了如下事实，即摩西不可能是摩西五经的唯一作者，因为《申命记》的最后数章记录了他的死亡和葬礼（VIII/108）。他指出，可以将文献中多次以第三人称指称摩西作为充分证据推断出，这一作品必然是由其他人写就的。他还推断说，这一作品只可能是由之后的编纂者，最有可能是经文抄写员以斯拉（Ezra），在相关事件发生几个世纪后编纂而成（VIII/113）。

除充满争议的作者问题外，《圣经》还是一部包含彻底的矛盾的文本。这里斯宾诺莎用来证明的文本是，撒母耳（Samuel）否认上帝会后悔自己的决定，而耶利米（Jeremiah）承认这一点（《撒母耳记上》15:29；《耶利米书》18:8-10）。斯宾诺莎没有将此类矛盾之处归因于上帝的任何属性，而是归咎于做出判断的先知们的不同心理状态和倾向。先知们是不具有天赋出众的智力，而具有生动的想象力的人（II/21）。在这里，斯宾诺莎特地将迈蒙尼德排除在外，后者作为犹太传统中最伟大的哲学人物，认为预言是一种从"能动理智"而来的"流溢"。在一处显著充满哲学式狂肆的片段中，斯宾诺莎指责迈蒙尼德将外来的亚里士多德主义引入犹太教中，并让经文的话语符合于非犹太人的异教学说（Pref/5）。

他总结道，预言的力量所暗示的并非"一个更完美的心灵而是一种更为生动的想象力"（II/21）。没有理由相信那些声称为上帝代言的先知具有卓越的思辨力量，或者是深刻哲学真理的传授者。与之相反，他们要不就是有着强大想象力的天真的人，其预言因个人的脾气和偏见而迥异，要不就是"对于上帝有着非常一般的见解"。《圣经》文本提供了大量证据表明先知们对于自然中的因果机制一无所知。一个关键的例子是《约书亚记》第十章第13节中记载的奇迹，根据这一奇迹，似乎地球被众天体围绕在中间保持静止，对此斯宾诺莎反问道："难道我们要相信约书亚身为一个士兵，同样精通天文学吗？"（II/26）

然而，与《圣经》有关的最持久的幻象是关于犹太人受到神圣拣选的信念。在《神学政治论》的第三章，斯宾诺莎称神圣拣选或被拣选这一范畴并非神学意义上的指定，而是一种政治上的指定。他称，被选中只适用于古代犹太王国时期，且只在它能维持民族主权期间持续。整个《妥拉》——摩西律法——不过是希伯来王国的政治立法，并且随着圣殿的毁灭不再具有约束力。斯宾诺莎从马基雅维利处得到了启发，坚持认为古代希伯来人只是就他们的社会组织模式和他们军事上的成功而言被拣选。

通过表明对神圣拣选的信念仅对拥有民族主权的有限时期适用，斯宾诺莎很大程度上削弱了如下传统信念，即犹太民族有着作为"君尊的祭司，圣洁的国民"（《出埃及记》19:6）来生活的特殊使命。斯宾诺莎是一个道德普世主义者。他坚持认为，并不存在所谓根据道德和智识品质被选中的民族。这些品质或多或少地随机分布于人类种族之中，而相信它们驻留于一个民族之中只是纯粹的傲慢。斯宾诺莎断言道，就其道德和智识品质而言，犹太人与其他民族持平，因为"上帝对所有人一样仁慈"（III/40）。称一个民族越于其他民族之上被拣选，只不过表明了这个民族意图凌驾于其他民族之上或渴望统治其他民族。对神圣拣选的信念不过是虚荣或民族迷信的一个标志罢了。

斯宾诺莎嘲笑了关于犹太人在其流散时期的幸存与上帝的恩宠有关的观念。犹太人虽然缺少国家，但作为一个民族生存下来这一事实，能够用纯粹的人为因素来解释。对割礼等特定仪式实践和典礼的采用使犹太人和其他民族分离，但与此同时这也是大多数反犹敌意的缘由（III/45–46）。犹太人幸存的原因，更多同来自非犹太人的憎恨有关，而非与神圣的天意有关。事实上，这些仪式形式在刺激对犹太民族的憎恨上是如此有效，以至于斯宾诺莎——带着故意的夸张——暗示它们将会让犹太人不朽。《神学政治论》所得出的——随后会继续考察的——结论是，此类拣选不是一种形而上的特权，而是一种政治上的诅咒。斯宾诺莎的建议是，犹太人应当尽可能快而无痛苦地放弃这一教条。如果反犹太教是宗教傲慢和冷漠的结果，那么犹太人应当放弃这一信念以便免于如今所谓的"歧视"。

斯宾诺莎的双重标准

在构成《神学政治论》的二十章中，前十五章——全书的四分之三——致力于严格意义上的神学问题。在这十五章中，只有一章——第二章——致力于《新约》中的特定问题。很明显，正是由于这一原因，许多读者认为《神学政治论》只对希伯来《圣经》进行攻击。斯宾诺莎用不成立的理由解释他在处理犹太教和基督教时的不一致，称他对希腊文的知识并不充足，并且已经有其他人开展过对基督教《圣经》的批判了，尽管他未提及这些权威人士的名字（X/137）。然而斯宾诺莎明显表达的语文学上的谦虚并没有阻止他系统性地将《新约》表述为在道德上高于《旧约》，以及基督教使徒高于希伯来先知。最值得注意的是，他称耶稣——总是用"基督"指称——是弥赛亚，并且本身就是摩西的继承人。让我们更进一步地仔细考察斯宾诺莎对待两种经文的双重处理方式中的一些特点。

首先，斯宾诺莎一直称摩西预言是纯粹的政治立法。在《神学政治论》中，摩西以新**礼法**（nomos）而非神圣安排的使者的面目出现。他否认摩西律法许诺过除安全及其随之而来的好处以外的任何事物，例如军事和政治上的霸权。摩西是立法者的典范。"建立一个明智的法律体系并让政府掌握在整个共同体手中，这一任务超越了他们的能力范围，"斯宾诺莎写道，"因为通常而言他们对此类事物缺乏经验，且被奴役的悲惨境况耗尽了精力。"（V/64）摩西的主权之所以能够实现是因为"他让他支配的人们相信，他拥有的神圣权力超过了所有其他人"。据此可以说摩西不过是带来了一部法典，而他并非像哲学家那样通过推理和论证灌输这一法典，而是通过强制和命令来灌输（II/31）。

其次，斯宾诺莎不仅将犹太主义政治化，他还将其物质化。他危险地扮演了某些反犹者的特定刻板印象，其中尤其引人注意的是暗示犹太人只关心物质上的福祉和成功。犹太教的肉体性体现在如下事实中，即据说摩西与上帝"面对面"交谈，而耶稣则与上帝"心灵对心灵"地沟通（I/13—14）。摩西立法的唯一目的是"安全与舒适",这被作为遵守法律唯一可能的奖励。与之类似,"法利赛人"——基督教对犹太人长期以来的蔑称——被教导说,犹太王国的法律构成了道德的唯一基础(V/60,62)。

最后,斯宾诺莎认为摩西预言是强制性和家长制的。据说,摩西对待他的犹太同胞"就像家长教育那尚未达到理性成熟年龄的孩子一样"(II/31)。这些戒律被表述为以一位"立法者和审判官"的身份来发布,同时设立了对不遵守的惩罚。甚至作为一位"立法者和君主"的时而严苛时而仁慈的上帝形象,也代表了对难以通神的流俗智识的某种让步。犹太教的诸种典礼和仪式实践,除巩固强制性权威外别无他用。礼仪律法的全部总和及目的在于"人永远不应当按照其自身意志行事,而应当总是遵照他人的权威意志"(V/65)。此外,这些典礼据说无助于"蒙福"且只有利于"国家的世俗繁荣"(V/60)。

有人也许会预期,斯宾诺莎对犹太教的严厉攻击,将辅之以对基督教同样辛辣的抨击。至少可以说,犹太教相比基督教更具特殊性或更狭隘这一点并非是自明的。斯宾诺莎自己对以赛亚的普遍主义的赞成似乎能够表明这点(V/59)。同样,基督教伦理诉诸爱而犹太教立足于法律和强制这一点也并非显而易见。虽然斯宾诺莎称犹太人"鄙视"哲学,他仍旧用"哲学家"这个术语指涉所罗门,"他在掌握理性的自然之光这方面超越了他时代的所有人"(II/31)。尽管承认了以上关键事物并充分意识到自己在做什么,斯宾诺莎仍继续将耶稣的预言作为摩西的鲜明对照,并且将基督教当作犹太教的继承者。我们不妨考虑以下一些对比。

耶稣的预言并非展现为政治的,而是伦理的。不同于摩西，耶稣并不通过想象力的帮助来预言。"上帝直接向基督或基督的心灵显现了自己，而非通过言语和形象。"（IV/54）与其说基督是一位先知，不如说更多是名副其实的"上帝的喉舌"（IV/54）。他并非作为一个立法者，而是作为一个关心道德净化的教导者而来。因此当摩西关注的是国家的建立时，耶稣却被认为以"教导者"的身份来阐述自己的观点，因为"他的目的在于改善人的心灵而非他们的外在行为"（VII/91）。

基督的教诲表现为是普遍的——其受众是所有人——而非狭隘的或排外的。当摩西的预言只针对犹太民族时，"上帝派来他的基督将所有人从法律的束缚中解放出来"，这样一来他们就能够正确行事，不是"出于法律的命令，而是出于坚定不移的决心"（III/44）。希伯来先知背负着仅向一个特定的民族传道的"特殊的要求"，而使徒们"受到号召不加限定地向所有人传道，并让所有人皈依"（XI/141）。在先知的时代上帝的话需要被刻于石头之上，使徒们却能够直接在心中找到上帝的灵魂（XVIII/205）。

最后，耶稣和使徒们的传道诉诸理性而非恐惧和强制。先知们像颁布"教条和法令"一样宣布上帝的命令，而使徒们"似乎在进行讨论而非进行预言"（XI/139）。摩西五经仅被理解为某种为使上帝的命令生效而表达的"修辞手段"，而使徒们诉诸"他们自己自然的判断能力"，并且他们的教诲是由"兄弟般的告诫混合着客气的表达构成，这确实与预言的权威性不同"（XI/140）。因此耶稣和保罗用哲学的方式跟非犹太人说话，但当他们跟犹太人说话时就必须改变策略，对此斯宾诺莎大胆地补充道："如果我们能见到宗教从所有的迷信中再次解放出来，那么我们这个时代又会多么幸福啊！"（XI/144）

希伯来神权政治

尽管斯宾诺莎经常对犹太教过度诋毁，但他仍认为希伯来《圣经》包含对他的时代仍然适用的重要政治教诲。《塔纳赫》（Tenakh）的教诲并非确实如斯宾诺莎有时让我们相信的那样陈旧。自《神学政治论》第十七章起，他便利用自然状态和社会契约等现代霍布斯概念，将对出埃及的《圣经》解释表述为政治建国的原型叙事。与我们曾被引导去相信的相反，上帝与他的选民在西奈所立的信约，如今被视为创造政治合法性的范例。

斯宾诺莎从摩西带领犹太人逃离在埃及遭受的奴役出发开始举例说明，在那之后他们发现自己处于一种既是字面上的也是比喻性的自然状态中。由于对任何人类统治者都不抱有任何义务，他们能够自由建立属于自己的全新法律和全新制度。关键的段落摘录如下：

> 因为自他们从来自埃及人的不堪忍受的压迫中解放出来，不受与任何凡人之信约的束缚后，他们重新获得了对他们力量范围内所有事物的自然权利，且每个人能够重新决定是保留它，或放弃它并将其转移给他人。发现自己因此处于这种自然状态后，他们听从了摩西，所有人都将最大的信任寄托于他身上，并下定决心将他们的权利只转移给上帝而非任何凡人。没有太多迟疑，他们都异口同声地承诺绝对服从上帝的所有命令，且只承认他通过先知启示而宣布的法律本身。（XVII/189）

斯宾诺莎认为上帝与希伯来人之间的信约创造了某种新形

式的政府：神权政治。神权政治——这一词由罗马犹太人约瑟夫斯（Josephus）炮制——或许是希伯来人对政治理论最独特的贡献。[①] 将神权政治同所有其他政体区别开来的，是对不经过人的中介而直接被上帝统治的渴望。通过把自己只交给上帝，神权政治也是曾存在过的最民主的政府形式，"因为事实上希伯来人完全地保留了他们的主权"（XVII/190）。最重要的是，没有个人或团体被授权为上帝代言，尽管说每个人都保留着解释上帝律法并平等地分享国家权力的权利。法理上的神权政治是事实上的民主制。

然而上帝与希伯来人之间的原初契约成立不久之后便立即遭到废止。在认识到上帝的声音过于具有威慑力后，希伯来人宣布"凡是耶和华吩咐的，我们都要遵行"（《出埃及记》19:8）并因此将他们的主权权利转移给了摩西。向摩西进行的权利让渡，事实上将原初的神权政治从民主制变成了君主制："他们显然废除了第一个信约，将他们请教上帝以及解释他的律法的权利绝对地转移给了摩西。……因此，摩西成为上帝律法的唯一发布者和解释者，并因此是最高审判者，没人能审判他，并且在希伯来人中只有他代表上帝行事，这也就是说他拥有至高无上的王权，因为只有他有权利请教上帝，有权利向人们给予上帝的回答并强迫他们服从。"（XVII/190）

向摩西进行的权利让渡听起来像是一个对政治权威起源的传统解释。斯宾诺莎认为，如果不是因为在选出摩西的过程中存在某些致命的环节，希伯来王国仍将"永远地"持续下去。当希伯来人将他们的权利转移给摩西后，他们立即失去了选择

[①] 见 Josephus, *Anti-Apion*, trans. H. St. J. Thackeray (London: William Heinemann, 1926), vol. 1, book 2, chap. 164；又见 Gershon Weiler, *Jewish Theocracy* (Leiden: Brill, 1988)。

他的继承者的权利。随后，摩西在指定继承人上的失败导致了高级祭司亚伦（Aaron）和领袖约书亚（Joshua）之间的权力分割。由这造成的权威削弱时期是国家衰退至祭司统治的第一步（XVII/191）。建立在祭司和军事领袖之间的双重主权开创了一个将会产生深远后果的危险先例。

后摩西时代最显著的发展是创造了祭司阶级，即利未支派（the Levites），他们有解释法律和斥责国王的权利。这一世俗与宗教权力之间的划分将被证明是致命的。祭司阶级着手通过冲击国王处理战争与外交事务的权利来篡夺权力。国王和祭司之间的持续斗争将导致王国走向毁灭。"对国王来说还有什么比这更难以忍受，"斯宾诺莎断言道，"靠容忍进行统治并允许统治范围内的其他统治力量？"（XVII/202）希伯来政体的最终灭亡并非由于外在原因，而正是霍布斯所谓的"内部秩序"。[1]

希伯来政体由神权政治退化成君主制，再退化成不同部落之间分权而治的松散联邦，这一过程被描述为迅速且不可逆转的。后摩西时期政制的基本特征是国王和祭司的权威彼此相分离。有人也许认为这一分裂的权威应受到欢迎，但斯宾诺莎视其为不稳定与内战的源头。正是政治和宗教在神权政治中的统一，赋予了古代希伯来人政治上的力量和军事上的卓越。斯宾诺莎遵循传统，认为大卫王朝时期的君主制是希伯来人被统治得最好的时期。在大卫王权的统治下，发誓效忠另一民族或甚至考虑移民被认为是最可恶的事情。"希伯来人的爱国精神并不只是爱国精神而是虔诚，"斯宾诺莎观察到，"而这同对其他民族的憎恨一道为他们的日常仪式所培育和滋养，以至于其不可

---

[1] Thomas Hobbes, *Leviathan,* ed. Edwin Curley (Indianapolis: Hackett, 1994), II. XXIX.1.

避免地成为他们本性的一部分。"（XVII/197）只有在士师时期政治与宗教间幸福的统一才分崩离析，这一时期内以色列没有王并且"各人任意而行"（《士师记》21:25）。这似乎描述了向逃出埃及后所持续的自然状态的一种回归。

斯宾诺莎对《圣经》历史的解释过于详细而不便在此详述，但他显然从中吸取了能即刻适用于荷兰共和国政治的教训。首先，斯宾诺莎遵循了"埃拉斯都式"教条——得名于瑞士神学家托马斯·埃拉斯都（Thomas Erastus）——即主权者应当有处理宗教事务的最高权力。[①] 斯宾诺莎反对将宗教从国家中分离出来的观念，这很大程度上是因为他怀疑神职人员具有野心，尤其是他所处时代的加尔文派。由于宗教对国家的和平与福祉十分关键，因此它过于重要而不能将其交给祭司；只有主权者颁布的宗教法律才是合法的。斯宾诺莎甚至指控任何可能否认主权者这一权力的人，称他们试图挑起内战。自从利未支派宣称自己拥有执行神圣仪式的唯一特权以来，自主祭司阶级的发展便一直是国内冲突的因素（XVII/201）。

斯宾诺莎得出的第二条教训是，宗教只涉及实践与外在行为。这是斯宾诺莎关于思想自由和良知自由之主张的核心。《神学政治论》第十九章揭示性地宣称"崇拜的外在形式应当合乎于国家的和平"，暗示宗教关乎行动而非信仰（XIX/212）。如斯宾诺莎所见，宗教的任务是改善人的品质而非强迫人具备良知。斯宾诺莎的宗教观念仍旧是高度希伯来化的。将宗教变为某一信条或教条——斯宾诺莎将此追溯至保罗——的危险总是在于

[①] 关于斯宾诺莎的"埃拉斯都主义"，见 Eric Nelson, *The Hebrew Republic: Jewish Sources and the Transformation of European Political Thought* (Cambridge, MA: Harvard University Press, 2010), 130-134。

迫害或叛教的倾向。斯宾诺莎谴责任何将信仰定罪而不是改善操行的法律。宗教一直是一项同法律有关的事务，就其本质而言它并不能影响心灵的内在殿堂。它仍旧是"保证判断力自由并治理人们的最好方式，使得人们公开宣称不同且相互冲突的观点也不会阻止他们和平共处"（XX/227）。

新耶路撒冷

任何《神学政治论》的读者都要面对的问题是，如何解释斯宾诺莎在处理犹太教和基督教时所表现的明显差异。他在打什么主意？如埃米尔·法肯海姆（Emil Fackenheim）所观察到的："为何《神学政治论》的作者要对他已离弃的少数派宗教进行歪曲和歧视，特别是以及尤其是在把它与他已拒绝皈依的多数派宗教比较之时？"[1]换句话说，促进宽容的最佳策略是否就是明知故犯地诉诸偏见？对许多读者来说，斯宾诺莎有意贬低犹太教的策略已是一项不可饶恕的罪过。他诉诸特定的反犹太偏见和刻板印象的做法，已被当作政治谀辞和某种巴结基督教权威以寻求其支持的欲望的标志。如果这便是斯宾诺莎的策略的话，必然可以说是适得其反。《神学政治论》同等地遭遇了来自犹太人和非犹太人的敌意。

然而斯宾诺莎的写作方式可能并非以任何反犹太人的敌意为基础，而毋宁说是"迁就"其受众理解的修辞策略的一部分。这一迁就计划旨在为他更宏大的计划争取受众，即推行自由主

---

[1] Emil L. Fackenheim, *To Mend the World: Foundations of Future Jewish Thought* (New York: Schocken, 1982), 44.

义国家以及宗教宽容政策。列奥·施特劳斯在这方面走得很远，他表明斯宾诺莎受对其民族"同情心"的深刻情感驱动，即使这种同情心隐藏得很好。"斯宾诺莎可能憎恨犹太教，"施特劳斯断言道，"但他并不憎恨犹太民族。无论在所有其他方面而言他是一位多么糟糕的犹太人，但就他的哲学而言，他仅仅是以其所能的方式来思考犹太人的解放。"[①] 这一策略并不是为了减轻诉诸其受众偏见所带来的危险，如果是这样的话施特劳斯承认其在极端意义上是"马基雅维利式的"。用施特劳斯的话说，斯宾诺莎在玩"一个非常危险的游戏"，甚至是一个"令人惊异地不择手段"的游戏，然而这一游戏"从人道主义出发是可理解的"。[②]

斯宾诺莎采用双重标准的目的是为一种全新圣典——普遍信仰（fides universalis）——做好准备，严格来说，其将既不是犹太教的，也不是基督教的，而是两者的混合。这一全新安排在《神学政治论》中被表述为民主的公民信条，由所有公民都必须遵守的七条原则或教义组成。这七条教义如下：

1. 上帝，最高存在者，存在。
2. 上帝是一。
3. 上帝是无所不在的。
4. 上帝对万物拥有最高的权利和统治权。
5. 对上帝的崇拜完全只存在于公正和慈善行为，或对邻人的爱之中。

[①] Leo Strauss, "Preface to *Spinoza's Critique of Religion*," *Liberalism Ancient and Modern* (New York: Basic Books, 1968), 246.
[②] Strauss, "Preface to *Spinoza's Critique of Religion*." 246.

6. 凡遵从上帝的人都得救。
7. 上帝宽恕悔改的罪人。（XIV/162）

这种新神学并非只是意在为国内和平奠定基础，同样也是意在培育一个能够得到犹太人和非犹太人一致同意的宽容的新政权。因此斯宾诺莎能够自信地断言称，这一全新普世信仰中不存在能够在"诚实的人"中间导致冲突的教义，因为它只包含了"遵从上帝所绝对需要的那些教义，没有此类教义这种遵从绝对不可能"（XIV/161）。

斯宾诺莎表述称他的普世宗教或"基督"宗教不过表现为一种新时代的新神学，用以取先前摩西和耶稣的安排而代之。这种全新道德神学的本质是一种前所未有的关于宽容和不干涉他人信仰的教诲。只要不同宗教能够接受有关宽容的规范，这种新的自由主义神学就能够容忍各种宗教体验的多样性。除其他方面外，这还意味着个人有权利在教会有关的事务上由自己来思考和决定。斯宾诺莎攻击"法利赛"权威——几个世纪前就已不存在法利赛人了——的一个原因是要在某种程度上拒绝加尔文派神职人员的权威。斯宾诺莎给出了下述准则作为他的宗教自由的原则："正因为即使在宗教事务上自由发表意见的至高权利（sovereign right）也属于每个人，且难以想象任何人能够放弃这一权利，所以在宗教方面自由地下判断的至高权利和最高权威同样属于每个人，因此每个人能够自己对其加以解释和诠释……因为诠释《圣经》的最高权威归属于每个个人，那么掌管这一诠释的法则便只能是所有人都有的自然之光，而非任何超自然之光，也非任何外在权威。"（VII/103-104）

斯宾诺莎为之构建自己的新宗教的自由社会，将既非完全是犹太人的，也非完全是基督徒的，而是可能对任何特定信仰都保持中立。国家就涉及历史上的启示宗教的方面保持中立的观念，虽然如今在法律理论中板上钉钉，但在斯宾诺莎的时代实际上是前所未有的。《神学政治论》着手说明"不仅可以在不危及虔敬和国家和平的情况下获得自由"而且"国家的和平和虔敬有赖于这一自由"（Pref/3）。这一政制既非古典的德性城邦也非《圣经》的神圣之城，而是现代性之下的商业大都会。

斯宾诺莎以对阿姆斯特丹的热情洋溢的颂词结束《神学政治论》，他先前已说道在这儿"没有任何事物比自由更值得尊敬、更珍贵"（Pref/3），在这里他总结道："不妨以阿姆斯特丹这座享受了这种自由之果实的城市为例，它有着相当程度的繁荣并受到世界的钦佩。在这繁荣的国家，这有着最高名望的城市中，各种族各教派的人生活在完全的和谐中；在把他们的财产委托给某人前，他们只想知道他是富是穷和在交易中是否诚实。至于宗教和教派则无关紧要，因为此类考虑在法庭上无关紧要。"（XX/228）人们可以毫不夸张地说，对斯宾诺莎而言阿姆斯特丹就代表了新耶路撒冷，一个基于贸易自由、宗教自由和意见自由的商业共和国。

斯宾诺莎的交易

回到我们的问题：斯宾诺莎是什么类型的犹太人？尽管他攻击希伯来《圣经》是一部古代偏见的合集，尽管他将耶稣和使徒与摩西和先知相较来诋毁后者，尽管他攻击犹太教的仪法是实现世俗福祉的工具，但十分清楚且确凿无误的是，斯宾诺莎仍旧是一位犹太思想家。换句话说：现代犹太主义的整个结构没有他便难以想象。他是现代犹太主义最独特的两类形式的建立者。

斯宾诺莎作为犹太复国主义（Zionism）和现代以色列国家的精神先辈进入了犹太思想史。他是首位提倡恢复犹太人主权和犹太国家的现代思想家。在先前引用的段落中他以纯粹世俗的方式将犹太人的幸存解释为是基于其他民族的憎恨。紧接着那一段落我们便发现如下语句："事实上，如果不是因为他们宗教的基本原理让他们的心灵变得柔弱，假如有合适的机会——人世易变如此——我会毫不犹豫地相信他们有朝一日能够再一次建立他们独立的国家，并且相信上帝将会再次选择他们。"（III/46）

在这一声明的基础上，《神学政治论》被19世纪的莫西·赫斯和利昂·平斯克（Leon Pinsker）以及20世纪的戴维·本-古里安视为原初犹太复国主义著作，本-古里安甚至呼吁正式解除对斯宾诺莎的禁令（他没能成功）。需要注意到的是未来任何犹太人国家的基础将不再立足于上帝的天意而是立于其自身的武力和行动之上。斯宾诺莎甚至没说这样一个国家将必须被建立在以色列历史上的土地之上。他并没有为以色列的土地或语言附加任何特别的意义，虽然他在自己去世的时候正在就希伯来语语法进行研究工作。从他的观点来看，犹太人国家完全能够坐落于加拿大或加德满都。①

这绝不是为了给斯宾诺莎开脱或将他标榜为一位世俗圣人。与之相反，这一段话在许多方面确认了斯宾诺莎批评者对他的

---

① 关于在阿拉斯加重建犹太社区的想象，见 Michael Chabon, *The Yiddish Policemen's Union* (New York: Harper Collins, 2007)。

负面评价。这段话表明导致犹太人被动和软弱的原因并不是犹太教的败坏，而是犹太教本身的根基。这些根本因素导致犹太人是如此"女人气"，以至于他们丧失了自己对政治自由的品味，并将自己委身于对弥赛亚世界到来的无力的渴望之中。于是斯宾诺莎的建议是，停止等待那将他们从灾难中解救出来的弥赛亚，并将事务掌握在他们自己手中。只有这样犹太人才有可能配得上重新拣选（de novo）。①

但即使斯宾诺莎是首位犹太复国主义者，这也远没有穷尽他的犹太性。他帮忙塑造了一种新的心理意义上的犹太人，其寻求从传统和外在权威的依赖中获得解放，希望为了自己而思考，并重视作为最高人类德性的独立、自我主宰和勇气。事实上早在弗洛伊德甚至是马克思之前，斯宾诺莎便是此类犹太人的原型。确实，解放的犹太人这一观念让斯宾诺莎成为一位哲学上的甚至是文学中的英雄：从《市场街的斯宾诺莎》（*the Spinoza of Market Street*）中艾萨克·巴什维斯·辛格（Isaac Bashevis Singer）笔下的内厄姆·菲谢尔森（Nachum Fischelson），到《修配工》（*The Fixer*）中伯纳德·马拉默德（Bernard Malamud）笔下不是带着《妥拉》而是斯宾诺莎的《伦理学》离开犹太小镇的主角，再到保罗·奥斯特（Paul Auster）的小说《昏头先生》（*Mr. Vertigo*）——其中的神秘角色叶胡迪大师身上永远带着斯宾诺莎的著作。

斯宾诺莎关于解放的现代犹太人的模式并不需要改宗。不同于两个世纪后的海因里希·海涅，斯宾诺莎并不相信洗礼这一凭证是通向西方文明的"护照"。《神学政治论》允诺了从导

---

① 见 Smith, *Spinoza, Liberalism, and the Question of Jewish Identity*, 101–103; Yovel, *Spinoza and Other Heretics*, 190–193。

致犹太人被动和软弱的古代传统中的解放；它提供了一个新的理性神学，其能够提供公民平等取代摩西律法及其对特殊天意的应许；它提供了基于宗教、商业和研究之自由的新应许之地。可以说，居于这一土地上的那类新犹太人不仅重视自己的自由，而且认同特定的自由主义价值，如对社会正义的热爱，对失败者的支持，以及对人权普适性的坚持等。正如一位现代观察者所注意到的，这些价值是某一新型个体的价值，即"非犹太教徒的犹太人"的价值。①

斯宾诺莎对犹太主义的批判性分析并非源于自我憎恨或反犹太主义，而是自由改革计划的一部分。他对自由主义国家的辩护要求一种本身便足够自由主义的宗教。斯宾诺莎相信，进入这一国家的入场费内在地包括了对作为启示律法主体和一种独特生活方式的犹太教进行激进的世俗化。他的计划是剥去所有宗教——包括犹太教和基督教——的排他性主张，并将其削减至少数几条能够作为现代国家道德基础的原则。斯宾诺莎的理性宗教将剥去所有可能导致争议或被作为迫害借口的形而上学主张。他的普遍信仰将是支持现代自由主义国家的支柱。

进入斯宾诺莎这一国家的代价是高昂的。如一位经济学家所述，世上没有免费的午餐。斯宾诺莎的交易的主要成本并非是将犹太教同化成基督教，而是将其同化成自由主义。对许多犹太人来说，犹太教确实成了支持自由社会事业的同义词。甚至"犹太自由主义"这一表述不再是一个悖论，而已然成为一种常见说法。让犹太主义认同如自主和解放等自由主义价值的结果是丧失了宗教认同和对古老生活方式的忠诚。《神学政治

---

① Isaac Deutscher, "The Non-Jewish Jew," *The Non-Jewish Jew and Other Essays* (Oxford: Oxford University Press, 1968), 25–41.

论》似乎雄辩地捍卫了犹太人的自由,但代价却是那些对犹太教来说独特的事物。

　　解放的或"世俗的犹太人"这一观念,作为矛盾、谜团和悖论,震动了包括犹太人和非犹太人在内的许多人。人们如何在权威性的犹太文本和传统之外对犹太人的生存予以解释?当仪式实践不再具有律法的力量并被限制在私人良知的领域内时,犹太民族的延续性何在?什么样的犹太教愿意重新接受像斯宾诺莎一样公然的异端人士?放弃古代遗产以换取现代世俗身份是不是一笔真正合算的买卖,或者说这类似于一笔购买布鲁克林桥的报价?意识到矛盾并不意味着解决了它。对犹太身份的认同,即使离开传统犹太教的权威和制度之后,仍旧是现代性的重大悖论之一。也许只有另一位斯宾诺莎才能更好地对其加以评判。

第 6 章

本杰明·富兰克林的美国启蒙

一直以来，本杰明·富兰克林的《自传》(*Autobiography*)都被认为是美国文学的经典之作。[①] 它是首个且至今仍旧是经典的美国成功故事。这是一个关于一位贫苦男孩的故事，他被强制签订了契约劳役，却最终成了他那个时代最著名的美国人。随着故事的推进，我们了解到富兰克林如何成为一位成功的印刷商，《穷理查年鉴》(*Poor Richard's Almanack*)的出版者，一个志愿消防公司的组织者，美国哲学学会（其至今仍旧存在）的创立者，民兵部队的组织者，以及富兰克林炉的发明者。我们了解到他如何受到他那个时代领军人物的尊敬，以及他如何会见了五位国王并与其中一位（丹麦国王）共同进餐。这本书的读者也许会想"这只会发生在美国"。

虽然富兰克林是一位高产的作家，但《自传》是他唯一的著述，但即使如此这一作品也未完成。《自传》由 1706 年富兰克林出生在波士顿开始，写到 1757 年左右中止。我们甚至没读到他那场关于电的实验，这一实验为他带来了荣誉学位并使他（至少在英国）得以被称为"富兰克林博士"。同样缺失的是

[①] Benjamin Franklin, *The Autobiography*, in *Writings* (New York: Library of America, 1987); 所有引用都将在括号中注明。

对任何富兰克林在国外的外交工作或是他参与制宪会议的解释。在伦敦期间他同杰里米·边沁（Jeremy Bentham）、埃德蒙·柏克（Edmund Burke）以及大卫·休谟等人亲切交往，但是在法国他才变成了一位名人。富兰克林在巴黎成了一个膜拜的对象，他的形象出现在浮雕珠宝、风扇、手帕和印刷品上。当他不戴假发出现在路易的宫廷中时，一副平民模样的他立刻受到了追捧。他向爱尔维修夫人（Madame Helvétius）求婚（但被拒绝）。他是杜尔哥（Turgot）和孔多塞的朋友，后者从美国革命中看见了法国的希望。

《自传》是富兰克林的成熟作品，于1771年他六十五岁时开始创作，并于18世纪80年代在法国期间继续创作。在富兰克林去世时这一作品尚未完成，甚至直到1818年才出版，并被赋予了标题《本杰明·富兰克林自传》（*The Autobiography of Benjamin Franklin*）。正如他在开头所说的，此书的创作始于在乡村为期一周的闲暇时光。下面的话是对他的儿子威廉说的，但后人同样是其受众：“我生于贫寒之家，长于无名之户，如今不仅家境富裕，在世界上还小有名气，还有，我一辈子福星高照，我为人处世的种种手段，托上帝之福，取得了立竿见影的功效，对于这些，我的子孙后代也许愿意了解了解，因为他们或许会发现其中有些对他们的境遇也同样适用，因此也宜于效仿。”（1307）

最重要的是，富兰克林称他写作这本书是为了自己的快乐，且只是复述了一个了不起的人生故事：“那份福气，每当我进行反思时，使我又是情不自禁地要说，如果有人建议由我选择，我毫无异议，愿意从头再活一遍，只不过还得要求作家们享有的那种权益：出第二版时可以把第一版上面的某些差错予以修正。除了修正错误,如果可以的话,我想把其中的一些凶事险情改得叫人觉得更顺心一点,即使此举遭到拒绝,我还是愿意接受这个提议。不过,既然再活一遍没有指望,只好退而求其次,最像再活一遍的事情似乎就是对这一生的一种**反思**了;要使这种反思尽可能地经久不衰,那就是诉诸笔墨。"(1307)显然,富兰克林对他白手起家的故事,以及自己从贫困到美国首位国际名人身份这一令人震惊的上升过程感到骄傲。

毫无疑问,并非每个人都像作者本人那样享受富兰克林的人生。实际上,富兰克林的《自传》笔墨未干,他的批评者便已开始组织反对他。浪漫主义者,如19世纪法国的记者和批评家夏尔·奥古斯丁·圣伯夫(Charles Augustin Sainte-Beuve)(用一个令人记忆深刻的说法)称他为启蒙运动的一位伟大简化者(grands simplificateurs),因为他不能把握精神、激情和爱欲的内在世界。富兰克林对生活的实践态度的问题在于,这种态度无法探索甚至无法想象灵魂中那更深层和更神秘的领域。"在富兰克林那健康、正直、能干、节俭、艰苦的性格中,"圣伯夫写道,"某种理想——那朵热情、温柔、牺牲之花——是缺乏的,所有一切都是空想,而诗性本质所具有的魅力和荣誉也同样如此……同样,对于那宗教、荣誉和骑士精神的花朵或它们的绽放,我们同样不能向富兰克林询问……他用某种他喜欢使用的道德算数方法来应对骑士精神的考验。"①

圣伯夫抱怨道,富兰克林那极致的质朴使得他不能向他的法国同胞告知试图在法国土地上进行革命实验所带来的任何危险。富兰克林的态度——政治经验主义者的态度——使他不

---

① C. A. Sainte-Beuve, "Franklin", *Causeries du Lundi* (Paris: Garnier, 1947), 7:136, 138.

能预见对一个古老社会进行改革可能遇到的危险:"如果所有在帕西(Passy)同富兰克林交谈过的人真正理解了他对世界的感知和他所采取的措施的话,在旧世界进行普遍的重铸时他们将会三思而后行……这位乐观的男人身上没有任何东西是阻止乌托邦的;恰恰相反,他用那似乎对未来开放的新奇和发明来邀请乌托邦的到来。"① 圣伯夫在结论中指出,天意成全了富兰克林——他于1790年去世——让他免于见证那些被送上断头台的人们的暴力死亡的痛苦,并且这些人的死亡是"以他长久以来支持和珍视的那些原则之名"。

如果说圣伯夫在法国大革命背后看到富兰克林哲学的话,那么富兰克林同样被视为资本主义新秩序的缩影及其财富的福音。马克思在《资本论》中的观察言简意赅。"严格地说,"他写道,"根据亚里士多德的定义,人本性上是公民。这相当程度上反映了古代古典社会的特征,如同富兰克林将人定义为制造工具的动物反映了新英格兰人的特征。"② 马克思此处所谓的"新英格兰人"(Yankeedom)随后成为韦伯的著作《新教伦理与资本主义精神》中的典型。富兰克林的思维模式被认为是"新教伦理"之世俗形式的完美体现,而韦伯认为这就是资本主义的驱动力。

实际上在著作的开始部分,韦伯用长达三页对富兰克林的引用来阐释他的论题。他对富兰克林的解读始于如下观察,即富兰克林说的所有话都围绕工作的核心地位,或所谓工作伦理展开。工作,如同韦伯在富兰克林身上观察到的所有其他

---

① Sainte-Beuve, "Franklin", 181.
② Karl Marx, *Capital*, trans. Samuel Moore and Edward Aveling (London: Lawrence and Wishart, 1970), 326.

事物一样,只有当其导向世俗的成功时才是有价值的。不妨考虑如下论述:"事实上,这种伦理所宣扬的**至善**(summum bonum)——尽可能地多挣钱,是和那种严格避免任凭本能冲动享受生活结合在一起的,因而首先就是完全没有幸福主义的(更不必说享乐主义的)成分掺在其中。这种至善被如此单纯地认为是目的本身,以至从对于个人的幸福或功利的角度来看,它显得是完全先验的和绝对非理性的。人竟被赚钱动机所左右,把获利作为人生的最终目的。"①

如果被问到为何营利竟成了人生的中心,韦伯的回答如下:"与此同时,它又表达了一种与某些宗教观念密切相关的情绪。富兰克林虽是一个无特殊色彩的自然神论者,但他那加尔文教派的严父却在他幼小的时候就反复向他灌输一条来自《圣经》的古训。因此,如果我们问**为什么**'要在人身上赚钱',他在其自传中所做的回答用上了这条古训:'你见过办事能干的人吗?他必侍立在君王面前。'(《箴言》22: 29)在现代经济秩序下能挣钱,只要挣得合法,就是长于、精于某种天职的结果和表现。"②

韦伯最鄙视富兰克林的一点也许是他所认为的道德责任感的缺失。韦伯在伦理学上是严格的康德主义者,并且他认为所有关乎责任、道德与义务的概念都必须严格地同关乎效用、快乐与幸福的概念区别开来。他相信义务不可能是——甚至是与之矛盾的——某种有利可图的事物或是某种对伦理行为者有用的事物,或者义务不可能带来幸福。义务本身就是目的,而任何偏离这一观点的都不是道德。正是由于这一原因,韦伯才能

---

① Max Weber, *The Protestant Ethic and the Spirit of Capitalism,* trans. Talcott Parsons (New York: Scribner's, 1958), 53.
② Weber, *Protestant Ethic,* 53-54.

够写道:"因此,富兰克林所有的道德观念都带有功利主义的色彩。诚实有用,因为诚实能带来信誉;守时、勤奋、节俭都有用,所以它们也都是美德。按逻辑往下推理,人们或许可以得出这样的印象:在富兰克林看来,假如诚实的外表能达到相同的目的,那么,有个诚实的外表就够了;过多的这种美德只能是不必要的浪费……在许多德国人的印象中,美国人所声言的那套美德纯系虚伪,他们的印象看来在这一典型事例中得到了证实。"[1]

无论如何,韦伯不是唯一一位在富兰克林身上预见自己对现代性最担忧的所有事情的作者。在《美国经典文学研究》(*Studies in Classic American Literature*)中,D. H. 劳伦斯(D. H. Lawrence)在富兰克林身上找到了无情和机械化自我控制的典范。"人的可完善性这一概念,"劳伦斯写道,"是这样一个来自欧洲的灵感,对于由卢梭到戈德温(Godwin)再到雪莱所有这些 18 世纪和 19 世纪早期的唯心主义者来说,在美国才真正地实现。"[2] 正是在富兰克林的《自传》中,我们发现启蒙运动那"完美之人"的形象得以完成,这是一个人类发明的"最高怪物",玛丽·雪莱(Mary Shelley)《弗兰肯斯坦》的相似物。"富兰克林着手将自己自动化,征服人生以让它自动地按照他的意志工作,"劳伦斯继续写道,"这个有意识的实体、这一自我决定的人是人之子(Son of Man),是由人类意志之力量造就的人,是弗兰肯斯坦手下那有德的怪物。"[3]

激怒——这么说并不为过——劳伦斯的,是他所谓的富兰

---

[1] Weber, *Protestant Ethic*, 52.
[2] D. H. Lawrence, *Studies in Classic American Literature*, ed. Ezra Greenspan, Lindeth Vasey, and John Worthen (Cambridge: Cambridge University Press, 2003), 180.
[3] Lawrence, *Studies in Classic American Literature*, 185.

克林对"可完善性"的信仰,也就是认为我们能够通过协调安排意志而塑造或重塑自己的人生。道德完善主义者相信,只有当人生是有序的、受控制的或依计划而行的时候,人生才是美好的。当韦伯在富兰克林身上看到了资本主义和工具理性"铁笼"的预兆之时,劳伦斯则发现,他在韦伯的道德改革计划中所见到的所有事物,都和自己关于激情和自发性的浪漫主义构想相对。正如我们之后将要谈到的那样,这彻底误解了富兰克林。正是对人类易错性和所有关于改革的完美主义计划终将失败的意识甚至欣赏,将富兰克林的美国启蒙与启蒙的某些法国或德国变种区别开来。

韦伯和劳伦斯都完全没能见到弥漫于富兰克林《自传》中的反讽、幽默和纯粹的生之乐(joie de vivre)。正如现已众所周知的,富兰克林的人生绝不是禁欲的;他有着强大的性欲,且总体而言他的烦恼比起韦伯或劳伦斯要少得多,后两人为他们自己的性事所折磨。富兰克林身上几乎没有干瘪的或"沉闷的"清教主义。这本书本身是对一段最不同寻常的公众与私人生活的见证。任何认真对待富兰克林的读者,怎么会无法见到他大量的俏皮嬉戏和对人生乐趣的享受呢?

教育与启蒙

《自传》的一个主要主题——或许是其中心主题——是富兰克林的教育。这部著作也能够被毫不困难地改名为《本杰明·富兰克林的教育》或《一个年轻美国人的教育》。它仿照了清教的忏悔,虽然并不包含任何清教式的负罪感或罪恶感。恰恰相反，这部著作是对个人力量的一种见证，这种力量能让个人成为他或她想要成为的任何人。对富兰克林来说，教育总是自我完善的关键。他并非那类会因犯下的错误而失眠的人。他将自己怀有遗憾的事物简单地称之为"勘误"（errata）——印刷中的错误——一种能够在改进的第二版中得到纠正的东西。"就这样，"对于自己在费城答应同黛博拉·里德（Deborah Reed）结婚，却实际上随后在伦敦时遗忘了她这一事，他这样评论道，"我算尽力改正了那个重大的**错误**（Erratum）。"（1371）他的教训是：没有人是完美的。这些勘误并非只是令人遗憾的疏忽行为或犯错行为，而是在富兰克林实现良好道德品质之路上的必要步骤。他有能力从自己的错误中学习，并且不会因自己的所作所为感到自责或有罪，这是《自传》的伟大主题之一。事实上，这部作品见证了作者对教育力量的信念，尤其是教育在实现美国人自我塑造的实验中最为突出的三个目标的能力的信念，这三个目标是：物质上的成功，道德的完善，以及社会的进步。[1]

富兰克林的教育理论属于宽泛理解上的"效用"范畴，此处的效用并不是狭义上对快乐和痛苦的边沁式计算，而是指接近约翰·斯图尔特·密尔对效用的著名定义，即效用是"人类作为一种进步的存在所具有的永久利益"，或是托克维尔所指的"正确理解的自我利益之伦理"。[2] 在这一范畴下，富兰克林必

---

[1] 见 Stefana Sabin, "Autobiography as Self-Apology: From Deism through Transcendentalism to Atheism: Benjamin Franklin, Ralph Waldo Emerson, Henry Adams," *Religious Apologetics-Philosophical Argumentation,* ed. Yosef Shvarts and Volkhard Krech (Tübingen: Mohr Siebeck, 2004), III。

[2] John Stuart Mill, *On Liberty,* ed. David Spitz (New York: Norton, 1975), 12; Alexis de Tocqueville, *Democracy in America,* Trans. Harvey C. Mansfield and Delba Winthrop (Chicago: University of Chicago Press, 2000), 11.ii.8.

然将如发财致富（这可以肯定）、通情达理以及公益精神等目的囊括其中。与其说它是一个体系，不如说它更多是一种生活的方式。富兰克林的效用是一种实用的学说，旨在实现这一学说所指的多个维度内的革新。但富兰克林的改良主义完全没有迈克尔·奥克肖特使用"政治上的理性主义"一词时所描绘的那种热忱。富兰克林并没有着手按照某一蓝图或某一计划着手重塑世界。他的性情与其说是教条式的，不如说是实证的，总同试验和差错有关。他的改良主义是乐观主义的，但受到了中庸、对人类不完美的强烈意识以及最重要的幽默感的缓和。他对人的本性的态度更接近康德——以及随后的以赛亚·伯林——所谓的"人性曲木"所表达的态度。①

富兰克林将自己的生活视为一门实物教学课，用来说明教育的力量能够实现几乎无限的目标。他是一个几乎没有接受过正式教育的人，且上天赋予他的只不过是"步入社会时的一种差强人意的品格"（1360）。他曾在波士顿拉丁学校（Boston Latin School）就读一年，但因父亲资金不足而辍学。而富兰克林评论说他读不懂的几乎都忘光了（1313）。他的父亲带他参与自己的蜡烛和肥皂制造的生意，但很快便签订劳役契约将他送到自己哥哥的印刷店。正是在他非自愿契约——这同奴隶制相差并不大——工作期间，富兰克林提及自己阅读了班扬的《天路历程》，普鲁塔克的《希腊罗马名人传》(*Lives*)，洛克的《人类理解论》(*Essay Concerning Human Understanding*)，以及色诺芬的《回忆苏格拉底》(*Memorabilia*)。同样是在这一时期，

---

① Immanuel Kant, "Idea for a Universal History with a Cosmopolitan Purpose," *Political Writings*, ed. Hans Reiss (Cambridge: Cambridge University Press, 1970), 46; Isaiah Berlin, *The Crooked Timber of Humanity*, ed. Henry Hardy (Princeton: Princeton University Press, 1990), xi, 19, 48.

他说他成了宗教的"真正的怀疑者"(1321)。

在《自传》中的初始阶段,富兰克林便意识到教育将会是在这全新的美国社会中向上流动的关键。他的所有朋友都"喜爱读书"(1340)。搬到费城后,他找到了一份印刷学徒的工作,而随后在伦敦被他的赞助人威廉·基思爵士(Sir William Keith)抛弃时,他为自己在一家著名印刷厂找了一份工作。正是在这儿他出版了一本名为《论自由与必然,快乐与痛苦》(*A Dissertation on Liberty and Necessity, Pleasure and Pain*)的哲学小册子,意在证明,快乐与痛苦是人的本性的决定性动力,以及我们对于德性和恶习的区分是随意的。成熟后的富兰克林形容这一作品的出版是他人生中诸"勘误"中的又一例,并且同意雇主认为他是"有些聪明才能的年轻人"这一评价,虽然他认为这一小册子"十分讨厌"(1346)。

富兰克林并没有明确承认为何《论自由与必然,快乐与痛苦》的出版是一个巨大的错误。在致本杰明·沃恩(Benjamin Vaughan)的一封信中,富兰克林推脱称这一著作是年轻时的轻率之作。["当我写就此书时还未满十九岁。"(1016)]除此之外,他还承认他自己印刷出版了一百本该作品,而随后"意识到其或许有不良的倾向",于是便将它们付之一炬,只留下了一部有大量注释的副本。从语境来看我们并不清楚,富兰克林的意思到底是这一著作的印刷出版将会给他带来某些不良后果,还是说《论自由与必然,快乐与痛苦》在道德上的教诲将会对社会有着不良影响。基于成熟后的反思,他逐渐意识到这一著作"不像当初我想的那样是一篇独具慧眼的佳作",并且对其似乎已造成的影响感到惋惜(1359)。不论如何,这本小册子成功引起了一些注意并使富兰克林被介绍给了荷兰哲学家伯纳德·曼德维尔，富兰克林形容他"待人极其幽默风趣"(1346)。

富兰克林的人生是高度实践的人生，但他的一生永远没有离开过书籍。各类书籍一直是他常在的同伴。在移居费城之后，富兰克林描述这儿缺少一家体面的书店。"那些喜欢读书的人，"他评论道，"只好从英国邮购图书。"(1379)为了解决这一问题，他着手实施自己"第一个具有公益性质的计划"并成了美国首家公共图书馆的创建者。他热爱书籍，主要是因为其能够成为推动对话、社交、普遍启蒙和保卫自由的鞭策动力。"这些图书馆，"他写道，"改进了美国人的总体交谈，使普通商人和农民变得像从别的国家来的绅士一样聪明睿智，并且也许对所有殖民地团结奋起维护自己的权利有所贡献。"(1372)

宗教改革

富兰克林在《自传》中多次回到宗教改革这一主题。他回忆称自己被"以虔诚的非国教徒的方式"抚养长大，但当他"不到十五岁"时，他接触了某些反自然神论的小册子，并且这些小册子对他造成了与宣传预期恰恰相反的效果。他成为一名"彻底的自然神论者"(1359)。青年富兰克林形容自己具有"一个头上长角、身上长刺的少年天才"的名声(1324)。他回忆称后来他的父亲指责他"喜好讽刺诽谤"，因为他就"好来这一套"(1335)。自然神论与青年富兰克林"好争论"的性格非常匹配，但他很快发现自然神论造成"让一起的人常常感到极不痛快"的极坏影响(1318)。这又顺势导致了他同波士顿执政党的不和，后者因为他"在宗教辩论中出言不慎"而认为他是

"异教徒或无神论者"(1325)。

青年富兰克林对诽谤和讽刺的嗜好在他以"沉默善举"(Silence Dogood)为笔名的书信作品中得到了淋漓尽致的展现。在其中一封信中,富兰克林叙述了一个梦,梦中善举夫人(Mrs. Dogood)遇到了一座著名的"**学习**殿堂",在其中"每位有资金的农民都准备好将自己的一位孩子送入学习",而这些孩子大部分"不过略强于笨蛋和傻子"(11)。被这所学院录取的大多数学生都发现作业过于困难,并因此"满足于同**懒惰**女士和她名为**无知**的仆人共同坐在脚下"(12)。虽然很多研究生喜爱贸易和旅游,但富兰克林充满恶意地注意到大部分拥挤的人群聚集在"神学之殿"周围,他注意到在它周围自己除了"雄心勃勃的和欺诈的诡计"以外没有发现任何有价值的东西(13)。即使身为一个年轻人,富兰克林也通过愚弄和嘲笑的方式来开展启蒙运动反对神职权术和迷信的战争。但富兰克林的戏弄对象并非只有神学。学术学习同样占据重要席位,其传授的不过略多于"如何让他们自己潇洒精致,以及如何文雅地进入房间(后者在舞蹈学校同样能学到)"。直到信的末尾富兰克林才表露了他的目的:"当我处于种种不愉快的思考中时,'**牧师**'(Clericus)(手中拿着一本书,在树下行走)意外地弄醒了我;我向他叙述了梦中的一切细节,而他没有多加研究便立即加以解释,向我保证,**那就是对哈佛学院的生动呈现**。"(13)

《自传》作为整体能够被解读为富兰克林某种从未完全成功的尝试,即让自己远离讽刺和嘲弄的倾向并对所有事物都采取一种宽容和中庸的态度。转折点出现在青年富兰克林接触了他的榜样苏格拉底。富兰克林承认他对苏格拉底式的方法"着了迷",这一方法让他放弃了"贸然反驳和武断论证"的做法,并采取一种"不耻下问和满腹疑团"的态度（1321）。这一实验——他就是这么称呼的——取得了巨大成功并被证明对其实验者有着"极大好处"（1322）。他开始意识到，对某一教义，最好的测试是检验其对性格的影响，即其是否帮助某人与其周围的人友好相处。对于他早期的自然神论，他写道："我开始觉得这种教义虽说是真理，但并不是十分有用。"（1359）他变得相信并非"形而上学的推论"而是"人际关系中的**真实、真诚和正直**"才是对宗教教义的最佳检验（1359）。此处富兰克林对宗教的态度是完全实用主义的，即对信仰的检验依据是其对实践的影响。行为之所以被效仿或被避开，不是因为它们是被要求的，而是因为它们在生活中被认为是有用的。

富兰克林宗教观中一般意义上的非教条性，体现在他对所有将促进世俗福祉视为其目标的教派所持的宽容态度中。"在宗教方面，我受的是作为长老会教徒的教育。"他写道，并且他从来不是"毫无宗教原则的"（1382）。虽然他承认他"不大参加任何公共礼拜"，但这并没有阻止他欣赏"当正确地执行"时宗教所具有的一般效用（1383）。这让他相信每种宗教不论其有多坏，都必然有某些好的后果，因此他试图"避免发表任何有可能贬低别人对自身宗教之赞颂的言论"（1382）。他称，即使是最坏的宗教也有可能会产生某些社会福利，能够让新的礼拜场所通过自愿捐款而得以建造，而"我在这方面的微薄捐赠，无论哪一教派提出来，总是有求必应"（1382-1383）。

虽然他在法国待了很多年，富兰克林从未接受过伏尔泰"消灭败类"（écrasez l'infâme）的取向或者是霍尔巴赫（Holbach）圈子内那时髦的唯物主义。富兰克林的启蒙总是中庸的那类。[1] 作为富兰克林最具洞察力的读者之一，格拉尔德·施图尔茨（Gerald Stourzh）将富兰克林对宗教的观点同吉本对安东尼时代罗马的描述相比较，彼时罗马的所有宗教对哲学家而言都一样虚假，对其信奉者而言都一样真实，对行政官而言都一样有用。[2] 这或许过于愤世嫉俗了。富兰克林并未将宗教简单地视为一个用于社会控制的工具，而是相信所有宗教都包含了某种核心的道德真理，尽管这种真理往往与那纯粹多余的信念和实践相混合。他回顾了自己发展"信条草案要旨"的尝试，其将包含"每种已知宗教的精义"，内容如下：

存在一个创造万物的上帝。
他以他的神意统治世界。
他应受崇拜、祈祷和感恩形式的敬拜。
最可取的对上帝的侍奉就是对人行善。
灵魂不朽。
不论今世还是来世，上帝必赏善罚恶。（1396）

这些教义构成了富兰克林公民神学的核心，他相信这些教义能——或多或少地——在所有现有信条中找到。这一信条清单同斯宾诺莎在《神学政治论》中关于"普遍信仰"的七条教条，以及卢梭在他的《爱弥儿》（*Emile*）中萨瓦省牧师的信仰自白有着显著相似之处。同样显著的是，它在神圣启示这一

---

[1] 见 Henry May, *The Enlightenment in America* (New York: Oxford University Press, 1976), 126-132.
[2] 见 Gerald Stourzh, "Reason and Power in Benjamin Franklin's Political Thought," in *From Vienna to Chicago and Back: Essays in Intellectual History and Political Thought in Europe and America* (Chicago: University of Chicago Press, 2007), 40.

问题上保持沉默。在富兰克林去世前不久致以斯拉·斯泰尔斯（Ezra Stiles）的信中，他回应了斯泰尔斯关于他对基督神性之观点的问题。富兰克林称他对"基督的神性有些怀疑"，并补充说"这是一个我没有将其教条化的问题，我未曾对此加以研究过"，但他相信耶稣传授"这个世界曾经见证的或可能见证的最好的"一套"道德体系"（1179）。

而富兰克林的友好接纳的取向并没有导致他道德上的自满。富兰克林也许在他对教友会教徒进行描述时咄咄逼人——他认为他们是虚伪的，因为他们在采纳和平主义的同时却因为"不愿得罪政府"而支持共同防御（1415）。但他最有理由加以抱怨的是他自己的教派。富兰克林称加尔文派中许多关于预定论、拣选和摈弃的教义是"令人怀疑"和"不可思议的"（1382）。他讲述他是如何被说服连续五个周日参加费城唯一的长老会会众聚会的故事，即使这一做法干扰了他将安息日作为学习日的计划。他退出教会不仅仅是因为讲道是"干柴棒子，既无趣味性，又无启迪性"，还因为它们的目的更多是"把我们培养成长老会教徒，而不是好公民"（1383）。

最引起富兰克林尊敬的教派是一个名为顿克教派（the Dunkers）的不起眼团体。富兰克林欣赏的是他们将培根式的试验方法——试错法——应用于同宗教信仰相关的事务上。这一教派拒绝发布一份关于其信条的声明，因为进一步的经验可能会让他们修正自己的原则，而他们并不想被先前的教条所约束。"一个教派竟然如此谦虚谨慎，"富兰克林总结道，"真可谓**史无前例**，别的教派个个认为自己集一切真理于一身。"（1417；强调为后加）显然，富兰克林单单从这一个例子中就得到了一条普遍的教诲。每个教派都像在雾天里出行的人，他们只能见到自己面前的事物，而他身后的事物被雾气所淹没,尽管事实是"他跟别人一样也罩在雾里"(1417)。这一教条式的反教条主义构成了富兰克林美国启蒙的核心。

道德改革

富兰克林《自传》中最令人难忘的部分当然是他关于道德改革的计划。这是全书最激起读者困惑回应的部分。他为实现道德完美制订的计划所遵循的方法,同笛卡尔所提出的用于检验知识的那种清晰有序的方法是一致的。这一方法在富兰克林的改革计划中的重要性无论怎么强调都不为过。正是在讲述自己各种公共计划和商业交易的间隙,富兰克林几乎是突然地提出了实现道德完善的计划:

> 大约就在这个时候,我酝酿了一个达到道德完美的大胆而又艰巨的计划。我希望任何时候都能不犯任何错误地生活;我想克服天性、习惯或伙伴可能引起的一切缺点。因为我知道,或自以为知道什么是对的,什么是错的,所以我不明白,为什么我就不可以**总是**见对就做、遇错就躲呢。然而很快我就发现我干了一件超乎我想象的难事。当我处处留心提防这儿出差错时,往往毫无防备又挨了那儿一个差错的闷棍。一不留神,习惯又占了上风。有时习性太强,理性无可奈何。我终于得出结论:相信做到功德圆满是我们的利益之所在,这纯属想入非非,并不足以防止我们跌跤;在我们能够有赖于稳定一致的正确操行之前,必须破除陋习,树立良风。为此我想出了下面的一种办法。(1383-1384)

富兰克林此处采用的方法是，一次只考虑一种德性，系统性地围绕其研究直到完全掌握它，然后转到下一个德性。围绕着他所罗列的13种德性，每种德性用时一周，富兰克林意识到他能够在一年时间内完成四轮循环——完全有足够的时间来实现道德完善！但即使在此处，富兰克林本人也同他通常展现出来的漫画形象所让人相信的要更精明。他承认他的计划要比他最初设想的更为困难，因为倾向和习惯有时会压过理性，而更显而易见的是，效用本身（"纯粹想象中的信念"）并不是一个充分的动机。

富兰克林罗列了他提出的如下德性，每一德性都附有简短的定义或说明：

1. 节制。食不过饱。饮酒不醉。
2. 缄默。于人于己不利的话不谈。避免碎语闲言。
3. 有序。放东西各归其位，办事情各按其时。
4. 决心。决心去做该做的事情，做就做到心想事成。
5. 节俭。不花于己于人没有好处的闲钱，杜绝浪费。
6. 勤奋。珍惜时光。手里总忙有益之事。剪除一切无谓之举。
7. 真诚。不行有害的欺骗。思想坦荡，公正；说话实事求是。
8. 正义。不损人利己，伤天害理的行为永不沾边，应尽的好事切勿食言。
9. 中庸。避免走极端。克制对他人伤害的怨恨，甚至在你认为有理由怨恨之时。
10. 清洁。身体、衣着、居所，不许不干不净。

11. 平静。不可为小事、常事或难免之事搅乱了方寸。

12. 贞洁。少行房事，除非为了身体健康或传宗接代；千万不可搞得头脑昏沉，身体虚弱，或者伤害自己或他人的宁静或声誉。

13. 谦虚。效法耶稣和苏格拉底。（1384—1385）

富兰克林的德性列表同马克思所谓的"新英格兰人"完美契合。这种令人印象深刻的对德性的资产阶级重塑契合了富兰克林自身关于理想美国人的模型。值得注意的不仅仅在于这一列表包含了什么，还在于它忽视了什么。富兰克林将诸如清洁、缄默和勤奋等持家的德性包括在内，而它们完全不是古典或文艺复兴的荣誉伦理观念的组成部分。并没有关于勇气的条目，并且亚里士多德的慷慨德性被对节俭的强调所取代。如阿拉斯代尔·麦金太尔所讽刺性地注解的那样，他对贞洁（chastity）的新颖定义——"少行房事，除非为了身体健康或传宗接代"——显然不同于之前作者使用这一术语时所表达的意思，但麦金太尔显然没理解此处的玩笑之意。[①] 然而尽管它们可能被仅仅视为"资产阶级"德性，但它们仍然是德性。它们也许并不渴望荣耀、高贵或是圣洁，但它们实实在在地追求秩序、体面和稳定。这类德性也许缺乏某种对多数人不能及而只有少数人能够实现的道德完美的憧憬，但它们确实在为那些有用和平凡的职业提供校准方面有着优势，而这些职业处于大多数人正常能力可掌握的范围之中。以一种安静和低调的方式，富兰克林介入了一场同对名誉、荣耀和不朽的渴望相联系的英雄德性

---

① 见 Alasdair MacIntyre, *After Virtue* (Notre Dame: Notre Dame University Press, 1981), 171。

的精神战争。①

读者们早就注意到,富兰克林明显遗漏了信仰、希望和博爱这些基督教德性。富兰克林甚至预见了这种反对意见,指出他的计划"并非完全不包含宗教",但"没有任何一个特定教派的特殊信条的痕迹"(1391)。取而代之的是,他希望能够写就一本书,在其中方法的普遍效用性将能够为信仰不同教派的成员都提供某种价值。与基督教对博爱义务的传道相对照——富兰克林对此什么都没说——他将展示人们能着手提供给自己的实际方法。虽然富兰克林提到班扬的《天路历程》影响了他,但他的人生旅途中几乎不存在清教式的罪恶感或内疚感(1317,1326)。他向上帝的祈祷似乎更多是一种修辞手段,因为他的目标总是此岸的,且仅取决于他自身。② 早在爱默生之前,富兰克林便已在教导一种自力更生的伦理:"我本来要把自己的书命名为《德性的**技艺**》(the ART of Virtue),因为它将表明获得德性的**方法和方式**,这将使它有别于单纯的劝善,劝善并不教导和指明方法,而是像使徒行传里的口头善人一样,不是给缺衣少食者指明**怎样**或者何处可以得到衣食,而只是一味地劝导他们要吃饱穿暖。"(1392)

虽然富兰克林对自己计划的效用和确定性都有信心,但他却发现通往道德完美的道路崎岖不平。要说这有什么的话,这让他愉快地意识到人类的不完美。富兰克林承认当涉及有序这一德性时他是"难以矫正的",并且"从来没有达到我曾经雄心勃勃要达到的那种完美境界,而且还**相去甚远**"(1391;强调

---

① 见 Steven Forde, "Benjamin Franklin, Hero" in *The Noblest Minds: Fame, Honor, and the American Founding,* ed. Peter McNamara(Lanham, MD: Rowman and Littlefield, 1999), 39–58。
② 见 Sabin, "Autobiography as Self-Apology," 112。

为后加)。这一努力尽管未能成功,却仍旧让他成为"一个更加优秀和快乐的人",如果没有这种努力他就不可能达到。为了取笑自己对完美的寻求,富兰克林接下来讲述了一件逸事。他说自己"正像从我的一位铁匠邻居那儿买斧头的人一样,希望斧头全身都像斧刃那样明光锃亮;铁匠答应那人,如果那人愿意给他摇砂轮的话,就给他磨光。于是他转动砂轮,而铁匠把宽阔的斧面狠劲抵在石轮上,这样一来转动砂轮就非常吃力。那人时不时地从砂轮旁边跑过来看磨得怎么样了;最后只好把斧头照原样拿走,再不往下磨了。'不行,'铁匠说,'接着摇,接着摇;不一会儿就磨光了;因为现在还是有斑点的啊。''是的,'那人说,'不过我想我最喜欢的就是一把有斑点的斧头。'"(1390)。

"有斑点的斧头"这一形象——同康德那更广为人知的"人性曲木"形象类似——是富兰克林提出的关于道德生活的形象。我们也许会努力向公众展示一个亮丽光鲜的形象,但我们知道自己的努力再好也达不到完美。我们都是有斑点的斧头。

改革的局限

富兰克林对自身不完美的意识并没有导致他沮丧地默许人的有罪的本性。毋宁说这使他乐于对他人的缺陷采取一种更温和、容忍和接纳的态度。他的这本书中充满了那些欺骗或背叛了他的信任之人——不妨考虑基思总督是如何欺骗他,让他在伦敦实质上陷于窘境——以及那些富兰克林自己加以利用的人的故事。他对自己并未有所保留。他回忆了自己违背了同他兄弟间的契约劳役,自己滥用了那些出于对他信任所寄予的资金,以及他到达伦敦后立即背叛了自己的未婚妻黛博拉·里德。富兰克林承认了他的错误,但他并不是一位被过去错误所折磨的人。比任何事都更重要的是,富兰克林被人的可塑性以及我们从过失中学习的能力所震惊。最具启示性的是他讲的一段关于素食主义的失败试验的趣事。他描述了一场"原则和倾向"之间的强大斗争,这一斗争一直持续到他注意到:因为大鱼吃小鱼,所以他没有理由不放纵自己对鱼的喜爱。由此他得出了一条精彩的箴言:"成为一个**理性的造物**倒是一件十分方便的事情,因为理性让人在想做某事时总能找出一个或造出一个理由来。"(1339)

富兰克林的反完美主义在另一个故事中得到更明显的体现,这个故事同他的第十三种德性,即与谦逊有关。富兰克林告诉我们,他的列表本来只有十二种德性,但一个"教友会朋友"跟他说,他通常被人认为过于骄傲,因此他应该把谦虚增添到他的列表中,并将谦虚定义为对耶稣和苏格拉底的模仿。富兰克林承认,他对谦虚的追求仅仅止于表面功夫。他承认这是一个自青年时期起便困扰他的恶习。在《自传》之前的部分,他讲述了他和他朋友约翰·科林斯(John Collins)如何培养起辩论爱好的故事,而这常常让他们对自己的修辞和逻辑技巧感到骄傲:"有时我们也打口水仗,我们俩都好争辩,一心想把对方驳倒。对了,这种好争辩的禀性容易演化成一种恶习,因为反驳必然要将这种恶习付诸实践,结果惹得一起的人常常感到极不痛快,因为这样一来,除了把交谈搅黄,在本来可以建立友谊的地方,反而产生了厌恶,甚至敌意。我之所以染上这种恶习,是因为读了父亲的宗教辩论书籍。此后我注意到,除了律

师、大学教师，以及在爱丁堡受过教育的形形色色的人物，明达之士不大有人染上这种恶习。"（1318-1319）

和霍布斯一样，富兰克林认为意见上的分歧是骄傲、虚荣和冲突的源头。他尤其乐于奚落牧师和教授——尤其是哈佛教授——甚至他本人的骄傲和支配倾向。富兰克林的解决方案是使用某种经过编码的语言，以抵消支配的倾向。相较于使用"肯定地"和"无疑地"以及"当然"之类的辞令，说"那似乎"或"在我看来"更好。富兰克林称，这种迂回说话的方式最适合用来说服他人，因为当发言者看起来对自己的信念不太确定或不太坚信时，他人更有可能被说服（1321-1322）。

最后，富兰克林祝贺自己在征服自然的骄傲上做出了一些努力，但他承认在经过了五十年的斗争后他最多也不过取得了部分的成功："实际上，在我们天生的激情中最难征服的也许就是**骄傲**了。你尽可以千方百计地将它伪装，跟它拼搏，把它打翻在地，掐住它的脖子，将它狠狠羞辱一顿，但就是弄不死它，时不时又窥间伺隙表演一番。在这本传记里你也许会常常看见它。因为哪怕我自以为已经彻彻底底战胜了它，我也许又该为自己的谦虚而骄傲了。"（1393-1394）。

政治改革

富兰克林的《自传》并非主要是一部政治作品。那些试图寻找富兰克林对权利、正义或财产的观点的读者将会对此感到失望。该书的重点主要是某些对获得道德提升而言最有用的特定个性的发展。例如，我们既没有读到富兰克林早期对英国君主制的支持以及他晚期转而对殖民地独立的支持，也没有读到他对宾夕法尼亚州一院制立法机构的支持或是他随后对废奴的支持。然而《自传》并非如其所显现的那样完全是非政治的。富兰克林主张一种基于进步和公民提升观念的政治概念。他的政治学是培根式的进步，也就是说，是一个不断自我纠正的试验过程。总体而言，富兰克林对政治的态度遵循了他在宗教上同样采取的非教条风格。他似乎认同蒲柏（Pope）在《人论》（An Essay on Man）中的著名对句："让傻瓜去争论政府的形式吧；管理最好的政府便是最优政府。""并没有所谓政府的**形式**，"他对制宪会议的代表们说道，"但如果政府管理得当的话，对人民来说就是幸事。"（1140）

富兰克林关于政治改革最雄心勃勃的计划是创立了被贴切地命名为"密社"（Junto）的组织，即某种为了促进对话和辩论而创设的哲学俱乐部（1361）。这一俱乐部在每周五晚上会面，并且每个成员都被要求介绍一个"有关道德、政治或自然哲学"的话题。每隔三个月，每位成员被要求朗读一篇讨论任一话题的论文，随后展开讨论和辩论。富兰克林断言道，这一俱乐部的目的是促进"诚恳追求真理的精神"，而这么做的结果是"肯定性表达或直接抗辩"都被禁止并被处以小额罚金（1361）。

这一俱乐部被证明是如此成功，以至于有人希望将其成员资格扩展至最初的12人之外。富兰克林反对这一计划，因为他认为这将危及他所坚持的讨论记录的**保密性**。"在成员中，"他写道，"我是反对增加社员的成员之一，不过倒是拿出了一个书面建议，即每位成员应当分头设法组织附属俱乐部，涉及讨论问题的规章与原先相同，但不能向他们透露与密社的关系。"（1402）富兰克林视密社为他自己的学园，为他提供友谊和智识上的陪伴。富兰克林构想密社这一小组可作为某种新型的党派或政治派系，而对他来说坚持保密对其构想至关重要。起初富兰克林称，保密对于阻止"不适当的人申请入社"来说很重要，但随后他承认自己担心会员资格的放宽会损害俱乐部影响公共意见的能力（1402-1403）。富兰克林希望施加的影响力是什么，以及，他为何坚持使用这些密谋的手段？

富兰克林对"一个伟大而深远的计划"雄心勃勃的规划体现在他的几点"观察"中，他称这些观察是从1731年5月19日的阅读记录中"被偶然地保存下来"的。他的观察所得包括如下内容：

> 世界大事、战争、革命等等皆由政党推动、受政党影响。
>
> 这些政党的着眼点就是它们当前的普遍利益，或者是它们所认为的那种利益。
>
> 政党不同，着眼点各异，这就导致了所有的混乱。
>
> 尽管一个政党在推动一项总体计划，各人却有各人着眼的特定私利。
>
> 一旦一个政党实现了自己的总体目标，每个成员就开始关注一己私利，从而妨碍了其他成员，造成了政党分裂，招致了更多混乱。
>
> 在公共事务中，很少有人做事纯粹从国家利益着眼，不管他们如何伪装。
>
> 在公共事务中更少有人做事是从人类利益着眼的。
>
> （1395）

此处，富兰克林让自己思考自己希望何种政党模式成为新型改革政党的模式，其将着眼于当时的重大事务。如他所解释的，这个政党将被称为联合德性党（a United Party for Virtue），其将把"各国德性高尚的善良人士组织成统一整体"（1395）。它将反对他那个时代的所有其他政党，那些政党由自利、骄傲和野心推动。富兰克林的意见是一种常被启蒙运动思想家称为"文人共和国"（Republic of Letters）或"人道党"（Party of Humanity）的模式。① 这个政党的目标并不仅仅是保护权利，而且要实现公民进步。而这个目的将主要通过说服和谈判这类不流血的手段来达成。这个新兴德性党的成员将被组织为一个由来自各行各业的单身汉组成的"教派"，他们是在实践政党的原则13周后被拣选，而该政党的原则包括了"每种已知宗教"的原则：

> 这样一个社团的存在应当保密，直到它形成一定气候为止，还应当阻止不合格的人员加入；然而每个成员应当在自己的熟人中寻找聪明向善的青年，小心谨慎、循序渐进地把计划传达给他们；成员们应当相互劝勉，互帮互助，以促进彼此的利益、事业和生活进步；为了与众不同，我们不妨称其为**自由洒脱**社（The Society of the *Free and Easy*）：所谓自由，指通过对各项德性的普遍实践和习惯养成，免于受恶习的支配，特别是通过实践勤奋和节俭而免于债务，而债务让人受困并成为债主的奴隶。（1396）

对富兰克林这样一位因精明的功利主义和自利的伦理而为

---

① 见 Peter Gay, *The Party of Humanity: Essays in the French Enlightenment* (New York: Knopf, 1964).

人所知的人来说，他对致力于人类进步的国际社团的希望听起来是怪异的乌托邦。他称，他关于德性党的计划之所以化为泡影，是因为自己要求这样的社团应在秘密的面纱背后运转。我们是否应该相信他主张的表面意思，即对社团的计划之所以偏离正轨，是因为他自己当时"境况艰难"？

富兰克林对于一个新兴德性党的希冀以各种秘密社团和俱乐部的形式开花结果，例如在18世纪期间于欧洲发展起来的共济会或光明会。这类会所以及它们的秘密仪式和神秘典礼，看起来与富兰克林那传播知识的计划相对立，但它们的成员把自己看作在这个自由交流观点仍旧过于危险而不能公开实行的世界里致力于隐秘传播启蒙的一分子。这些俱乐部和沙龙作为一种新型公民社会或公共空间的基础，位于宫廷文化之外，且在其中能够对政治观念进行自由辩论，而政党正是从这种公民社会或公共空间中兴起的。他们致力于创造一种自由交流观点的风气，洛克用"舆论法则"（law of opinion）这一术语来描述这种风气，它不依赖于教会和国家这些庞大机构。[1] 在英国，政治反对派这一观念是由博林布鲁克子爵（Viscount Bolingbroke）和他的小圈子领导的不满的托利党所创造的，他们将自己的讽刺作品和滑稽模仿作品出版在如《工匠》（Craftsman）和《绅士杂志》（Gentleman's Magazine）这类的杂志中。首批现代政党——辉格党和托利党——便诞生于将反对派的观念合法化并为其赢得尊重的尝试，有组织的反对派不是被作为一种必要的恶，而是被作为政府本身的一个永久特征。[2]

---

[1] 见 Jürgen Habermas, *The Structural Transformation of the Public Sphere: An Inquiry into a Category of Bourgeois Society,* trans. Thomas Burger (Cambridge, MA: MIT Press, 1991), 91-93。
[2] 关于支持政党的早期论证，见 Harvey C. Mansfield, *Statesmanship and Party Government: A Study of Burke and Bolingbroke* (Chicago: University of Chicago Press, 1965)。

在法国和欧洲大陆的其他地方，由于专制主义国家的缘故，类似的组织在更秘密的条件下活动。这类秘密社团作为"间接反抗力量"的政治功能已由莱因哈特·科泽勒克（Reinhart Koselleck）在他的著作《批判与危机》(Critique and Crises)中得到了详尽的描绘。在此著作中科泽勒克认为这类会所的高度秘密性是他们成功的关键："与其说是集会的具体内容，不如说是这种集会流露了极其神秘的氛围使人沉浸其中。分享一种前所未知的全新美好生活的承诺，正是立于保密的基础上。而入会仪式便意味着'发现了隐藏在旧世界之中的新世界'。对于新入会成员而言，秘密性带来了一种新形式的交流。皇家宫殿由秘密社团共同建立和拥有；秘仪（Arcanum）则充当了兄弟情义的'黏合剂'。……秘密将所有成员联系在一起，无论他们所加入的社团为何；不论在现有的等级制中他们所处的位置如何，他们如今在一个新的层面上被团结起来。"①

密社是此类秘密组织的典范，它引起了启蒙宣传运动在整个欧洲和美洲范围内的传播。虽然《自传》没有提及富兰克林参与共济会的任何事情，但在法国的几年间他成了共济会活动的中心。保密性是此类组织的本质。"保密性，"约瑟夫·德·迈斯特论及会所时写道，"是自然法，是相互信任的基础，这种相互信任将松散的社团联合起来。"②富兰克林可能担任了被称为九姐妹会（the Loge des Neuf Soeurs）这一法国共济会的总导师（the Grand Master），该组织由百科全书派于1769年建立，且在革命前的法国为传播共和理念做了许多工作。富

---

① Reinhart Koselleck, *Critique and Crises: Enlightenment and the Pathogenesis of Modern Society* (Cambridge, MA: MIT Press, 1988), 76–77.
② De Maistre, 引自 Koselleck, *Critique and Crises*, 81。

兰克林甚至帮助伏尔泰成为共济会的成员。大革命早期的某些主要人物——布里索（Brissot），孔多塞，丹东（Danton），西耶斯（Sieyès），虽然并不包括罗伯斯庇尔（Robespierre）——都是巴黎共济会的成员，他们都对后来的革命指挥机构予以帮助支持。正是此类文学和哲学社团滋养了一个世纪后革命政治的苗床。

尽管共济会的活动是政治的、文学的和道德的，但它们同样给它们的成员笼罩了一层神学的光环。如伯纳德·费伊（Bernard Faÿ）所写的，正是富兰克林在九姐妹会的活动，"让他在法国人眼中长久地成为'神圣哲学家和圣人'。九姐妹会，以及其崇拜最高存在和最高智慧的伟大宗教和象征仪式，是即将到来的事物的先驱"。[1] 作为一名热忱的反共济会的反驳者，费伊仍旧坚持自身对秘密社团重要性的感知，认为其重要性不仅在革命前的法国有所体现，还在它们将富兰克林封为某种新型世俗圣人的封圣行为中有所体现。费伊仅仅有些许夸张地评论称，整个大革命的一代都加入了对名为富兰克林的圣地的崇拜之中："他们被作为一种新信仰的布道者的富兰克林所吸引，而这种新信仰正是他们所寻求且在他们心中萌生的。把他当作一种新宗教的先知和圣人并非夸张；因为通常归于圣人的所有神秘元素在他的传奇中都能找到——谦虚，一种能够表现奇迹和控制自然力量的几近超自然的力量，善良，受苦，以及虔诚。他为所有渴望和不安的灵魂指明了道路，他们感受到一种对新信仰的需要，一种对理性的同时又是对实用的新信仰的需要。"[2]

---

[1] Bernard Fay, *The Revolutionary Spirit in France and America*, trans. Ramon Guthrie (London: Allen and Unwin, 1928), 154.
[2] Fay, *The Revolutionary Spirit*, 157–158.

富兰克林对此类革命社团的参与表明了他思想中有远见和理想化的一面,这远远超越了韦伯和他的其他批评者为他赋予的工作和成功的乏味布道者形象。富兰克林不仅是一名革命者,而且是一名"深思熟虑的革命者",他意识到政府的变革有赖于礼节、习俗和道德习惯上的变革。[①] 即使自由洒脱社失败了,这一失败也让富兰克林得以阐明自己关于政治组织的其中一个伟大原则:"我一直认为,一个能力尚可的人可以在人类中促成大变革,成就大事业,只要他首先制订一个好计划,然后剪除一切娱乐活动或其他可以让他分心旁骛的事务,把推行这一计划当作他唯一的研究和事业。"(1397)

我们的"快乐平庸"

富兰克林如今被许多人解读为成功信条的首位传道者。确实,他在形成这一形象的过程中起到了一定作用。他将自己表述为最初的美国成功故事,一个白手起家的故事,在这个故事中努力工作、勤勉和勤奋足以克服一切障碍。正是这个有关新教工作伦理的著名形象,让韦伯等读者的愤怒发作。

然而对《自传》的仔细阅读却表明富兰克林所表达的远多于此。富兰克林的《自传》并非对成功的庸俗崇拜。他赞美理性、亲社会性、公共服务以及慈善事业。他资助可供借阅的图书馆和大学。他的哲学可被认为是一种面向人民的培根主义。这一哲学是经验的,实验的,实践的,以及——用培根最喜

[①] 见 Ralph Lerner, "Franklin, Spectator," *The Thinking Revolutionary: Principle and Practice in the New Republic* (Ithaca: Cornell University Press, 1987), 41–59.

的术语来说——"成果"丰硕的。富兰克林是一个印刷商和发明家,更不必说他是一位实验科学家,他那个时代最著名的科学家之一。所有这些都不能仅靠自利或效用的学说得到解释。甚至就连富兰克林的说教也充满了幽默、风趣和一定的自我嘲弄。可以认为,这本著作的潜台词便是"永远不要过于严肃地看待自己"。

与其说富兰克林有着一副"新教伦理"或"资本主义精神"的面孔,不如说他有着一副美国式启蒙的面孔。困扰韦伯和其他人的或许是,富兰克林的启蒙是严格地平等主义的。这确实是面向普通人的启蒙。它展现了一个没有外在优势且彻底自学成才的人,如何能够获得国内和国际的最高声誉。富兰克林的启蒙显然是一场依照民主路线构想的中产阶级启蒙。在他名为《移居美国须知》("Information for Those Who Would Remove to America")的这个后期作品中,富兰克林提到了在美国盛行的"快乐平庸","在这里,农民为自己工作,且能为自己的家庭提供足够支持"(975)。当然,他知道自己是一位具有卓越品质的人,但他煞费苦心地将这些品质隐藏起来,让自己表现得像民主制下的那类普通人。这种精神,便是半个世纪后托克维尔在描述美国人对上升、超越和成功的渴望时所赞美的那种精神。

富兰克林在《自传》中收录了一封于1783年收到的来自本杰明·沃恩的信,这封信敦促他写下自己人生的故事。"先生,"沃恩写道,"我**恳请**您写出您一生的经历,理由如下:您的经历不同凡响,如果您若不写,别人就会……您的一切遭遇也与一个**正在兴起**的民族的风俗与境遇**丝丝**相扣;就此而论,我以为在一个人性和社会的洞见者眼里,凯撒与塔西佗的著作也不见得更加引人入胜。"（1374）沃恩接着断言，这部自传"将不仅仅教人如何自我教育，而且这是一种智者的教育"；它将同"普鲁塔克《希腊罗马名人传》的总和"价值相当（1375, 1377）。

沃恩认为富兰克林是美国的苏格拉底，这同先前所引用的对他的生活和影响的负面评价大相径庭。这究竟是怎么回事？"富兰克林是1776年前唯一赢得了世界名誉的美国革命者。"道格拉斯·阿代尔（Douglass Adair）曾写道。[1] 如阿代尔随后写到的，富兰克林的名声不同于华盛顿或汉密尔顿的名声，后者基于传统军事或政治功绩；而前者的名声更多的是对科学、外交和新闻业贡献的产物。富兰克林是新型启蒙英雄。在褒扬勤奋和节俭等实践德性的同时，他的人生同样是独一无二地致力于心灵愉悦的人生。讽刺的是，虽然富兰克林在自己那个时代被理想化为"正在兴起的民族"的代表，但恰恰是这种代表让他在随后时代的人们看来自满、"乏味"和庸俗（bourgeois）得令人难以忍受。他的故事是其自身成功的受害者。富兰克林的故事不会符合每个人的口味，但它是一个关于自我塑造和自我成长的极其现代的故事。富兰克林并没有将自己的故事当作一个无法复制的关于独特天才的例子，而是当作一个现代人的故事，由一个不太可能的开端开始，不仅实现了伟业，还实现了让生活值得享受的日常舒适之事。他的故事将成为所有后来美国成功故事的典范，包括爱默生的《论美国学者》（American Scholar）和惠特曼（Whitman）的《自我之歌》（Song of Myself），以及索尔·贝娄的《奥吉·马奇历险记》（The Adventures of Augie March）。这是一个值得被铭记的故事。

---

[1] Douglass Adair, "Fame and the Founding Fathers," in *Fame and the Founding Fathers,* ed. Trevor Colbourn (Indianapolis: Liberty Fund, 1998), 9.

第 7 章

康德的自由国际主义

> 康德引起这次巨大的精神运动［启蒙运动］，与其说是通过他的著作的内容，倒不如说是通过在他著作中的那种批判精神，那种现在已经渗入一切科学之中的批判精神。……幸而这一精神还没有混入烹饪术中去。[①]
>
> ——海因里希·海涅

据说今天我们生活在一个全球化的时代。全球化的内涵有着许多维度，但其中一个确切的含义是，作为政府基本单位的主权国家正被逐渐侵蚀。人们经常构想一种新兴全球政治秩序，它同欧盟类似，具有开放边境并由国际议会和国际法庭进行治理。然而，全球化这一观念并非仅是当代的造物。它的灵感可追溯至法国大革命时期，而法国大革命之于许多欧洲人，好比1989年后共产主义政权瓦解之于后一代欧洲人，都同样使人心醉神迷。旧的屏障开始崩溃，而人们开始思考许多非常不同的可能性。在这一全新国际关系脉络之下开始思考政治的人中，

---

① 引自 Heinrich Heine, *Concerning the History of Religion and Philosophy in Germany*, in *The Romantic School and Other Essays*, ed. Jost Hermand and Robert C. Holub (New York: Continuum, 1985), 213。

就有伊曼纽尔·康德。

康德并非首位,却被证明是最有力的一位自由国际主义的理论家。不同于马基雅维利、让·博丹(Jean Bodin)和霍布斯等作者认同单一主权领土内政治秩序的必要性,康德认为每个国家都是国家间联盟的一部分。当霍布斯、洛克和卢梭将国家视为其内部成员间某一社会契约的产物时,康德则认为新型国际秩序是自由和独立的国家所订立的契约的结果,这些国家可能同意根据国际法进行统治。在政治哲学家中,康德因强调政治的全球维度以及为国际关系注入前所未有的道德地位而显得独一无二。他站在早期现代性和晚期现代性之间的渡口,渡口的一头将主权国家视为最高政治权威,另一头则认为国际正义的要求高于国家的要求。

康德独一无二地为启蒙的理性传统,个人权利,以及个人的道德神圣性给予了最高的表达,但他同样将一种新的历史主义引入对国际关系的理解中,这种历史主义最终在马克思主义的革命理论中开花结果。它是从法国大革命和随后拿破仑统治的经验教训之中诞生的历史主义,它渴求着将共和政府原则和人权原则——必要时通过枪口和大炮——输出给整个欧洲和其他地区。固然康德只是在普鲁士的遥远海岸感受着大革命,但大革命在他身上唤醒了一种信念:共和政府原则和人权原则携带着一种新道德秩序的种子,它将在法国之外逐渐发挥出它的魔力。受卢梭启发,康德用无与伦比的热情欢迎大革命,这可从他于1798年写就的《学科之争》(The Contest of the Faculties)这最后一部政治作品中得到证明。在这里他这样评论大革命:"我们在自己这个时代目睹了一个富有才智的民族进行的革命,这场革命可能会成功或者失败;它可能会如此充满了不幸和暴行，以至于一个思维健全的人即使希望第二次尝试革命时取得成功，也决不会决定以这样的代价来进行这场试验。——依我说，这场革命的确如愿以偿地在所有旁观者（他们自己并没有卷入这场戏）的心灵中获得了一种**同情**，这种同情几乎接近于狂热，其表现本身就带有危险，因此，除了人类里面的一种道德禀赋之外，它不可能以别的什么为原因。"[1] 康德称大革命证实了历史中存在着道德冲动，这让他率先成为在大革命中见证人类历史新时代曙光的那些思想家之一。我甚至会说康德哲学**就是**关于革命的哲学。

但这一新国际秩序将如何到来？作为思想家的先行者，康德相信，这一新秩序是历史的产物，而历史是一个过程，或更具体地说，是一个将人类引向更高和更进一步的人类之权利和义务概念的过程。在人类历史进程中，由于人们跌跌撞撞地探索对自身权利的理解，寻求那最能保护他们的机构，因此他们同样被唤醒了对作为一种被赋予了尊严且值得尊重的存在的个体的更深刻的敬意。尽管早期思想家也许将权利与生命、自由和财产等有形的善相联系，康德却将政府的目标和宗旨转变为确保人类尊严和尊重的基本状况。这种权利——受到平等的关切和尊重的权利——优先于所有其他权利。此外，只有当每一个体和每个民族的权利和义务附属于人类作为一个整体所具有的权利和义务时，我们的尊严才能够实现。在所有人的权利都得到保障之前，没有人的权利是安全的。为了更好地保护这些权利，康德建立了一种历史哲学，其目的恰恰在于实现民族间的"永久和平"。作为一种善的观念，和平不仅应在国家内部，

---

[1] Immanuel Kant, *The Contest of Faculties,* in *Political Writings,* ed. Hans Reiss (Cambridge: Cambridge University Press, 1970), 182.

还应在国家之间得到保障，这一观念成为一种类似神圣道德义务的东西，而想要实现人权制度则必须履行它。

人权革命

康德的《永久和平论：一部哲学的规划》(*Perpetual Peace: A Philosophical Sketch*)写于1796年，当时该书作者已经七十二岁，距离他出版批判巨著《纯粹理性批判》(*Critique of Pure Reason*)、《实践理性批判》(*Critique of Practical Reason*)，以及《判断力批判》(*Critique of Judgment*)已经过去了10年左右。"批判"一词在这三部最伟大作品标题中的重复揭示了康德的目标。他相信，他所处的时代是启蒙的时代，或者说批判的时代，他在《纯粹理性批判》第一版序言的一个注释中明确表示了这一观点："我们的时代是真正的**批判**（Kritik）时代，一切都必须经受这种批判。通常，宗教凭借其神圣，而立法凭借其威严，想要逃脱批判。但在这种情况下，它们就激起了对自身的正当的怀疑，并无法要求获得不加伪饰的敬重，理性只把这种敬重给予能够经得起它的自由和公开的检验的东西。"[1] 或者考虑如下更为人所知的片段，出自他的论文《什么是启蒙？》(*What Is Enlightenment?*)："**启蒙就是人类脱离自己加之于自己的不成熟状态。不成熟状态**就是没有他人的指导就不能使用自己的理智的状态。如果这种受监护状态的原因不在于缺乏理智，而在于缺乏无须他人指导而使用自己的理智的决心和勇气，则

---

[1] Immanuel Kant, *Critique of Pure Reason,* trans. Norman Kemp Smith (New York: Saint Martin's 1965), 9.

它就是**自己取之于自己**的。要敢于认识（Sapere Aude）！要有勇气运用你自己的理智！这就是启蒙运动的格言。"[1]

康德帮忙塑造了如下信念，认为他生活在一个新时代的黎明之际，生活在政治最终的蜕变的破晓之际，在此关头，有关人类处境的真理最终将得到揭示。同现代性的其他先驱者一样，他想要将科学和道德立于一个全新的且可能更坚实的哲学基础之上。他的目的与其说是提出一种新的伦理，不如说是提出一种关于道德的新"方案"。这一全新方案包含了我们对自己的正确理解，即我们自己是自我立法或自我决定的能动者。

先前的现代哲学家，实际上包括自亚里士多德以来的所有哲学家在内，都在人性中，尤其是在特定的需求和欲望之中，寻求道德的基础。亚里士多德将道德生活视为去实现"eudaimonia"，也即实现幸福；霍布斯从生存的迫切需要中衍生出我们的义务；洛克扩展了这种迫切需要，将对自由和财产的欲望囊括在内。对于康德而言，此类法则都没有充分解释义务的全部意义和全部范围。一种将人还原为一堆欲望或一个快乐追求者的教诲，无法解释道德的崇高性。

康德将道德视为理性的一种延伸。只要我们是理性的能动者，我们便依据特定的规则或准则而行动。我们是遵循规则的动物。大部分准则——每晚充分睡眠，工作日不要酗酒，抽些时间锻炼——被康德叫作"假言命令"，也就是说，它们遵循"如果你想要x，那么做y"的形式。假言命令的目的在它们本身之外。如果我们想要实现某些超越规则本身的东西的话，那么它们是有用的。道德却是完全不同的东西。在道德规则——

---

[1] Kant, *What Is Enlightenment?* in *Political Writings*, 54.

康德称之为"定言命令"——中,行动的义务除了义务本身的实现以外没有其他目的。例如,如果我问自己为何应该还债,回答说诚实是最好的生活策略,或者诚实能缓和众神的愤怒,这种回答并非一个道德上的答案。唯一可能的道德答案与行动可能伴随的有利后果无关。道德只关注我们准则处于何种形式。只有当我的行动——或者那指导我行动的原则——能够被普遍化并因此适用于类似情境下的任何人时,一个行动才能够被称为是符合道德律的。普遍化是康德关于道德律的著名方案。

康德有时写得仿佛他的道德学说仅仅是对新教神学的一种净化,后者强调内在的恩典或对黄金律(the Golden Rule)的重塑,即不要对他人做你不会对自己做的事情。但情况并非如此。康德自己宣称,是卢梭教导他认识到了道德律的威严。康德因沉浸于卢梭的《爱弥儿》而打破了下午散步的良好惯例,这一故事因过于为人所知而没什么可提的。[1] 更重要的一点是,康德将卢梭视为道德宇宙的牛顿。正如牛顿使我们认为,大自然由其自身规定自身的内在法则构成的体系所统治,卢梭亦将道德看作一个类似的规定道德行为的自律领域。"牛顿首先发现了同极度简洁相结合的秩序和规律性,"康德在他的《关于优美感和崇高感的考察》(*Observations on the Feeling of the Beautiful and Sublime*)中写道,"卢梭则首先发现了在人类所采取的多种形式下同样隐藏着的法则所深藏的本质。"[2]

---

[1] 关于这个故事的诸多可见出处之一,见 Ernst Cassirer, *Kant's Life and Thought,* trans. James Haden (New Haven: Yale University Press, 1981), 86;关于卢梭对康德更一般意义上的影响,见 Richard Velkley, *Freedom and the End of Reason: On the Moral Foundation of Kant's Critical Philosophy* (Chicago: University of Chicago Press, 1989), 36–38, 52–60; Susan Meld Shell, *Kant and the Limits of Autonomy* (Cambridge, MA: Harvard University Press, 2009), 34–36.

[2] Immanuel Kant, *Observations on the Feeling of the Beautiful and Sublime and Other Writings,* ed. Patrick Frierson and Paul Guyer (Cambridge: Cambridge University Press, 2011), 104–105。

康德或许曾说过，休谟将他从"独断论的迷梦"中唤醒，但是卢梭向他展示了自己该走的道路。在一场罕见的和自我揭露的个人旁白中，康德指出阅读卢梭时他的第一印象是"精神上不同寻常的敏锐，一种天才所具有的高尚动力，以及一个情感丰富的灵魂，其情感丰富程度或许在他之前从未有任何时代或任何民族的作家曾经拥有过"。他承认自己对于卢梭那些看似"奇怪和荒谬的观点"有着一种"困惑"的感觉，并怀疑作者只不过追求"证明（自己）雄辩的魔力并扮演一位怪人，因一种毫无戒备的新奇而在所有机智的对手中脱颖而出"。① 然而经过更仔细的检验，康德承认卢梭正是以人类尊严和人权的名义纠正了他。"我自己生性是一个研究者。"康德这样写道。在此处"研究"一词表明了对理论知识的追求。然而正是卢梭教导他比起哲学生活要更重视道德生活。"卢梭纠正了我，"康德承认道，"这种盲目的偏爱消失了，我学会了尊重人类，并且如果我不相信，这种想法能够向所有普通人传达确立人类的权利的价值的话，那么我将会觉得自己比普通劳动者更加没有价值。"②

定言命令并非由上帝呼声中流溢的神圣命令，而是从我们自己内部涌出的一种法则，遵循它使我们自由。对康德来说，遵循上帝意志就是遵循一个从外部施加的命令，因此不可能是道德的。根据康德的解释，传统的有神论道德变得毫无意义，因为只有进行立法的意志才被认为其自身就是善的。正如康德在《道德形而上学的奠基》（*Groundwork of the Metaphysics of Morals*）的著名开篇中所写的："在世界之内，一般而言甚至在世界之外，除一个善的意志之外，不可能设想任何东西能够被

---

① Kant, *Observations*, 95.
② Kant, *Observations*, 96.

无限制地视为善的。"① 关于将立法普遍化的这一方案只要求一件事，即我们将人作为目的，绝不将人作为手段。人类本身便值得几乎无限的重视和尊敬，或康德所谓的"尊严"。

这立即引发了一个问题。为何人类——甚至是最恶劣的杀人犯和反社会人士——被认为值得尊重？康德的回答是只有我们有能力为自己立法，而这种回答已然带来无尽争议。只有人才是（或至少能够是）自我立法的动物。所有其他的生物都遵循天性让它们所屈服的法则；只有我们才有能力为自己立法，并以真正尊重这种自由能动性的方式去行动。正是这种自我立法的能力使我们超越纯粹"源自实践的"欲望和倾向，康德称这种能力让他充满了近乎崇敬的敬畏感。"有两样东西使我的内心充满常新而日益增长的惊赞，"在《实践理性批判》末尾他这样写道，"我头上的星空和我心中的道德法则。"②

正是这种尊严感——只有我们才是自己所遵守之法律的制定者——才是人权的真正基础。康德关于人的权利的学说是卢梭公意（general will）概念的深化或激进版本。卢梭曾说过公意将会让我们自由，因为在遵循公意的法则时我们只不过在遵循我们自身。③ 但不同于卢梭将权利的适用范围局限于同我们明确与之订立契约的本国公民，康德提出了将权利领域大幅扩张的方式。早期思想家们只在他们各自所处的独特国家政治中思

---

① Immanuel Kant, *Groundwork of the Metaphysics of Morals,* trans. H. J. Patton (New York: Harper, 1964), 6.
② Immanuel Kant, *Critique of Practical Reason,* trans. Lewis White Beck (New York: Library of Liberal Arts, 1956), 166.
③ Jean-Jacques Rousseau, *Of the Social Contract,* in *The Social Contract and Other Later Political Writings,* trans. Victor Gourevitch (Cambridge: Cambridge University Press, 1997), 1.6 (pp. 49-51).［译按］中译本见：让-雅克·卢梭，《社会契约论》，何兆武译，北京：商务印书馆，2003。

考权利。康德对人类尊严的新认识的必然结果是对权利的国际维度的关注。如果不考虑康德对如伍德罗·威尔逊（Woodrow Wilson）的"十四点"（Fourteen Points）或《联合国宪章》（the Charter of the United Nations）这样有分量的文件的影响，对康德权利的革命的思考就是不可能的。康德的权利学说不仅点燃了对战争终结的渴望，还点燃了对首次踏入和平——或许是永久和平——的时代的信念。

康德的共和国

康德的道德理论将会结出政治果实这一点并非立刻显而易见。他的道德方案是将每一个人作为其本身的目的来对待，而他或她自己作为目的则是一个理想的"目的王国"的组成部分。这只对个人适用。而当涉及是否对如国家——其似乎依据自身的**国家理性**（raison d'etat）命令而运行——等集体性的存在同样适用时，康德含糊其辞得令人着急。但康德没有也不能够完全忽视他的道德革命的政治维度。康德在一开始就意识到在道德意志和启蒙的公共语境——公共领域——间存在着某种联系，意志正是在后者中发展起来。康德清楚地表明，善的意志完全是个人的产物。没人能强迫善的意志，而这表明了道德领域和法律领域的严格分离。但政府仍然能够努力为道德善意的施行消除障碍。而这正是康德思想见真章之处。

康德当然意识到了手段和目的、政治和道德间的——必要且结果丰硕的——张力。他意识到世界主义的境况以及国家间的联盟不能只通过道德手段来实现，甚至连人类的道德启蒙是否能够导致制度性变革这一点，也并不是明确的。在一段出自《永久和平论》的著名旁白中，他表明政治变革甚至完全能够无须道德的参与。"建立国家这个问题，"他认为，"纵然对于一个魔鬼民族（只要他们有理智）来说也是可以解决的。"① 当康德说理性的魔鬼时，他指的是那些"暗中倾向于"让自己免于道德规则束缚的人。理性的魔鬼就是我们所谓的受启蒙的利己主义者，其之所以遵守法律或信守诺言，是因为这么做符合他或她的利益，而并非出于道德义务的要求。如果一种共和秩序能够仅仅建立在理性自利的基础之上的话，那么对道德的需求又何在？理性的或理智的魔鬼问题明确阐示了制度进步和道德进步、合法性和道德之间的鸿沟，或者换句话说，在因其强制性力量而遵守法律和因其是正确做法而遵守法律这两者之间的鸿沟。

康德非常清楚地表明，唯一能够尊重权利的政府是共和国。一个共和国不仅能够对内尊重其公民的权利，还能够对外致力于关于和平关系的政策。在"永久和平的第一条确定条款"中，康德对共和国的定义如下："首先依据一个社会的成员之**自由**的原则（作为人），其次依据所有成员对一个唯一的共同立法之**附属性**的原理（作为臣民），再次依据这些成员之**平等**的法则（作为国家公民）所建立的政制——由原始契约的理念所产生、一个民族的一切权利立法都必须建立于其上的唯一政制——就是**共和制的政制**。因此，就权利来说，这种政制本身就是原初作为一切种类的公民制度之基础的政制；而现在问题只是：它是否也是唯一能够导向永久和平的政制？"②

甚至在定义共和国之前，康德就已经写下了六条"先决条

---

① Kant, *Perpetual Peace*, in *Political Writings*, 112.
② Kant, *Perpetual Peace*, 99-100.

款",他称即使国家间处于自然状态,这些条款也对所有国家具有道德上的强制性。它们是:

1. 任何和平条约的缔结,如果是为了一场未来的战争而秘密地保留,均不应当被视为有效;
2. 任何独立自存的国家均不应当能够通过继承、交换、购买或馈赠而被另一个国家所取得;
3. 常备军应当逐渐地完全废除;
4. 任何国债都不应当与一国家的对外事务相联系;
5. 任何国家均不应当武力干涉另一个国家的政制和政府;
6. 任何国家在与另一个国家作战时,均不应当容许自己采用使得未来和平时的相互信任成为不可能的那些敌对行为,诸如雇用刺客和放毒者、撕毁条约、在敌国煽动叛乱等。[1]

康德关于永久和平的计划中,最独特的方面是关于国家间国际联盟的观念,这是某种同联合国相类似的事物。此处康德用国际律师的语言说话。他的想法似乎是,国家将自愿地加入一个国际和平条约,一个和平联盟(*foedus pacificum*),从而在其他人也同意这样做的情况下卸下武装。这一条约"试图永远终结一切战争"[2]。康德进一步推测,这一协议将导致一个多民族国家即合众国(*civitas gentium*)的形成,虽然他承认目前一个世界共和国是不可想象的,并且承认目前我们只能安于为追求

---

[1] Kant, *Perpetual Peace,* 93-96.
[2] Kant, *Perpetual Peace,* 104.

国际和平而组织起来的国家间的世界联盟。

康德关于共和制国家联盟的观念不仅仅是一种法律上的安排。它是一个蕴含了对世界公民的期许的道德目标。在"永久和平的第三条确定条款"中,康德将世界公民法则定义为一种关于"普遍友善"的权利,或"一个外地人不会受到敌意对待的权利"。所谓友善,康德指的是所有人都有权利"由于共同拥有地球表面的权利而让自己出现在他人的社会中"①。国家间的边界和屏障不再会成为自由结社的阻碍。不论是同国家公民身份相关的还是同私人财产相关的法律,都不能够比友善权更优先。只要表现和睦,受到友善接待的权利适用范围扩及所有外地人,不论他们只是旅行者或是政治难民。确实,康德可能从未意识到同那些无家可归或没有公民身份的流离失所者相关的问题,而这将会成为汉娜·阿伦特所谓的"当代历史上最新出现的大规模现象",而难民将成为"当代政治中最成问题的群体"②。

康德呼吁友善权,以之对抗欧洲帝国主义那日益增长的趋势。对友善权最臭名昭著的亵渎者便是欧洲国家("我们这个大陆的各文明国家"),他们曾参与过对世界各地原住民的征服和剥削。康德指出英国在东印度群岛(the East Indies)的存在曾造成了饥荒和压迫,并且糖岛(the Sugar Islands)曾成为"最残暴且最精心策划的奴隶制所在地"③。然而即使在此处论述中康德也坚持相信,各民族间不断增加的联系将最终受国际法管辖,并让人类更接近那属于其权利的"世界公民的政制"(cosmopolitan constitution):"既然如今在地球各民族间一度普

---

① Kant, *Perpetual Peace*, 106.
② Hannah Arendt, *The Origins of Totalitarianism* (Cleveland: World Publishing, 1958), 277.
③ Kant, *Perpetual Peace*, 107.

遍剧增的（或较狭隘的或较广泛的）联系已达到如此程度，以至于在地球的**一个地方**对权利的侵害在**所有地方**都感觉得到，所以，一种世界公民权利的理念就不是权利的一种幻想的和夸张的表象方式，而是对政治和国际权利的未成文法典的一种必要补充，并将其转变为一种普遍的人类权利。"①

我们也许会奇怪，为何康德对新的世界性权利的希望并没有上升到对世界政府的要求。正是在这一问题上存在着某种模棱两可。康德曾在某处表明，在一个多民族国家能够接纳地球上所有民族之前，它都只不过是扩展了本国的社会契约状态罢了。他承认，这样的可能性因为其同"现有的国际权利理念"过于遥远而不切实际。如果是这样的话，那么一个共和国间的国际联盟将是次佳的替代物②。然而正是在同一文本稍后的地方，康德似乎承认共和政府的合法性不能无限地扩展（"政府的规模越是扩大，法律就越是丧失其影响力"）。他否认仅仅把世界国家当作一个成功驯服了其他所有国家的普世君主国的观念。一个普世国家将带来一种"在自由的墓地中终结"的"无灵魂的专制主义"③。康德接受了世界国家的不切实际性，这代表了康德对实践理性的局限做出罕见的让步，并且谨慎地认可个体主权国家的持存性。

康德关于世界联盟的计划依赖于两条极具争议的假设。第一条假设是，共和主义是各政制的基础。人们不禁注意到第五条先决条款同康德的要求之间的紧张关系：第五条先决条款称，没有国家能够干涉另一国家的内部事务，而康德则要求，所有

---

① Kant, *Perpetual Peace*, 107–108.
② Kant, *Perpetual Peace*, 105.
③ Kant, *Perpetual Peace*, 113–114.

国家都应成为国家间的国际联盟的一部分。如果一些国家拒绝这一成为国际组织成员的提议，并因自身原因更重视自身独立的话，那又该怎么办呢？为了实现世界主义的目标，强制是否被允许？对此如何行动都各自有其考量。和平的国家是否可以先发制人，以防止敌人取得优势，或者民主政权是否必须束手束脚、听之任之，而与此同时其他人却试图摧毁它们存在的基础？康德也许相信永久和平，但他并不是和平主义者。[1]

第二，康德相信共和国内在地就追求和平，而一个由共和国组成的世界将把和平作为他们的目标。这点他并未从历史证据中推断出这点；事实上，古代共和国——斯巴达，雅典，罗马，佛罗伦萨——的历史绝不是和平的！毋宁说，这一点源自于原始契约的条款："共和政制除了其起源的纯正，还有指望达到所期望的后果，即永久和平。其理由如下：如果（在这种政制中只能如此）为了决定是否应当开战，需要有国家公民的赞同，那么，再自然不过的是，既然他们必须为自己战争的一切苦难（诸如自己去战斗）做出决定，他们将为开始一场如此糟糕的游戏而思虑再三。"[2]

康德似乎相信，人们会集众人之力寻求和平，并且战争完全是由于存在致力于征服和充满野心的政策的君主国和独裁政府而导致的，这一点几乎被康德看作是首要原则。这难道是真的吗？20世纪的绝大多数战争都非常成功地动员了大众舆论，并且如果国家没有得到各自民众在所有方面的全力支持，战争的发动将是不可能的。民主国家发动的战争的惨烈程度似乎是

---

[1] 关于通过斗争实现和平所涉及的悖论，近期的研究可见 Alexander S. Kirshner, *A Theory of Militant Democracy: The Ethics of Combatting Political Extremism* (New Haven: Yale University Press, 2014)。

[2] Kant, *Perpetual Peace*, 100.

先前时代所无法比拟的。有趣的问题在于，是什么让康德对一个和平尚未实现的世界抱有一种乐观主义。何种机制能够保证和平？为了理解这一点，人们必须转向康德的世界历史概念。

理性的观念

康德不仅将权利理想化——为权利赋予一个比自我保存的算计着的欲望更高的基础——他还是首位明确地赋予我们的权利以历史维度的作者。对康德来说，历史哲学是他道德和政治哲学的缀饰。他担忧的是，除非能够表明，人类正朝着世界和平的状况不断进步，否则道德将失去其意义。"提供这种**保证**的，"他向读者保证道，"正是自然这位伟大的艺术家。"[1]但此处我们便已遇到了一个悖论。如果和平确实照字面意义由自然所"保证"，那么似乎不论是否有道德上的努力，它都将实现。而且如果道德上的努力对实现和平而言不是必须的话，那么历史将与如下道德法则不一致，即从不将个人作为手段而总是作为目的。历史的终结处——世界公民法权以及国际法——将通过一个近乎自然的过程达到，这一过程不会给对人类尊严的坚持留下任何空间。

康德在他的《世界公民观点之下的普遍历史观念》(*Idea for a Universal History with a Cosmopolitan Purpose*)(后文简称《观念》)(1784)中试图解决这一悖论。[2]《观念》采取九条编了号的命题

---

[1] Kant, *Perpetual Peace*, 108.
[2] Kant, *Idea for a Universal History with a Cosmopolitan Purpose*, in *Political Writings*, 41–53；后面所有引文均在文中加括号注明来源。

形式，目的是描绘世界历史的大概脉络。康德的目的并非理解这个或那个民族或国家的历史，他要理解的是不折不扣的潜藏在历史整体之下的有机结构。标题中的"世界公民的"，或者说"weltbürgerlicher"，这一术语表明了康德对启蒙运动的认同以及与文人共和国世界的隶属关系。当零散地对待历史时，它看起来不过是一片惨淡和混乱的景象——像一个白痴讲述的故事——而从一个已启蒙了的世界公民的观点来看的话，我们可将历史视为一个理性的过程，一个引领着人类上升到更高状态的过程。

康德文章标题中的"观念"这一术语对他而言有着技术性的含义。观念是理性的推测。这同指出在物理世界之后或之上存在一种实在的现实的柏拉图观念论并不相同。理性的功能并非为我们提供关于世界的知识——康德同意休谟的观点，认为这是感觉的工作——而是将我们的知识归置于某种秩序之中。理性在更高的层面运行，确保我们的知识并非只是事实的聚集，而是以系统的或以自身区别的整体的形式呈现。理性的任务是提供道德目标，这种道德目标不可能仅仅依赖经验提供："因为就自然而言，经验为我们提供规则，是真理的源泉；但就道德法则而言，经验（令人遗憾地！）乃是幻相之母，从**已做**之事引申出关于我**应做**之事的法则，或者想用后者限制前者，是极应予以摒弃的。"①

康德坚持认为，理性的观念没有增加我们关于自然或历史的任何知识；它仅仅为了合于秩序和意义的要求而运作，并充当指导研究过程的理想标准。我们或许永远不能确定，我们为

---

① Kant, *Pure Reason*, 313.

自己的知识所赋予的统一性是不是真的,但我们行动时必须表现得它仿佛是真的。将历史作为一个理性的整体来对待是有意义的,这就同一个生物学家对待有机体时,仿佛认为其是有目的的自我调节系统那样。这一"仿佛"的性质表明了理性的观念无法像验证含义那样验证真理。理性的观念并非发现于经验之中——他们并非"建构性的"(constitutive)——而是与对秩序和连贯性的一种根深蒂固的要求相联系。它们被认为执行一种"范导性的"(regulative)功能。①

康德的观点绝对是乐观的,且或许是启蒙乐观主义所达到的最高水平。有人或许会奇怪:康德在面对那让任何公正的观察者都感到震惊的明显残忍和不人道之事时,他是如何保持这份对历史的乐观主义的?什么可能为康德的这一信仰辩护?对此唯一能说的是,康德的乐观主义并非经验的,而是道德的。在《纯粹理性批判》接近末尾处,康德将哲学的基本问题还原为三个:"我能够知道什么?""我应当做什么?""我可以希望什么?"②历史的理念属于第三个问题。这是一种对希望的期许,某种被盼望的事物,即使它不能被经验地加以证实。进步是某种类似启发性——也就是在上文我们看到的所谓"范导性的观念"——的事物,而我们用它来理解历史。它并非被用来解释或预测历史事件,而更多是赋予它们意义。康德的历史哲学的目的始终都是"让希望长存"。

在《观念》一文的导论部分,康德首先就人类事件那明显任意和无意义的过程表达了一种厌恶甚至是反胃。"如果把他们的行止置于世界大舞台上来看,"他写道,"并且发现虽然在个

---

① 见 Kant, *Pure Reason,* 549—569。
② Kant, *Pure Reason,* 635。

别人身上偶尔闪现出智慧，然而最终一切在宏观上都是由愚蠢、幼稚的虚荣交织而成的，常常也是由幼稚的恶意和毁灭欲交织而成的，那么，人们就无法抑制某种不满。"（42）虽然行动似乎完全任意，但从"大的范围上"考察行动时，还是能够从中辨别出特定的模式和规律。如同一位现代的精算会计师一样，康德注意到，从个体层面来观察，婚姻、出生和死亡并不遵循任何模式，但从整体（en masse）考察时，它们则似乎像天气或任何其他自然现象一样都遵循一般规律。这对于意向性的人类行为同样成立。即使我们的目的和意图也许会相互冲突，且在其中每一个人甚至每一国家也许会各自追求自身利益，但是没有人会意识到这"无意识地推进了"那由历史自身所设定的目的。而辨别出历史中的理性模式便成了哲学家的任务，而这一模式对历史中的主体自身而言并不是显然的："哲学家没有出路，除非是：既然宏观上根本不能在人及其活动中预设任何理性的**自有意图**，他便尝试看能不能在人类事务的这种荒诞进程中揭示一个**自然意图**；从这个自然意图出发，行事没有自己的计划的造物却仍然可能有一个遵从自然的某个计划的历史。"（42）

康德的历史概念可以被视为遵循如下的双重轨道。第一条轨道是同自然有关的计划。他将自然同一个独立于人的意志或意图而运作的准神学秩序相关联。尽管个人或许受贪婪或野心驱动，但是他们的行动终将在自己不知情的情况下帮助达到历史的最终状态，康德将这一最终状态同内政中的共和政制和外交上的国际和平相关联。然而，历史的第二条轨道则取决于人类对历史以及自己在历史中所处位置的理解。这是一项同道德有关的计划。这条道德轨道从我们作为自由道德行为者的自我意识出发，而作为道德行为者，我们在制定不受自然因果性支配的道德规则这一能力中表达了自己的自由。现在我们能看到为何启蒙运动——人类脱离自己加之于自己的不成熟状态——成为道德自我意识实现过程中的核心时刻。康德对国际和平的希望与其说是对将会发生什么的预测,不如说是对必然会发生什么的预言:如果我们不将自己视为个体,而视为整个物种的成员,并必须为了人类利益而牺牲我们的私人倾向和利益,那么国际和平就必然会发生。历史的两条轨道——自然的与道德的——首次携手以确保一个理性的未来。

理性与历史

在《观念》的命题一至命题三中,康德提出的论题是,人是进步的或历史的存在。他首先观察到,我们注定迟早要以符合自己目的的方式来生活。人类的目的是依照自我创造的规则自由地生活,但是——这也是难题所在——在所有物种中,只有我们在实现自己命运的过程中遇到了各种阻碍。我们同自由与理性有关的能力只能够随时间的推移而发展。猫或者狗在其生命周期的终点时将会成为它们总是将成为的样子。然而,人的潜能,不可能在单个人的生命中,甚至或是在整整一代人的生命中全部实现。个人不可能在没有作为整体的人这一物种的帮助的情况下实现自身的完善,并且人这一物种只有通过整个历史的过程才能够达到其终点。简而言之,人注定成为历史的动物。

康德在历史中发现的并不是诞生,成长,不可避免的衰退这一波里比乌斯式的循环,而是一个道德自我发现的线性过程,在这一过程中每一代都基于所有人的共同福祉之上做出贡献。从个人的观点看来是任意和无意义的事物，从物种的立场来看则可能被证明是服务于一个更广泛的目的。这一历史观念的基础是对启蒙所起作用的欣赏。除非每一代都能将自己的发现传承给下一代，否则历史将不过是一片广袤的废土，而自然"唯独在人身上有儿戏之嫌"（43）。不同于其他物种被自然全副武装以实现他们的目的，我们是唯一有待于去发现我们的目的是什么的存在。这种发现不是一日之功，而是需要"一个难以估量的世代序列"，其中每一世代都在不断教化（*Bildung*）的过程中将自己的经验传递给下一世代。

康德意识到自己理论的核心之处存在悖论。如果历史是一个人类集体启蒙的过程，这难道不是在宣告，前代人被当作手段来使用以达成目的？自然或历史如何能够强制我们成为我们应当是的样子？自然如何能够迫使我们自由？正是在第三个命题中，康德将此等同于历史中手段和目的之关系的问题："在这里始终令人惊讶的是：先前的世代似乎只是为了后来的世代而从事其艰辛的工作，也就是说，为了给他们准备一个阶段，让他们能够从这里出发把自然当作自己意图的那幢建筑增高；然而，唯有最后的世代才应当有幸住在这座大厦中，而他们的一长列祖先为这座大厦工作过（固然是无意地），本身却不能分享自己所准备的幸福。"（44）

历史的动力，以及我们能力发展的原因，在第四个命题中被描述为我们的"非社会的社会性"（44）。我们显然既不是完全社会的也不是完全反社会的存在。我们困于两者之间。我们的理性也许会引导我们走向合作，但我们的激情和利益则引导我们走向冲突。正是合作和冲突间的这一对抗，悖谬地成了进步的主要原因。康德所谓的"非社会的社会性",与他同时代的亚当·斯密用来解释市场交易的所谓"看不见的手",和之后黑格尔所称的"理性的狡计",是同一种现象。如果没有这些恶的倾向,我们的能力仍将是潜在的。正是我们这种自私目的之间的冲突引导我们——当然,是不知不觉地——寻求一种和平合作的状况。人类的处境同叔本华所述的一群豪猪相似,它们习惯于在寒冬的晚上挤在一起以避免受冻,但它们靠得越近,他们身上的刺造成的疼痛便越驱使他们分开。人类的状况与之非常相似:我们既不能够完全相互容忍,也无法脱离他人独自行事。①

非社会的社会性这种性质是由自然向开化过渡的关键。以这一机制作为手段,康德展示了历史是如何由野蛮状态逐渐演进到文明状态,由一种无知和隔绝的状态演进到一种更广泛地交流和更具社会秩序的状态的:

> 每个人在提出自己自私的非分要求时必然遇到的对抗,就是产生自非社会性。这种属性就自身而言并不可爱,但如果没有这种属性,在一种田园牧歌式的生活中,尽管有完全的和睦一致、心满意足和互相友爱,一切才能却会永远隐藏在其胚芽里面:人们温驯得犹如自己放牧的绵羊,很难会为自己的存在赢得一种比起家畜的存在更大的价值;他们不会作为有理性的自然去填补创造就其目的而言的空白。因此,为了难以共处,为了妒忌地进行竞争的虚荣,为了无法满足的占有欲甚或统治欲,还真得要感谢自然才是!(45)

---

① 见 Arthur Schopenhauer, *Parerga and Paralipomena: Short Philosophical Essays,* trans. E. F. J. Payne (Oxford: Clarendon Press, 1974), II, chap. 31, sec. 396;又见 Michael Oakeshott, "Talking Politics," *Rationalism in Politics and Other Essays* (Indianapolis: Liberty Press, 1991), 460-461。

通过各种手段，来自全球最为迥异的各民族被带入到相互联系和交流之中。"而今，由于自然已经眷顾，使人们**能够**在地球上到处生活，它也同时蛮横地想要人们**应当**到处生活，即便违背人们的偏好。"康德在《永久和平论》中写道。[①] 商业、经济和技术的发展让人类这一物种得以栖息在从芬兰到火地群岛（Tierra del Fuego）这些地球上最荒凉的地方。康德将国际化的过程描绘成受到那常常不道德——如果不称其是暴力的话——的手段刺激的过程。商业是一种自利的人造物，它引导我们寻找新的市场，而市场则导致了帝国。但我们所不知道的是，贸易与商业精神趋向于和平。"因为商业精神，"他写道，"与战争无法共存，而且或迟或早将制服每个民族。"[②] 康德所设想的那种共和国是一个贸易或商业共和国。好战的情绪将逐渐被那些偏爱和平、贸易和商业的情绪所取代。

第五到第八条命题勾勒了康德关于历史所朝向的最终状态的看法。"所以对于人类来说自然的最高任务，"他写道，"必然是一个在其中可见到**外在的法律之下的自由**在最大可能的程度上与不可违抗的强制力相结合的社会，也就是说，一种完全**公正的公民宪政**。"（45—46）康德宣称，正义的实现将是"最难的问题，同时也是人类最后解决的问题"（46）。为何会如此？对正义——对人类尊严的尊重——的倾向对我们而言并非自然的。这只能通过一个漫长和痛苦的自我规训过程来实现。正是向人类传授尊重正义的困难，让康德几乎到了绝望的边缘："人是这样**一种动物**，当他生活在自己的其他同类中间时，就**必须有一个主人**。因为他肯定对自己的其他同类滥用自己的自由；

[①] Kant, *Perpetual Peace,* 111.
[②] Kant, *Perpetual Peace,* 114.

而且尽管他作为有理性的造物而期望有一项法律来给所有人的自由设置界限,然而,他的自私的动物性偏好却诱使他,在允许的时候使自己成为例外。因此,他需要一个**主人**,来制服他自己的意志,并强迫他去顺从一个普遍有效的意志,在这个意志那里每个人都能够是自由的。但是,他从哪里去得到这样一个主人呢?"(46)如果我们需要一个主人,那么人类能否自由是不明确的。在哪儿能找到这样的一个主人?康德没有回答这个问题,或许是因为这一问题无法回答。正是在此刻,康德说出了《观念》中最著名的命题:"人性这根曲木,绝然造不出任何笔直的东西。"(46;此处对英译有所修改)

康德注意到,历史最大的讽刺之处是战争的作用。战争是人类冲突最暴力的表达。康德相信,只要事实上依然有国家间的战争,那么无论是个人还是民族都不能真正自由。对战争的持续准备导致持续不断的不确定性以及对权利的最极端侵犯。然而与此同时,战争已然是历史进步最强力的媒介。它是一种推动技术创新的刺激,而技术则最终有利于沟通交流和商业贸易。最重要的是,在第七个命题中,康德称,战争将引向战争自身的消亡。"战争(及其不断增长的威胁)将最终引向稳定的和平"这一断言,便是苏珊·肖(Susan Shell)所说"康德所抱的希望的拱心石"。①

康德想知道,战争状态引发和平状况何以可能。它是由一种"诸动力因的伊壁鸠鲁式的会合"而产生的吗,而这种会合康德仅仅称为不太可能发生的"幸运偶然"?或者是否我们应该假设,从我们诸行为中将不会产生任何理性的事物,并且我们

---

① Susan Shell, "Kant's Idea of History," *History and the Idea of Progress,* ed. Arthur M. Melzer, Jerry Weinberger, and M. Richard Zinman (Ithaca: Cornell University Press, 1995), 85.

应当预期的是"无论在多么文明的状态中,都有一个为我们准备的灾祸的深渊"(48)?然而康德考虑了第三种可能性,也就是说,通过我们各种能力的发展,我们"被迫"离开战争状态并发现和平的合理性:"由于把各共同体的一切力量都运用于针对彼此的扩军备战上,由于战争所造成的蹂躏……自然禀赋的完全发展在其进程中受到阻碍,但与此相反,由此产生的灾祸却仍具有有益的后果,因为它们**迫使**我们人类找到一条平衡法则,来规范各国之间盛行的、由它们的自由产生的本质上健康的敌意。人们**被迫**引入联合权力体系来强化这一法则,从而建立一个普遍的政治安全的世界性体系。"(49;强调为后加)

康德对强制和强迫等术语的反复提及表明,和平的实现并非一种道德的欲求,而是由冷酷的政治必然性所产生的结果。早在大众化军队发端之前,康德便意识到战争不仅正在变得更加昂贵,还变得更具灾难性。由于军事装备日益具有毁灭性力量,人类将被迫转向。作为政治生活奠基性的原则,从战争到和平的转向将通过创建旨在监督国家间行为的特定国际机构和组织而获得支持。

《观念》一书在康德描绘人类历史中诞生永久和平新时代的令人心潮澎湃的愿景之时迎来了高潮。战争的风险及其产生的巨额国债将逐渐被认为比国家的荣誉和声望更加重要。为了不妨害商业的发展,国家将学会监督彼此的行为。康德甚至暗示了一种"史无前例"的新兴国际权威的发生,其能够凌驾于个体的主权国家之上:"尽管这个政治体目前还只是处在粗略的构思中,但是,在每一个都重视维持该整体的所有成员那里,仍仿佛已经有一种情感开始流露出来;而这种情感就使人可以希望,在经历了若干次改造的革命之后,自然的最高目的,即一

个普遍的**世界公民状态**，作为人类一切原初禀赋在其中得以发展的母腹，总有一天将实现。"(51)

康德相信，到他所处时代为止，进步更多是偶然地得以实现，或者缺乏一个有意识的计划或目的。但自然或历史并不能彻底强迫人自由；如果我们是受强迫的，那么我们所拥有的就不是自由。尽管他在《永久和平论》中对此有所论述，但自然并不能"保证"和平。历史至多只能够提供一个方向；剩下的事由我们决定。迄今为止，天意或自然通过我们的非社会的社会性起作用，一直是进步的行为者，但当下似乎提供了新的可能。康德视他的时代——启蒙时代——为历史上的一个转折点。因此，我们必须通过直接诉诸理性的道德力量来加快启蒙了的时代的到来。这一新时代的口号当然是批判（Kritik）。所有现存的观念和制度都将服从理性批判的力量。不能经受批判力量考验的东西不应当存在。因此，在先前偶然地完成而缺乏选择或熟思的事物，在未来将由我们通过理性规划的手段来实现。

批判的时代——如今已取代了奇迹的时代——展现为如下形式，即要求法律和政治秩序应当符合道德秩序。康德拒斥马基雅维利关于公共和私人道德无法通约的主张，要求政治家要让国家理性臣服于道德命令。"所有政治，"康德在《永久和平论》的附录一中坚持认为，"都必须在道德面前屈膝。人的权利必须被视为神圣的，不管统治权力会蒙受多大的牺牲。"[①] 不像伟大的现实主义者们那样，认为政治就是如何选择较小的恶的问题，康德要求国家利益或国家理性无论如何都应当居于人类本身的普遍利益之后。"*Fiat iustitia, et pereat mundus.*" 康德

---

① Kant, *Perpetual Peace,* 125.

宣称，即便世界毁灭，也要让正义伸张。① 正是这种坚定且决不妥协的要求，对原则高于审慎的坚持，以及对道德高于治国之术的坚持，为康德的思想赋予了其独特的要旨。

康德计划的局限

康德是后来所谓自由国际主义的伟大辩护者。他是如下观念——如今国际政治的学者广泛具有这一观念——的创造者，即民主国家，或康德所谓的共和国，相互之间不会发动战争。民主理论和制度的传播是确保全球和平的最佳方式。没有人能够怀疑康德的观念在构建国际维和机构时所具备的道德实践力量。②

尽管如此，康德关于国际关系的哲学中还有着几处很成问题的方面需要加以评论。最首要的是如下两者之间的张力，即一方面康德认为每个人就其本身就是其目的，并由此配得尊严和价值，以及另一方面他关于历史的教诲是，不仅将每个个人而且将整个世代都作为实现道德进步的手段。如果历史是一个独立于个人的计划和意图的准自然主义的过程，这又如何同人类是道德的行为者且自由意志是其尊严的基础这一观念相一致呢？要是历史要求杀戮数百万无辜受害者以达成这些目的，它怎么会导致道德上可取的结果呢？

毫无疑问，康德将会反驳称，如我们所见到的，他的哲学

---

① Kant, *Perpetual Peace*, 123.
② 这一观点首先来自 Michael Doyle, "Kant, Liberal Legacies, and Foreign Affairs, Parts 1 and 2," *Philosophy and Public Affairs* 12 (1983): 205–235, 323–353；另见 Bruce Russett, *Grasping the Democratic Peace: Principles for a Post-Cold War World* (Princeton: Princeton University Press, 1993).

式的历史计划仅仅是一个范导性的观念，或者一种启发性的装置。如果它是在道德上有意义的，那么它就不是指一种历史运转的实际解释，而只是一种看待历史的方式。不然的话就犯了某种"自然主义的谬误"，即试图从"是"那里得出"应当"。这样一来，康德的哲学式历史就会同黑格尔-马克思主义者之类的任何主张都相对立，后者认为，进步是自然甚至是不可避免的。康德对进步的信念是道德的而非实证的。康德并非由于种种证据指向相反方向而坚持这一观点，而是尽管有种种证据指向相反方向，但他仍坚持这点。尽管有着许多经验上的失败，但恰恰是他坚持这一观念的意愿表明了某种独特的康德式英雄主义。

在《观念》的第九个也是最后一个命题中，康德承认，不撰写一部关于什么曾发生，而是撰写关于什么必然发生的历史，似乎是"荒唐的"。这一题材更适合小说而非哲学作品。然而康德回应称，历史并非需要目的论来解释各事件，而是需要表明这些事件有价值。他的工作并不是对历史学家的僭越，而是通过将"至少在宏观上人的行为的一个通常没有计划的**集合**"描述为"一个**系统**"，从而为行动提供"引导"：但是，如果我们假定存在自然计划，我们就有根据抱有更大的希望；因为这样一个计划打开了一个令人欣慰的未来前景，在其中，我们被从远处展现了人类如何最终向上行进到一个自然在他们当中所植入的胚芽能够得到完全发展的处境，而且在这幅前景中，人类的命运可以在尘世中被实现……因为如果在最高智慧的大舞台上包含着所有这一切的目的的部分——即人类的历史——对所有其他事物而言始终是一种羞辱的话，那么，赞美无理性的自然界中创造的壮丽和智慧，并且劝人加以考察，又有什么用

呢?"(52–53)

即使我们接受康德对哲学式历史的这一解释,并将其仅作为一个意在为未来提供理性希望的"特设"故事,那么他提出一个历史理论以支持人的权利的这一尝试,从长远看也不再是可持续的。历史太不稳定而不能以之为基础来保证权利。既然历史这张王牌已被用来对抗旧制度(ancien régime)下的君主制和贵族制,那么相同的策略被用来对抗康德的理想也只不过是时间问题了。在过去的一个世纪里,包括左翼和右翼在内的多种专制主义都声称自己代表了历史的上升潮流,并用这来反对康德所倡导的资产阶级民主。诉诸历史这一手段已被用来为人类迄今为止所知的某些最糟糕的专制主义背书,而每种专制主义都声称自己代表未来的浪潮。康德似乎开创了一种思维方式,其非但没有对自由制度予以支持,反而更可能无意中帮忙削弱了它们。[①]

康德的哲学式历史得到了一种道德乐观主义的背书,而这种道德乐观主义在被20世纪的经验敲醒之后已不再持续。康德所经历过的最糟糕的事情是18世纪的君主制和独裁统治。因生活的时代远早于希特勒统治的德国和斯大林统治的俄国的暴政,他对于西方文明进步所抱有的信心远多于似乎有保障的现在。如何用他关于进步的哲学来解释那些畸形的体制?同我们所有人一样,康德希望民族间日益增进的交流将抑制民族主义者、宗教上的和其他虚荣狂热的火焰,但历史已经表明相反的事情同样可能发生。熟悉程度的增加看起来并没有增进情感。熟悉感可能不是滋长仇恨,就是滋长轻视。这在第一次世界大战期

[①] 见 William A. Galston, *Kant and the Problem of History* (Chicago: University of Chicago Press, 1975), 23–38。

间变得尤其清楚，彼时即使社会主义工人们也支持他们自己的国家以反对无产阶级国际主义。康德极大地低估了如民族主义和种族性等所具有的牵引力，它们在过去和现在都一直是重要的力量。

最后，历史不仅将过去的世代作为手段以达到更优越的当下，它同样为当下世代的人赋予了一种他们可能不配有的道德资格。在身处优越的我们仅仅是"后来者"的情况下，是什么让当下的时刻配得其优越性？作为一名道德学家，康德认为煞费苦心是德性的一种标志。一种行为除非是深刻的道德斗争的结果，否则便不能被认为是善的。这种斗争必然伴随着在社会和我们自己身上实现德性的所有尝试。康德式的伦理学存在着一种浪漫的张力，它将受折磨的灵魂视为德性行动的标志。但康德并没有充分考虑，一旦关于权利的斗争取得了实质性的胜利，我们的行动将会有着什么样的价值。现在的一代人将只不过是他的祖辈几个世纪来英雄般斗争的受益者。历史的终结并非像通往终结的过程那样在道德上看起来是值得嘉许的。

康德并没有充分考虑，有可能一个普遍和平的时代不会让人类变得崇高，而是导致人的道德败坏。在过去，赋予人类行为以尊严的是为实现权利的相互承认的斗争。一旦这些权利已被实现，我们又会变成什么样子呢？黑格尔或许是首位预见到一个无限和平的时代将招致何种危险的人。在《法哲学原理》(*Philosophy of Right*)第324段的附释中，黑格尔写道："在和平时期，市民生活不断扩展，一切领域闭关自守，久而久之，人们堕落腐化了……永久和平这一要求往往是作为一种理想而被提出的，人类似乎必须全力以赴。例如康德曾建议成立一个主权者联盟来调停国与国间的争端……可是国家是个体，而个体性本质上是含有否定性的。纵使一批国家组成一个家庭，作为个体性，这种结合必然会产生一个对立面和创造一个敌人。"[1] 很显然，最后一个词——敌人——呼唤的是之后的卡尔·施米特的幽灵。

施米特发展了黑格尔仅仅有所暗示的观点，即所有政治都是敌友之间一场无休止争斗的一部分。一个和平统一的共和国世界联盟这一康德式梦想是对无政治之世界，一个后政治世界的想望。朋友与敌人之间的区分是根本的，不能在某种更高的合题中得到解决或被超越。虽然他是一个极右派，但他通过认为"权利""人类""尊严"等术语是权力竞争中意识形态上的代名词，表达了一种接近马克思主义的意义。"一切政治的概念、观念和术语的含义，"施米特写道，"都包含敌对性……而当这种局面消失之后，它们就变成一些幽灵般空洞的抽象。"[2] 施米特教导他的读者们去思考，即使是最包容的政治词汇，也在创造内与外、我们与他们之间的区别。而废除此类区别的尝试将只会创造新的区别和等级。"首先，政治一词的用法取决于这种敌对性。"他宣称道。[3]

在康德关于普世主义的修辞中发现战争和帝国之新工具的那些批评者中，施米特只不过是最众所周知的。"'人类'这个概念，"他写道，"是帝国主义用以扩张的尤为得力的意识形态工具。"[4] 施米特的要点在于，"人类"这一术语并非如字面意指

---

[1] G. W. F. Hegel, *Elements of the Philosophy of Right,* trans. H. B. Nisbet (Cambridge: Cambridge University Press, 1991), Addition to para. 324 (p. 362).
[2] Carl Schmitt, *The Concept of the Political,* trans. George Schwab (New Brunswick: Rutgers University Press, 1976), 30.
[3] Schmitt, *The Concept of the Political,* 31–32.
[4] Schmitt, *The Concept of the Political,* 54.

的那样包容一切。它只不过是一种用来否认对手合法性的方式罢了。当敌人是18世纪的君主国联盟或根深蒂固的独裁政权时，诉诸国家联盟以及永久和平观念也许很有市场，但作为受一战中德国的战败激发而进行写作的人，施米特相信对人道主义的诉求已经有了新的含义。对一个普世主义的世界国家的信仰，或是对一场"终结所有战争的战争"的威尔逊式愿景，其本身都是向持续战争发出的邀请函。

此外，施米特相信，一个没有战争的世界，一个平静了的世界，将是一个没有高贵品质的世界。这样的世界不再值得为之奋斗。"剩下的事物，"施米特指出，"既非政治也非国家，而是文化、文明、经济、道德、法律、艺术，以及娱乐。"[①] 最后一个词——娱乐——显然经过精心挑选。这意味着一个轻浮、玩乐和购物的世界，因此也就是一个缺乏英雄主义、勇气和牺牲之可能性的世界。它指向了一种充满好奇和发明的技术文明，其迫使我们变得更加狭隘和专门化。我们都熟悉这个世界，因为这便是我们的世界。

康德在今天享有崇高的地位，或许高于他时代的几乎任何思想家。如果有任何人是自由主义圣人的候选者的话，他便是这样一位候选者。通过为启蒙运动注入其先前所欠缺的道德理想和目的，他将启蒙运动带到了一个完美的境界。他不仅是启蒙运动的自由主义理论的集大成者，还是黑格尔和马克思的历史主义理论的深刻来源。康德位于现代历史中的黄金时刻，而理性、历史和人权似乎都汇合于当下，汇合于历史的真理和意义终向所有人揭示的绝对时刻之中。而那一当下已被证明比他

---

① Schmitt, *The Concept of the Political*, 53.

或启蒙运动所认为的要更难以捉摸。但由于康德的影响仍旧是我们对伦理、政治和历史的持续思考的一部分，我们对他的优缺点的判断将同样也是对我们自己的判断。

第 8 章

黑格尔和"资产阶级-基督教世界"

对黑格尔研究兴趣的复兴很大程度上是由于其市民社会（civil society）的概念所享有的声望。黑格尔不是创造这一术语的人，但他对市民社会的处理为其赋予了不可磨灭的用法。实际上，他对这一概念的探索以及他对市民社会和国家的区分，仍旧是现代政治最独特和最具影响力的特征之一。[1]

市民社会的概念在某些场合几乎具有护身符的性质。它被视为治疗集权国家专权这种病症的解药。市民社会被等同于一个由各种组织构成的密集网络——基督教会，犹太教会，行会，民族组织，保龄球联盟，家长-教师联合会，以及各式志愿社团，等等。据称，这些组织作为主要中介，让现代市民学会了合作、礼貌、自制以及宽容等德性，而这些德性对一个健康民主政体的维持是必需的。正是通过加入志愿组织，民主制的公民规范不仅得以保存，还得以加强了。"加入你所选择的组织，"一位重要的公民社会理论家曾若有所思地说，"这并非一句召集

---

[1] 关于近期对此的一些考察，见 Z. A. Pelczynski, ed., *The State and Civil Society: Studies in Hegel's Political Philosophy* (Cambridge: Cambridge University Press, 1984); Manfred Riedel, *Between Tradition and Revolution: The Hegelian Transformation of Political Philosophy*, trans. Walter Wright (Cambridge: Cambridge University Press, 1984); Steven B. Smith, *Hegel's Critique of Liberalism: Rights in Context* (Chicago: University of Chicago Press, 1989)。

政治上好战者的口号，而是公民社会的要求。"①

黑格尔对市民社会的解释同这种当代版本的解释在重要的方面存在着不同。首先，不同于当代公民社会理论家，黑格尔并未将市民社会视为一个民主制或政治参与的训练场。市民社会的主要益处在于其相对于国家的独立性，以及倾向于培育一个政治之外保有个人自由或"主体性"的区域。市民社会和国家的区分，就是公域和私域的自由主义区分的黑格尔版本。他更关注的是如何保持两者的相对自主性，而非把市民社会当作在政治目标的实现过程中工具性的东西。

其次，黑格尔将市民社会等同于新经济秩序的实践和制度——现代市场经济——它们于那时才开始成形。很容易回想起"市民社会"这一术语是对德语"*bürgerliche Gesellschaft*"的英译，而这一德语词有着市民社会和资产阶级社会的双重含义。但市民社会不仅仅是一套制度。它是有着特定的习惯和方式的特定的一类人的家园，也就是市民（burgher），或资产阶级。对黑格尔来说，将现代世界称为资产阶级世界几乎没有丝毫夸张。现代艺术即资产阶级艺术，现代文学即资产阶级文学，并且理所当然地，现代社会即资产阶级社会。

黑格尔的主张值得我们注意的地方在于，他是现代资产阶级世界的卓越分析者。黑格尔同这一世界的关系是复杂的。黑格尔视他的哲学为资产阶级经验在其所有方面——政治、道德、神学以及美学——的完成和集大成。然而与此同时，他同其他人一样，为对这个世界的激进批判奠定了基础，尽管这个世界正是他的哲学所试图去描绘和辩护的。"哲学，"他人尽皆知地

---

① Michael Walzer, "The Civil Society Argument," in *Dimensions of Radical Democracy: Pluralism, Citizenship, and Community*, ed. Chantel Mouffe (London: Verso, 1992), 106.

宣称，"它是被把握在思想中的它的时代。"而至于未来的思想将引向何方，没有人能够预测。① 众所周知，很大程度上正是通过对黑格尔文本的内在批判，马克思才到达他关于现代市民社会之异化和剥削的特征的观点。彼时正是同时作为资产阶级经验的最伟大辩护者和最伟大批评者之一，黑格尔立在对现代性进行庆贺与表达不满的十字路口之上。

从政治社会到市民社会

"市民社会"一词由黑格尔从在他不久之前的 18 世纪的前人那里借来，后者为这一术语赋予了其大部分的现代意义。这一术语来源于拉丁文"*civitas*"，意指市民（cives）或公民间的关系。市民社会是对亚里士多德的政治共同体（*koinonia politike*）以及西塞罗的公民社会（*societas civilis*）的拉丁化转译。②在亚里士多德的含义上，市民社会是一个基于法治的政治组织，只管理自由人之间的事务，而不管例如自由人与奴隶间或竞争群体的成员间的事务。这种法治保证了没有人被迫受苦于少数统治多数，或多数统治少数的利己统治。

将市民社会作为公共领域或共和国（res publica）的同义词的传统用法，被延续到了现代的开端。约翰·洛克《政府论（下篇）》的第七章就叫作"论政治的或公民的社会"（Of Political or Civil Society），他便是在传统的含义上使用"政治的"和

---

① G. W. F. Hegel, *Elements of the Philosophy of Right*, trans. H. B. Nisbet, ed. Allen Wood (Cambridge: Cambridge University Press, 1991), 21; 引文以章节号的形式引用，"R"对应黑格尔的"附释"，"A"对应"补充"。
② 见 Riedel, *Between Tradition and Revolution*, 132, 136。

"公民的"这两个术语。但与此同时,"市民社会"的新含义逐渐明朗,意指一个区别于国家且先于国家的人类交往领域,而政府被设立以保护这一领域。因此在18世纪,一群苏格兰的经济和社会理论家开始用市民社会来指不仅包括政治,还包括社会、经济和文化的所有要素,这些要素共同构成了"文明的"(civilized)生活方式。

在《文明社会史论》(An Essay on the History of Civil Society)中,亚当·弗格森(Adam Ferguson)在最宽泛的含义上使用市民社会这一概念,用其来指社会"优雅的"和"精致的"状态,与"粗鲁的"或"野蛮的"状态相对。弗格森尤其注意劳动分工的兴起和随之而来的职能专门化,这些是经济上原始的社会与精致或文明开化了的社会之间的区分特征。[①] 弗格森的同胞大卫·休谟在他的论文《论技艺的日新月异》(Of Refinement in the Arts)中认为,文明社会的主要目的是对我们人性的普遍认识的扩张,作为一种普世的精神它让各民族不那么残酷和野蛮。"随着知识的增长,人们的性情也变得温厚起来,"休谟写道,"人类的这种天性正在日益明显地表现出来,而这也是区分文明时代和原始蒙昧时代的基本特征。"[②]

将一个文明社会同一个不文明社会区分开来的主要标志是商业被赋予的作用。在休谟的论文《论公民自由》(Of Civil Liberty)中,他注意到"这个世界还太年轻,难于确立许多政治上的普遍真理,但其中一条自身已经显现的真理是贸易在推进文明上所起的作用。"贸易,"他写道,"在上个世纪以前从未

[①] Adam Ferguson, *An Essay on the History of Civil Society,* ed. Fania Oz-Salzberger (Cambridge: Cambridge University Press, 1996), 172—180.
[②] David Hume, "Of Refinement in the Arts," in *Essays Moral, Political, and Literary,* ed. Eugene Miller (Indianapolis: Liberty Fund, 1985), 274.

被认为是国家事务；古代政论家几乎从未有人提到过它。"①甚至连马基雅维利（"一位伟大的天才"）也因为过于关注"古代凶残暴虐的政府，或是意大利那些混乱的小公国"，而没能理解经济学对现代实际情况的重要性。在现代人之中，只有英国人和荷兰人充分吸收了这一教训。最重要的是，休谟指出了商业社会和温和政府间的联系，一种有选择的亲和性。"已经有如下公认的看法，"休谟指出，"商业只能在自由政府下繁荣发展。"②尽管艺术和科学在专制主义的法国达到了完美的状态，而商业则要求法治以及对财产的保护。

对休谟而言，就像对他同时代的法国人孟德斯鸠而言一样，重大的区别不再存在于共和政府和君主政府之间，而存在于温和与专制政府之间。休谟甚至想知道，当时欧洲的温和君主国是否比共和国更好地保护了生命和财产。温和的君主国成了共和国曾经是的样子，成了法治政府而非人治政府："财产受到保障；勤奋劳作受到鼓励；艺术繁荣发展；而君主安全地生活在他的臣民之中。"③也许休谟是在表达孟德斯鸠关于英国政制是伪装成君主国的共和国这一判断，他预测称，最终君主国和共和国将会变得几乎难以区分。④

关于商业和市民社会作用的辩论对青年黑格尔有着深远影响。我们知道他在 1794 年至 1796 年期间阅读了由克里斯蒂安·加尔弗（Christian Garve）翻译的亚当·斯密《国富论》德文译本，并差不多在同一时间就詹姆斯·斯图亚特爵士（Sir

---

① Hume, "Of Civil Liberty," in *Essays Moral, Political, and Literary,* 88.
② Hume, "Of Civil Liberty," 92.
③ Hume, "Of Civil Liberty," 94.
④ 见 Montesquieu, *The Spirit of the Laws,* trans. Anne M. Cohler, Basia Carolyn Miller, and Harold Stone (Cambridge: Cambridge University Press, 1989), V, xix (p. 70).

James Steuart)的《政治经济学原理研究》(*Inquiry into the Principles of Political Economy*)做了大量笔记。斯图亚特的著作对黑格尔的影响如此重要,以至于他将他的笔记收集整理为一篇评论,虽然随后遗失了。据黑格尔最早的一位传记作者所述——他显然最晚在1844年还见过这部评论——这一作品包含了"许多关于政治和历史的卓越见解,以及很多微妙的评论"。[1] 令人难过的是,我们将永远不能知晓这些洞见是什么,但猜测极有可能是关于市民社会和历史进程的苏格兰理论。

"资产阶级意义上的市民"

市民社会的观念在黑格尔于1821年出版的《法哲学原理》(*Philosophy of Right*)中得到了最完整的表述。在这里,这一术语被展现为现代性"伦理生活"[*Sittlichkeit*(伦理)]中三个"环节"之一。黑格尔将市民社会夹在作为家庭成员和作为国家公民的个人之间(§157)。市民社会被表现为一种历史上人类组织的新形式,黑格尔将其定义为一个"需要的体系",其组织原则是个人的自我利益:"具体的人作为**特殊**的人本身就是目的;作为各种需要的整体以及自然必然性与任性的混合体来说,他是市民社会的**一个原则**……市民社会是处在家庭和国家之间的差异(环节)……市民社会是在现代世界中形成的,现代世界第一次使理念的一切规定获得其正当性……在市民社

---

[1] 引自 George Lukács, *The Young Hegel,* trans. Rodney Livingstone (Cambridge, MA: MIT Press, 1975), 170; 关于黑格尔在斯图亚特那里所受的影响,见 Raymond Plant, *Hegel* (London: Allen and Unwin, 1973), 64–68; Laurence Dickey, *Hegel: Religion, Economics, and the Politics of Spirit, 1770–1807* (Cambridge: Cambridge University Press, 1987), 192–199。

会中，每个人都以自身为目的，其他一切在他看来都是虚无。"（§§182/182R）。

在黑格尔的习惯用法中，市民社会构成了"差异"的领域。与什么存在差异？市民社会异于构成家庭的爱与亲密关系的纽带，也异于构成国家的责任和义务的联结。差异表明对个性和自我利益的自由自在的追求，这是现代世界的构成性特征。黑格尔断言，古代世界对国家和社会之间的区分一无所知。由家庭和经济活动构成的市民领域，被城邦那容纳一切的统一简单地吞噬掉了。各领域间的分离是一个独特的现代发现，它将个人从家庭、行会、教会和共同体的联系中解放出来作为前提。"整个市民社会，"黑格尔写道，"是这样一个领域……在这一领域内，一切癖性、一切禀赋、一切有关出生和幸运的偶然性都自由地活跃着；并且在这一领域内一切激情的巨浪，汹涌澎湃，它们仅仅受到向它们放射光芒的理性的节制。"（§182A）

这种新的组织形式同样把通过工作和劳动来满足需求作为其目的（§188）。市民社会代表的"需要的体系"很大程度上依照康德关于非社会的社会性的学说路线而运转。对个人利益的追求是竞争和合作的共同来源。而政治经济学的任务便是在相互作用所显现的不和谐中发现内在的理性。政治经济学是关于市民社会的科学，它的任务是"阐明群众关系和群众运动的质和量的规定性以及它们的复杂性"（§189R）。黑格尔信任如斯密、让-巴蒂斯特·萨伊（Jean-Baptiste Say）和大卫·李嘉图（David Ricardo）这样的经济学家，相信他们能够从"无数个别事实"和"一大堆的偶然性"中确定那管辖市民社会的法则（"起作用的必然性"）。他甚至将市民社会的运动同行星系统相比较，后者"在我们眼前总是表现出不规则的运动，但是它的规律毕竟是可以认识到的"（§189A）。

政治经济学这门科学将从社会中获得解放的全新个人作为其对象，是黑格尔首先承认了这种全新的个人，并描述其为"资产阶级意义上的市民"："在（抽象）法中对象是**人**；在道德层面上是**主体**，在家庭中是**家庭成员**，在一般市民社会中是**市民（Bürger）**[**资产阶级（bourgeois）**意义上的]。而这里，从需要的层面来看，对象是观念的具体物，即所谓**人**。因此，我们是首次、并且仅在这一场合从这一含义来谈**人**。"（§190R；[译按]翻译有微调）

正是在此处，正是以其作为资产阶级所具有的禀赋，也就是说，作为"把自身的利益作为自己的目的的私人"之一（§187R），个人成为真正的"市民社会之子"（§238）。为了揭露或理解这一新型的人的联结，我们被要求将其视为某一前所未有的新型人类的家园，这类人就是"**资产阶级**意义上的**市民**"。

由于德国历史所经历的独特弧线，市民（Bürger）这一概念从未携带法语词"资产阶级"（bourgeois）所拥有的负面内涵。事实上，情况恰恰相反。属于该社会阶层的德国人视自己为一种独特文化和生活方式的承载者，这种文化和生活方式既不为贵族又不为普通人所有。市民社会被认为执行着一种社会教育的功能，其包括政治代表权和职业组织[Stände（等级）]的成员身份。这种生活方式是另一个德语概念——**教化（Bildung）**——的产物，教化不仅意味着教育，还指某种例如道德上和智识上成熟的过程。正如一位著名的德国史学者曾经写道：

> 当个人——构成了**市民**的世界，"市民"是个与拥有土

地的贵族或无产阶级毫无意义关联的概念——不仅能够经济上独立,并且确实具备那构成**市民阶级**(Bürgertum)生活方式的价值时,**教化**便实现了其目标。这些价值的最终完善是在古典魏玛文化中实现的,这一文化既同歌德和席勒这些神奇的名字相联系,也包括了对其浪漫主义的批评者和反对者的诗歌和哲学……任何不熟谙这一话语世界的人从定义来看便是**缺乏教化的**(ungebildet),并因此不能被称为**市民**(Bürger),即使他也许拥有必要的社会经济地位。[①]

对市民(burgher)的理想首先因其在智识和社会层面的独立程度而值得注意。黑格尔及其同时代人——谢林和荷尔德林——都是意识到自己的权利和特权的城市贵族的成员,他们试图为自身所属阶级的价值赋予哲学表达。他们相信,精神上的精英应当起到新兴自由人阶级先锋的作用,并且通过教育手段负责对社会的救赎[②]。市民阶级的典型成员是来自黑格尔"普遍等级"的公职人员,大学教授,牧师,或任何其他自由职业的从业人员。康德在《论通常的说法:这在理论上可能是正确的,但不适用于实践》(Theory and Practice)这篇论文中,通过区分**国家公民**(Staatbürger)和**城市公民**(Stadtbürger)强调了独立的作用[③]。这一区分并非是对那些关照公共利益之人与处理自身私人事务之人的对比。毋宁说,这一区别是对凭借有

[①] George Lichtheim, *George Lukács* (New York: Viking Press, 1970), 88–89.
[②] Franz Gabriel Nauen, *Revolution, Idealism, and Human Freedom: Schelling, Hölderlin, and Hegel and the Crisis of Early German Idealism* (The Hague: Martinus Nijhoff, 1971), 2–3.
[③] Immanuel Kant, "On the Common Saying: 'This May Be True in Theory, but It Does Not Apply in Practice,'" in *Political Writings*, trans. H. B. Nisbet (Cambridge: Cambridge University Press, 1970), 77–78.

卖点的技能或通过贸易而成为自己主人之人，与只不过是劳动者，并因此依赖于他人意志之人的区分。只有拥有一定程度的财产和经济独立的人才能成为充分意义上的市民，而这也就模糊了市民秩序和政治秩序之间的界限。①

黑格尔的主要创新在于使用了市民（burgher）的概念，并将其转化为一个具有世界历史意义上的重要性的对象。黑格尔是首位采纳了卢梭对资产阶级和公民之区分的德国作者，并且他让这种区分成为一种新型文明的界定原则。在《哲学史讲演录》(History of Philosophy) 关于亚里士多德《政治学》的讲座里，他明确地使用"bourgeois"这个法文术语来表达自己关于私人自由和公共自由相分离的观点："希腊也不认识我们现代国家的抽象权利，这种权利把个人孤立起来，准许他按个人的选择去行动……只有自由民族才能意识到整体并为它而活动；在近代，个人只有就自己本身而言才是自由的，且只享有市民的自由——**资产阶级**（bourgeois）意义上的而非**公民**（citoyen）意义上的。我们并没有两个不同的字眼来表示这一区别。"②

在这个精彩的段落中，黑格尔将资产阶级与公民之间的区分作为一种现代市民社会的试金石。我们注意到，不同于卢梭转向作为道德完整性和一致性的典范的斯巴达和罗马共和国，黑格尔将"抽象权利"——私有财产权——的出现作为市民社会或文明社会的标志。黑格尔正确引用了苏格兰启蒙运动关于猜想历史的理论，将社会分化和任务分工的出现作为划分文明开化与野蛮的界定特征。他清楚地表明，现代自由存在于个

---

① Kant, "Theory and Practice," 78.
② G. W. F. Hegel, *Lectures on the History of Philosophy,* trans. E. S. Haldane and Frances H. Simson (London: Routledge and Kegan Paul, 1955), 2:209.

人对自身个体性的享受之中,即使这牺牲了普遍性。他甚至表明,在为个人自身利益努力时,个人也不经意间推进了人类的利益。并非公民参与统治的自由,而是个人不这么做的自由,成了现代自由的标志。和与他同时代的瑞士人本雅明·贡斯当(Benjamin Constant)类似,黑格尔赞扬在市民社会中建构起来的市民或资产阶级自由。

"资产阶级-基督教世界"

有史以来对黑格尔最好的分析之一仍旧来自尤尔根·哈贝马斯(Jürgen Habermas),他赞赏了市民社会在创造新型文明中所起的作用:"直到[撰写]**自然法**著作前,黑格尔仍然是根据吉本(Gibbon)对罗马帝国的描述,把形式法律关系理解为自由伦理衰亡的结果……因为黑格尔在这个时期认识到了私法与现代市民社会的经济联系,并且看到了在这些法律条文中也包含着通过社会劳动而解放的结果,所以,他能够用抽象权利的积极规定来代替抽象权利的消极规定。"[1]

哈贝马斯正确地看到黑格尔对法律的理解——抽象权利的领域——它构建了近代自由的空间,而非是道德的衰退。尽管青年黑格尔曾为法国大革命关于激进共和主义的实验鼓掌叫好,但思想成熟后他开始认为分离的文化是最适宜于现代世界的伦理生活形式。正是这种分离的文化,首要的是市民社会和国家之间的分离文化,被马克思视为先前神学上的天上之城与地上

---

[1] Jürgen Habermas, "Labor and Interaction: Remarks on Hegel's Jena *Philosophy of Mind*," in *Theory and Practice*, trans. John Viertel (Boston: Beacon Press, 1974), 166-167.

之城之分裂的世俗化。这种分裂图景——马克思直白地称呼其为**二重性**（*Dppelgestalt*）——不过是黑格尔为资产阶级和公民之间的新区分提供哲学合法性的尝试罢了。实际上马克思发现，这种社会划分成了个人内部心理分裂的基础。"市民社会和国家彼此分离，"他观察到，"因此，国家的公民和作为市民社会成员的市民也是彼此分离的。因此，个人必须在自身内部承担这一根本性的分裂。"[1]这种二重化要求我们在作为市民社会成员的自己和作为国家成员的自己之间进行进一步的分离。"因此，他要表现得像真正的公民，要获得政治意义和政治效能，"马克思认为，"他（个人）就应该放弃自己的市民现实性，从这种现实性中抽象出来，离开这整个的组织而进入自己的个体性。"[2]

在《论犹太人问题》（*On the Jewish Question*）中，马克思贬低为市民社会的自由主义理论家所称赞的个人权利和个人自由，称其为"自私的"。市民权利不过是"和他人以及和这个共同体隔绝的自私的人"所拥有的自由。[3]马克思抱怨，黑格尔对市民社会和国家的区分并非文明的标志，而是冲突的新根源，其不过再现了此岸与彼岸之间的神学对抗："政治国家和市民社会的关系，正像天国对尘世的关系一样，也是唯灵论的。和宗教与世俗世界的关系一样，政治国家和市民社会也是处于对立的地位，它用以克服后者的方式也是和宗教克服世俗狭隘性的方式相同的。"[4]马克思以认同的态度引用了卢梭的《社会契约

---

[1] Karl Marx, *Critique of Hegel's "Philosophy of Right,"* trans. Joseph O'Malley (Cambridge: Cambridge University Press, 1970), 77.
[2] Marx, *Critique of Hegel's "Philosophy of Right,"* 78.
[3] Karl Marx, "On the Jewish Question," in *The Marx-Engels Reader,* ed. Robert Tucker (New York: Norton, 1978), 42.
[4] Marx, "On the Jewish Question," 34.

论》，其大意是在市民社会中，人们缺乏真正的"人的"（也就是社会的）存在。人在市民社会的世俗物质利益以及公民身份和国家神圣的理想化世界之间分裂了。① 我们的社会解放在于克服这一分割，而非接受它。

马克思运用神学语言来描述市民社会和国家之间的区分，抓住了黑格尔现代性概念的特征。对黑格尔来说，将资产阶级描述为一种独特的现代现象是不够充分的。资产阶级在很大程度上同样是基督教的产物。个人本身是不可估量的尊严和道德价值的对象，这一观念本身几乎完全是基督教启示的产物。虽然肯定可以将**尊严**（*dignitas*）和**教养**（*humanitas*）的观念上溯至罗马人，但这些观念总是与履行某些特定公职或特定职能的职责相关。而正是基督教宣布了所有人仅仅通过信仰就可以达到普遍救赎。此外，尽管古代道德学家经常谴责**无教养**（*inhumanitas*）或是不必要的野蛮，但同样有道理的是，教养本身并非十分重要。而仅仅基于他们的教养便将道德尊严扩展到一切有知觉的存在者，这一观念只有在"资产阶级-基督教世界"——德国历史学家卡尔·洛维特（Karl Löwith）恰当地这样称呼——之中才有可能。②

黑格尔接受了这一宏大主旨并加以润饰，但他认为资产阶级-基督教世界的来临是较之古代那狭隘而乖戾的地方主义的一个决定性进步。根据他的《历史哲学》（*Philosophy of History*），亚洲世界中只有一个人——东方的专制君主——是自由的，希腊罗马世界中只有部分人——古典时代的公民——是自由的，

---

① Marx, "On the Jewish Question," 45–46.
② Karl Löwith, *From Hegel to Nietzsche: The Revolution in Nineteenth-Century Thought,* trans. David Green (New York: Doubleday, 1967), 17–18, 23–24, 238–242.

而由于基督教的独特贡献，我们得以承认所有人都是自由的。[1]
黑格尔断言道，正是由于基督教的缘故，我们才得以相信自由
是"心灵的本质"："整整几个大陆，非洲和东方，从来不曾有过
这个理念，现在也还没有；希腊人和罗马人，柏拉图和亚里士
多德，甚至斯多亚派都不曾有过它；相反地，他们只知道，人
是由于出身……或由于性格刚强、教育、哲学……才在现实中
成为自由的。这个理念是通过基督教来到世上的，按照基督教，
个人**作为个人**有无限的价值，因为他是上帝的爱的对象和目的，
因而注定对于作为精神的上帝有其绝对的关系，并且有这个精
神住在自己之内，就是说，人自在地注定达到最高的自由。"[2]

黑格尔将自由主观性的出现作为古代希腊罗马国家和现代
国家之间的分界线。柏拉图的《理想国》把握了"实体性的伦
理生活的理想的美和真"，但仍旧没能包含意志自由的原则，而
这一原则是基督教的独特贡献："正是这个缺陷使人们对［柏
拉图的］《理想国》的伟大的实体性的真理发生误解，使他们
把这个国家通常看成对抽象思想的幻想，看成一般所惯称的理
想。单个人**独立的本身无限的人格**这一原则，即主观自由的原
则，以内在的形式在基督教中出现……它在［《理想国的》］现
实精神的那个纯粹实体性的形式中却没有得到应有的地位。"
（§185R）

在这里，黑格尔应当为撼动古典共和主义范式负责。通观
整部《法哲学原理》，他为个人自由的存在而辩护，认为它不是
软弱或道德败坏的原因，而是通过专门与基督教相联结而成为

---

[1] 见 G. W. F. Hegel, *The Philosophy of History*, trans. J. Sibree (New York: Dover, 1956), 18–19。
[2] G. W. F. Hegel, *Philosophy of Mind*, trans. William Wallace and A. V. Miller (Oxford: Clarendon Press, 1971), sec. 482 (pp. 239–240).

现代性力量的独特源泉。"现代国家的原则,"他写道,"具有这样一种惊人的力量和深度,即它让主体性原则在个人特殊的极端中达致完成。"(§260)在对上述评论的补充中,他将"古典的古代国家"同"现代国家的本质"相对比,在前者中个人的"特殊性还没有解除束缚",而在后者中"普遍性是同特殊性的完全自由和私人福利相结合的"(§260A)。

于是卢梭和黑格尔之间的区别便在于,一方认为资产阶级的出现是道德败坏的病症和对古代共和国的腐蚀,而另一方则将其视为道德自我发展的原因。"主体的特殊性求获自我满足的这种权利,或者这样说也一样,主观自由的权利,是划分古代和近代的转折点和中心点。"黑格尔写道(§124R)。这种主观自由的权利由基督教给予了最初的表达,但如今却已成为"新世界形式的普遍而现实的原则"。这种文明所假定的"具体形式"是诸如浪漫爱情和对个人救赎的追求之类的东西,但也包括了"市民社会的原则和政治制度的各个环节",其又包含了"艺术、科学和哲学的历史"等典型的现代领域(§124R)。

劳动、道德的自我发展、教育

根据先前所述,我们可以明确的是,黑格尔试图理解市民社会的现象并将其概念化,以回应现代性中某些最深刻和最有力的形而上学需要。市民社会以及维系它的一套全新的社会经济安排,便是心灵对自由之渴望的表达。这种自由的概念内在地同某种个人自我决定的观念相联系,即黑格尔所谓的"主观性"。

主观自由或个人自由的观念,哲学上它出现在笛卡尔著名的 cogito(我思)之中,它是真理最终的仲裁者。神学上,它则出现在宗教改革中,伴随着的是新教的因信称义并不依靠任何神职人员的中介这一概念。而政治上,它出现在对生命、自由和财产等权利的新兴法律概念之中,这些权利在美国和法国革命中得到了保障。最后,主观性的观念在现代市场经济的制度中得到了发展,在其中买卖某人劳动之产品的自由,订立契约的自由,以及依据才能从事职业的自由便是它最为深刻的特征(§§206/299)。

黑格尔对有关市民社会的讨论的主要贡献是他的市场概念,这一概念将市场作为**伦理**(ethical/*sittlich*)制度。他意识到这种主张的争议性。市民社会代表了"差异"的环节,也就是说,个体自由的自我表达将自身同家庭伦理上的亲密关系和公民的道德责任相并列(§182A)。因此,现代被解放的个人的出现被许多人视为"道德腐化"的症状,并导致了公民精神的衰落(§185)。然而黑格尔坚持认为,政治制度只有达到不仅允许其个体成员拥有最广泛的自由,还鼓励这种自由的程度,它才是成熟的(§260A)。

市民社会是道德自由的一种形式,因为其允许意志最大限度内的自由自决。这里暗示,自由是仅属于意志的属性(§4A)。即使人类是**在自然之中**,但我们也并非完全是**自然的**。黑格尔赞扬卢梭发现了权利的起源并不是在自然中,而是在意志中找到的。"卢梭在探求这一概念中做出了他的贡献,"他写道,"他所提出意志作为国家的原则,不仅在形式上(好比合群本能、神的权威),而且在内容上也是思想。"(§258R)意志的自由指的是允许我们逃离或超越自然的确定秩序,并遵循我们自己制定的法则的能力。自由对黑格尔而言是某种类似于自我决定的能力的东西。自由并不是通过遵循自然法（"自然的自由"）而实现，准确而言，自由是通过我们遵照自由法则用自己的能力去超越和转变它们而实现。正是在这一含义上，黑格尔才能称市民社会和国家这些制度为某种"第二自然"（§4）。

市民自由——适用于市民社会的自由——被等同于诸如拥有财产、选择婚姻伴侣以及从事某一职业的权利等"形式上的"自由（§§75/262A）。只要个人仍仅在市民社会中才被承认是为自己所作抉择负责的道德行为者，这些权利就仍是现代市民（bürgerliche）自由的重要组成部分。确实，只有在市民社会中个人才能够得到承认，并非基于他们继承而来的社会地位或民族身份，而是由于他们是有着共同伦理需求的人类。市民社会是道德平等主义的伟大导师，因为只有在市民社会中"人之所以为人，正因为他是人的缘故，而并不是因为他是犹太人、天主教徒、新教徒、德国人、意大利人等"（§209R）。

市民社会所提供的一种关键的——或许是**唯一**关键的——自由是拥有和交换财产的权利。丝毫不亚于洛克的是，黑格尔让私有财产成了他社会理论的一个核心特征，不同的是，他相信迄今为止财产的基础尚未被充分地理解。私有财产经常被用来作为现代自由的试金石。因此，虽然柏拉图的《理想国》被认为展现了"实体性的伦理生活的理想的美和真"，但它没能理解"单个人独立的本身无限的人格"所具有的全部丰富性和多样性（§185R）。尽管道德人格具有无限价值的原则是伴随着基督教的出现以"内在的"形式萌发的，但这种自由最重要的外在表现却是私有财产制度。

黑格尔决不是第一个将私有财产等同于市民自由的人。在

《政府论（下篇）》(Second Treatise)中，洛克试图将财产奠基于对自我保存的基本欲望之上。对洛克来说，每个人因其人格而拥有财产的这一事实，足以对通过"他的身体所从事的劳动和他的双手所进行的工作"而获得的事物建立起一种自然权利。[1] 此处，洛克似乎提出了一个劳动价值理论的初步版本。正是劳动，通过在作为"万物之母"的自然的造物上加上一些东西，从而为事物赋予了价值。然而虽然财产可能由自我保存的需要产生，但它最终通过建立我们自身和我们对他人意志的依赖之间的"藩篱"，而回应了人类对自由的需要。财产实现了一种重要的政治功能。它鼓励了理性和勤劳的德性，这些德性对于树立一种积极的公民意识来说是必须的。[2]

黑格尔并不十分反对洛克的结论，尽管他非常反对洛克得出这些结论所采取的方法。由我们对自己身体的权利推导出财产的尝试，被黑格尔认为是洛克自然主义前提的特征。不论财产的源头为何，它的正当性决不可出自身体的需要，只能出自道德人格的主张。财产最终产生于自由意志，而非产生于满足身体的需要。洛克将财产的来源误认成它的目的。道德人格的需要并非由自然给定，而是通过与特定自然限制和历史限制持续进行的斗争过程所创造的。黑格尔揭示了一种浪漫的维度，人格被呈现为通过一个持续的斗争过程而塑造，并表明需要对仅仅被给定的东西进行扬弃。"人格，"他写道，"要扬弃这种限制，使自己成为实在的，换句话说，它要使自然的定在成为它自己的定在。"（§39）

---

[1] John Locke, *The Second Treatise of Government,* ed. Peter Laslett (Cambridge: Cambridge University Press, 1991), sec. 27.

[2] 见 Locke, *Second Treatise,* sec. 34。

黑格尔同意洛克的观点，认为我们对某物的权利是通过劳动被赋予的，即使这种劳动——用洛克常见的例子来说——不过是从树上摘取一个苹果。但黑格尔超越了洛克，他表明劳动不仅是达成目的的手段，譬如对苹果的享用。劳动还是意志的一种表达，并且是我们本质之所是的表达本身（§45）。洛克把劳动——一种主观的人类活动——视为价值的来源，这是非常正确的；他未能看到的是，劳动以各种方式塑造与影响的并不仅仅是外在的自然，还包括人格的道德和心理需要。

如果"辩证地"表达这些观点的话，可以说我们的劳动不仅仅帮助创造了一个对象的世界，我们能拥有这些对象并用来交换其他对象。劳动同样塑造了劳动者的道德人格。劳动不仅塑造了世界，它还塑造了劳动者。通过劳动，世界不再是某种"外化"或"异化"于我们的事物。毋宁说，世界变成了对我们是谁的一种表达。我们看到自身反映在我们逐一创造的对象之中。工作不再被认为是《圣经》中亚当被谴责的诅咒，或属于古典意义上被鄙视的奴隶的领域，它已成为我们道德自我实现中的关键因素。于是，私人财产是人格的一种表达，并且对道德意志的充分自我实现来说是必需的。因此，当黑格尔评论说，财产自身没有客观目的或目标，而是仅由意志获得"它的规定和灵魂"时，他便注意到了劳动过程的深刻的变革性质（§44）。

私人财产，同其所置身的市民社会制度一样，在黑格尔的哲学中扮演了深刻的道德功能。财产并不仅仅是一种获得安全、舒适和生存的手段，也并不只是一种主要对抗他人独裁统治的防护措施，尽管它可能同时是这两者。财产以及进入财产中的劳动主要是教化（Bildung）或教育的形式。"因此，教育的绝对规定,"黑格尔写道,"就是解放以及达到更高解放的工作。"(§187R)工作是解放的一种形式,这有两种含义。通过劳动,我们将世界转变为一个可用对象的领域,但我们同样通过塑造和改善自己的技能、能力和才能而转变自己。我们接受了一套由自然给定的禀赋,并将它们塑造成某种具体事物——一个工匠,一个艺术家,一个计算机程序员——一种有着具体道德身份的存在者(§207)。

市民社会的成员资格主要是一种道德教育的形式。不同于卢梭和马克思,黑格尔并没有将资产阶级等同于低级的物质利己主义。只有经历了市民社会的严峻考验后,资产阶级才学会了克制、自我规训和尊重他人的基本德性。"成为一个人,并尊重他人为人"是正义的最高诫命(§36)。黑格尔将通过工作获得的某种粗糙的"实践教育",以及作为严格意义上实现道德人格的教化(Bildung)区分开来。"教育,"他一度写道,"是使人们合乎伦理的一种艺术。它把人看作自然的,它向他指出再生的道路,使他的原来天性转变为另一种天性,即精神的天性,也就是使这种精神的东西成为他的习惯。"(§151A)

"**教化**(*Bildung*)问题,"伟大的黑格尔学者乔治·阿姆斯特朗·凯利(George Armstrong Kelly)曾写道,"是权威问题的一个方面。"[①]黑格尔在此处遵循的是卢梭《爱弥儿》的模式,作为最伟大的现代文本,《爱弥儿》将教育同权威的问题联系起来。对卢梭和黑格尔而言,教育的目的都不仅是把我们从自然的权威中解放出来,还使我们准备好接受市民社会的权威。"因此,教化的绝对规定,"黑格尔写道,"就是解放以及达到更高

---

① George Armstrong Kelly, *Idealism, Politics, and History: Sources of Hegelian Thought* (Cambridge: Cambridge University Press, 1969), 347.

解放的工作，""在主体中，这种解放是一种艰苦的工作，这种工作反对行为的纯主观性，反对情欲的直接性，同样也反对感觉的主观虚无性和偏好的武判性。就因为解放是这样一种艰苦的工作，所以造成了对教育的一部分不利的看法。但正是通过这种教育工作，主观意志才在它自身中获得客观性，只有在这种客观性中它才具有价值和能力。"（§187R）

教育的观念主要和为参与职场和市场所做的准备有关。这是通过加入一个有权威的"同业公会"（corporations），或者说职业组织而实现的，这些组织构成了市民社会（§§250-256）。同业公会并非完全像现代公司，而是更像托克维尔式的市民结社，其意在防止国家由上而下的过度集权，以及市场自下而上的过度原子化。黑格尔的同业公会学说和教化观念在这一点上与其一致，并且试图在被认可的职业实践的配合下，灌输骄傲与正直的情感。同业公会起着"第二个家庭"的作用，在其中个人能够发展自己的身份或人格。这听起来也许过分严苛，但对黑格尔来说，一个**没有同业公会**（ohne Korporation）的人是某种非人，没有地位或荣誉。只有通过加入社会某个基本等级，个人才成为"某种人物"（§207A/253）。

德语的教化（Bildung）不仅指的是技艺的获得，还意味着内在规训和自制意识的培养。当时的《高地德语语法核心词典》（*Grammatical-Critical Dictionary of High German Vernacular*）将"教化"定义为对某种形式的对象的"塑型"或"描绘"，尤其是从面部。"一个拥有良好**教化**的人，"该词条写道，"其面部有着良好的特征。"[①] 然而一位**有教养的人**（gebilditer Mensch）

[①] 引自 Alexander Altmann, "Moses Mendelssohn on Education and the Image of Man," in *Studies in Jewish Thought: An Anthology of German Jewish Scholarship*, ed. Alfred Jospe (Detroit: Wayne State University Press, 1981), 389。

并不能仅仅从面相上看出来。"有教养的人，"黑格尔写道，"首先是指能做别人做的事而不炫耀自己特殊性的人。"（§187A）不冒犯他人的感受是教育的一部分（"没有教养的人还容易得罪别人"）。"因此教育就是要把特殊性加以琢磨，使它的行径合乎事物的本性。"他说道（§187A）。愿意做其他人做的事情，愿意将任何带有自发性和主观任性的事物剔除出去，并一般而言愿意接受"我的岗位及其责任"，这些同样是资产阶级教育的一部分。

市民社会的未来

黑格尔对市民社会的辩护不仅仅限于对作为个人和国家之中介的特定社会和经济制度的分析。这同样是对于此类制度的开化和教育使命的辩护。市民社会与其道德主张和道德抱负密不可分。这是否意味着黑格尔对现代经济生活的任何方面都持非批判的态度，甚至致力于为其失败辩护？是否能够指责他制造了一种严格马克思主义意义上的资产阶级意识形态，把现存惯例合理化？当然不是。

黑格尔从两个方面出发，质疑市场的道德可行性，并因此为批判开辟了空间。首先是关于个体劳动者的劳动分工所带来的道德和心理后果。这一批判由苏格兰人率先发起，特别是弗格森和斯密。在《国富论》中，斯密对劳动分工导致人类活动局限于一两项简单操作而深感痛惜。持续重复相同任务的结果是道德德性和理智德性的普遍丧失，而这些德性对于积极地参与公民活动是必要的。在一个几乎会被误认为是卢梭写就的片段中，斯密将文明社会或"改善了的"社会同由狩猎者和采集者组成的原始社会情形相对照，在后一种社会中，每个人被要求同时成为战士和政治家，并且所有人"对于社会的利益，对于他们统治者的行动，都能做出相当的正确判断"①。尽管斯密将劳动分工视为社会进步的伟大引擎，他仍不禁为其对"大多数人民"造成的道德和政治后果感到担忧，他相信"政府如不费点力量加以防止"②，这些结果必然会落到人民头上。

类似地，弗格森在《文明社会史论》中反思了所谓"技艺和职业的分工"带来的后果。③ 总体而言，他对职业的多种多样表示感到惊奇，其证明了自然纯粹的创造力。然而尽管分工的方式是社会进步的基础，他同样注意到文明为在效率和富足上的收获所付出的代价（"每一代人较之他们的先驱者可能显得更聪明，而较之后来者可能显得更愚笨"）。④

同斯密和弗格森一样，黑格尔理解劳动分工的重要性在于增加了整体的社会产品，或斯密所谓"国家的财富"。但黑格尔并没有疏忽这对个人造成的后果，个人的行为被简化到使人心灵麻木的狭隘境地。他预测，工作愈发"抽象化"的过程，最终会使个体的工人变得多余："个人的劳动通过分工而变得**更加**简单，结果他在其抽象的劳动中的技能提高了，他的生产量也增加了。同时……生产的抽象化使劳动越来越**机械化**，到了最后人就可以走开，而让**机器**来代替他。"（§198）黑格尔此处所提的技能的机械化和机械对人力劳动的替代，几乎能够作为马克思在《1844年经济学哲学手稿》中劳动异化思想的模板⑤。

---

① Adam Smith, *An Inquiry into the Nature and Causes of the Wealth of Nations*, ed. R. H. Campbell and A. S. Skinner (Indianapolis: Liberty Fund, 1981), V, i (p. 783).
② Smith, *Wealth of Nations*, V.i (p. 782).
③ Ferguson, *History of Civil Society*, 172-175.
④ Ferguson, *History of Civil Society*, 174.
⑤ Löwith, *From Hegel to Nietzsche*, 267.

在《法哲学原理》中，劳动分工问题在某种程度上因为对另一个潜在但更严峻的新问题的关注而黯然失色。黑格尔深知，市民社会与市场同贫困的创造密不可分。当然，他所承认的并非穷人的存在。每个社会总是存在穷人，而如果他没有承认这一点，那才是相当令人惊讶的。他的分析令人眼前一亮的是，他确认随着市民社会的出现，一种新的贫困亦一道出现，并造成道德上和精神上的影响。当黑格尔谈论"贱民"的诞生时，他试图描述的并非贫困自身，而是一种新型的贫困："贫困自身并不使人就成为贱民，贱民只是来自跟贫困相结合的情绪，即来自对富人、对社会、对政府等等的内心反抗……这样一来，在贱民中就产生了恶习，他们不以自食其力为荣，而以恳扰求乞为生并作为他们的权利。"（§244A）

据我所知，这是对社会学家所谓"下层阶级"的首次描述，且迄今仍旧是最好的描述。黑格尔描述的并不仅仅是工作的穷人，而是一种独特的现代病症，关于这种病症我们如今再熟悉不过。他注意到这一阶级的出现，但承认不知道对此该做些什么。在这段注定是现代社会思想史上最有先见之明的轻描淡写中，他使对贫困的消除成了"推动现代社会并使它感到苦恼的一个重要问题"（§244A）。

黑格尔对社会问题的解决方案是体面和人道的，却不一定是令人满意的。黑格尔首先表明，私人慈善机构和国家都应当尝试纠正偶然的市场失灵（§§241/242）。但他同样认识到公众福利是如何阻止穷人通过谋生获得自尊的。从这一角度来说，他预见到了所有之后关于"贫困文化"的争论，以及由福利政策导致的非意致后果。[1] 其不可避免的产物便是市民社会的某个

---

[1] 见 Daniel Patrick Moynihan, ed., *Understanding Poverty: Perspectives from the Social Sciences* (New York: Basic Books, 1969)。

阶级，既不能也不愿用工作谋生，且要求得到救济并以之为自身的权利。黑格尔表明，为国内产品创立国际市场，或许能极大缓解由市民社会导致的内部贫困。然而即便这样，他也承认这只不过是一种半吊子措施，因为生产力将持续增长，而国际竞争则必将日趋激烈（§246）。

黑格尔承认自己没能解决市民社会的问题，这使他与其他同道同病相怜。那些试图对这一问题提供解决方案的人通常都失败了，或产生了比他们试图补救的问题要更严重的非意致后果。然而，黑格尔确实以无与伦比的明晰性，让我们看清了市民社会所展现的问题与难点。正如我所尝试论证的那样，他确实是现代市场经济和高级资产阶级文化——市场浸润于这种文化之中——的辩护者，尽管他并非对之不加批判。对他来说，资产阶级社会不仅是一个生产商品和服务的载体，它还是一个道德关系的网络，旨在生产某种特定的受教育或文明开化的个体。

结论

如果仅仅将黑格尔的贡献视为马克思主义国家的前身，或如经常所见的那样将其看作福利国家的某种变体，就大错特错了。受新教改革、法国大革命以及以市民社会（bürgerliche Gesellschaft）所代表的新型社会秩序的激发，黑格尔以写作来确立现代性的成就。正是为了记录市民（burgher）或资产阶级的成就，他才奉献了自己的才华。毫无疑问，会有也总将会有像马克思这样的人，发现黑格尔对社会问题的解决方案过于畏缩和零碎,以至于不能完全令人满意。对这些批评者来说,除了对社会进行全盘革命以外,没有什么足够解决贫困和不平等的问题。对如福楼拜或尼采这样的其他人来说,黑格尔对资产阶级的赞扬则显得太乏味,太缺乏爱欲,太缺乏诗意,并且坦白说太无聊了,以至于不能满足人类精神更深层的渴望。对尼采及其后继者来说,问题并非在于不平等和剥削,而在于新资产阶级秩序下占主导作用的乏味,从众,以及庸俗,正是这些需要加以改变,以脱离末人那纯粹的单调沉闷。

很大程度上,正是为了反对黑格尔将资产阶级经验尊奉为神,马克思和尼采才会以如此充满愤怒的敌意做出回应,但在《法哲学原理》中,资产阶级既表现为一种新文明的造物主又是其造物,而这种文明决不是被蔑视的对象。资产阶级文明决非代表了利己主义、贪婪和物质主义的胜利,而是一座充满社会、文化和艺术成就的名副其实的万神殿。黑格尔将所有先前的哲学和所有先前的社会形态都展现为对现代心灵的不断接近。在这个意义上,我们能够正确地说,他将资产阶级社会的现象理想化,并非将其视为某种卑鄙、丑陋和不光彩的事物,而是"世界精神"的一种全新的,甚至是英雄主义的最高表达,这一"世界精神"的纲领如今已被完全实现,尤其是在北欧国家之中。黑格尔当然不是最后一位致力于阐明这个全新资产阶级世界的德性的思想家,但他是最伟大的一位。

第三部分

我们的不满

第 9 章

卢梭的反启蒙：《致达朗贝尔的信》

反启蒙由卢梭开始。这并不是说卢梭反对现代性。反启蒙，正如我所尝试表明的，就其是现代性的一种更高级或更先进的形式而言，并不那么地反现代。对启蒙的攻击就与启蒙本身一样，都是现代世界的一部分。卢梭也并非首位对所谓的**光明时代**（the Century of Light/l'Âge des Lumières）——法国**哲学家**（philosophes）对他们所处时代的夸耀——表达不满的人。在整个 18 世纪中，对堕落和衰退的警告同对知识进步和提升的预测一样频繁。其中某些警告以讽刺作品的形式出现，如斯威夫特（Swift）的《格列佛游记》（Gulliver's Travels）和柏克的《为自然社会辩护》（Vindication of Natural Society）。其他的警告则采取更激进的形式为王位和祭坛的制度进行辩护。然而，只有卢梭为反启蒙发出声音。他的呼吁包含一种激烈的不满，所针对的是启蒙文明的三大支柱：科学、进步和商业。他对特权和不平等的攻击极大地塑造了马克思主义和欧洲左派的话语。此外，他对独特个别的文化的辩护和对世界主义的拒斥，也为民族主义和欧洲右派的话语做好了准备。卢梭既是这两者，同时又非这两者。实际上，我们不可能给他贴上任何标签。他的名字从未与任何"主义"挂钩。

卢梭对启蒙运动表达不满所采取的方式，是对近代最骄傲的成就进行批判，即批判与艺术和文学有关的精致文化。卢梭对艺术的批判尤其奠基于《理想国》中柏拉图对诗人的驱逐之上。通过返回柏拉图，卢梭返回到艺术的古典观念之上，尤其是艺术与社会之关系的古典观念之上。什么是——或应当是——文学与艺术在现代社会中所扮演的角色？柏拉图经常被认为——或更经常地被指责为——缺乏"美学品位"，并因此认为艺术只有作为一种道德教育的工具才有用。"托尔斯泰［在《艺术论》(What is Art?)中］说，"艾丽斯·默多克（Iris Murdoch）曾写道，"'希腊人（同其他任何时候的任何人一样）只不过认为艺术（同其他事物一样）只有在为善服务的时候才是好的'，他并没有夸张。"[1]

今天，柏拉图经常被用来作为反自由教育的典型，同现代极权主义者类似，他尝试进行思想控制并将艺术转变成宣传工具。亚里士多德在《诗学》(Poetics)中采取了另一种稍微不那么极端的方式。同柏拉图一样，亚里士多德只对作为道德教育形式的诗感兴趣。如果认为他是"文学批评"这一独立自主的学科创始人的话，那无疑是错误的。对亚里士多德来说，以及对古典学人普遍而言，文学和艺术的目的是塑造自由公民的品味、品格和判断。[2]

卢梭关于艺术所起作用的概念，并没有落入任何我们通常的成见之中。我们对艺术的看法往往在两个相互冲突的极端之间摇摆。第一个极端更有可能得到自由主义者的背书，也就是

---

[1] Iris Murdoch, *The Fire and the Sun: Why Plato Banished the Poets* (Oxford: Oxford University Press, 1977), 7.
[2] 对这一点有用的解释，见 Carnes Lord, *Education and Culture in the Political Thought of Aristotle* (Ithaca: Cornell University Press, 1982).

将艺术以及现代文化的整个领域视为一个与政治界线分明，与道德、宗教和经济非常类似的领域。画家、小说家以及剧作家的作品都属于"市民社会"的领域，其本身逍遥于政治的界限和限制之外。自由主义者可能会偏向于为艺术的自我表达提供尽可能多的余地。另一个极端则更受保守主义者支持，即认为文化的世界——艺术和娱乐的世界——对社会有显著的道德影响。艺术经常被相信能够塑造品格（通常会让它变得更糟），并且没有任何政体——甚至是自由主义政体——能够对公民的品格保持完全漠不关心或中立的态度。较之自由主义者，保守主义者更有可能关心人们听的音乐、看的电视以及电影。

对于我们来说，文学和艺术的重要性，至少它们作为哲学问题的重要性——已经消失了。当然，存在着一个所谓"美学"或艺术哲学的哲学子领域，但这与追问"艺术的社会功能是什么？""艺术家对社会的责任是什么？""艺术是否服务于培养判断力和塑造公众心灵？"的政治与艺术的研究相去甚远，除了少数引人注目的例外，政治与艺术的整个话题都不再引起现代哲学家们的兴趣。在关于这一话题为数不多的作品中，值得阅读的是格奥尔格·卢卡奇的《美学》（*Ästhetik*）以及阿兰·布鲁姆在《美国精神的封闭》（*The Closing of the American Mind*）中的深刻讨论。[1]

卢梭是最后一位将此类问题在自己思想中置于首要地位的伟大思想家。政治与艺术的问题是卢梭的第一部重要论文的主题，《论科学与艺术》——"论文一"——出版于1750年，而

---

[1] Georg Lukács, *Ästhetik* (Berlin: Luchterhand, 1963); Allan Bloom, *The Closing of the American Mind: How Higher Education Has Failed Democracy and Impoverished the Souls of Today's Students* (New York: Simon and Schuster, 1987).

这一问题于1752年在《〈纳尔西斯〉序言》(*Preface to Narcisse*)中再次出现,且在1758年的《致达朗贝尔的信》中得到了最完整的发展。当卢梭就戏剧与达朗贝尔交换意见时,他不仅已经凭借"论文一"赢得了文学上的声望,还是剧作《纳尔西斯》(*Narcisse*)的作者和一部高度成功的歌剧《乡村占卜师》(*Ledevin du village*)的创作者,后者在路易十五的宫廷内表演时反响热烈。[①]卢梭最初来到巴黎时希望自己以新音乐记谱法体系的发明者身份而出名,还积极撰文参与了法国和意大利歌剧拥趸之间的论战。他自己便是一位艺术和文学名人,并且知道自己谈论的是什么。

文人共和国

卢梭对启蒙的批判最初出现在"论文一"中。对于启蒙运动及其许诺塑造品味的启蒙时代,他也许并非首位表达不满的思想家,却是最伟大的一位。之所以这种批判比以往的批判更加有力,是因为这是由身处启蒙文化之中的人所采取的,且可以说是用启蒙来反对启蒙自身的批判。"论文一"是被作为征文而提交的,它参与了由第戎科学院赞助的一场征文比赛,主题是艺术和科学的进步是否导致了道德上的改善。虽然越来越多的人认为科学和文学的发展将导致道德和政治上的进步,卢梭却对此坚定地回答"不"。他认为,启蒙和道德德性间存在反向

[①] 关于他这部歌剧的反响,见 Jean-Jacques Rousseau, *The Confessions and Correspondence, Including the Letters to Malesherbes,* trans. Christopher Kelly (Hanover, NH: University Press of New England, 1995), 314–325。

关系。

以一部对他所处时代的卓越颂词，卢梭开启了他对启蒙的猛烈抨击，在颂词中他认为，这是一个前所未有地从偏见和迷信中解放出来的时代："看见人类通过自己的努力，几经艰险，终于走出了洪荒的境地，用理智的光辉驱散了大自然密布在他们周围的乌云，使自己超越了自身的局限，在精神上一跃而进入了天国，用巨人的步伐，像太阳那样遍游世界各地：这是多么宏伟壮观的景象啊；然而，要让人类反观自己，从自身去研究人，去认识人的天性、人的职责和人生的目的，那他们就会感到十分困难了。所有这些奇迹，在最近几个世纪又重新开始了。"[1] 卢梭此处的褒扬为这一世纪晚些时候的康德做好了准备，后者将形容启蒙是"人类脱离自己所加之于自己的不成熟状态"，并宣布它的座右铭是"要敢于认识"（sapere aude），要敢于为自己思考。[2] 但不同于康德的是，卢梭发现了启蒙的黑暗面，他是第一个对这个阴暗面进行确认并借此发挥的人。

在"论文一"中，卢梭针对的是启蒙的一条基本假设，即纵然道德和政治上的进步实际上并不以艺术和文学的自由发展为前提，从根本上说二者也是兼容的。然而，卢梭的论文却返回到关于艺术作用的古典怀疑主义。艺术和科学并不是自由的代理人，相反，它们处处服务于专制统治。"科学、文学和艺术，"他写道，"它们虽不那么专制，但也许更为强而有力，在

---

[1] Jean-Jacques Rousseau, *Discourse on the Sciences and the Arts or First Discourse,* in *The Discourses and Other Early Political Writings,* ed. Victor Gourevitch (Cambridge: Cambridge University Press, 1997), 6.
[2] Immanuel Kant, "What Is Enlightenment?" in *Political Writings,* ed. Hans Reiss, trans. H. B. Nisbet (Cambridge: Cambridge University Press, 1970), 54.

枷锁上装点许多花环。"①科学和艺术的进步以道德为代价,即卢梭所谓的公民道德,也即爱国主义的德性和对国家的热爱。吸取古代历史的经验,他认为在科学和艺术繁荣发展的任何地方,社会都变得虚弱和无力,男人都忘记了自己的公共义务,而女人则忽视了她们作为炉灶和家园的保卫者所背负的任务。"我们有许多物理学家、几何学家、化学家、天文学家、诗人、音乐家和画家,"他用标志性的夸张口吻说道,"但不再有公民。"②

卢梭的"论文一"也许是对启蒙的第一次全方位攻击,但它不应当被简单解读为对无知的褒扬。卢梭关注的不仅是艺术和科学对社会的影响,还关注社会对艺术和科学的影响。他反对的并非科学和哲学本身,而是反对将此类具有高度价值的活动大众化——劣化。卢梭仍旧在某种意义上是柏拉图主义者,因为他渴望保护哲学免受洞穴的诱惑。他尤其反对**哲学家**、知识分子,还有自诩大众启蒙代理人的"理论家"。"我们对那帮力图把阻止人们走进缪斯圣殿的困难通通扫除的肤浅的作家们,"他明显是针对编纂《百科全书》的同僚发问,"应持何种看法呢?"③哲学或科学如果到了错误的人手上,那就是一把已经上膛的枪。所有一切都取决于谁能得到它。卢梭对作为"人类的导师"的牛顿、培根和笛卡尔赞不绝口,认为他们"为人类才能的伟业树立丰碑"。"哪个老师能指导他们,"他问道,"达到他们巨大的天才所达到的高度?"④科学或哲学并不对个人有害——它甚至是我们最高的完满——但它却腐化社会,且因此应得到相应的处理。卢梭的目标并非将哲学驱逐出城邦,而是

---

① Rousseau, *First Discourse*, 6.
② Rousseau, *First Discourse*, 24.
③ Rousseau, *First Discourse*, 26.
④ Rousseau, *First Discourse*, 26.

围绕它设立警戒线,使它回到真正荣耀的地方。卢梭在"论文一"中褒扬德性,但这篇论文主要揭示的是一种新的哲学概念,即18世纪所谓的文人共和国,这一术语我们在讨论富兰克林时已经涉及。

文人共和国是法国胡格诺派哲学家和批评家皮埃尔·培尔(Pierre Bayle)所创造的观念。培尔设想的是一个由跨国界传播观点的学者和研究者组成的国际协会。在1684年出版的《文人共和国新闻》(*Nouvelles de la Republique des Lettres*)中培尔以承诺开篇他的杂志将同时公正地评论新教和天主教作者的著作,且将在杰出学者逝世后刊登对他们的颂词(*éloges*)。这种文人协会的成员可能是哲学家、神学家、博士以及诗人,即渴望进行创作且渴望为一个学者协会做出贡献的任何人。因而文人共和国不占据任何空间或领土,而是一个理想的网络,它建立在沙龙和咖啡屋——今天我们或许还需加上互联网——或任何能够自由表达观点的地方。成为这一协会会员的唯一标准是对理性的承诺以及搁置所有偏见的意愿,因为这些偏见有损于宽容和礼貌。"因此我们必须将所有那些使人划分派系的术语搁置一旁,"培尔写道,"并考虑将人们联合在一起的关键,也就是作为文人共和国中的杰出人物所具有的品质。"[①]

文人共和国是一个理想的兄弟会(当然女性同样参与其中),它基于所有参与者的平等地位且仅因各人的优点而做出区分。在这儿,他们将拥有进行观点交换的全部自由,不论这些观点将导向什么。[②] 位于这一共和国核心的是培尔所谓的"批判

[①] 引自 Lorraine Daston, "The Ideal and the Reality of the Republic of Letters in the Enlightenment," *Science in Context* 4 (1991): 374。

[②] 见 Carol Pal, *The Republic of Women: Rethinking the Republic of Letters in the Seventeenth Century* (Cambridge: Cambridge University Press, 2012)。

的统治"——通过无私的公共理性来衡量"正方与反方"——它将被运用于所有现存的观点和习俗之上。这种假想的协会实际具有强烈的论战色彩,是某种智识上的霍布斯的自然状态,在其中批评的自由成为一种血腥的运动,成员被鼓励在一个充满无尽思想搏斗的世界中相互开战。这场不流血的批评之战中,新教徒能够攻击教皇,就像敌基督者和天主教徒攻击新教徒是异端那样;文人共和国的成员被鼓励异口同声地宣称,"我们都是平等的,我们都作为阿波罗的后代而联系在一起",而与此同时敦促朋友向朋友开战,父亲向儿子开战,所有一切都是为了"真理与理性的帝国"的更伟大的荣耀。①

文人共和国的制度化通常采取如共济会一类的社团和俱乐部或学术协会的形式,其中包括卢梭以"论文一"投稿的第戎科学院。学院的目标是,通过致力于建立一个逐渐使艺术和文学发展的协会来"启发"(enlighten)观点。这类俱乐部构成现代民主的诞生地,并非因为它们支持大众选举的原则或平等的理想,而是因为它们不承认任何高于其成员共同意志的权威。由共济会开始,一种**社团精神**(esprit de société)开始取代先前作为旧社会纽带的**行会精神**(esprit de corps)。它于旧制度(ancien régime)的核心之处引入了与之相对立的原则,上至共济会团体,下至18世纪90年代的革命社团都直接体现了这种原则。②

对于所有不能经受公共理性考验的事物来说,文人共和国起到了批判性的作用,但同时也具有毁灭性的剥夺合法性的功

---

① 引自 Daston, "The Republic of Letters," 382。
② 见 François Furet, *Interpreting the French Revolution* (Cambridge: Cambridge University Press, 1988), 187。

能。"公共理性"(public reason)——这一术语最早由霍布斯使用,且在今日被约翰·罗尔斯和于尔根·哈贝马斯复活——指的是一种人为制造的意见,这种意见能够充当政治合法性的基础。[①] 从此以后"理性"和"批判"这两个术语变得密不可分。理性不再被认为是中性术语,而是在与宗教,以及随后与国家本身的斗争中被当作独立的派系。尽管培尔最初认为(或看起来认为)文人共和国是一个立于政治领域之外的非政治组织,但在伏尔泰和百科全书派的影响下,批判很快在旧制度的派系斗争中成为一股派系力量。起初是对真理的非政治诉求的东西,变成了一出道德戏剧,在其中文人共和国的成员充当人性先锋党,执行自身关于真理和正义的标准。

文人共和国经常被认为是启蒙运动最值得骄傲的遗产之一。它构成了康德哲学的背景,康德的哲学宣称,不论宗教还是政治都不能免受批判理性的考验。但它同样被认为将一条关于无序的深刻原则引入政治生活中。在《批判与危机》中,莱因哈特·科泽勒克赋予文人共和国以关键性地位,文人共和国产生了躁动、不满以及最终成为18世纪法国标志性的革命氛围。在对抗国家的斗争中,文人共和国成了批判的王国(la Règne de la Critique),将自身立于政治主权的对立面。正是这一新词——批判——被赋予的重要性,启动了一个篡夺且最终导致毁灭的过程:"在这个审判中,批评者同时是原告、最高法官和利益相关方。诉诸批判的非派系性的最高权威,又同时在诉讼中引入政治因素,批评者们凭借他们的批判立于党派之上,但作为国家的批判者而言,他们却自成一派……批评通过标榜

[①] 见 Bryan Garsten, *Saving Persuasion: A Defense of Rhetoric and Judgment* (Cambridge, MA: Harvard University Press, 2006), 44-45。

自己的非政治性而与国家划清界线，但又使后者屈服于它的评判。而这便为批评的矛盾性埋下了根基，这种矛盾性在伏尔泰之后成为批评的历史性标杆：表面上它是非政治且高于政治的，但实际上又是政治性的。"①

科泽勒克认为文人共和国培育了一种危险的乌托邦主义，在其中没有公共经验或公共责任的文人墨客拥有自行评判主权者的能力。在一句值得注意的话中，他甚至将这一想象的共和国提升到一种新宗教的地位："作为拥有神圣权利的统治者，国王较之取代他的人类法官表现得几乎可谓谦逊，这类批评家相信，自己就像审判日的上帝一样，有权利让宇宙屈从于他的判决。"②

在《百科全书》这项伟大的集体工程中，文人共和国这一新观念得到了比它在其他任何地方都更加强有力的肯定。③ 在可作为该项目总体性介绍的《初步论述》（*Preliminary Discourse*）中，达朗贝尔将《百科全书》呈现为一种塑造新时代品位的努力。达朗贝尔并非作为个人而是作为"一个文人协会"的发言人来写作，他提供的完全是一部哲学史，在其中人类的心灵经过数个阶段持续发展，直到最终到达光明的时代。在《初步论述》的第二部分同时也是中心部分中，他挑出了四位人物——笛卡尔、培根、洛克以及牛顿——并认为他们为进步的新时代做出了最多的贡献。达朗贝尔描述培根是"英格兰不朽的大臣"，是"哲学家中最伟大、最多才多艺和最雄辩的"。最重要的是，培根教导称哲学应当致力于人类幸福，并因此要将自身

---

① Reinhart Koselleck, *Critique and Crisis: Enlightenment and the Pathogenesis of Modern Society* (Cambridge, MA: MIT Press, 1988), 113-114.
② Koselleck, *Critique and Crisis,* 118.
③ 对此有用的讨论，见 Arthur M. Melzer, *Philosophy Between the Lines: The Lost History of Esoteric Writing* (Chicago: University of Chicago Press, 2014), 249-259.

限于"关于有用事物的科学的界线内"。① 虽然文人共和国表面上超越了民族偏见和狭隘，但读者仍能感受到达朗贝尔对笛卡尔所起的作用感到尤其自豪，因为笛卡尔"敢于向聪敏的心灵展示如何摆脱经院哲学、意见以及权威——简言之，偏见和野蛮——的桎梏"。② 笛卡尔是"一位反叛者的领导者"，他"有勇气反对专制与任意的权力，在为一场荡气回肠的革命做准备的同时，为一个更公正和更能令人幸福的政府奠定了基础，尽管他本人并没能见证这一政府的建立"。③

《百科全书》的一个核心观念是艺术在社会中所扮演的角色。审美立场这一观念本身就是启蒙运动的产物。诗歌、绘画、音乐以及文学开始被视作能够为进步的世纪提供装饰的"高雅艺术"。柏克的《关于我们崇高与美观念之根源的哲学探讨》(*Philosophical Inquiry into the Origin of Our Ideas of the Sublime and the Beautiful*)，休谟的论文《论趣味的标准》(*On the Standard of Taste*)，以及康德的《判断力批判》都尝试建立一个遵循自身独特品位和判断法则的美学经验领域。然而就在同一文本中，达朗贝尔已然被迫承认卢梭对这一新共识的指控："此处或许应该避开一位雄辩的哲学作者[卢梭]近期的攻击，他指控科学和艺术败坏人们的习俗。如果我们在一部作品的开头便同意这般观点的话，这无疑是不合适的，并且实际上，我们谈及的那位举足轻重的人士，似乎通过参与我们工作的热情和成功，表明他本人已为它投了赞成票。"④

---

① Jean Le Rand d'Alembert, *Preliminary Discourse to the Encyclopedia of Diderot*, trans. Richard N. Schwab (Chicago: University of Chicago Press, 1995), 74, 75.
② D'Alembert, *Preliminary Discourse*, 80.
③ D'Alembert, *Preliminary Discourse*, 80.
④ D'Alembert, *Preliminary Discourse*, 103–104.

如前所述,卢梭对艺术的反对与柏拉图对诗歌的反对存在特定的相似之处。艺术——戏剧,诗歌,以及整个表现领域——已经败坏。而且,卢梭担心的并不是低俗的娱乐,而是古典时代的法国戏剧杰作,正如柏拉图关注的是荷马和索福克勒斯一样。我们将见到,卢梭对艺术的反对并非如他经常被解读的那样是清教徒式的或加尔文主义的,那类人,用 H. L. 门肯的说法,随时随地担忧某人正在某处享乐。卢梭关注的不仅是如何保护社会免受艺术的败坏,还关注如何保护真正的艺术家免受社会的压力和蛊惑。

意见帝国

卢梭的《致达朗贝尔的信》(后文简称《信》)是他关于艺术在社会中所起作用的最全面论述。[①] 卢梭《信》的语境已经相当为人所熟知。达朗贝尔在他为《百科全书》撰写的加尔文派共和制城市日内瓦的词条中提议建立剧院,而这封信是卢梭对他昔日同事达朗贝尔的一份公开回应(和斥责)。卢梭的论点是,每个社会都建立在一套由意见、道德、习惯和风俗构成的精巧网络之上,并且社会在任何方面的改变都势必对其他方面有——通常是危险和无法预见的——相应影响。卢梭认为,达朗贝尔并不知晓他关于戏剧的建议会带来怎样的非意致后果,或者更糟糕的是,他对此漠不关心。《信》是对启蒙运动之傲慢

[①] Jean-Jacques Rousseau, *Letter to d'Alembert and Writings for the Theatre,* trans. Allan Bloom, Charles Butterworth, and Christopher Kelly (Hanover, NH: University Press of New England, 2004); 所有相关引文出处将在括号内注明。

的首批伟大攻击之一。它同样也彻底地表明了卢梭同启蒙运动的社会改革计划的决裂。

卢梭的治国术始于他对日内瓦神职人员的支持。达朗贝尔的文本以对牧师的自由主义和宽容的赞美起头，称他们全都遵循一种彻底的索齐尼主义。索齐尼主义是一种通常与斯宾诺莎相联系的极端的神学自由主义，而在这一背景下卢梭抱怨，达朗贝尔的赞美对于牧师来说只不过会让他们陷入神学冲突，而这些牧师恰恰是达朗贝尔希望赞美的（258—259）。即使此类赞美是被允许的，它们也不应被说出来。在政治上，"不要招惹是非"的忠告是有道理的。而卢梭想要提出的神学主张似乎是，每个社会都立于某一心照不宣的道德共识之上：最好不要触及关乎基本原则的事情。

卢梭用来描述这一共识的术语是"意见"。他所谓的意见指的并不是通过民调数据或通过焦点人群抽出的那类信息。他指的也并不是那类在公共理性这一启蒙观念中出现的在智识上净化过的那类意见。相反，意见指的是构成了一个民族生活方式的风俗、习惯、规矩和情感的整个领域。卢梭将理性的统一性和意见的多样性相对照，后者为每个社会赋予了其独特的品位、表达方式和身份："剧院是为了人民而选的，因此，要评说它们的绝对品质，便只有从它们对人民的影响来判断。娱乐方式的种类有不计其数之多，而不同人民之间的风俗、秉性和性格，也是千差万别、迥然不同的。我承认，无论什么地方的人都同样是人，但是，他们将因受宗教、政治制度、法律、风俗、偏见和气候等因素的影响而改变，变得和他们原本的样子如此不同，以至我们不可能笼统地问这对人民是不是好，而必须具体地问这在某个特定的时代和某个特定的国家对人民是不是有益。"（262-263）意见的多样性派生出品位的多样性，而这随之塑造了民族和国家的多样性。

卢梭有时称此类意见为"情感"，以表明它们的感性特征。在每个社会中，这些共同的情感将会决定一个民族尊重什么，以及他们认为什么是配得荣耀的。这与他在"论文二"中所写的东西有显著的不同——这一作品的完成时间比《信》要早三年。在那儿，意见的统治意味着一种试图生活在"自身之外"的欲望，一种试图显得比某人实际要更好的欲望。意见同**自尊心**（*amour-propre*）相联系，而自尊心作为一种虚荣的形式，曾一度被卢梭批评为虚假、表里不一的和伪善的，但在《信》中，他赞美共同的情感，认为它是公共福祉的唯一源泉："我们私下的习惯虽产生于我们个人生活中特有的感情，但在社会生活中，它们是产生于他人的舆论的。如果一个人不按自己的意志而按他人的说法行事的话，他行事必然是唯他人之命是从的。任何一种事物都只有在公众认为是好的或可行的时候，他才认为是好的或可行的；大多数人心中之所以觉得幸福，是因为他们感到自己在他人看来是幸福的。"（300）

情感哲学家们——人们通常想到休谟、弗朗西斯·哈奇森（Francis Hutcheson）以及柏克——经常因其是政治上的保守派而受到批评，即对情感的诉求无法提供任何能够用以评判实践和习俗的独立标准。人们经常认为，道德情感主义者们只不过在为偶然存在的感觉或行为模式再度背书罢了。卢梭并不认同这一点。当他的启蒙运动同侪们看向世界时，只见到了权力和特权那根深蒂固，且需要被摧毁的等级制；而卢梭却倾向于认为社会历经漫长时间的发展，由习惯和规矩的精妙平衡构成。他更乐于强调习俗的极端脆弱性，这些习俗能够轻易被扰乱，且一旦被扰乱便不能被轻易修复。社会改革必须高度关注其所处的语境（context），而在政治中语境便意味着一切。引入剧院也许是出于最好的意图，但我们却无法预测这一创新或其他创新可能具有的后果："何况公众的舆论不仅难于控制，而且它本身又是活动多变的，许许多多偶然的事件和千百种未曾预料到的情况都能对它起到强力和理性不能起的作用；更确切地说，正是因为事出偶然，所以政府才无能为力；如同掷骰子，不论你怎么使劲掷，你都不可能使你转到你所希望的点数。"（305）如卢梭引证的骰子和赌博等意象所表明的，人生是一番充满风险的事业。

因此，立法者的任务并不是作为一位社会改革者，而是作为一名具备公共意识的意见守护者来行事，他知道何种实践和制度能够保持目前的主流情感，何种实践和制度又会摧毁它。在这一背景下，卢梭对小圈子（cercles）加以称赞，日内瓦人正是在这种小型俱乐部和公民组织中聚餐、议政、畅饮、闲话和打牌的（323—332）。在《社会契约论》中，他曾出色地谴责了中介组织和任何可能阻碍公意出现的其他组织，但在《信》中，他称赞此类以促进合作和社交为目标，具有公共精神的团体。此类单纯由公民组成的团体是公共道德最可靠的守护者。也许在《社会契约论》中的最优政体中，公民们并不需要此类团体来监督他们的行为，但在现实世界中，我们高度依赖他人的意见来坚持好习惯并抑制坏习惯。日内瓦的小圈子所起到的功能，同柏克所谓家族中的"小团体"或托克维尔的市民结社相同，没有了它们社会便不能运作。[1]

---

[1] 关于对此的卓越讨论，见 Eileen Hunt Botting, *Family Feuds: Wollstonecraft, Burke, Rousseau and the Transformation of the Family* (Albany: SUNY Press, 2006)。

卢梭赞扬此类小圈子，称它们所起到的功能同古罗马的审查机构相同，因为没有人能够逃离它的注视。"因为怕遭到这些严厉观察者的谴责，有多少人不敢做坏事啊？"卢梭反问道（329）。在某个体现了他的政治现实主义的段落中，他表明所有制度都会被滥用，而政治的问题并非在于如何衡量绝对的正确和错误，而是在于如何衡量相对的善和恶："因此，我们应当大力保护这些小圈子，甚至连它们的缺点也加以保留。因为这些缺点的产生，其原因不在小圈子，而在于参加小圈子的人。在社会生活中，我们还想象不出什么形式的社团不产生这些缺点。这些缺点如果发生在其他形式的社团中，说不定其后果还更严重呢。再说一次：十全十美的事物是根本不存在的，我们只能根据人的天性和社会的制度把事情办得尽可能好。"（332）

道德和艺术

《信》中最令人记忆深刻的部分是卢梭对戏剧的道德影响的分析。卢梭并不是关注抽象意义上戏剧和艺术的影响，而是具体地讨论其对日内瓦城的影响。以下这一点他已在"论文一"中强调过：根据所考察的社会类型不同，艺术和科学将会有不同影响。在如伦敦或巴黎这样的都会城市中有益的东西，在外省的日内瓦或许会有相反的后果。简言之，一切都取决于民族所处的语境以及民族的特质。《信》完全可以被认为是对政治中非意致后果的危险性的研究。

卢梭同意，戏剧就其本身而言也许不过是一种无害的娱乐形式。所有民族都需要娱乐，而日内瓦人同其他民族并无不同。

但是可能的后果都得到充分的考察了吗？一座剧院会增加一个民族的预算，而卢梭抱怨，此类支出将以不公平的比例落在穷人身上。关于建造一座剧院所将带来的经济后果，可参照今天关于赌场的争论。剧院将成为磁铁，尤其吸引那些最不能承担起戏剧费用的人，从而导致不平等加剧（297，334-335）。卢梭再次表示，在某些语境下此类不平等将难以被察觉，而在另外一些语境下它们将带来腐蚀性的后果。再者，在剧院里消磨时光便意味着工作的时间减少。奢侈的增加将意味着贸易的衰落。而如果这些缺陷还不够的话，剧院还会需要其他的辅助服务。为了让剧院在坏天气也能开门营业，道路必须全天候通行无阻，从而导致税收增加。

在此处，卢梭表明，自己对戏剧给不同礼仪和风俗的不同民族所造成的影响高度敏感。并不存在对所有人都永远正当的制度。在特定情况下一座剧院的出现也许有着可接受的，甚至是有益的影响："在某些地方，它［戏剧］可能是有益的，例如，它可以吸引外地人，可以加速货币的流通，可以刺激艺术家的创作，可以改变衣着的样式，使那些过于富有或希望富有的人到剧院去消磨时间，从而少干坏事；戏剧还可以化忧解愁，使人们在看剧中丑角的滑稽表演时忘记心中的烦恼；在道德败坏的地方，戏剧可维系和净化风尚，用五花八门的表演来掩饰罪恶的丑行；一言以蔽之，戏剧可劝诫那些行为不端的人少去干偷盗抢劫的坏事。"（298）

而在其他地方——例如日内瓦——同样的制度或许会有彻底不同的后果："在另外一些地方，它［戏剧］将使人们丧失劳动的热情，不愿意勤奋工作，变成喜欢游手好闲的二流子，向往过不劳而获的生活，对他们应当关心的公众之事和家中之事一概不过问，而且嘲笑好人，把舞台上那些乱七八糟的表演说成是好的德行，把道德看作空论，使好好的公民变成油腔滑调的人，使已为人母的女人成天打扮得像个小媳妇，使未出嫁的姑娘变成戏剧中的那种招蜂引蝶的俏丫头。"（298）

卢梭的锐利词锋直接针对的是他认为人们通过艺术培养起来的自我欺骗。戏剧影响我们对他人感同身受和主动表达同情的能力。我们经常将前往剧院视为一项社交活动，但实际情况恰恰相反。"有些人以为一进了剧场，彼此就亲近了。然而，恰恰相反，"卢梭写道，"人一进了剧场，就会忘记他的朋友，就会忘记他的邻人和亲人，只对剧中瞎编的情节感兴趣。"（262）戏剧作品通常因其能够扩展我们假想的同情而受到称赞。戏剧的辩护者们主张，戏剧以及其他表演形式让我们成为更好的人。通过以想象的方式设身处地，我们学会对素昧平生的人抱有同情。但事实上，情况恰恰相反。卢梭是首位对所谓"同情心疲劳"加以分析的人。戏剧作品耗尽了我们感同身受的能力。我们对舞台上或电影屏幕上的人物投入的同情心越多，对那些实际生活在我们周围的人所抱有的同情心便越少。我们对舞台上一位悲剧英雄加以认同的能力，会催生一种旁观者的沾沾自喜和自我满足，使我们不能够尽到对他人应尽的责任。结果非但没让观众行善，还使观众自建藩篱，孤芳自赏。"事情的确如此，"卢梭问道，"一个人到剧院去，是为了看戏中的精彩表演的，在他已经为戏中人物的不幸遭遇流了眼泪之后，我们还能要求他什么呢？他对他本人不是已经很满意了吗？他不是对他有一颗美好的心灵深感庆幸了吗？"（269）与教导我们如何同情他人相反，戏剧最终教导我们的是如何自鸣得意。

而戏剧最令卢梭困扰的是，它是某种形式的虚假和欺骗。

此处他延续了柏拉图对诗的批判,在《理想国》中,柏拉图称诗是一种拟态或模仿。模仿是一种形式的欺骗。演员们擅长展示那些他们并没有体会到的激情。"演员的才能表现在哪里呢?"他问道,"他的才能表现在惟妙惟肖地表演另外一个人,表演一个与他自己的面目完全不同的面目;他表面上慷慨激昂,但心里却十分冷静,要像真的是说自己想说的话那样说别人的话,总之,他要完全忘记自己而表现他人。"(309)

戏剧的问题在于,它鼓励一种关于欺骗、表里不一和不诚实的文化,一种扮演不是其所是的东西的文化,进一步加深了"看起来是"和"是"之间的沟壑。我们的情感不再是我们自己的了,而是被对特定戏剧或文学典范的体验所过滤。而结果便是原创性和刚强独立的丧失。卢梭批判的核心在于他认为,当只有较少的消遣之事激起人们的想象力时,人们才处于最好的状态。为了证明他的观点,卢梭以假想的方式比较了巴黎生活的熙熙攘攘和外省城镇生活"悠游自得、不慌不忙的样子"。在首都中"看一切事物都看表面,因为他们没有工夫事事都深入研究",而在城镇中才能出现真正的原创性甚至天才。绝大多数创造和发现来自外省,且因为那儿的人们较少相互依赖,所有人都有机会发展自身的天赋:"居住在小城市里的人,当然是比居住在首都的人的活动少的;他们的欲望虽比较少,物质需要也没有那么紧迫,但他们有更多的天才、创新精神与新的见解。在小城市,没有什么可模仿的样板,每个人都只能按自己的风格创造,把自己的想法表现在作品里。在小城市,人的眼界虽没有那么开阔,但受庸俗之见的束缚也较少,每个人都只好静静地独立思考,对自己的作品不断地加以改进,使之精益求精。他们的所见虽少,但脑筋的活动都较多,再加上生活的节奏没

有那么紧迫,所以可以从容思考,更好地发挥自己的才能。"(295)

最重要的是,卢梭警告戏剧会给两性关系带来影响。"你想了解男人吗?"卢梭问道,"那就先观察女人。"(311)他认为,没有女人不想戴着珠宝、穿着时装、戴着假发和其他奢侈品去剧院。剧院、艺术画廊以及其他类似场所是为那些想要与众不同的人设计的,他们试图从人群中脱颖而出,并且愿意为此付出代价,对女人来说尤其如此。大都市中的戏剧也许是一种无害的消遣模式,但在日内瓦这样的小城中,它是不平等和败坏的化身。女人的败坏也许是戏剧造成的最危险的后果。

戏剧在——黑暗中坐在一起的——男女之间强加了一种亲密关系,这一亲密关系促成了健康的性别分化的瓦解。卢梭赞扬了日内瓦的习俗惯于维持男女之间所谓"有别但平等"的地位。正如斯巴达一样,日内瓦的女人通过树立贞洁、谦逊、关心丈夫孩子的典范来进行统治,尽管这种统治是间接的。而亲密相处时间延长的结果是男女之间更为相似,更加能够在功能上进行互换。这对于由女人操办的巴黎沙龙来说尤其成立。坐在沙龙中,男人和女人实际上互相表现出对方的习性。"而我们,"卢梭对男人评论道,"我们的情况恰恰相反,我们却拜倒在石榴裙下,百般讨好处处受我们保护的女人;我们表面上听她们使唤,而骨子里却轻视她们;表面上对她们笑脸相迎,暗地里却侮辱她们。每一个巴黎的女人都在她的家中有一群比她本人更女人相的男人。"(326)

不仅男人变得更加女性化,女人也变得更加男性化了。卢梭认为,女人的自然德性是谦逊。古代人通过让戏剧和公众演说中的女人保持一种令人尊重的沉默形象来赞美这一德性。当

第 9 章 卢梭的反启蒙:《致达朗贝尔的信》

修昔底德借伯利克里之口,在著名的葬礼演说中为战争遗孀提出自己的建议时,就把握住了个中要素。"你们的伟大荣耀,"他说道,"就是丝毫不失女性本色;妇女的最伟大的荣耀就是极少成为男人们的谈资,不论他们谈论你们的优点还是缺点。"[①] 然而对我们现代人来说,情况恰恰相反:"最引人注目的女人,是流言蜚语最多的女人,是最招人议论的女人;她到处都风头十足,她家中经常是高朋满座,她一说话便一锤定音,她评论一切,指指点点,以权威自居;男人们有多大的才能和有多高的道德修养与该占据什么位置,全由她说了算;谦逊的学者们都卑躬屈膝地向她乞求恩宠……尽管她们什么都不懂,但她们无论对什么事情都要发表一番议论。"(286)

卢梭对戏剧和演员之道德影响的关注决非仅是个例。在《信》写就的半个世纪以后,简·奥斯汀写了一部名为《曼斯菲尔德庄园》的小说,而戏剧演出便是这一小说的中心。曼斯菲尔德庄园是一个完美自足的共同体——非常像卢梭《新爱洛伊丝》中的克拉朗(Clarens)——而戏剧的引入则是不和谐与败坏的预兆。当家族的主人托马斯·贝特伦爵士离开庄园后,他的夫人、孩子以及某些新来的伦敦访客引入了这类戏剧表演,将其作为一种排解乡村生活之无聊的方式。这里涉及的戏剧是《山盟海誓》(Lover's Vows),是以德国剧作家奥古斯都·冯·库策布(August von Kutzeube)关于私通和私生子的作品为基础的。只有埃德蒙和芬妮·普莱斯(托马斯爵士的侄女,本书的女主人公)予以抵抗,但最终甚至连埃德蒙也屈服了,而这表明他为了扮演角色而放弃了真正的自我。只有芬

[①] Thucydides, *The Peloponnesian War*, the Crawley translation (New York: Modern Library, 1982), II.45.

妮仍有真正的判断力和清醒的目光,坚持到托马斯爵士再次出现在庄园内并重新确立了家长权威。芬妮·普莱斯也许不是简·奥斯汀笔下最受欢迎的女主人公之一,但她绝对是一位合于卢梭心意的女性——谦逊,安静,沉默到顽固的地步,并且是传统价值的护卫者。我认为她将是奥斯汀所有小说的人物中卢梭最为赞赏的人物。

作为立法者的卢梭

在一篇题为"卢梭的权威形象"的经典文章中,朱迪丝·施克莱(Judith Shklar)讨论了卢梭笔下那些伟大权威的形象。[1] 第一个并且最突出的形象是《社会契约论》中的立法者。卢梭称这一形象为"一个能通达人类的种种感情而自己又不受任何一种感情影响的最高的智慧"。这样的一个人能够仅通过人格力量来形塑众意。在某一著名的段落中,卢梭形容他"不讲一番大道理也能说服人",能够通过塑造整个民族来"改变人的天性"。[2] 第二个形象是《爱弥儿》中的教师。爱弥儿的教师从学生最开始的童年时代,一直到他的第一个孩子出生,一直引导着他的人生。他是空降之神(deus ex machina),表面看起来袖手旁观,实际能够安排好爱弥儿生活的方方面面。最后则是《新爱洛伊丝》中的人物沃尔玛男爵(Baron Wolmar)。沃尔玛

---

[1] Judith Shklar, "Rousseau's Images of Authority," in *Hobbes and Rousseau: A Collection of Critical Essays,* ed. Maurice Cranston and Richard S. Peters (Garden City, NY: Doubleday, 1972), 333–365.

[2] Jean-Jacques Rousseau, *Of the Social Contract,* in *The Social Contract and Other Later Political Writings,* ed. Victor Gourevitch (Cambridge: Cambridge University Press, 1997), II.7.

是一个神一般完美的形象，是克拉朗广阔庄园背后的隐秘之手，在这一庄园里朱丽和圣普乐能够进行他们那天真的消遣。同立法者一样，沃尔玛因缺乏一切激情而与众不同——他是一位冷血的无神论者——而只拥有对秩序、规律性、安全和公平的渴望。

当然，卢梭作品中还有另外一个权威形象，也就是卢梭本人。卢梭不仅对自己的作品行使权威，他还是一位进行实践的立法者。波兰贵族成员曾与他接触，让他为他们的国家撰写宪法。他同样为科西嘉撰写了一部立宪计划，在《社会契约论》中他曾称科西嘉是"在欧洲遗留的唯一一个可以为之立法的国家"[①]。并且他在"论文二"的献词以及《致达朗贝尔的信》中最直接地担任了他的城市日内瓦的立法者。他并非以欧洲文人共和国中作者的身份写《信》，而是以日内瓦公民（the Citoyen de Genève）的身份写作。这是他最具公共精神的著作。

卢梭总是将希腊的小型自由城邦以及罗马共和国作为治国术的典范。他所举的关于戏剧的正面例子来自希腊人。卢梭将现代戏剧的黑暗与排他性同古代人的露天节日相对照。对希腊人来说，戏剧是一种公众庆祝的形式："在露天场所对全国人民演出的那些壮观的戏剧场面，表现的都是如何与敌人搏斗，如何战胜敌人和最后获得奖励与其他足以激励希腊人去奋勇争先并誓夺荣誉的故事。"（308）

希腊的戏剧可以是有益的，因为它庆祝了这个民族历史中最严肃、最神圣的时刻。戏剧是爱国情感的一种表达；它的目的并非嘲弄，而是教育："古代的雅典人口无疑比今天的日内瓦城里的人多许多倍；这个古代的城市给我们提供了一个令人吃

[①] Rousseau, *The Social Contract*, II.10.

惊的例子：以何种罪名对几个大人物处以流刑和对苏格拉底处以死刑，当时的雅典人首先就是从戏剧入手策划的。正是由于戏剧的暴力性，所以雅典才会覆亡；它的灾难充分证明了梭伦在雅典开头几次上演德士庇斯（Thespis）的戏剧时所感到的忧虑。对我们日内瓦来说，如果我们的公民各个都变成才子，成天忙于用法文作诗作歌和写戏剧（其实我们根本就没有而且永远也不会有这种才能），那就可以预言共和国的前途凶多吉少了。"（340）

古代戏剧和现代戏剧的区别在于，对古代人来说，整个民族都参与其中，而对现代人来说，戏剧和艺术已成为进一步加剧不平等的精英活动。希腊的戏剧是公共节日，非常类似于卢梭在《新爱洛伊丝》中所描述的葡萄丰收节。[①] "在一个共和国里，就应当没有娱乐活动了吗？"他自问自答，"不，恰恰相反应当有很多。它们正是在共和国中诞生的；在共和国的怀抱里，它们洋溢着一种真正的节日气氛……你们只有集合在广场上，集合在露天场所，才能感到幸福的甜蜜。你们的娱乐既不应是柔弱的，又不能以营利为目的；不能让任何令人感到压抑和追求个人利益的东西来毒害它欢乐的气氛。它应当像你们这样自由和豪放。但愿太阳的光辉照耀你们天真无邪的娱乐活动。你们自己将创造一项娱乐活动，而这将是太阳照耀下最珍贵的事物。"（343-344）卢梭将乐于见到如骑马、划船以及击剑等日内瓦本土活动成为公共景观，并且公民成为这些活动的积极参与者，而非消极的观众。

卢梭建立公共节日的计划——在他为波兰设计的宪法中占

[①] Jean-Jacques *Rousseau, Julie or the New Heloise,* trans. Philip Stewart and Jean Vaché (Hanover, NH: University Press of New England, 1997), 492-499.

有突出地位——是他最具影响力的想法之一。不妨回忆一下法国大革命中此类节日所起的作用。在《波兰政府论》(Considerations on the Government of Poland)中,卢梭就当今的立法者如何建立意见统治(the reign of opinion)给出了建议,在他看来任何国家都建立在意见统治之上。在《波兰政府论》的第二章中,他首先对比了古代和现代的立法体系,并注意到在现代国家中"会起草法律条文的人多得很,但真正称得上是'立法者'的人,却一个也没有"。在古代的立法者中,他指出有三个人——摩西、吕库古,以及努马——是现代人最需要向之学习的。他对摩西的评论尤其值得注意。同马基雅维利与斯宾诺莎笔下的摩西相似,卢梭的摩西几乎完全是个世俗人物,仅仅凭借意志创造了一个民族。在这里,卢梭观察到摩西是如何竟然能从"贫无立锥之地"且作为"地球上的无家可归之人"的流浪民族中造出一个"国家团体"。摩西通过制定一套法律和仪式实践,成功将犹太人与所有其他民族分离开来,创造了在数个世纪的流亡之后仍旧存在的仪式纽带:"这个一再被他人征服,经常四分五散,而且在表面上看来已被摧毁但骨子里却始终热爱自己的规章制度的独特民族,一直到今天,虽散处其他各国,却没有与其他民族混同;尽管受到他人的歧视与迫害,但他们的风俗习惯、法律与敬拜神灵的仪式却一直与世长存。"[1]

卢梭相信,犹太人的例子堪当波兰人的典范。波兰人也许没有散落各地,但他们生活在俄国的霸权之下,生活在他们强大的东方邻居之下。卢梭问道,在波兰人发现自己不能行使政治主权的情况下,他们又如何能够保持自由呢?"一个民族的才

---

[1] Rousseau, *Considerations on the Government of Poland*, in *The Social Contract and Other Later Political Writings*, 180.

能、性格、品味和道德，"他写道，"是由各种国家制度塑造的，是制度使这一民族成为自身，而不成为另外一个民族。"[1] 只有通过为民族赋予他们自己的国家制度，立法者才能够"将他们的灵魂提升到可比古人的程度"。在卢梭推荐的各种实践中，最重要的便是提供一种通行的教育模式。所有活动，尤其包括戏剧在内，都要在公众场合并且在警惕的护卫者的注视下进行。应当采纳独特样式的民族服装以促进独立精神（"使每一个波兰人都不敢穿着法国人的服装出现在宫廷中"）。应当创造充满荣誉和公共奖励的各种仪式，以奖励那些——例如巴尔联盟（the Confederation of Bar）中的那些——在民族独立事业中牺牲的波兰人。必须支持民族性的体育运动和比赛，而不得鼓励如戏剧和歌剧这样的宫廷娱乐。卢梭称，骑术以及枪支的使用合于波兰人的性格并且易于获得"炫目的景观"。对立法者来说，所有这些创造"民族面貌"的活动都是必须的，因为"民族面貌"将把波兰人同所有其他民族区别开来。[2]

在《信》接近末尾的地方，卢梭用一个冗长的脚注讨论了这种公共景观的理想形式，在其中他回忆了他童年时的——暂不论其是否杜撰——一起事件。在此处，他记起一起醉酒士兵间的大吵大嚷是如何变成了一场庆祝共同体德性和爱国精神的盛宴：

> 我记得我童年时候看过一次大会表演，其情节虽相当简单，但使我深受感动，它给我留下的印象，至今还保存在我的脑海里，没有因为时过境迁而忘记。圣热尔维团进行操练之后，照历来的惯例是按连队分开聚餐。各连队

---

[1] Rousseau, *Government of Poland*, 183.
[2] Rousseau, *Government of Poland*, 184–186.

的人大部分在饭后都聚集在圣热尔维广场,官兵都一起围着一个喷泉跳舞。喷泉水池的四周是鼓手、笛手和火炬手。有一个连队的人因吃饭吃了很久,高兴得忘乎所以,以至使他们跳的舞好像没有什么有趣的花样给大家看。正在这时,呼啦一声有五六百个身着制服的人手牵着手,排成一列长队,很有节奏地弯来绕去跳舞,他们跳出的花样之多,简直使人目不暇接;边舞边唱的歌声、咚咚的鼓声和火炬的闪光,与他们的舞蹈配合得十分密切。在他们的欢乐声中展现出雄壮的军人风采,其情绪之高昂和热烈,无论何人看了都不能不心潮澎湃。……我的父亲在拥抱我的时候,甚至激动得全身发抖。"让-雅克,"他对我说道,"你要爱你的国家,你看这些善良的日内瓦人,他们都亲如兄弟和朋友,心中都充满了欢乐与和睦的情谊。你是日内瓦人,你将来会看到许多其他民族的人。不过,即使你像你的父亲这样走遍天下,你也见不到一个像他们这样好的人。"(351)

在这儿我们发现,所有卢梭最爱的主题全部被凝聚在一幅画面中:事件的军事性,伴随了音乐和舞蹈的最初的进餐,身着制服、忠心报国的男人们的出席,父亲形象的出现,以及庆典所创造的临时的平等感。卢梭似乎想说:难道还有人能够要求更多吗?

古或今?

卢梭对戏剧的批判在今天也许看起来是古怪的,甚至是可笑的，但它预示了一股现代思想中深刻塑造了反启蒙运动的重要思潮——民族主义观念。当卢梭攻击戏剧时，他也是在攻击启蒙运动中以艺术和文学的自由发展为代表的世界主义。卢梭在文人共和国的发展中发现了一种对民族的排他性和特殊性精神充满敌意的新世界主义。他对他所处时代的世界主义文明的攻击，为19世纪以及20世纪的民族宗教铺平了道路。他对不同民族——波兰人，瑞士人，科西嘉人——原生文化的呼吁基于各民族迥异的语言、风俗、习惯和习俗之上，这让他成了民族自决理想的先知，而民族自决的理想在现代思想中占据重要地位。

人们经常认为，卢梭对民族主义和爱国主义情感的呼吁，代表了以古代小城邦的名义对现代性的拒绝。这就是对卢梭的自由主义批判的基础，从本杰明·贡斯当到以赛亚·伯林，他们称卢梭支持一种新的部落主义，其最终要为20世纪的集体主义僭政负责。[1] 并没有多少证据支持这种主张，但更重要的是，这种主张没能抓住卢梭的意图。卢梭对现代文人共和国的批判是以民族的名义进行的。民族主义是一种特别的现代现象，其诞生并不早于18世纪晚期。当然，自古以来就有由语言、祖先和领土划分的各民族，但过去此类划分从未与政治上的划分相一致。帝国或国家并非在语言或文化上同质的组群，而是在法律或领土上同质的组群。政治单元通常比民族单元更小，例如

---

[1] Benjamin Constant, "The Spirit of Conquest and Usurpation and Their Relation to European Civilization," in *Political Writings,* ed. Biancamaria Fontana (Cambridge: Cambridge University Press, 1988), 106："我认为，《社会契约论》所具有的微妙的形而上学，在今日只能充当一切僭政的武器和借口，不论是一个人的，少数人的，还是多数人的僭政，也不论僭政是以法律形式组织，还是通过大众暴力实现。"另见 Isaiah Berlin, "Two Concepts of Liberty," in *Liberty,* ed. Henry Hardy (Oxford: Oxford University Press, 2002), 208–210。

希腊城邦,或比民族单元更大,例如哈布斯堡或神圣罗马帝国那种大型多民族帝国。民族的新观念改变了所有这一切。卢梭使人相信,民族组群应当和政治组群同一。[1]

卢梭是所谓"民族-国家"这一怪异混合物——首次出现在政治史中——的理论家。民族国家被认为是城邦和帝国之间可被接受的中间物,而这两者先前曾是政治组织的主导形式。如何将一个民族(nation),或者说人民,与一个国家(state),或者说一个政治组织相结合?为了完成这种统一,人民将要被磨平他们先前神学的、种族的和部族的身份,并被转变成一个行使立法权利的民族。卢梭在《社会契约论》中认为,只有以集体身份存在的人民——而非国王或立法团体——才是有主权的。民族将不再仅是随着时间推移获得一定共同特征的人的集合;它将是一个主权存在于其中的人格团体。成为朗格多克、皮卡第或普罗旺斯的公民并不足够;人必须成为一位法国公民。"民族是什么?"西耶斯神父(Abbé Sieyès)曾经问道,"是生活在一部共同的法律之下,并由同一个立法机构代表的联合体。"[2]这一定义成功地将民族的自决主张同国家的政治统一结合了起来。民族是能够代表国家或为国家选举代表的团体。"除了一些值得注意的例外,"罗伯特·沃克勒(Robert Wokler)曾写道,"现代国家就其本质而言都是民族国家,其民族性要从政治上界定,而政治权力则用来表达民族意志。"[3] 自 18 世纪以

---

[1] 关于作为民族主义的先驱者的卢梭,见 Alfred Cobban, *Rousseau and the Modern State* (London: Archon Books, 1964), 99–125; Anne M. Cohler, *Rousseau and Nationalism* (New York: Basic Books, 1970)。

[2] Emmanuel Joseph Sieyès, "What Is the Third Estate?" in *Political Writings*, trans. Michael Sonenscher (Indianapolis: Hackett, 2003), 97.

[3] Robert Wokler, "The Enlightenment and the French Revolutionary Birth Pangs of Modernity," in *Rousseau, The Age of Enlightenment, and Their Legacies*, ed. Bryan Garsten (Princeton: Princeton University Press, 2012), 197.

来——法国大革命显著地推动了这一进程——出现的这种政治形态，被称为民主共和国。

卢梭也许会被人称为民族国家的创造者，然而，他对新事物的创造始于对旧事物的回归，如果不是回归到古代文学，就是回归到古代精神。他的爱国主义和对国家的热爱，其典范完全来自希腊罗马世界。他所赞赏的——或他说自己所赞赏的——是自我牺牲精神，这种精神体现在对法律、政制以及军事胜利的热爱中，后者是古代斯巴达的典型特征。他的公民典范取自普鲁塔克所述的斯巴达妇女的著名故事："有一个斯巴达妇女的五个儿子都在军队里，她等待着战事的消息。一个奴隶来了，她战栗地问他战事的消息。'你的五个儿子都战死了。''贱奴，谁问你这个？''我们赢得了胜利！'于是，这位母亲便跑到庙中去感谢神灵。"①

卢梭对斯巴达妇女的例子的运用，似乎支持了贡斯当和伯林的看法，即卢梭的政治学极度反现代。然而对卢梭来说，此类斯巴达式的自我献身或许是英雄主义的，尽管这不再适用于现代，他相信，人的行为方式如今已变得更温和绅士，人如今也不再仅是公民，而是资产阶级。斯巴达也许是一种理想，但这个理想已然无法挽回地丢失了。诚然，将人类曾经的样子作为榜样加以铭记很重要，但作为追求的目标，它实践上已不再可实现，甚至并不值得欲求。它完全超出了我们的能力范围。

卢梭以民族观念的名义向启蒙运动提出抗议，他设想民族观念同文化的广泛多样性相类似，各自有其独特精神。他帮忙培植了这样的观念：一个民族的精神是其历史及社会、经济和

---

① Rousseau, *Emile or On Education,* trans. Allan Bloom (New York: Basic Books, 1979), 40.

政治因素的产物，它们共同使得一个民族是其所是。根据这种观点，人是一种没有本质的存在，是一种只有历史的存在，人性便是它让自身所成为的东西，或是将要成为的东西。正是人类本质的可塑性解释了我们道德和政治的多样性。正如在许多其他方面一样，在这一方面孟德斯鸠乃是卢梭真正的先行者，他的**民族的总体精神**（*l'esprit générale d'une nation*）是通常所认为的自由多元主义的基础。①

卢梭认为民族主义相较启蒙运动的世界主义相比具有更高的尊严。他所抗议的并非真正的世界主义，后者乃是一种罕见而珍贵的事物；相反，他是抗议一种虚假的世界主义，他警告道，这种世界主义预示了一种新个体，一种真正的新人类，即他首次分离出来并将其定义为资产阶级的个体。② 诚然，卢梭并没有创造"资产阶级"这一术语，但正是他赋予了其突出地位。虽然他并没有准确地定义该术语，但没过多久，资产阶级就被视为趋炎附势之人、假仁假义之人以及庸俗市侩之人，这种人想要在剧院中抛头露面，但帷幕拉开后却迅速昏昏入睡。正如卢梭对这一术语所理解的那样，资产阶级是启蒙运动的产物，尽管存在民族差异，但说到法国、英国、德国或美国的资产阶级时，他们没有什么不同。我们将变得拥有共同的品位、共同的娱乐以及共同的情感。"不管人们怎么说，我认为，"卢梭写道，"今天已经没有法国人、德国人、西班牙人和英国人，而只有欧洲人了。大家的品味相同，激情相同，道德风俗也相同；没有任何一个国家的人民具有由某种特有的制度熏陶而形成的

---

① 见 Isaiah Berlin, "Montesquieu," in *Against the Current: Essays in the History of Ideas*, ed. Henry Hardy (New York: Viking Press, 1980), 130—161。
② Karl Löwith, *From Hegel to Nietzsche: The Revolution in Nineteenth-Century Thought*, trans. David E. Green (New York: Doubleday, 1967), 232—237。

民族特性。"①

卢梭往往把资产阶级的世界主义和公民的排他性进行比较。公民由一股强大的归属感驱动，隶属于某一民族；而资产阶级能够四海为家。公民的伦理是对国家的爱，而资产阶级的伦理则是对人的爱。"爱国精神是一种排他性的精神，"卢梭在致莱昂哈德·乌斯特里（Leonhard Usteri）的一封信中写道，"它让我们把除了自己公民同胞以外的人当作陌生人，且几乎作为敌人来看待。"② 公民的真正语言——忠诚、自我牺牲以及德性——对现在的公民来说是陌生的。卢梭知道，现代将是资产阶级的时代；唯一的问题在于，这个时代将采取何种形式。对这种特定形式的个人的不满，将构成下个世纪欧洲社会政治思想的基础。从康德和黑格尔，到托克维尔和马克思，再到密尔和尼采，卢梭之后所有的伟大思想家都将处理这个问题，处理这个卢梭所遗赠的问题。

---

① Rousseau, *Government of Poland,* 184.
② 引自 Cobban, *Rousseau and the Modern State,* 116。

第 10 章

托克维尔的美国

> 一旦我们知道自己身居**何位**,心之**何所向**,我们就能更好地判断要做**何事**,以及**如何**去做。[1]
>
> ——亚伯拉罕·林肯

托克维尔是法国大革命后首位将卢梭对启蒙的批判运用在现代民主制状况之上的伟大思想家。根据托克维尔自己的解释,卢梭是三位决定性地塑造了他的思想的作者之一,另外两位是帕斯卡和孟德斯鸠。[2] 乍一看,这两人之间的关系并不明显:卢梭预言了革命时代,而托克维尔则希望终结它。我们已经见到,卢梭在写作中同时赞美古代和现代的小型共和国,包括斯巴达、早期罗马以及近代日内瓦。托克维尔则将他的注意力集中到现代美国上,这是一个发散的大型中产阶级民主政体。卢梭褒扬共和国是自我牺牲式的服从的发源地,即个人利益对共同体公

---

[1] 引自 Abraham Lincoln, "House Divided Speech," in *The Writings of Abraham Lincoln,* ed. Steven B. Smith (New Haven: Yale University Press, 2012), 126。

[2] 关于卢梭对托克维尔的影响,见 "Editor's Introduction," in *Democracy in America,* trans. Harvey C. Mansfield and Delba Winthrop (Chicago: University of Chicago Press, 2000), xxxvi–xxxix;之后相关的引用均将以卷、篇、章、页码的形式在括号中标出。

共福祉的服从。托克维尔则强调个人主义、物质主义以及"正确理解的自我利益"伦理是现代资产阶级民主政体的典型特征。卢梭——至少是写作《社会契约论》的卢梭——斥责将个人和公意分离开来的"中介团体",而托克维尔则成为近代民主政体关键的"市民结社"的伟大使徒,在他看来公共精神正是从市民结社这个摇篮中发展起来的。①

尽管卢梭和托克维尔有着显著的差异,但二者都是一个新时代的先知。正如弗朗索瓦丝·梅洛尼奥(Françoise Mélonio)所认为的那样,托克维尔首先是一位民主政体的先知,位于"始于卢梭的典型法国先知队列之中"。② 当托克维尔在《论美国的民主》的绪论中写下"一个全新的社会,要有一门新的政治科学"时,他完全有可能在思索卢梭在《社会契约论》中的评论,即"一切合法的政府都是共和制的"。③ 托克维尔认识到现代政治科学将必然是关于民主制的科学。他用一以贯之的明确性所提出的问题是:将来的民主政体将会是什么样子?它是否会像其在美国一样和平而温和,还是像它在欧洲一样无序且混沌?它是否会提供一种向有天赋之人开放的自由与平等,抑或它会变得暴虐且怀疑一切差异?这些问题是现代的伟大革命所没有解决的问题,而托克维尔希望为其提供答案。

---

① 为这一观点的广泛传播做出最大贡献的人是罗伯特·帕特南,见 Robert Putnam, *Bowling Alone: The Collapse and Revival of American Community* (New York: Simon and Schuster, 2000)。
② Françoise Mélonio, *Tocqueville and the French,* trans. Beth G. Raps (Charlottesville: University of Virginia Press, 1998), 5.
③ Jean-Jacques Rousseau, *Of the Social Contract,* in *The Social Contract and Other Later Political Writings,* ed. Victor Gourevitch (Cambridge: Cambridge University Press, 1997), II, 6.

托克维尔的母题

《论美国的民主》是哪种书？甚至说，称其为一本书是完全准确的吗？借用以赛亚·伯林的著名说法，它的作者究竟是刺猬还是狐狸，是怀着宏大理念的人，还是怀着许多支离破碎的小观念的人？这一简单的问题背后隐藏着许多难题。众所周知，这一著作分为两卷，前后相距五年出版。整部书没有一处不出现一针见血的概括或启发性的提要（aperçu）。虽然托克维尔为两卷书采用了同一标题，并且它们如今——至少在英文版中——被编为一整卷，但研究托克维尔的学者经常将其分开称为《民主 I》和《民主 II》，两者分别于 1835 年和 1840 年出版。[1]

让上述难题进一步复杂化的，是两卷书中所处理的广泛话题，从第一卷中的历史主题，例如美国民主制的清教起源、美国宪法的联邦特征以及住在新大陆上的三类人种，到第二卷中民主制对其公民智识、道德和心理生活的影响都涵盖在内。简言之，人们可以说《民主 I》处理的是美国民主制的社会结构和政治制度，而《民主 II》处理的是民主制度下的文化生活，以及民主制和贵族制作为两种根本不同的政体类型所具有的基本区别。

在美国，托克维尔的典型形象是一位年轻的法国贵族——他和自己的朋友古斯达夫·德·博蒙（Gustave de Beaumont）一起，来到美国研究监狱制度，然后发现自己在与新世界的十

---

[1] 关于是存在一个托克维尔还是两个托克维尔的辩论，可追溯至 Seymour Drescher, "Tocqueville's Two *Démocraties,*" *Journal of the History of Ideas* 25 (1964): 201–216；关于这个话题的评论，见 James T. Schleifer, *The Making of Tocqueville's "Democracy in America"* (Chapel Hill: University of North Carolina Press, 1980); Jean-Claude Lamberti, *Tocqueville and the Two Democracies,* trans. Arthur Goldhammer (Cambridge, MA: Harvard University Press, 1989)。

个月的接触中彻底被转变。这同事实相差甚远。关于《论美国的民主》的想法,即这一著作的雏形,可以说早在托克维尔踏上前往美国的轮船之前便已孕育许久了。在《民主 I》出版前夕致路易·德·凯戈莱(Louis de Kergolay)的一封信中,托克维尔写道:

> 我之所以决定撰写这部即将出版的著作,并非没有经过仔细的思索。我并不隐瞒自己立场的令人苦恼之处:它肯定不会得到任何人的积极支持。有人将会发现,从心底里说我并不喜欢民主,而且我对民主态度严厉;另一些人则会认为,我是在很不明智地推动民主之发展。如果没有人读这本书,那对我而言真是幸运之至,而且它很可能的确会有这样的好运气。这些我都知道,但下面这句话是我的回答:近十年以来,我一直在思考我即将发表的著作中的部分问题。在美国,我对这些问题的看法只是更清晰了。监狱制度只是个引子。①

如果人们稍加计算,就会发现托克维尔关于此书的想法——事实上这一想法将成为托克维尔毕生的事业——早在 1825 年便已开始构思了,当时作者年仅二十岁左右,同今天的大学本科生同龄。托克维尔远非因为同民主制的接触而发生转变,与之相反,他来到美国去见证他已然怀疑的事物。这种怀疑在他致约翰·斯图尔特·密尔的一封信中得到证实,在信中

---

① Letter to Louis de Kergolay, January 1835, in *Alexis de Tocqueville: Selected Letters on Politics and Society,* trans. and ed. Roger Boesche and James Toupin (Berkeley: University of California Press, 1985), 95.

他说道:"美国只是框架罢了;我想要描绘的是民主制。"[1]

托克维尔在《论美国的民主》的绪论中回到了这一主题,他就这一著作那随意和无计划的表象以及支持自身主张的书面证据的缺乏表示了歉意。与表象相反的是,他向读者保证,整部著作是围绕一个单一的**母题**(*idée mère*)来写作的:"我认为,想要仔细阅读本书的读者,将会发现全书有一个可以说是把各个部分联系起来的中心思想。但是,我必须讨论的对象内部之差异是很大的,所以想要用一个孤立的事实去反对我所引证的成组事实,或用一个孤立的观点去反对我所采用的成组观点,那将是轻而易举的。因此,我希望读者能用指导我写作本书的同样精神来阅读,并根据通观全书所得的总印象来评论,正如我本人不是根据孤证,而是根据大量的证据来立论的那样。"(绪论,14-15)

那么,什么是托克维尔的母题,而它又是如何将《论美国的民主》组织为一个整体的?也许最简单的答案便蕴含在全书的开篇句中:"我在合众国逗留期间见到一些新鲜事物,其中最引我注意的,莫过于身份平等。"(绪论,3)托克维尔所谓的"生成性事实"指的正是社会条件的平等,所有其他事物都源自它。他并非将平等简单地视作一个孤立现象或诸事实之一,而是将其视为一套完整生活方式的根本原因,一种新形式的文明的根本原因。

托克维尔认为,正是在美国,平等这一事实现在已达到了其外在的极限。这并不是说在美国民主制的形式某种程度上是完善的。这种说法失之毫厘,差之千里。民主并非一个状

---

[1] Letter to John Stuart Mill, November 10, 1836, in *Memoirs, Letters, and Remains of Alexis de Tocqueville* (Boston: Ticknor and Fields, 1862), 2:38.

态，而是一个过程。它的性质正是卢梭所描述的**可完善性**（*perfectibilité*），即面对变化近乎无限的灵活性和开放性。与其说这是一种确定的生活方式，不如说这是一项永远处于进展中的工作。我们尚不知道民主化过程将在何处终结，或它会以何种面目在别处出现。颇具启发性的是，托克维尔将他的著作命名为《论美国的民主》（*Democracy in America*），也许他想让我们回想起柏克的《法国革命论》（*Reflections on the Revolution in France*）。他的观点并非在于民主制是一种美国特有的现象，正如柏克的观点并非在于革命是法国所特有的那样；而是认为在美国所发生的民主革命恰好以这样的形式展开。民主采取何种形态将取决于时间、周遭环境以及政治家的才能。

由于一种新的行政专制的兴起，没有什么比托克维尔对人类自由面临的危险的分析，更能体现他对民主未来形态的顾虑。在《民主 I》中，托克维尔处理"多数人的暴政"这一问题，主要使用来自亚里士多德和《联邦党人文集》的术语。人们面临的主要危险是，被动员起来的多数人能够无视少数人的权利。这一设想同安德鲁·杰克逊（Andrew Jackson）和拿破仑这样的革命型或魅力型军事领袖的威胁是分不开的，他们能够通过使大众陷入爱国狂热来动员大众。

然而在《民主 II》中，托克维尔用于分析的术语发生了变化。托克维尔甚至不再使用"多数人的暴政"这一术语，取而代之的是"行政专制"这个软化了的，或者说温和的新术语。行政专制的说法——使人不禁想起孟德斯鸠的"和善商业"（*doux commerce*）——意在使人惊诧。专制怎么可能是温和的？它怎么可能被软化？恐惧的对象并不是尼禄式的暴君，或被动员起来的偏狭的大多数，而是消极且麻木不仁的大众，他们甚至不再将自己视作公民。术语上的变化表明托克维尔意识到一个全新的问题。托克维尔自己便表明了对这一观点转变的意识。"在这幅描绘的图景中,我的想法的全部原创性和深刻性都蕴含在内,"他在《民主 II》接近末尾处的一个旁注中写道,"我在第一部书末尾所写的内容是陈腐和肤浅的。"①

多数人的暴政

托克维尔对暴政的首次分析主要包含在《民主 I》的第二部分第七章中。当然,很难说民主的暴政是一个新概念。在《政治学》中,亚里士多德将民主制同多数人——通常情况下是穷人——为自身利益进行的统治相联系。民主制的危险恰恰在于,它代表了共同体中某一阶级的自利统治,即多数人对少数人的统治。因此,民主制总潜在地是穷人对富人的阶级统治形式,而前者经常被民粹主义煽动家所怂恿。

《联邦党人文集》的作者们同样考虑到了多数人的暴政的危险,对他们来说,民主制总是同古希腊与古罗马不稳定的政治体相联系。尽管《联邦党人文集》经常乞灵于古典时代的先例,甚至使用了"普布利乌斯"(Publius)这个源自一位罗马共和国奠基者的假名,而更令它的作者们感到印象深刻的,是使现代美国民主实验同其古代先例相区别的东西。"在阅读希腊和意大利一些小共和国的历史时,"汉密尔顿写道,"对于一直使它们不安的骚动,以及使它们永远摇摆于暴政和无政府状态这两个极端之间连续不断的革命,没有恐怖和厌恶的感觉是不可能

---

① 引自 Lamberti, *Tocqueville and the Two Democracies*, 120。

的。"① 《联邦党人文集》对多数派问题的解决方案是使大众政府"扩大半径",以防止多数的意见源源不断产生而显得棘手。党派的数量越多,其中某个党派便越不可能对全国政治实行专制。

托克维尔"多数人在美国的全能性及其后果"这一章,应当被视为对《联邦党人文集》第十篇的直接回应。美国宪法将多数人("我们人民")置于神龛,即使它试图通过如选举人团以及间接选举参议员等制度来限制其权力。尽管托克维尔就宪法的联邦结构写了冗长的一章 [I.i.8（105-161）],但他显然不像《联邦党人文集》的作者们那样自信地认为多数派的问题已得到了解决。虽然《联邦党人文集》相信可以找到能够限制多数人力量的制度手段,托克维尔却对仅凭制度手段便已足够的观点不那么乐观。他尤其怀疑通过在宪法上进行制衡来限制民主制之下多数人的"焦虑"（restlessness/*inquiétude*）是否有效。② 托克维尔更倾向于用无限人民主权的理论来论述多数人的权力,而非将多数人视为麦迪逊意义上不断变动的利益团体联盟。在面对被动员起来的大众意见时,对少数人权利的法律保证不可能是有效的。

多数人的全能性——这个有着鲜明神学色彩的术语试图表达它与上帝全能性的教义相关——是人民主权的民主原则的直接后果 [I.i.4（53-55）]。托克维尔承认,这一原则"一向或多或少地存在于几乎所有的人类社会制度的深处",但只有在民主时代它才趋于成熟。在其他社会"被埋葬"或隐藏在"圣殿的

---

① Alexander Hamilton, James Madison, and John Jay, *The Federalist Papers,* ed. Jacob E. Cooke (Middletown, CT: Wesleyan University Press, 1961), No. 9, p. 50.
② "*inquiétude*" 可被宽泛地翻译为焦躁、焦虑,甚至忧急,其所起的作用,可见 Pierre Manent, *Tocqueville and the Nature of Democracy,* trans. John Waggoner (Lanham: Rowman and Littlefield, 1996), 59-60。

幽暗角落"的东西，于此处在法律上被赋予了神圣地位，并被确立在民情之中。托克维尔对此给出如下定义："在美国，人民主权原则决不像在某些国家那样隐而不显或毫无成效，而是被民情所承认，被法律所公布的；它可以自由传播，不受阻碍地达到最终目的。如果说世界上有一个国家能使人们随意而公正地评价人民主权原则，研究人民主权原则在社会事务中多方面的应用，并指出它的好处和危险，那么，这个国家当然只能是美国。"［I.i.4（53）］

人民主权的观念在法国最多不过是激进分子的团结口号，或者是像卢梭这样的梦想家的梦想，但在美国却几乎成了司空见惯的现实。然而，直到杰克逊式民主兴起后，对多数人暴政的担忧才引起了人们的注意。杰克逊是美国的波拿巴，作为一名军事征服者大众的支持使他如虎添翼。托克维尔最担忧的是同不受限的爱国狂热相结合的军国主义。只有在美国，人们才能在见证平等和人民主权的品质被抬高的同时，还见证其概念所蕴含的更加不祥的可能性。

人民主权的"教义"才是导致"多数人的帝国"（empire of the majority）的真正原因［I.ii.7（235）］。这个说法暗示多数人不仅在数量上有优势，而且为自身赢得了道德上的权威地位。正是多数主义所具有的道德权威让托克维尔感到十分棘手。"我认为'人民的多数在管理国家方面有权决定一切'这句格言，是渎神的和令人讨厌的。"他宣称道［I.ii.7（240）］。多数人的帝国首先通过对立法机构的支配使自身为人所知。"在所有的政权机构中，"托克维尔写道，"立法机构最受多数意志的左右。"［I.ii.7（236）］与《联邦党人文集》中借助制衡概念就能够阻止政府的任一分支支配其他分支的看法相反，托克维尔认为，立法机构靠其背后数量的力量,对其他机构行使独裁霸权。

总的说来,同麦迪逊相比,托克维尔更不待见对由人民直接统治的民主政体与通过人民代表间接统治的共和政体的区分。美国人通过短暂的任期和明确的要求紧紧地约束住他们的代表。"这样的多数表决,活像小贩在市场上一边叫卖,一边讨价还价。"[I.ii.7(236)]在文本的一处引人注目的地方,托克维尔引用了一封杰斐逊写给麦迪逊的信,信中警告"立法机构的暴政才真正是最可怕的危险,而且在今后许多年仍会如此"。托克维尔认为这一警告特别具有明见性,因为人们往往认为杰斐逊是"宣传民主的最坚强使徒"[I.ii.7(249)]。

多数人的道德权威主张自己的支配地位建立在两个据称的事实之上。第一个事实是"这样一种思想:许多人的才智联合起来总比一个人的才智大"。当然,这是亚里士多德关于"众人之智"主张的一个变体。在公共商议的事情上,它同一场百乐晚餐类似,让具有不同烹饪技能的许多厨师一起准备晚餐可能要优于只由一位厨师准备晚餐。① 托克维尔认为这是"在人的智能上应用平等理论"[I.ii.7(236)]。数量也许会带来优势,但并不必然带来真理。第二个事实是这样的观念:在那些影响公共政策的诸事务中,多数人的利益总是要优先于少数人的利益。恰恰是多数人的"全能性"而非任何特定的公共政策,使托克维尔认为"对于未来是有害而危险的"[I.ii.7(237)]。

托克维尔担忧的到底是什么危险?正如托克维尔的章节名所暗示的,他的主要兴趣并非暴政的原因,而是暴政带来的后

---

① Aristotle, *Politics*, trans. Carnes Lord (Chicago: University of Chicago Press, 1984), 3 (1281a-b). 另见 Hélène Landemore, *Democratic Reason: Politics, Collective Intelligence and the Rise of the Many* (Princeton: Princeton University Press, 2013), 59-64。

果。从亚里士多德到孟德斯鸠，在对暴政的经典分析中，暴虐的政府总是被等同于随心所欲的统治，处于某个人或某个团体随意为之的心血来潮之下，不论统治者是一个人，少数人，还是多数人。暴政的解药是法治，而法治意味着某种不偏不倚的观念，或在已知规则下公平对待事务。但在此处，托克维尔却发现了民主制度的一个独有特征。"必须把专断与暴政分开，两者并不是一回事，"他写道，"暴政可凭法律本身而实施，所以它与专断专权不同。专断可以为被治者的利益而行使，所以它决不是暴政。"[I.ii.7（242）] 正是当多数人将其意志转化为法律时，暴政的形式才被确立。

托克维尔意识到，多数人统治的影响更容易在地方层面而非全国层面被察觉。尽管先前在《民主 I》中，他赞扬了地方自治政府以及作为自由温床的新英格兰共同体（communes），但他同样深刻地意识到地方上不宽容的大多数是如何能够侵犯权利的。他通过两个事例来说明这点。第一个例子涉及的是 1812 年战争期间在巴尔的摩的两名反战记者，当时支持战争的民意高涨；两位记者因反对战争而被捕入狱，并在夜幕中被一伙暴民杀害。那些参与犯罪的人随后由同他们一丘之貉的陪审团宣判无罪[I.ii.7（241-242）]。托克维尔还讲了另一个故事，在教友会建立的宾夕法尼亚州获得解放的黑人，如何因为对他们的流行偏见而不能投票。他用讽刺的话总结了这一情形："怎么！享有立法特权的多数还想享有不遵守法律的特权？"[I.ii.7（242）]。关于多数人的全能性带来的危险，再没有比这更令人心寒的故事了。

然而，多数势力最能掌控的，却是思想和意见的领域。在一段惊人的讨论中，托克维尔断言："我还不知道有哪一个国家,在思想的独立性和讨论的真正自由方面总体上不如美国。"〔I. ii.7（244）〕思想自由所面临的危险并非来自对某一宗教裁判所或对火刑（auto-da-fé）的恐惧,而是来自某些形式更微妙的排除异己和社会排挤。托克维尔或许是对如今所谓"政治正确"之力量的首位分析者,并且现在仍旧是其最有洞察力的分析者之一。

托克维尔宣称,美国相较他所知道的其他任何国家,都具备更少的讨论自由,这显然是一种意在震惊自满之人的夸大其词。托克维尔的要点是,迫害能够以许多形式展开,从以西班牙宗教裁判所为代表的最残酷形式到最温和的形式。在他看来,正是民主制下排斥异己的温和性——托克维尔对这一术语的使用贯穿《论美国的民主》——对非主流信念的自由表达造成令人不寒而栗的深刻影响:"镣铐和刽子手,是暴政昔日使用的野蛮工具;而在今天,文明也使本来觉得自己没有什么可学的专制得到了改进。昔日的君主只靠物质力量进行压制;而今天的民主共和国则靠精神力量进行压制,连人们的意志它都想征服。在独夫统治的专制政府下,专制以粗暴打击身体的办法压制灵魂,但灵魂却能逃脱专制打向它的拳头,使自己更加高尚。在民主共和国,暴政就不采用这种办法,它任凭身体自由,而直接压制灵魂。"〔I.ii.7（244）〕

就像与他同时代的其他自由主义者,例如麦考莱男爵（Lord Macaulay）和约翰·斯图尔特·密尔等人一样,托克维尔相信民主制以及出版自由对观点的自由表达会有适得其反的压制效果。就像以赛亚·伯林曾写的那样,激烈的个人主义以及对真理的热爱,至少可以说更经常地在不自由的社会中——苏格兰和新英格兰的清教徒社区,甚至在有着军事纪律的环境下——生长，而不是在更宽容或更冷漠的时代。① 此外，相较那生活在"永久的喝彩"状态下的民主大众，有贵族传统和特权的社会往往更欢迎各种形式的讽刺和嘲弄［I.ii.7（245）］。毫无疑问，托克维尔想到了自己，所以他才会写道，美国人"只能从外国人口中或从经验中"知道某些令人不悦的特定事实。

集权化的危险

没有什么能够比《民主Ⅰ》和《民主Ⅱ》对暴政解释的差异更令人吃惊了。"对专制主义的担忧是托克维尔自身最早也是最强有力的政治激情。"让-克洛德·朗贝蒂（Jean-Claude Lamberti）曾写道。然而在前后两本《论美国的民主》出版相隔的这五年间，专制权力的地位已显著发生了变化。②

托克维尔在1835年对多数人暴政的解释仍旧同对民主的担忧，或者说，同对暴民统治的担忧相联系。"暴民精神"（mobocratic spirit）——亚伯拉罕·林肯这样称呼它——的危险当然是《联邦党人文集》所留下的主题之一，它伴随着对民众直接参与立法的担忧。暴民心理的危险始终萦绕在《联邦党人文集》作者们的心中。"即使每个雅典公民都是苏格拉底，"詹姆斯·麦迪逊警告，"每次雅典集会依旧会是乌合之众。"③ 说得更确切些，对暴政的恐惧是法国大革命期间与国民公会（the National Convention）有关记忆的结果。对贡斯当、弗朗索

---

① Isaiah Berlin, "Two Concepts of Liberty," in *Liberty,* ed. Henry Hardy (Oxford: Oxford University Press, 2002), 175.
② Lamberti, *Tocqueville and the Two Democracies,* 219.
③ Madison, *The Federalist* No. 55, p. 374.

瓦·基佐（François Guizot）以及皮埃尔·保罗·鲁瓦耶-科拉尔（Pierre Paul Royer-Collard）等后革命时期第一代的作者们来说，革命和暴政实际上是同义词。[1] 但当托克维尔于1840年写下他对暴政的解释时，不论是对革命的记忆，还是对革命的恐惧（或两者并存）都已开始衰退。《民主 II》中有一个重要章节叫作"为什么大规模的革命越来越少"[II.iii.21（606–617）]。有理由怀疑，托克维尔如果是在五年前的话是否会写下这些内容。

什么能够解释托克维尔思想上的改变？当革命暴力和暴民统治的危险开始在托克维尔脑中退去时，一种新的威胁开始逐渐取而代之。这便是权力集中化的危险。托克维尔经常被解读为一位集权的批评者和地方自治政府的捍卫者。当然这并非不正确，尽管这种说法只是揭开了冰山一角。托克维尔并没有像孟德斯鸠那样，将省级议会和其他中介机构讴歌为政治自由的基础。他深刻地意识到这一体系的不公，且认为拥有一个统一的法律中心拥有众多好处。困扰托克维尔的并非国家权力的增长本身，而是官僚制的兴起以及随之而来的集权精神。在差不多二十年以前黑格尔已经预见，一个受教育的职业阶级将接管对国家的看护和管理，托克维尔则开始将其视为对政治自由最严重的威胁。

集权化这一主题在托克维尔的思想中经常出现，它不仅将《论美国的民主》的上下部联系在一起，还将其和他的另一部伟大著作《旧制度与大革命》（*The Old Regime and the Revolu-*

---

[1] 对后大革命时期有一些较好的研究，见 Pierre Rosanvallon, *Le Moment Guizot* (Paris: Gallimard, 1985); George A. Kelly, *The Humane Comedy: Constant, Tocqueville, and French Liberalism* (New York: Cambridge University Press, 1992); Aurelian Craiutu, *Liberalism under Siege: The Political Thought of the French Doctrinaires* (Lanham, MD: Lexington Books, 2003)。

tion）联系起来。集权化问题早期在《民主I》中伴随着托克维尔对政治集权和行政集权的区分出现［I.i.5（82–93）］。托克维尔认为政治或政府集权是一件好事。统一立法中心的理念远远比任何由相互竞争或相互重叠的主权构成的体系更受青睐。在路易十四的统治下，政府集权掌控了法国，而在英国，人们也可以发现政府集权达到了很高的程度［I.i.5（83）］。

然而正是在美国，这一过程达到了它的"最高点"，甚至让欧洲的君主国黯然失色。政治集权是立法至上的结果，以至于"没有任何力量可以反对每个州的立法机关"。州立法机构不断地为自身累积力量，正如先前法国革命议会所做的那样。然而托克维尔并没有谴责这一事实；相反，他表达了赞许。"至于我个人，"他辩称，"我绝不能设想一个国家没有强大的政府集权会生存下去，尤其是会繁荣富强。"［I.i.5（83）］

危险并不在于集权本身，而在于一种特定的集权，即行政集权。托克维尔写道，在英国和美国，政治集权都达到了最高的程度，但某种集权化的行政架构却或多或少未曾听闻。这种区分相当于什么呢？托克维尔认为，集中主权对于颁布平等和公平地适用于所有人的普通法来说是必需的；"我一直认为，建立所谓的混合政府，不过是异想天开"［I.ii.7（240）］。为了确保将公平正义赋予每一个公民，政府集权是必要的。行政集权则是另一回事。行政科学关注的并不是共同统治的建立，而是对行为细节的监督以及对公民日常事务的指导。它代表了官僚制对日常事务方方面面的缓慢渗透。尽管政府集权出于立法与国防的目的是必需的，但是集权化的行政管理主要是防止性的，产生不出什么东西，除了懒散和冷漠的公民。

行政集权蕴含了我们如今所谓监管型国家的萌芽。托克维尔认为，正是监管的精神消耗了公民为自己做任何事情或自发行动的积极性。他写道，这种集权"能不费吹灰之力就赋予国家的日常事务以秩序严明的外貌，详尽地订出全国公安条例的细则，及时镇压小规模的叛乱和惩治轻微的犯罪行为，使社会保持既无真正的进步又无实质的落后的现状，让整个社会永远处于被官员们惯于称之为良好秩序和社会安宁的那种昏昏欲睡的循规蹈矩的状态"［I.i.5（86）］。随后，托克维尔就行政集权的危险进行了一番令人震动的描写："有时，中央集权的政府在万不得已的时候，也试图向公民求援，但它却向公民们说：'你们必须按照我想的行事，我想叫你们做多少你们就做多少，并且做得与我想的分毫不差。你们只去管那些细微的末节，而不要妄想去指导整体。你们要不闻不问地工作，等以后再根据结果来评定我的所作所为。'这样的条件下怎么能使人们愿意帮助它呢！人们需要行动自由，愿意为自己的行为负责。因此，人们宁肯停在那里不动，也不愿意盲目地走向他们茫无所知的去处。"［I.i.5（86-87）］

是什么使得托克维尔关注行政集权？有人也许会说，作为在19世纪前三十年写作的人，托克维尔有着一种独特的以法国为中心的世界观。"乍看上去，集权主题似乎是托克维尔探寻美国仅仅是为发现法国的又一例证。"谢尔顿·沃林曾写道。① 在英国，公共行政管理的现代化甚至要到又过了一代人之后才开始。在美国，文官改革这一议题，消灭对庇护制的粗暴滥用［坦慕尼协会（Tammany Hall）的"诚实贿赂"］，以及任何国家性监管委员会的设立，所有这一切直到《民主 II》出版后至少

---

① Sheldon Wolin, *Tocqueville between Two Worlds: The Making of a Political and Theoretical Life* (Princeton: Princeton University Press, 2001), 261.

半个世纪，在进步运动兴起之后才出现。① 只有在法国，行政权力的集权化才能够被追溯至旧制度（the ancien régime）的核心之处。

托克维尔对行政国家有关的理论和历史的兴趣是从他对欧洲历史之动力的解读中产生的。行政集权的倾向并不仅仅是后革命时代欧洲的一个特征，而是可追溯至旧制度的核心。正是法国国王在行政上的征服，为平等与民主革命时代的到来做了最多的准备。行政集权的主要特征，总是体现为对省级机构，或中介机构，即中介力量（pouvoirs intermédiaires）感到反感，而后者是贵族制的权力基础。托克维尔认为，相较伏尔泰和卢梭的所有著作，权力在国王委员会（conseil du roi）的集中更有助于加速大革命的到来。"集权民主国家的形成，对托克维尔来说正是大革命的意义所在，同时这也是旧制度的意义所在。"弗朗索瓦·傅勒（François Furet）曾写道。② 与革命者们关于大革命将同旧的贵族秩序分道扬镳的信念相反，大革命只不过加剧了集权化的倾向，而集权化则是法国君主制的行政遗产。

行政集权的过程创造了官僚阶级——机构中最具有资产阶级性质的阶级——并成为"新社会中的贵族"。官僚们不满足于摧毁旧的中介组织，他们着手从头重建社会。正是进步和改革这些曾在百科全书派和孔多塞的作品中得到英雄主义表达的启

---

① 关于行政国家在美国的起源，见 Stephen Skowronek, *Building a New American State: The Expansion of National Administrative Capacities, 1877–1920* (New York: Cambridge University Press, 1982); 关于进步主义的失败，见 Eldon Eisenach, *The Lost Promise of Progressivism* (Lawrence: University of Kansas Press, 1994); 以及对进步主义发展的比较研究，见 James Kloppenberg, *Uncertain Victory: Social Democracy and Progressivism in European and American Thought, 1870–1920* (New York: Oxford University Press, 1986)。

② François Furet, "De Tocqueville and the Problem of the French Revolution," in *Interpreting the French Revolution*, trans. Elborg Forster (Cambridge: Cambridge University Press, 1985), 159.

蒙观念，如今又在资产阶级国家内被赋予了制度性的形式。"当大革命前的长期社会弊病终于被人们感受到时，"托克维尔写道，"各种新的社会和政治理论便百花齐放：改革家们的目标虽然不同，但他们的手段却总是一致。他们想借助中央权力的力量，并让这种力量按照他们所考虑的新方案来摧毁和再造一切；只有国家看起来能够完成这一任务……这些想法并没有停留在纸面；它们渗入所有人的头脑之中，同民情融为一体，进入习惯之中，并传播到每个地方，甚至进入了日常生活之中。所有人都认为，在国家不介入的情况下任何重要的事务都做不好。"①托克维尔的一段话甚至惊人地预见了福楼拜在《包法利夫人》中对农业博览会的描述，他思考了为生产出最好的谷物和牲畜的农夫奖励政府颁布的荣誉和证书的可能性。"巡视员和十字勋章！"托克维尔惊叹道，"这套方法是萨福克郡的农夫从来也想不到的。"②

民主专制主义

直到在《民主 II》接近末尾处，在"民主国家需要害怕哪种专制"这一耸人听闻的章节中，托克维尔才表达了自己对行政国家的最终思考［II.iv.6（661–665）］。我们正是在这儿发现，他放弃了先前对多数人的暴政和暴民统治之危险的关注，转而关注一种新型权力，其轮廓直到现在才清晰可辨。当托克维尔

---

① Alexis de Tocqueville, *The Old Regime and the Revolution,* trans. Alan Kahan, ed. François Furet and Françoise Mélonio (Chicago: University of Chicago Press, 1998), l:142–143.
② Tocqueville, *The Old Regime,* l:143.

在这一章的开篇处评论"五年来的反复思考没有减轻我的担心,但担心的对象变了"时,就已经给出了自己观点转变的某些征兆〔II.iv.6(661)〕。

在一开始,托克维尔似乎并不愿意为这种新权力下定义。"因此我认为,使民主国家受到威胁的那种压迫,"他写道,"与至今世界上出现过的任何压迫均不相同。"与其说他不再关注是否出现了魅力型革命领袖,即军事暴君的原型,毋宁说,我们的记忆中并没有这种新型专制的形象,甚至我们的语言也不足以定义它{"专制或暴政这些古老的词,都不适用"〔II.iv.6(662)〕}。那么,这种压迫究竟是什么呢?

将托克维尔的新型专制同过去的暴政相区别的一个特征是它的温和性,或"温文尔雅"(douceur)〔II.iii.I(535-539)〕。民主习俗和民主礼仪的温和性是一个贯穿《民主》上下两卷的主题。境况的平等使人变得更绅士,并更懂得考虑他人。如比尔·克林顿的名言所说,在变得更相似后,我们有了一种感受彼此痛苦的能力。"是我们现在比我们的祖辈更有感情了吗?"托克维尔带着明显的怀疑问道,"我不知道,但有一点是肯定的,那就是我们的感情已扩展到更多的事物上去。"〔II.iii.I(538)〕

当然,对于"温文尔雅"一词,读托克维尔的人会把它同孟德斯鸠对商业的描述相联系。赚钱是一种温柔或无害的消遣,这一观念贯穿整个18世纪。同贸易相联系的品质——节俭,诚实,中庸,推迟享乐——被表述为败坏德性的解药,后者同尊贵与荣耀的古老贵族伦理相关。英雄伦理在古代希腊罗马的伟大伦理论著中得到了正统的表达,尽管它随后作为一种拉丁世界理想受到了些许修改。在其基督教化的形式中,它成为中世纪著名的骑士荣誉法则的基础。这一法则在如《罗兰之歌》（Chanson de Roland）和《熙德之歌》（Song of El Cid）这类中世纪浪漫故事中得到了表达。这些都是伟大史诗——武功之歌（chansons de geste）——关于英雄事迹的故事，它们在维吉尔的《埃涅阿斯纪》（Aeneid）之后于西方首次出现。

这些史诗表达了荣誉法则，其随后将被欧洲文学首部伟大小说——所有人对它都很熟悉——塞万提斯的《堂·吉诃德》所嘲弄。马克思作为文学批评家的才能经常惹人关注，他曾写道："堂·吉诃德很久以前误认为骑士精神同任何社会经济形式都能共存，结果遭到了惩罚。"[1] 换言之，马克思认为这部著作与其说是对中世纪骑士荣誉法则的讽刺，不如说是对其过时性的宣告；骑士观念与荣誉观念适合于有着特定经济关系的特定社会，但一种新的社会将使这些观念变得多余，他称之为资本主义社会，而我们称之为市场社会。

从基于等级制度、地位和荣誉的中世纪世界，向一个全新的基于平等、契约和利益的资产阶级世界或商业世界的转变，已经通过多种方式得到了描述。马克思称之为封建主义向资本主义的变革；亨利·梅因（Henry Maine）称之为地位向契约的变革；托克维尔称之为贵族时代向民主时代的变革。但提供最强有力论述的，莫过于经济学家和思想史家阿尔伯特·O. 赫希曼（Albert O. Hirschman），他著有《激情与利益：资本主义走向胜利前的政治争论》（The Passions and the Interests: Arguments for Capitalism before Its Triumph）。[2]

---

[1] Karl Marx, *Capital,* trans. Samuel Moore and Edward Aveling (London: Lawrence and Wishart, 1970), 82.

[2] Albert O. Hirschman, *The Passions and the Interests: Arguments for Capitalism before Its Triumph* (Princeton: Princeton University Press, 1977).

在这部卓越的著作中，赫希曼表明商业社会是如何只有在英雄主义理想被摧毁之后才首次成为可能；当文艺复兴重新恢复希腊罗马对荣誉的推崇时，英雄主义理想曾一度回归。霍布斯以降，包括蒙田、培根、曼德维尔、休谟和孟德斯鸠在内的一系列作者，都不约而同地致力于诋毁英雄观念，认为它是一种虚荣和头脑发热的想象产物。为了取代英雄理想，这些作者提出了基于利益和自利行为的另一种人性概念。正如赫希曼所写的那样，自利"绝不局限于人类福祉的物质方面；相反它包括了人类欲求之事的总体，但这意味着涉及欲求方式的反思与计算的元素"。[1]

赫希曼提出了两个重要发现。第一点是，如该书副标题所表明的那样，只有在上述特定观点和特定争论出现之后，向资本主义的变迁才成为可能。市场并不仅仅是人类组织的一种自然形式，而是被嵌入在一张道德论证的密网中，在其中对利益的追求——长久以来在基督教的道德宇宙中一直被认为是一宗致命的罪——开始被视为是一种限制对名誉和荣耀的破坏性激情的德性。在它成为现实之前，市场社会曾经只是一个观念。

第二个发现是，自利观念并非像今天经济学家和社会科学家所经常宣称的那样，是一把理解所有人类行为的通用钥匙。相反，自利观念作为一种策略，意在抵抗特定激情的支配，尤其是同名誉、荣耀和英雄不朽相联系的那些欲望。对利益的追求被视为总体上对社会和人类行为起到了一种镇静作用。激情被认为是野性和疯狂的，而利益则是冷静、温和，甚至波澜不惊的。一个致力于挣钱的社会同致力于战争的贵族习气相反，

---

[1] Hirschman, *The Passions and the Interests*, 32.

可以被形容为"圆滑的""矫饰的"和"软化了的"社会。一个被逐利所支配的社会或许会被认为不那么伟大、高贵和具有英雄气概，但它却更和平、繁荣和安全。

商业"软化"或"打磨"礼仪的想法是一个贯穿《论法的精神》的主题，并且在托克维尔对民主的解释中出现。① 孟德斯鸠将他关于商业软化作用的论断，以社会发展一般法则的形式表达出来："商业能够治疗破坏性的偏见。因此，哪里有善良的风俗，哪里就有商业。哪里有商业，哪里就有善良的风俗。这**几乎是一条普遍规律**。"② 商业被认为对凶猛和好战的民族施加了一种安抚和净化的影响。它让人们对彼此不那么苛刻，而这并非同某种特定原始德性的衰落不兼容，孟德斯鸠将它与好客和慷慨精神相联系："贸易的精神在人们的思想中产生一种精确的公道的观念，这个观念在一方面同抢劫的观念势不两立，在另一方面同某些道德德性极不相容。这些德性认为，一个人不应总是对自己的利益斤斤计较……反之，完全没有贸易就产生抢劫。亚里士多德认为抢劫是取得的方式之一。抢劫的精神并不与某些道德的品质相矛盾。例如好客精神在经商的国家是极罕见的，但是劫掠的民族款待来客是非常殷勤的。"③

商业的影响是产生了一种关于**人**的新伦理。这是某种可被称为万民法的事物。"贸易的自然结果就是和平。两个国家之间

---

① Montesquieu, *The Spirit of the Laws,* trans. Anne M. Cohler, Basia Carolyn Miller, and Harold Stone (Cambridge: Cambridge University Press, 1989), IV. xx. 关于"商业的温和性（*doux commerce*）"在这一时代的辩论中所起的作用，见 Hirschman, *The Passions and the Interests,* 70-81; Catherine Larrère, "Montesquieu on Economics and Commerce," *Montesquieu's Science of Politics: Essays on The Spirit of the Laws,* ed. David Carrithers, Michael Mosher, and Paul Rahe (Lanham: Rowman and Littlefield, 2001), 335-370。

② Montesquieu, *Spirit of the Laws,* IV.xx.1.

③ Montesquieu, *Spirit of the Laws,* V.xx.2.

有了贸易，就彼此互相依存。如果此方由买进获利，则彼方由卖出获利，彼此间的一切结合是以相互的需要为基础的。"孟德斯鸠指出了这点。① 相互之间有贸易的人经常被迫与他人结伴，养成了宽容的习惯并扩大了自身的道德度量。他们不太可能受光荣与荣耀的伦理激励，并因此不太可能在为祖国的奉献中寻找救赎。通过关注他们的物质性事务而非宏大的政治抱负，商业民族被注入了"俭朴、节约、节制、勤劳、谨慎、安分、秩序和纪律"的精神。②

孟德斯鸠认为，由封建主义的战士伦理向现代资产阶级商业伦理的转变是进步的一个标志。人们尤其能在商业对政府的影响中见到这种转变。尤其在英国，商业精神取得了最深刻的进展。"别的国家，"孟德斯鸠写道，"为了政治的利益而牺牲商业的利益；英国却总是为了商业的利益而牺牲政治的利益。"③这并不是说商业的进步在所有方面都是良性的。孟德斯鸠指出，在商业国家中能够发现某种同一性和一致性。在一段显然能够引起今天的我们的共鸣的话中，他注意到："这种贸易就是一种赌博，获得了一张'黑彩'的希望诱惑了每一个人。"④

对于商业的温和性对实现政治自由的作用，托克维尔并不那么有信心。当然，他相信贸易自由和财产权对于专制主义来说是强大的抑制力，尽管与此同时他谴责商业共和国的平庸。他经常被拿来与马克思比较，后者认为近代工业资本主义只不过创造了新的财富等级制度和不平等。托克维尔怀疑在没有严格的长子继承制的情况下，某种程度上由于现代资本的流动

---

① Montesquieu, *Spirit of the Laws*, IV.xx.2.
② Montesquieu, *Spirit of the Laws*, I.v.6.
③ Montesquieu, *Spirit of the Laws*, IV.xx.7.
④ Montesquieu, *Spirit of the Laws*, IV.xx.6.

性，现代商业永远不能够像过去一样建立某种贵族制［II.ii.20（530-532）］。[1] 当财富一代代传递时，它并不像贵族时代那样在大家族那儿聚集。此外，托克维尔还认为劳动和资本之间的关系并没有创造出与贵族制秩序的等级制和非独立特征相同的关系。[2]

然而即使托克维尔没有接受马克思认为资本主义的发展和革命斗争不可避免性的末世论视角，他仍旧认为基佐对**致富**（enrichissez-vous）政策的激情太过自满和物质主义。巨大的危险在于接受物质进步是自由之保证这一信念。托克维尔警告称某个时刻将会"对物质享乐的爱好发展得快于其文化和自由习惯的发展"。一旦出现这种情况——托克维尔写得仿佛这正在进行之中——人们便会因他们的私人财富而忽视了自己的政治责任："由于他们一心一意要发财，所以再也不去理会把他们的个人幸福与全体繁荣联系起来的紧密纽带。你用不着去剥夺他们已经享有的权利，他们会自动地交出来。在他们看来，尽公民的政治义务是一种讨厌的障碍，使他们无法专心于自己的实业活动。"［II.ii.14（515）］

托克维尔明明白白地写道，某一特定类型的民族如何能够沉迷于对财富的追求，以及类似地，如何变得对政治生活的争斗和风波感到恐惧，以至于他们选择逃避到一种新的专制主义之中，20 世纪形容这种专制主义为法西斯主义。为了一个有利的经商环境而热爱安宁，这种热爱能够轻易地鼓励"一个精明强干的野心家执政"，且他将发现"篡夺各项大权的道路是向他

---

[1] 关于某些有用的与马克思的对比，见 Raymond Aron, *Main Currents in Sociological Thought: Volume One,* intro. by Daniel J. Mahoney and Brian C. Anderson (New Brunswick, NJ: Transaction, 1998), 237-238, 247-248, 330-332。
[2] 这一信念最近受到了质疑，见 Thomas Piketty, *Capital in the Twenty-First Century,* trans. Arthur Goldhammer (Cambridge, MA: Harvard University Press, 2014)。

敞着的"。对秩序的热爱是值得赞扬的,但当它消灭公民精神的时候并不如此。"如果一个民族只要求他们的政府维持秩序,则他们在内心深处已经是奴隶,"托克维尔写道,"即已成为自己财富的奴隶,而将要统治他们的人不久也就可能出现了。"[II.ii.14(516)]。①

相较塞文涅夫人在给她女儿信中所描述的对人类苦难的那种刻意的残忍和冷漠而言,民主让人们在自身习惯和实践上更温和这一事实,毫无疑问要更好些[II.iii.1(537)]。但托克维尔相信,民主同样让我们在面对操控时变得更顺从和服帖。正是在这儿,他创造了"民主专制主义"这一术语来描述这种先前无法被定义的新型权力。他称这种专制主义是"一种具有监护性质的、无所不能的权力"(un pouvoir immense et tutélaire),这股权力让其臣民在政治上处于一种永久的青少年状态[II.iv.6(663)]。正是这一新型行政国家的父权主义首先使托克维尔反应强烈。"塑造我们本质的并非暴政,而是政府对我们的监护,"托克维尔在《旧制度与大革命》第二卷的旁注中写道,"在暴政下,自由能够生根发芽;而在行政专制主义下,自由不可能诞生,更别说发展了。暴政能够创造自由的国家;而行政专制主义只会创造革命的和奴性的国家。"②

个人主义和温和专制主义

托克维尔显然关注这种新型温和专制主义对其公民的生活

---

① 见 Hirschman, *The Passions and the Interests*, 122—125。
② Alexis de Tocqueville, *The Old Regime and the Revolution,* trans. Alan Kahan, ed. François Furet and Françoise Mélonio (Chicago: University of Chicago Press, 2001), 2: 296.

有何影响。构成民主社会秩序典型特征的,并不是失控激情的革命式爆发,而是一种极端形式的顺从和冷漠,一种他称之为**个人主义**(*individualisme*)的品质[II.ii.2(482-484)]。个人主义是一个同法国大革命及其后果相联系的术语。例如,柏克就担心没有传统的约束作用,人将变成"夏天的苍蝇",并且几代人过后"国家本身就会瓦解,分崩离析为个体性的尘埃"。①

在法国首先使用"个人主义"这一术语的人,应当是基督教反动派思想家约瑟夫·德·迈斯特,他谴责同民主有关的实验产生了一种"心灵上深刻且可怕的分裂,所有学说无限碎片化,政治清教主义走向了极端的个人主义"。② 对个人主义的攻击并非政治右派的专属品。社会主义作者们发现这种个人的解放只不过是自私和利己主义的另一个术语罢了。马克思攻击孤立的个体观念,认为它是18世纪政治经济学中"缺乏想象力的虚构"之一。"卢梭的通过契约来建立天生独立的主体之间的相互关系和联系的社会契约也不是以这种自然主义为基础的,"马克思写道,"这是假象,只是大大小小的鲁滨逊一类故事所造成的美学上的假象。"③ 甚至如约翰·斯图尔特·密尔这样的自由主义顶梁柱也会抱怨我们"悲惨的个体性",用该词来形容那些牺牲了所有更高情感和动机而只关心乐趣的人。④

托克维尔吸收了上述关于个人主义而非个人的部分负面内涵,并将其作为民主时代独有的一种病症。"我们的祖先,"他

---

① Edmund Burke, *Reflections on the Revolution in France*, ed. Connor Cruise O'Brien (Harmondsworth: Penguin, 1986), 193-194.
② 引自 Steven Lukes, *Individualism* (Oxford: Blackwell, 1979), 4。
③ Karl Marx, *Grundrisse: Foundations of the Critique of Political Economy*, trans. Martin Nicolaus (Harmondsworth: Penguin, 1973), 83.
④ 见 Joseph Hamburger, *John Stuart Mill on Liberty and Control* (Princeton: Princeton University Press, 1999), 168-175。

在《旧制度与大革命》中写道,"没有'个人主义'一词,这是我们为了自己的使用而创造出来的,因为在他们那个时代,实际上并不存在不隶属于任何团体的个人。"① 在《民主Ⅱ》中,托克维尔尝试区分个人主义和利己主义。他认为,后者是一种自然本能,而前者是在现代条件下诞生的。"个人主义是从一种新观念中创造出来的新词,"他写道,"我们的祖先只知道利己主义。利己主义是对自身的一种充满激情和过度的爱,它让人将所有事物只同自己相联系并偏爱自己超过一切。个人主义是一种反思和平和的情感(un sentiment réfléchi et paisible),它使得每个公民与其同胞大众疏离,并和亲朋好友一起退到一边,因此在建立了一个为自己所用的小社会后,他就心甘情愿地抛弃大社会而任其自行发展了。"[II.ii.2(482);翻译有改动] 这种孤立的个人并非那种乡间怪人或不合群者——托克维尔或许会赞扬这种人——而是那种完全同社会割裂的遁世者和独居者。不同于迷恋自身的利己主义者,这种个人促成一个由家庭和伙伴组成的狭隘圈子的建立,借用托克维尔冷酷的话语,这种人被困在"自己内心的孤寂之中"(la solitude de son propre coeur)[II.ii.2(484)]。

平等让我们变得彼此相像的这一事实,同样让我们变得对彼此以及我们的共同命运漠不关心。不同于孟德斯鸠在恐惧中找到了专制主义的原则,托克维尔认为专制主义是现代个人主义的一种产物。正如我们将要看到的,他在某些关键方面预见到了随后对"大众社会"的恐惧及其消灭所有社会纽带与社会关系的倾向。一个社会是不是大众社会并非取决于人数;它并

---

① Tocqueville, *The Old Regime and the Revolution*, 1:162-163.

不取决于有多少人进入政治生活。它定义了一种社会关系，或者说一种社会关系的缺乏。它描述了这样一种倾向，关于依赖、统一和社会隔离的体验会取代自由个体的体验的倾向："专制在本质上是害怕被治者的，所以它认为人与人之间的隔绝是使其长存的最可靠保障，并且总是倾其全力使人与人之间隔绝……只要被治者不彼此相爱，专制者也容易原谅被治者不爱他。"[II.ii.4（485）]

托克维尔似乎不太担心专制主义对真正的天才的影响——他们能够照顾好自己——他更担心专制主义对社会整体或那些缺乏天分的人的影响。未来的民主制，与其说它可能是一片充满了顽固个人主义者和自由思想者的土地，不如说它更可能是一片充满了懒宅（couch potatoes）的土地。个人主义与被动和冷漠相联系。它会成为一种新暴政的先决条件：

> 统治者这样把每个人一个一个地置于自己的权力之下，并按照自己的想法把他们塑造成形之后，便将手伸向全社会了，他用一张其中织有详尽的、细微的、全面的和划一的规则的密网盖住社会，最有独创精神和最有坚强意志的人也不能冲破这张网而成为出类拔萃的人物。他并不践踏人的意志，但他软化、驯服和指挥人的意志。他不强迫人行动，但不断妨碍人行动。他什么也不破坏，只是阻止新生事物。他不实行暴政，但限制和压制人，使人精神萎靡、意志消沉和麻木不仁，最后使全体人民变成一群胆小而会干活的牲畜，而政府则是牧人。[II.iv.6（663）]

难道还有什么比这更强有力和更精准的对现代行政国家的

描述吗？

托克维尔开始认为，对自由来说，这种温和专制主义的崛起相较他先前担心的多数人暴政最终要更加危险。当然他的民主专制主义是一种想象的状态："我想要想象这种专制可能以哪些新的特点再现于世界"［II.iv.6（663）］。托克维尔无论如何不是一位决定论者。他并不是以一位社会科学家或一位末日预言家的身份在预测历史的未来进程。尽管这样的未来是有可能的，但其并非不可避免。他的著作是对他同时代人的一个警告，警告的内容并不是什么事情必将发生，而是如果他们不采取行动进行抵抗的话，什么事情可能会发生。他在描述现代历史的一种可能倾向，尽管这一倾向在随后的几个世纪中再令人熟悉不过。面对国家的行政控制的所有的抵消性力量，公民们别无选择而只能成为国家的被监护者。"他们认为监护人（tuteurs）是自己选的，所以安于被人监护（en tutelle）。"托克维尔写道［II.iv.6（664）］。

牢记这一点很重要：托克维尔对民主专制主义的描述与其说是出于美国人的利益，不如说更多地出于法国人的利益。在某种程度上，托克维尔相信英美人或多或少免于民主专制主义的危险，因为其具有公民结社、陪审团审判以及新闻自由的长期习惯。他对于行政集权增长的担心源于他对法国历史和地方政府档案的阅读，而在他生命的最后20年中，此类阅读在他的思想中越来越起到主导作用。欧洲历史的叙事一直是一个关于国家权力缓慢但稳定地集中的叙事。如果托克维尔将今日的欧盟视为罗马的继承国的话，这不会令人惊讶，却会使他深感忧伤。

托克维尔的子嗣

托克维尔对民主专制主义的担忧——它软性的监护力量，社会孤立和原子化的趋势，以及助长冷漠和盲从的倾向——一直是他著作中最强有力的部分。《论美国的民主》中的这些部分在接下来的世纪中开花结果，在欧洲法西斯主义和大众社会崛起，其在美国的分支则以狭隘主义和孤立主义的形式出现。

托克维尔在今日被普遍视为美国例外论的导师。虽然托克维尔实际上从未用过这一术语，这一术语与他的联系很大程度上是由于路易斯·哈茨（Louis Hartz）的经典研究《美国的自由主义传统》(*The Liberal Tradition in America*) 导致的。[1] 哈茨这一著作的天才之处在于，它将托克维尔作为理解美国政治发展的一个模板。相应地，哈茨的研究从一句来自托克维尔的箴言出发："美国人所占的最大便宜，在于他们是没有经历民主革命而建立民主制度的，以及他们是生下来就平等而不是后来才变成平等的。"［II.ii.3（485）］对哈茨来说，美国特殊的发展过程建立在某些事物缺席的条件之上，即缺乏一种封建或贵族传统，而民主经验往往在与这一传统的对抗中发展。由于缺乏一个封建的过去，美国民主制度的实现并没有伴随着同过往暴力和痛苦的决裂，而这种决裂是在法国诞生的民主的特征。从一开始，美国人便把享受资产阶级"洛克式"的中产自由当作与生俱来的权利，并因此得以避开欧洲民主运动所带来的无情憎恨与阶级斗争。由于缺乏一个要与之抗衡的贵族传统，美国从未发展出某种期待旧制度复辟的反动右派，甚至战后种植园

---

[1] Louis Hartz, *The Liberal Tradition in America* (New York: Harcourt, Brace and World, 1955).

奴隶主们身上也缺乏基于特权和等级制的真正贵族秩序。哈茨的书常被解读为某种对美国独特性、节制和冷静的欣赏，但这几乎不是此书的意图所在。哈茨并非赞扬美国所走过的独特道路，而是视其为不满的主要源泉。

哈茨提出的问题实际上是，为何美国从未产生过某种真正的进步社会主义运动，某种像英国工党一样基于阶级的政治。他的论点是，除了缺乏一个封建的过去，美国同样缺乏一个社会主义的未来。他认为，美国因此将一直处于发展停滞的永恒状态之中。那由洛克开始的事物始终伴随着美国。哈茨从未专门研究过洛克哲学，而是将其作为一个涵盖一切的术语来形容中产阶级自由放任的个人主义"意识形态"。恰恰是这种意识形态的统治是理解美国自由主义共识的关键。凭借对洛克式自由主义"绝对和非理性的依附"，美国在面对社会主义的挑战时能够独一无二地不受影响，正如它曾对封建主义传统感到陌生一样。"西方各地社会主义思想的隐秘根源，"哈茨写道，"必定能在封建的精神气质中找到。**旧制度**（*ancien régime*）启发了卢梭；它也启发了马克思。"[1]

哈茨对美国的反思的核心之处是一个托克维尔曾确认过的问题，即美国向一种新型温和暴政发展的倾向。如果说洛克主义起初是一种关于个人自由和革命的学说，在美国它则成了一种伴随着强制力量的民族主义信条，并且已"对自由本身构成威胁"。"我认为，"哈茨坚持道，"这是一个自由主义社会的基本伦理问题：不是人们已感到担忧的那种多数的危险，而是全体一致带来的危险，在这种危险的背后难以觉察地潜伏着'意

---

[1] Hartz, *Liberal Tradition in America*, 6.

见的暴政',托克维尔曾预见它的展开。"甚至是在托克维尔自己所处的时代便已是如此。[1] 哈茨相信,恰恰是这种暴政在美国退伍军人协会(the American Legion)、麦卡锡主义以及关于"美国生活方式"的学说等现象中成形。

另一例对托克维尔关于民主专制主义解释新颖且有远见的运用,出现在汉娜·阿伦特《极权主义的起源》对大众社会的敏锐分析中。[2] 当然,托克维尔几乎不曾预言过共产主义和国家社会主义在 20 世纪的兴起,但他预见了使它们成为可能的条件。阿伦特称,极权主义是一种在传统阶级结构和政党政府的坍塌之中成长出来的新政体——后者是民族-国家体系的支柱,这一坍塌孕育了一种历史上未曾有过的新现象。极权主义预设了这样一个社会,在其中旧的阶级与政党让位于大众。大众社会并不能与极权主义等同,却是极权主义的前提。大众社会是否出现并非一个仅适用于大规模人口的定量标志,它同样适用于那些已成为原子化与个人化之大众的人们,他们不再共享社群纽带和联系,而这种纽带和联系构成了黑格尔所谓市民社会(*bürgerliche Gesellschaft*)的基础。

阿伦特对大众社会之社会基础的分析紧紧地追随了托克维尔对个人主义(*individualisme*)的危险的解释。她发现大众社会的基础存在于资产阶级生活的某种退化形式之中。极权主义政党所招募的典型成员并非社会的弃儿或道德狂热分子,而"首先是安分守己工作的人、顾及家庭的良民"。阿伦特用来形容此类"一门心思地致力于家庭和职业的人"的术语是严厉的:庸人(philistine)。术语"庸人"实际上是一个源自德国浪漫主

---

[1] Hartz, *Liberal Tradition in America,* 11.
[2] Hannah Arendt, *The Origins of Totalitarianism* (Cleveland: Meridian, 1958).

义的骂人字眼,用来指资产阶级生活中最懦弱和最卑鄙的形式。"庸人,"她写道,"是资产阶级在自己的阶级中孤立的产物,是资产阶级本身败落后产生的原子化个人。"[1] 正是这种新型"原子化个人"才能够被轻易塑造和操纵,成为大众运动的一分子。

阿伦特笔下大众个体的一项核心特征是对极端原子主义和社会孤立的感受,这种感受源自传统阶级和等级制的分崩离析,并导致人们寻求在如极权主义政党这样的大众组织之掌控下的舒适、慰藉和放松。极权主义政党不同于传统的右派或左派资产阶级政党,它并不被认为是一个基于阶级利益的组织,而被认为是某种新型身份政治的场所,这种身份政治能够按照政党的统治意识形态彻底重塑了个人。"事实上,"阿伦特断言道,"群众产生于高度原子化的社会中,其竞争性结构及其附带的个人的孤独,唯有通过在一个阶级内的成员身份才会稍缓。大众个体的主要特点不是野蛮和落后,而是孤独和正常社会关系的缺乏。"[2] 稍后她解释说,正是对于孤独的体验,无根性以及在世界上无家可归的感觉,构成了极权主义出现的背景。同托克维尔一样,她认为极端孤立的体验越来越成为现代的决定性特征。"在非极权主义世界里使人走向极权统治的是,"在一段话中,她以既是警告又是预测的口吻写道,"孤独(过去只是一种边缘经验,通常是在像老年这样的边缘社会条件下经历的)变成了我们这个世纪里日益增多的大众的一种日常经验。"[3]

阿伦特对大众社会的分析被迈克尔·奥克肖特进一步阐发。在奥克肖特极具影响力的论文《代议制民主中的大众》(The

---

[1] Arendt, *The Origins of Totalitarianism*, 338.
[2] Arendt, *The Origins of Totalitarianism*, 317.
[3] Arendt, *The Origins of Totalitarianism*, 478.

Masses in Representative Democracy）里，他将现代社会的出现追溯到一种新型个人主义，但他为这一追溯提供了一种独特的联结。① 就像托克维尔对自己平等概念的处理那样，奥克肖特并没有认为个体性经验构成了同过去的根本性断裂，而是认为，这种经验是对中世纪生活状态的一种缓慢和渐进的修改。这种关于个体性的新"安排"最初于13世纪在意大利出现，同时伴随着同早先公民生活社群结构的解体。在阿尔卑斯山北面的蒙田给出了其早期的表述，而更系统性的表述来自霍布斯（"现代世界中首位真诚地思考了个体性当下经验的道德学家"）以及随后的康德，而在现代代议制民主的制度中它最终得到了政治上的表达。②

问题是，这一才被赋予权利的个体性感受同样也孕育出了一个对立形象，奥克肖特称其为"迷失的个人"（individual manqué）。现代大众社会的中心便是这类反个人（anti-individual），从其身上我们也能看到新型监护国家的兴起。对迷失的个人而言，自由与其说是一个有待探索的状态，不如说是一个需要逃避的重担。尽管这类新型反个人的基础能在刚被解放的工人阶级身上发现，但奥克肖特更少运用社会学术语，而更多地用道德和心理学术语来描述这一现象。位于这一安排核心的是羡慕、嫉妒、愤怒和憎恨的情感。"现代欧洲社会中出现的'大众'，"奥克肖特写道，"并非由个人所组成：他们是由因对个体性反感而联合在一起的'反个人'所构成的……'反个人'拥有的是感受而非思想，冲动而非意见，无能而非激情，只是模糊地意识到自

---

① Michael Oakeshott, "The Masses in Representative Democracy," in *Rationalism in Politics and Other Essays* (Indianapolis: Liberty Press, 1991), 363−383.
② Oakeshott, "The Masses in Representative Democracy," 364−370.

己的力量……'反个人'必须被告知就什么进行思考：他的冲动必须被转换成诉求，再将诉求转换成计划：他必须对自己的力量有所认识；而这些都是他的领导者的任务。"①

现代反个人同样需要新形式的政治组织，这种组织提供的并非自由，而是安全和保护。奥克肖特将现代监护国家追溯至宗教改革时期的"圣王"以及18世纪的"开明专制君主"，但正是社会主义运动提供了社会团结的新愿景，并将其作为现代自由状况的解药。从此以后，政府不再被认为是提供了形式上的保证以对抗对个人自由的任意侵犯，而被认为是一具用来满足"实质性"需求和欲望的引擎。它的角色类似于公共利益的建筑师或看护者。议会不再被认为是一个辩论的集会而被认为是一个"工坊"，在其中政治上的统治变成了"管理"和"领导"。②在这一形象的极端版本中，奥克肖特将现代管理型国家比作医院，将公民比作需要持续照顾和关注的病人。

治疗型国家的形象同样具有植根于人性观念之中的漫长谱系，并被可朽、罪、罪恶和骄傲等术语加以不同的描述。现代治疗型国家同现代科学，尤其是社会科学的兴起紧密相连，后者将自己表现成能够治愈容易染上疾病的社会的唯一手段："治疗者们因他们的技艺而同他们的病人区别开来；如今他们是社会学家、社会心理学家、精神科医生、团体治疗师，以及所谓'受过训练的社会工作者'，而他们的介入手段是'辅导''行为工程学'以及'行为纠正'……简而言之，尽管'开明'政府的统治对象被认为是有些愚钝的孩童，充满无知，容易变得懒惰和愚蠢，且需要指导、规训和管理，但在这儿他们却被认为

---

① Oakeshott, "The Masses in Representative Democracy," 373.
② 见 Oakeshott, "The Masses in Representative Democracy," 376–379.

是需要接受'治疗'的'不安分'患者。"①奥克肖特这一新型监护国家的形象也许受到安东尼·伯吉斯（Anthony Burgess）所著《发条橙》（*A Clockwork Orange*）的影响，这部小说为托克维尔首先发现的那种温和专制主义提供了令人害怕的证词。

结论

《论美国的民主》所提出的问题是："将来的民主制将会采取何种形式？"民主制是否相对而言是开放和自由的，又或者是集权和专制的？它将是自由放任的，抑或是平均主义的？民主制的两种形象代表了蕴含在现代历史中，甚至是人性自身中的两种冲突的倾向，一方面偏好自由和多元主义，另一方面则偏好平等和一致性。哪个将成为统治性的趋势？托克维尔对此并无定论，但行政集权的倾向在这两者中似乎更强有力。所有权力的明显和有意识的集权化已通过多种途径展开。这是一项持续数世纪的进程的结果，这一进程从旧制度的核心开始，但迄今它从笛卡尔以来现代哲学的某些特定分支，以及这些特定分支为了掌握和控制生活的方方面面而进行的尝试中汲取了力量。

托克维尔的两种民主制与其说是社会学研究，不如说是对两类完全不同的人的心理学研究，两种不同的人性的研究［II. IV.7（675）］。托克维尔是伟大的道德心理学家之一，他分析了政治制度对个人施加了何种行为，以及这些制度对人性有何影响。未来的民主制将会产生何种人类？这两种相互冲突的民主制倾向同样表述了两种相反的对灵魂的安排，一个追求变得强

---

① Michael Oakeshott, *On Human Conduct* (Oxford: Clarendon Press, 1975), 310.

大、骄傲和独立,另一个则寻求免于真实的或被感知到的伤害,对于后者来说**怨恨**的微小种子蕴藏着不宽容,不仅是对优越性的不宽容,还有对多样性的不宽容:"不必隐讳,我们描述的社会情况既易于产生上述后果中的前者,又易于产生其中的后者。实际上,有一种要求平等的豪壮而合法的激情,在鼓舞人们同意大家都强大和受到尊敬。这种激情希望小人物能与大人物平起平坐,但人心也有一种对于平等的败坏的爱好:让弱者想把强者拉下到他们的水平,使人们宁愿在束缚中平等,而不愿在自由中不平等。"[I.i.3(52)]

托克维尔的担忧是——就像哈茨、阿伦特以及奥克肖特的担忧一样——民主制并没有找到防御手段以对抗盲从精神和民主专制主义的危险。然而托克维尔并没有放弃民主制,这恰恰是因为他同丘吉尔(Churchill)一样,知道它相较其他选择而言更为可取。正如托克维尔在写作时所做的那样,他希望从民主自身最糟糕的倾向中将民主解救出来。他之所以拒绝成为民主的谄媚者,恰恰因为他是民主的朋友。①

---

① Leo Strauss, "Liberal Education and Responsibility," in *Liberalism Ancient and Modern* (New York: Basic Books, 1968), 24.[译按]中译本见施特劳斯著,"自由教育与责任",《古今自由主义》,马志娟译,南京:江苏人民出版社,2012。

第 11 章

福楼拜和反资产阶级美学

> 法国的心理学家——此外今天哪里还有心理学家哟?——在对那些资产阶级愚蠢(bêtise bourgeoise)辛辣而花样百出的戏弄上,总是不曾尽兴……比如福楼拜,这位纯粹的鲁昂市民,最终再也不会看到、听到和嗅到任何别的东西。[1]
>
> ——弗里德里希·尼采

不论就"政治小说"这个表述的何种明显的意义而言,《包法利夫人》都不是一部政治小说。[2] 不同于以 1848—1851 年剧烈的革命动荡时期为背景的《情感教育》(A Sentimental Education),《包法利夫人》甚至从未间接提及当时的任何政治事件。这是一部关于通奸的小说,时间地点为 19 世纪中叶的法国小镇。

故事的情节再简单不过。爱玛·卢欧(Emma Rouault)是

---

[1] 引自 Friedrich Nietzsche, *Beyond Good and Evil*, trans. Walter Kaufmann (New York: Random House, 1966), no. 218。

[2] Gustave Flaubert, *Madame Bovary*, ed. and trans. Paul de Man (New York: W. W. Norton, 1965); all references to this volume will be provided in parentheses in the text. 之后对此文的引用以页码形式标出。[译按]中译本见福楼拜著,《福楼拜文集第一卷:包法利夫人》,李健吾等译,北京:人民文学出版社,2014。

第 11 章　福楼拜和反资产阶级美学　317

一位来自法国北部诺曼底的富农的女儿。小说开始后不久，她同查理·包法利（Charles Bovary）医生结婚了，查理之所以前来是为了治疗她父亲摔断的腿。与一位外省医生的婚姻被证明不合爱玛的口味，而她很快便对查理感到厌烦，并对他们所共有的孩子感到不满。爱玛开始了两起通奸，其中的一起是与罗道耳弗·布朗热（Rodolphe Boulanger），而另一起则是与赖昂·迪皮伊（Léon Dupuis）。她有着奢侈的品味，并且很快就发现自己深陷债务，而这远非她丈夫的绵薄之力所能偿还。绝望之中，她服下砒霜自杀身亡。故事就此结束了。

尽管情节十分平庸——这种平庸很大程度上是有意为之——但《包法利夫人》却是一部对特定时代做出了深度描绘的著作，这一时代曾被卢梭预见，并被托克维尔加以分析，在伟大的资产阶级革命之后到来。《包法利夫人》是一部专注于启蒙及法国大革命两者的种种后果的小说，法国大革命许诺终结建立在王权与圣坛上的旧制度，并建立起以进步、科学和人的权利等观念为核心的新社会。福楼拜认为，这么做的结果便是一个丑陋、浅薄和愚蠢的时代。正如我们将看到的那样，福楼拜对启蒙的回应与其说是政治上的，不如说更多是美学上的。这部小说是福楼拜针对资产阶级新时代的平庸而发出的衷心呼吁（cri de coeur）。①

同托克维尔一样，福楼拜也是诺曼人，于 1821 年出生在鲁昂。但是，托克维尔来自一个古老的贵族家庭——在一封信中他称自己可追溯自己的祖辈一直到诺曼征服——而福楼拜则是一位医生的儿子，他的父亲阿希尔-克莱奥法斯·福楼拜

---

① 关于将福楼拜安置于其所处时代潮流中的尝试，见 Pierre Bourdieu, "Flaubert's Point of View," trans. Priscilla Parkhurst Ferguson, *Critical Inquiry* 14 (1988): 539–562。

（Achille-Cléophas Flaubert）是鲁昂一家医院的院长，而他的父亲可能是拉里维耶尔博士（Dr. Larivière）的原型，这位医生在爱玛生命垂危时曾照料过她。在转向文学之前，福楼拜是一名平平无奇的学生，在巴黎短暂地学习过法律。在1851年他三十岁的时候，他开始创作《包法利夫人》，这部著作于1856年出版。这部小说的核心是关于通奸的故事，而这立即使得福楼拜卷入了全国性的丑闻之中。公众对这一作品的反应在福楼拜的预料之中，这证实了他关于同时代人狭隘和庸俗的信念。

福楼拜自己的人生既不浪漫，又不跌宕起伏。他与诗人路易丝·科莱（Louise Colet）发展了一段长期的男女关系，他称她是自己的缪斯女神。他们常年在鲁昂的一家旅馆定期幽会，而这也许是他描写爱玛与赖昂会面的灵感来源。福楼拜在埃及和北非度过了18个月，在那儿他频繁光顾妓院，之后因梅毒毁容后回到了法国。他从未结过婚，他的艺术是他唯一的伴侣。

《包法利夫人》是福楼拜最伟大的成就，它的特点是对福楼拜本人所成长于其中的那个时代的深刻的厌恶感。这是一个资产阶级的时代，他不仅用资产阶级这一术语来形容沾沾自喜和欣欣向荣的中间阶层们——在书中的典型代表是药剂师郝麦（Homais）——还用它来形容让他感到狭隘和粗俗的一切事物。当他的朋友，艺术评论家泰奥菲尔·戈蒂耶（Théophile Gautier）于六十一岁去世时，他评论称他死于对近代愚蠢的摄入过量。[1] 论起鄙视资产阶级的猛烈程度，只有马克思和之后的尼采才能够与福楼拜相匹敌。但是，他对资产阶级的攻击更多

---

[1] Flaubert to his niece Caroline, October 25, 1872, in *The Letters of Gustave Flaubert, 1857-1880*, trans. Frances Steegmuller (Cambridge, MA: Belknap Press of Harvard University Press, 1982), 196.

是美学上的而非社会或政治上的。最令福楼拜感到震惊的是这一时代彻头彻尾的平庸。"我对自己这一时代的愚蠢感到一阵阵的仇恨,"他在一封信中写道,"他们令我窒息。粪便不断地涌到我嘴里,就仿佛得了绞窄性小肠疝气(strangulated hernia)一样。我要将它调成糊状并且糊在19世纪这堵墙上,就像他们在印度佛塔外涂上牛粪一样。"[1]福楼拜唯一的逃脱方式就是通过自己的艺术。《包法利夫人》既是对他所处时代的表达,也是福楼拜试图逃离这一时代的尝试。

《包法利夫人》是福楼拜试图表达这个资产阶级时代的尝试,他认为资产阶级正在成为——或者说已经成为——他所处时代的支配性角色。他是个出了名的完美主义者,会耗上几天,甚至有时是几个月来处理最小的场景,以捕捉资产阶级生活和语言所具有的节奏。他在写给路易丝·科莱的一封信里,提到了这本书的写作是多么困难:

> 我的《包法利夫人》给我带来多少麻烦啊!不过,我开始看到一点自己的道路了。我的人生中再没有什么东西比我现在在做的事更困难了——琐碎的对话……有时候我都想哭;我感到太无力了。但我宁死也不愿把这本书写砸了。我必须同时在同一段对话中描绘五六个角色(对话者),同时还要描述其他几个人(对话所讨论的对象),描绘对话所处的场景,描绘整个城镇,对各地居民和各个物件进行物理性的描述,而在所有这些中间,我还必须展示

---

[1] Flaubert to Louis Bouilhet, September 30, 1855, in *The Letters of Gustave Flaubert, 1830–1857*, trans. Frances Steegmuller (Cambridge, MA: Belknap Press of Harvard University Press, 1980), 217.

一位男人和一位女人［因品位上的相似而］开始有点相互了解。只要我有空间……我将会通过对整个场景的一系列素描，来快速地描绘所有事物。通过不断的调整，或许我能将所有一切都融合到一起。语言本身就是一块巨大的绊脚石。我的角色们完全都是普通而常见的，但他们却必须以一种文学的风格说话，而语言上的文雅让他们表达自身的方式失去了多少画面感啊！①

福楼拜和他笔下最著名的主角之间的关系到底是什么？常见的做法是将爱玛的故事解读为一个易受欺骗的受害者的故事。在揭露爱玛的浪漫幻想以及她在一个无爱的世界寻找浪漫的失败尝试时，福楼拜是无情的。她是自欺的典型受害者。然而同时，在作者和他的作品之间同样有着一种很强的个人认同：这是一种几乎是皮格马利翁式的转变。或许福楼拜在他的作品中最令人难忘的宣言便是"包法利夫人，她就是我"（Madame Bovary, c'est moi）（302）。爱玛所犯的错误便是福楼拜在尝试寻找某个脱身方式，寻找某个抗议的细微声音时所犯的那些错误，而这一细微声音对抗的则是他所认为的这个时代令人窒息的一致性。

爱玛不是一位受害者而是一位英雄，甚至是一种原初女权主义的英雄，这一观点在汤姆·佩罗塔（Tom Perrotta）的小说《小孩子》（Little Children）中便有所暗示。② 这一著作复述了爱玛·包法利的故事，并将故事置于波士顿的一个中产阶级郊

---

① Flaubert to Louise Colet, September 19, 1852, in *The Letters, 1830–1857*, 170.
② Tom Perrotta, *Little Children* (New York: St. Martin's Press, 2004).［译按］中译本见佩罗塔著，《小孩子》，夏思衡译，北京：作家出版社，2009。

区。故事的女主人公莎拉·皮尔斯（Sarah Pierce）——在改编电影中由凯特·温斯莱特（Kate Winslet）出演——被困在一场没有爱情的婚姻之中，并且有一个她不能理解的孩子。她的丈夫并不是医生而是个计算机分析师，沉溺于一个名为"放荡的凯"（Slutty Kay）的互联网成人网站。莎拉正在与一个在社区游泳池相遇的壮汉邻居偷情。她害怕一位名叫玛丽·安（Mary Ann）的女邻居，这位女邻居正是资产阶级可敬之处的化身——踌躇满志，充满自信，确信自己的观点，而她的所有观点都是从拉什·林博（Rush Limbaugh）的电台节目那里获得的。在一个自我指涉性质的奇妙时刻，莎拉和玛丽·安都受邀参加一个邻里读书小组，在小组中几个年长女性正在阅读《包法利夫人》。拥有英语文学硕士学位的莎拉对聚会感到不安，尤其是当她发现她的克星玛丽·安也会参加的时候。玛丽·安立刻对爱玛的不忠表示愤怒，而只有在此刻，莎拉突然找到了开口说话的勇气：

"我想我能理解你对这本书的感受。我自己过去也与你想的一样。"她环顾在座各位，注视每一位更年长的女性的眼睛。成为关注中心的感觉不错；甚至还有点有趣。"大学读这本书时，包法利夫人简直像是个傻瓜。她嫁错了郎，犯下一个又一个愚蠢的错误，活该落得那种下场。但是当我这次重读时，我简直爱上了她。"

玛丽·安嗤之以鼻，不过女士们看起来兴致勃勃。琼自豪地微笑，像是在提醒大家莎拉出现在这次讨论会上是谁的功劳。

"我的教授一定会杀了我，"她接着说道，"但是我忍不住还想走得更远,就她那种奇特的道路而言,爱玛·包法利是一个女权主义者。"

"真的吗?"布蕾吉听起来将信将疑。

"她被困住了。她要么接受悲惨的命运,要么奋起反抗。她选择反抗。"

"真是不错的反抗,"玛丽·安说道,"与每个萍水相逢的男人跳上床。"

"最终她失败了,"莎拉承认,"但是在她的反叛中存在着一些美好和英雄的事物。"

"多么方便啊,"玛丽·安注意到,"所以欺骗丈夫就可以让你成为一位女权主义者。"

"这不是欺骗。这是对另一种人生的渴求。这是拒绝接受不幸。"

"我想我没有读懂这本书。"玛丽·安用一种貌似谦卑的口吻说道。[①]

现在让我们转向小说吧。

浪漫主义的幻觉

一个人的人生能够被他或她所阅读的著作所塑造吗?福楼拜显然认为可以,这就是他为何以爱玛的教育——尽管并不是在字面意义上的——作为《包法利夫人》的开篇。没有多少作者像福楼拜一样精确地描述他们笔下角色的文学品味。爱玛的

[①] Perrotta, *Little Children*, 194-195.

教育始于修道院学校,她被她的父亲送到那儿。或许我们了解到的关于她的第一件事便是,她是一位阅读者。爱玛对书籍的初始选择,以及她观察到的存在于想象的色情与性的世界与她实际经验的现实之间的巨大差异,预示了爱玛之后的所有麻烦。

爱玛在文学上的品味属于那一时代的浪漫主义高峰时期。她阅读《保罗和弗吉尼亚》(Paul and Virginia),一部由卢梭的门徒创作的流行小说,小说的内容是两个孩子远离社会的侵蚀性影响,在与世隔绝的荒岛上成长(24)。在一开始,爱玛梦想自己可能加入修道院。她被教会的神秘主义所吸引,但她发现自己更被沃尔特·司各特爵士(Sir Walter Scott)的历史小说以及他的哥特式浪漫爱情故事所吸引。她如饥似渴地吞下小说、诗歌、伤感的歌曲,以及爱情故事。她喜欢圣女贞德(Joan of Arc)、爱洛伊丝和阿涅丝·索雷尔(Agnès Sorel)等"出名或者不幸的妇女"。在她母亲死后,她把自己想象成一位拉马丁(Lamartine)作品中的悲剧女主角。修女们耐心地教导她,但她们很快感觉到她正在从她们身边溜走。当她准备离开修道院时,她经历了自己的第一次幻想破灭,也可以说是她的第一次信仰危机。女修道院院长甚至认为她对修道院共同体缺乏尊重。她"反抗信仰的神秘,就像因为院规同她的性情格格不入而反抗院规一样"(28)。爱玛或许是首位无因的反抗者。

接下来,爱玛希望婚姻能够给她带来教会和宗教所未能提供的事物。她想要探究"欢愉、激情和狂喜"这些字眼在生活中有何含义,此前她只在书中读到过这些词。她与无能的查理·包法利的婚姻是文学史上最不相配的婚姻之一,甚至他的名字包法利(Bovary)——同"像牛一样"(bovine)这个词相像——也在暗示迟钝和愚蠢。

查理是个卫生官员（officier de santé）——并不完全是真正的医生，而更类似于医生助理——他被叫到卢欧农场以治疗爱玛父亲摔断的手。查理是一个闷蛋，不过骨折很容易治好，而他也让自己融入了这个家庭。关于爱玛，他首先注意到的是她雪白的指甲，于是他开始频繁拜访这家人。然而，事实证明与其说查理是狩猎者，不如说他更多是猎物。在他的一次拜访中，爱玛精心制造了一个优美撩人的诱惑场景："她按照乡间风俗，邀他喝酒。他不肯，她一定要他喝，最后一面笑，一面建议他陪她饮一杯。于是她从碗橱找出一瓶橘皮酒，取下两只小玻璃杯，一杯斟得满满的，一杯等于没有斟，碰过了杯，端到嘴边喝。因为酒杯差不多是空的，她仰起身子来喝；头朝后，嘴唇向前，脖子伸长。她笑自己什么也没有喝到，同时舌尖穿过细白牙齿，一点一滴，舔着杯底。"（16）不用说，查理上钩了。

爱玛梦想着一场有着火炬手的，场面宏大的午夜婚礼，却得到了一场乡村婚礼，婚礼上来了43位客人，宴席持续了16个小时。婚礼结束后第二天，福楼拜满怀恶意地注意到，"大家简直把他［查理］看成昨天的女郎，而新娘子若无其事，讳莫如深"（21）。过了没多久爱玛便感到无聊了。查理对妻子需求的完全无视很快便激怒了她。他对于他们的婚姻非常满意，而且更糟糕的是，他认为爱玛也很满意。"查理的谈吐像人行道一样平板，见解庸俗，"福楼拜写道，"如同来往行人一般，衣着寻常，激不起情绪，也激不起笑或者梦想。"（29）

爱玛期待能够在做爱这个生活领域中找到些许她所渴望的"欢愉、激情和狂喜"，但是她却发现这是沉闷和例行公事的。"查理的激情不再那么热烈了，"福楼拜写道，"他的情感爆发变得有规律；他在某些固定的时间吻抱她。这是许多习惯之中的一个习惯，就像晚餐单调乏味，吃过以后就晓得上什么甜点一样。"（31）爱玛开始感到神经抑郁，被一种自我诱发的疑病症所折磨。在书中稍后的地方，她的女仆告诉她，另一个女人也有类似的症状，只不过在她结婚以后症状便停止了。"不过我呀，"爱玛评论道，"我是嫁人以后得的。"（78）

爱玛幻想的最终破灭，是在她和查理受邀参加的一次正式舞会期间。舞会在渥毕萨尔庄园举行，这座庄园的主人是一位试图在国民议会中争取政治职位的地方贵族。在这儿，爱玛得以首次瞥见旧贵族的世界，之前她只在书中读到过这方面的内容。侯爵和他的夫人甚至屈尊亲自迎接这对年轻夫妇，表明了某种同社会平等相关的新时代风气。在先前，他们根本不可能受到邀请。在晚宴桌上坐着一位大革命前的贵族，爱玛只能痴痴地望着他：

> 酒席上座是一个老头子，独自坐在全体妇女中间，伏在他的满盘菜上，饭巾挽在后背，仿佛一个小孩子，一面吃，一面嘴里一滴一滴流汤汁。眼睛有红丝。他戴的小假发，用一条黑带子系牢。他是侯爵的岳父拉维迪耶尔老公爵（the old Duke de Laverdière），曾经一度得到阿图瓦伯爵（the Count le Vaudreuil）的宠幸，据说他……曾做过王后玛丽·安托瓦奈特（Queen Marie Antoinette）的情人……他一辈子荒唐，声名狼藉，不是决斗、打赌，就是抢夺妇女，荡尽财产，害得全家人担惊受怕。他期期艾艾，指着盘子问，椅后一个听差，对着他的耳朵，大声告诉他菜的名目。爱玛不由自主，时时刻刻，望着这耷拉着嘴唇

的老头子,像望着什么不同凡响的庄严事物。他在宫里待过,王后床上睡过!(34–35)

没有什么能够比想象与现实之间的这一对比更加生动。桌旁坐着的是个食物沿着下巴往下流的老头子,但是爱玛看见的却是她所向往的世界的缩影。没有什么能够比笨拙的查理与舞会上的其他优雅男人之间的对比更刺眼了。同舞会上的灰姑娘一样,爱玛知道她在这儿的时间有限。当第二天他们的小马车在回家路上抛了锚,而且他们回到家晚餐尚未准备好时,她被拉回了现实世界。很快,整个事件就不过变成了一段遥远的记忆罢了。

启蒙的幻觉

福楼拜真正鄙视的对象并非爱玛的妄想,福楼拜对于她的妄想有着些许真正的同情;他真正鄙视的是郝麦的中产阶级愚蠢,郝麦是当地的药剂师,并且是永镇(Yonville)公民振兴运动的狂热推动者,而包法利夫妇搬到永镇,是因为他们希望这里的医生能够治愈爱玛的身体不适。郝麦是福楼拜著作中的反面人物,不是因为他做了什么——我们几乎可以说他什么都没做——而是因为他所代表的事物。他的观点是其时代截面的一种具体化。他**就是**新世界的代表,一个没有想象力的人,只能重复最空洞的老生常谈。他是一位典型的小镇上的令人厌烦之人。福楼拜带着一种恶意的快感嘲弄这些小镇上的公民振兴运动的推动者和参与者,而托克维尔认为他们是中产阶级民主的支柱。

《包法利夫人》当然是一部关于阶层上升流动的小说。在他们位于道特（Tostes）的第一个家里，包法利夫妇看见旧贵族正在衰落，但在他们位于永镇的新家里，他们看见资产阶级新贵处于自身的上升过程之中。当包法利夫妇到达他们的新家时，首先吸引他们注意的是郝麦的药店。作者选择这一职业并不是偶然。福楼拜是一位医生的儿子，而这部小说充满了对科学和医疗步骤的经常很详细的描写。郝麦是某种低水准的科学家，并且是公共卫生的有力支持者。他对公共酗酒事件感到生气，并且希望在市政厅大门的木板上公示所有被指控酗酒的人的姓名（110）。作为坚信道德进步可以由科学进步实现的人，他是一个热切的伏尔泰主义者，是启蒙运动的产物和信徒，满嘴都是过去那个世纪的陈词滥调。"我的上帝"，他断言道，"就是苏格拉底的上帝、富兰克林的上帝、伏尔泰和贝朗热（Béranger）的上帝！我拥护《萨瓦牧师的信仰自白》(the Profession de Foi du Vicaire Savoyard) 和八九年的不朽原则"，并同时引用了卢梭的《爱弥儿》和《人权宣言》(the Declaration of the Rights of Man and Citizen)（55）。永镇似乎是启蒙运动和法国大革命中的伟大英雄们和各种史诗斗争的葬身之所。

当郝麦首次被介绍给读者时，他正在地方客店内高谈阔论。他正兴致勃勃地向客店店主勒弗朗索瓦太太提出建议，讨论购买新台球桌的必要性。"必须跟着世道走。"他劝诫女店主，表明自己既是进步的又跟得上时代。他很快就开始打量查理，并开始大肆炫耀自己关于公共卫生状况的知识。在一次试图将年轻的医生拉到自己一边的尝试中，他警告查理，称永镇的人们仍旧充满偏见和迷信，而让他们摆脱自身的古老习惯将是一场持续性的斗争。

郝麦是启蒙运动的坚定拥护者,他相信科学知识的传播将有助于幸福和减少人类痛苦。他吹嘘称自己向一本科学期刊提交了一篇题为《论苹果酒及其酿造与效用,以及关于此主题的新见解》(Cider, Its Manufacture and Its Effects, Together with Some New Reflections on the Subject)的学术论文。他甚至曾经是著名的鲁昂农学会成员(96)。狄德罗的《百科全书》曾怀有想要收集和分类所有知识以实现人类进步改善的伟大梦想,这一梦想如今却降格成了郝麦关于苹果酒制作的论文!

作为一名大革命原则与进步时代的伟大信徒,郝麦同样坚决地反对教会。他从不会错过任何一个攻击当地的布尔尼贤神父(Abbé Bournisien)的机会。郝麦抱怨称,是神职人员玩弄权术,才使人们无法摆脱无知和迷信。就事实而言,教区牧师同郝麦一样沉闷和愚蠢。他们两人就完全是阿方斯和加斯顿(Alphonse and Gaston)。在一个重要时刻,当爱玛开始考虑出轨的时候,她到牧师那儿寻求帮助。"我感到很难受。"她向牧师倾诉道。"我也是。"牧师回答道,以为她指的是夏日的炎热。在后续的对话中,牧师将她焦虑不安的表现误认成消化不良的症状,并建议她喝点茶。对于灵性和灵魂,他并不比郝麦有更多的理解。这是个喜剧化的误解场景,但正是这一误解让爱玛回到家中并做出了不可饶恕的残忍行为(80-82)。

福楼拜的重点是,宗教带来的安慰同关于进步的陈词滥调一样虚伪和令人厌恶。启蒙和旧制度是彼此的镜像。在书中某个为数不多的用力颇猛的时刻,当郝麦和牧师在临终的爱玛床边开始一场荒谬的争论时,作者直接表露了这一观点。"读伏尔泰和霍尔巴赫吧。"郝麦对牧师说。"读《基督教辩》(The

Meaning of Christianity）吧。"牧师回应道。牧师在房间内泼洒圣水；郝麦则用含氯药水泼洒地板。两人隔着房间相互对视，只有爱玛的尸体将两人分隔开来。最后他们达成了某种相互理解。"我们会有一天相互了解的。"牧师对郝麦说道，同时拍了拍他的背（244）。这两个人完全有可能最后成了福楼拜未完成的教育小说《布瓦尔和佩库歇》(Bouvard and Pécuchet) 中两个主角的原型。

通奸

当爱玛和查理进入永镇时，这一著作的气氛变得充满了性意味。当查理和郝麦喋喋不休地说着那些伪科学的陈词滥调时，爱玛开始同一位名为赖昂·迪皮伊的帅气年轻的法律文书搭讪。过不了多久他们便开始讨论旅行、音乐和文学。赖昂承认自己对诗歌特别偏爱，因为它更容易感人泪下（59）。他谈论在生活的所有失望之中，文学所能带来的乐趣。看起来爱玛似乎终于找到了她的灵魂伴侣。

当赖昂离开永镇前往巴黎学习时，爱玛对赖昂的爱落空了，但当一个名叫罗道耳弗的男人出现在医生家里时，她却准备好了陷入情网。某天早上，爱玛看到一个穿着绿色天鹅绒夹克、戴着黄色手套的人正走在小路上。他就是于歇特的罗道耳弗·布朗热（Rodolphe Boulanger de la Huchette），为了一位生病的仆人来咨询医生。他三十四岁，并且是永镇旁边一处相当大的地产的主人，他刚一见到爱玛，就开始策划自己要如何诱奸她了。他的衣着和仪态表明他是一位典型的公子哥，一位玩世不恭的花花公子，他深谙世故，并且引诱女人很有一套（尽管他的名字实际上的意思是"面包师"）。他首先注意到的是爱玛美丽的白手臂。他立即细细列举了爱玛身上的所有吸引人之处：牙齿美，眼睛黑，身材美妙。她同查理这样的笨小子在一起又会做什么呢，他不禁想。

诱奸爱玛一事发生在农业展览会的背景之下，而这也是整部小说最令人难忘的场景之一。这一场景意在凸显下述现象的滑稽荒谬，即新时代的主张与它所创造的丑陋现实之间的巨大差异。这一场景始于对房子中挂出的三色旗的描绘，三色旗是法国大革命的标志，而大革命距那时已过去了50多年。市政厅是一座纪念碑，旨在象征新世纪那些伟大的进步理想：商业、农业、工业和艺术。在这幅洋溢着爱国感情的图景之前，人们却看见一个衣衫褴褛的孩子用绳子牵着一头牛（98）。

我们听到的第一段对话，是令人难以忍受的郝麦正在就科学耕作的好处向几位倒霉的家庭主妇说教。与此同时，州行政委员正在就进步的有利影响发表一篇空洞演讲。他描绘了一幅农民和农业工人为了文明的成就而斗争的英雄画面。"处处商业繁盛，艺术发达，"州行政委员向他的听众滔滔不绝地说道，"处处兴修新的道路，仿佛国家添了许多新的动脉，构建了新的联系。"（102）他宣称农业的美德是文明的基础。"你们是农民和农业劳动者！"他继续说道，"你们是完全为文明而工作的和平先驱。"（103）

在这个背景下，我们听见罗道耳弗诱惑爱玛的一番说辞，在这段宣讲中，福楼拜戏仿了那一时代所有浪漫主义的陈词滥调。"总是'义务'，我听也听腻了。"罗道耳弗抱怨道，"仿佛真正的义务不是感受高贵的事物、珍爱美丽的事物，而是接受所有社会习俗以及其所强加给我们的假仁假义一样。"(103-104)爱玛并没有被完全说服。难道我们不是必须遵守社会通行的道德、听从他人的意见吗,她问道。"啊!但是却存在着两种道德,"罗道耳弗解释道,"一种是渺小的道德,小人物的道德,它因时而异、目光如豆,却吵吵嚷嚷、低级庸俗,就像你眼前看到的这群蠢家伙一样。另一种则是永恒的道德,这种道德就在我们周围,也高于我们,像风景一般环绕我们,碧天一般照耀我们。"(104)对其他任何人来说,罗道耳弗话中的虚伪都是显而易见的,但爱玛却是透过她读着长大的浪漫小说来理解这些话的。罗道耳弗所说的正是浪漫主义全盛时期流行的那种套话,而这些话同台上进行的官方演讲是一样的陈词滥调。

正在罗道耳弗说着这些虚伪和操纵性的话语的时候,我们能听到奖项正在被颁发给在家猪与肥料展览中获得第一名的人。一个老女人因为在同一间田庄中干了50年粗活而被授予一枚价值二十五法郎的银质奖章。当她怯生生地靠近展位以接过她的奖品时,"干了半世纪劳役的苦婆子,就这样站在这些喜笑颜开的资产阶级面前",福楼拜写道(108)。收到奖章后,她的第一反应是将其交给牧师来做一场额外的弥撒。对整个场景的描绘似乎意在同时激起欢笑和绝望。

整部著作中最重要的事件便是爱玛和罗道耳弗的通奸。她由阅读小说而开始的败坏,如今以她在婚姻中的不忠而结束。爱玛想象自己是一部她曾读过的小说的女主角["这些淫妇多感善歌,开始成群结队,在她的记忆之中咏唱"(117)]。她送各种礼物给罗道耳弗,但是罗道耳弗刚一赢得他所渴望的对象,便开始厌烦这一关系。"这是一种不可理喻的依恋,她对他一味倾倒,自己则是艳丽妖娆。"(138)爱玛在这一关系中投入了自己所有对浪漫的渴望，而作为一个厌倦了的放荡者，罗道耳弗则开始觉得无聊。"这话他听了千百遍，"福楼拜写道，"丝毫不觉新奇。爱玛像他所有的情妇一样，她身上那种由新鲜感所散发的魅力像一件衣服一样渐渐消退，显示出激情永远都是千篇一律的。"（138）在他的教导下，爱玛的最后一点斯文也荡然无存了。"他嫌所有廉耻掣肘，"福楼拜写道，"待她不但没有礼貌，还把她训练成了一个又服帖、又堕落的女人。"（138）罗道耳弗一直诱骗着爱玛，但当爱玛开始明确地表示自己打算与他私奔时，他却设计自己独自离开小镇而甩掉了她。爱玛悲痛欲绝。

几个月的休养之后，爱玛开始了与法律文书赖昂的另一段偷情关系，此时赖昂刚刚从巴黎回来。他们在鲁昂的剧院偶遇，因为一直很体贴的查理带她去看一场名为《吕西·德·拉麦穆尔》（*Lucia de Lammermoor*）的演出以帮助她恢复。在首都度过一段时间后，赖昂克服了先前的害羞，而两个人很快便开始在鲁昂的某个宾馆房间里见面。尽管在同罗道耳弗的关系中爱玛是学生，如今她在同赖昂的关系中却扮演了主导的角色。"她又是笑，又是哭，又是唱，要冰冻果子露（sherberts）喝，要香烟吸，他嫌她放肆，可又觉得她娇娆动人，出尘绝世。"（200）爱玛如今已成为败坏的发起者。"他从未质疑她的想法，"福楼拜写道，"他接受她的一切品味；与其说她是他的情妇，不如说他是她的情夫。"（201）

两个人很快开始相互厌倦。赖昂收到一封匿名信，警告他称如果他继续与一名已婚女子幽会，他的法律生涯将会受到损害。在此时，他早些时候对音乐和诗歌的迷恋已让位于无趣的职业主义（在今天他或许会是一名刚毕业的研究生，在麦肯锡担任一个入门级的咨询职位）。而对爱玛来说，她发现自己误判了赖昂。在他的外表之下，隐藏着的不过是另一个沉闷的资产阶级灵魂，同查理无异。"她腻味他正如他厌倦她，"福楼拜写道，"爱玛再次在通奸中发现婚姻所具有的平淡无奇。"（211）

在同赖昂分手后，爱玛很快就陷入了穷途末路。通过向一位名为勒乐（L'Heureux）的商人赊账，她过着超出自己所能负担的生活已经有一段时间了，而这位商人的名字可以被翻译为快乐先生（Mr. Happy）。当借款逾期时，她试图向罗道耳弗求助，而他却拒绝了她——就像所有从她的挥霍无度中受益的人那样。当她的房子和家具将要被查封并被公开拍卖时，爱玛跑到药房中，吞下了砒霜。可怜的查理完全不知道发生了什么事。爱玛痛苦的垂死挣扎由于医疗上的无能而被延长了。在她生命的最后一刻，也即当她接受牧师的临终涂油礼时，她听到了房屋窗外一位面部被严重毁容的盲人乞丐的歌声。"瞎子！"她喊道，而乞丐可怕的面容成了她人生的最后一瞥。

在她死后，查理被彻底打垮了。作为向他妻子表达怀念的一种奇怪方式，他也开始受到爱玛挥霍行径的影响。他买了双漆皮靴子，戴上了白色领结，并且开始吸烟。"她死了以后还败坏他。"福楼拜写道（250）。然而当查理发现爱玛的一捆情书时，他完全崩溃了。他的死并没有明显的原因，或许是由于心碎，而他们的孩子则被送进一家棉花厂工作。在这段时间里，郝麦发达了。郝麦的胜利代表了资产阶级的最终胜利——也即所有被福楼拜认为是沉闷、平淡和愚蠢的事物的胜利。他是之后尼采所谓的"末人"的完美实例。整部著作的最后一句话是："他新近得到十字勋章。"（255）

福楼拜如何看待爱玛的决定？关于他充满鄙视地描写的那

场婚姻,以及关于他拒绝谴责的通奸,他的看法是什么?正是通奸这个题材让这一著作的同时代读者感到最为不满。然而福楼拜以一种一丝不苟的态度——或者有人会说一种临床医学般的客观性——来对待他的主题,拒绝传达道德判断,无论是褒扬还是谴责。爱玛似乎引起了福楼拜的同情——她对逃离使她难堪的丈夫以及乏味的外省生活的渴望——但福楼拜同样认为她的通奸是一种想象力缺乏和虚伪的症状,而这正是他所谴责的。正如达恰·马拉伊尼(Dacia Maraini)所提出的,福楼拜对通奸的态度恰巧同天主教会的态度相反。天主教会谴责罪行而原谅犯罪者,而福楼拜则谴责犯罪者却原谅这一罪行。[①]

福楼拜笔下这一家庭的悲惨景象——他声称爱玛在通奸中找到了所有属于婚姻的陈词滥调——是对卢梭的间接回应,卢梭在《爱弥儿》中尝试在浪漫爱情的基础上重新创造家庭。卢梭在爱情中发现了一种将男人、女人和他们的后代联结起来的基础,而这一基础能够在人与人之间架起桥梁,并再次将我们变得完整。而托克维尔在《论美国的民主》中所描绘的正是这幅关于家庭的图景,在那一著作中他描述了资产阶级家庭以及性别的分化如何作为一种有序自由的基础,与欧洲家族的混乱和无序相对。[②] 正是在这一家庭观念之上建立起了两种性别间的绝对分化,女性的自愿从属,以及父母双方为了后代的自愿牺牲,而福楼拜认为这一家庭概念难以忍受地富有压迫性且没有实际价值。被困在一场似乎无路可逃的婚姻之中,爱玛觉得对她而言唯一的选择就是竭力去寻找某个值得她爱的人,这种绝

[①] 见 Dacia Maraini, *Searching for Emma: Gustave Flaubert and Madame Bovary,* trans. Vincent J. Bertolini (Chicago: University of Chicago Press, 1998), 25。
[②] 见 Alexis de Tocqueville, *Democracy in America,* trans. Harvey C. Mansfield and Delba Winthrop (Chicago: University of Chicago Press, 2000), 11.iii.8, 12 (558–563, 573–576)。

望的挣扎却是自取灭亡的。《包法利夫人》是一个关于败坏的故事，但是卢梭讲述的是一段关于人性发展和败坏的推测性质的历史，而福楼拜却在更小的规模上进行写作，只通过一个人的生活历程便表明了这一过程。从这一角度来说，《包法利夫人》很大程度上是一个道德故事。然而卢梭在他的故事末尾提供了某些救赎的承诺，但是福楼拜承诺了任何出路吗？他有没有找到任何出路来逃离他那个时代的麻木、迟钝和愚蠢？答案是：既有，也没有。

超越善恶

《包法利夫人》或许能以郝麦的胜利结尾，但这不必然是福楼拜最后的话。尽管爱玛或许是自己幻想的悲剧受害者，但她的声音并非这部小说中唯一的声音。正如就算是此书最随意的读者也必然会注意到的那样，《包法利夫人》充斥着科学和医学的语言。医生在文本中担任了一个显著的角色。有时候人们相信这反映了福楼拜父亲的影响，因为他本人是一位著名的外科医生。同样有人认为，福楼拜的临床语言是他坚定的现实主义的一个特征，而且可以肯定的是，这种说法包括一定的真相。但是，福楼拜对科学和医学的使用有其他的目的，即展示一个由人类的各种类型组成的层次结构，而这些类型指向了其他的可能性。

当然，在这一层次结构底端的是查理。查理第一次见到爱玛，是因为他被叫到卢欧家医治她父亲的断腿。随后他们受邀参加渥毕萨尔庄园的舞会，是因为查理通过适时开刀，奇迹般地治愈了伯爵嘴里的脓肿。但这是他在医疗上的最后一次成功。他巨大的无能在他医治客店的马倌伊玻立特（Hyppolite）内翻足的灾难性尝试中显露无遗。福楼拜将整整一章的篇幅投入到这一事件上，所以这一事件显然很有分量。

这一手术的背景如下：郝麦读到了一篇关于治疗内翻足新方法的科学论文。他使查理相信执行这项手术是他的爱国义务。他已经想好该如何就此事写一篇新闻报道，以庆祝在新的科学时代中进步所带来的奇迹。爱玛同样鼓动查理去做这个手术，希望他至少有一次能够不辜负她的野心。手术以灾难告终，人们必须叫来另一位医生截去那条严重坏死的腿。查理崩溃了，但爱玛所能想到的只是她怎么会把自己的信念掷于这样一个明显的蠢货身上。她再次投入罗道耳弗的怀抱以安慰自己。

在层次结构中位于查理之上的是郝麦。郝麦是一位药剂师，这仍然是整个医疗链条中的一个低级环节。但他不仅仅是一位药剂师；他还是科学以及科学与公共卫生之间联系的鼓吹者。如果这部著作创作于今日的话，毫无疑问福楼拜会把他塑造成一个心理咨询师或团体治疗师。在农业展览会上，我们听见郝麦就将新兴科学方法引入农业的必要性进行宣讲。当客店店主怀疑地问他农业同他有什么相干时，他以自学成才之人的肯定口吻回答称，为了培育土壤，人们必须了解化学、地质学、大气、土壤密度和植物学等。"人们应当读小册子，看出版物，迎头赶上科学潮流，永远有准备，随时指出改良的道路。"他宣称道（96）。正是郝麦说服查理对伊玻立特进行手术，这一手术既可为医学的进步做出贡献，又可为他们的城镇带来荣誉。

郝麦对于进步的不断宣扬，必然使得他与宗教和教会的代表们不和。福楼拜想说的是，科学和宗教间几个世纪的斗争如今却沦落为郝麦运用科学知识以实现对苹果酒制作方法的改进。福楼拜所鄙视的并不是科学，而是科学的琐碎化及其引发的虚荣心。郝麦的最终胜利便是，通过一番努力，他让在爱玛死亡时出现的那个盲人乞丐永久地被关进了疯人院。乞丐的存在作为某种愚昧年代的残余，是对他对进步和公共礼节的信仰的一种冒犯。乞丐必须被逐出视线之外。

位于这些角色之上的是卡尼韦（Cavinet）。卡尼韦被描述为一位来自新堡（Neufchâtel）的"著名外科医生"，在内翻足手术失败后他被叫来对伊玻立特的腿进行截肢。据说当卡尼韦看到拙劣手术的结果后"轻蔑地"大笑，并教导惊慌失措的郝麦不要去相信新奇的医学潮流。医生问郝麦是否想要旁观手术，但郝麦因过于拘谨而没有旁观。卡尼韦吹嘘自己对痛苦和不适的漠不关心。他用冷水刮胡子，并且在冬天不穿法兰绒内衣。"不论自己手下割的是基督徒还是家禽，对我来说这都没有影响。"他对郝麦说道（132）。郝麦情不自禁地奉承医生，将他的冷峻同一位将军做比，而这迎合了卡尼韦的虚荣。

同样是这位卡尼韦，后来被叫来治疗临死的爱玛。他开出了一服催吐药让她吐出毒药，但随后我们知道这实际上是错误的补救措施。"您最好是拿您的手指搁进她的喉咙。"一位更高级的外科医生告诉卡尼韦。卡尼韦的虚荣至少在那一刻变得卑微了。"这位好好先生卡尼韦，治内翻足时说话滔滔不绝，气焰不可一世；今天却极其谦虚，一副心服口服的模样，不断微笑。"（235）

立于这怪异的医学食物链顶端的是位神秘的医生拉里维耶尔，他先于巴结奉承的郝麦进入房间。福楼拜对此人的描写在整部著作中是独一无二的：

他属于比夏（Bichat）建立的伟大外科学派，属于那目前已经不存在的哲学家兼手术家的一代，他爱护自己的医道如同一位狂热的教徒，行起医来，既热情又聪颖。他一发怒，整个医院发抖。学生尊敬他到了这步田地，一挂牌行医就处处模仿他，以至人们在附近城镇到处看见他的棉里美利奴长斗篷和宽大的青燕尾服。他的硬袖解开，盖住一点他胖嘟嘟的手——一双非常漂亮的手，从来不戴手套，好像为了更好地拯救受苦的人。他看不起奖章、头衔和科学院，他仁慈、慷慨、周济穷人，不相信德行却又实践它，如果不是头脑精细从而使别人怕他就像怕魔鬼一样的话，他简直可以算是一位圣者了。他的目光比他的手术刀还要锋利，一直照到你的灵魂深处并且找出所有谎言，不论其隐藏得有多好。他就这样过着自己的人生，并有着和蔼可亲的庄严气概——这种庄严气概由他的天赋才能以及财富所保证，且他已经过了四十年勤劳和无可非议的人生（233-234）。

拉里维耶尔立刻认识到爱玛已经没救了。在他离开前，"天性离不开名人的"郝麦坚持为他准备一场午餐会。在午餐过后，郝麦太太向他咨询提问。她担心自己丈夫餐后睡觉会使得他的血液变得黏稠。"我认为太黏稠的并不是他的血。"这是医生离开前说的最后一句话（236）。在考虑了一切之后，严肃的拉里维耶尔博士或许是福楼拜对集体性平庸这一问题的答案。如果郝麦是尼采笔下末人的前兆，那么拉里维耶尔就是超人的一个可能的先导。

我们该如何理解这一描述？当福楼拜将这位伟大医生描述

为一位哲人式的外科医生，实践德性却不相信它时，他指的是什么？这位医生实践的是哪种德性？福楼拜显然在描述灵魂的某种特定的伟大之处，尽管这位医生的德性并非苏格拉底或柏拉图的哲学德性，也非马基雅维利的政治德性。这一德性同启蒙的如下计划相联系，即通过对近代科学技术的完善来减轻人类痛苦的计划。拉里维耶尔似乎与培根和笛卡尔等启蒙运动计划的伟大创立者们有着直接的关联，他们曾想象通过控制和征服自然来缓解人类痛苦。然而，他的德性似乎是一种已经对启蒙的人道主义计划变得有所怀疑的德性。因此他实践德性却不相信它。或许这就是对福楼拜本人的最佳描述。

结论

在今天，一部像《包法利夫人》这样的著作还能教给我们什么呢？福楼拜对他在周围见到的所有人有着奥林匹斯众神般的鄙视，这让他从政治退入到艺术和文化的私人世界中，在其中他能够进行自己的猛烈攻击。他的著作构建了一幅关于人类虚荣心的生动场面：忧虑和温吞的事业狂，傲慢自大的愚人，花言巧语的骗子和下等人，沉醉于自身成就的浮夸的伪知识分子。只有爱玛有勇气去尝试抵抗那一时代——也即我们的时代——的集体性愚蠢，尽管她缺乏有效的手段来进行这种抵抗。她的失败是高贵的，并且我们能感受到福楼拜对她的同情。他那句著名的"包法利夫人，她就是我"似乎确认了这点。

托克维尔最深刻的担忧是新掌权的中产阶级所带来的暴政，福楼拜在他最后一部著作《布瓦尔和佩库歇》中也对这一担忧给予了生动表达。在这部著作中,两个低级誊写员偶然在巴黎的一张公园长椅上相遇并建立了友谊。他们中的一人偶然继承了大笔遗产,于是他们决定放弃自己的工作岗位,并通过教育追求自己实现启蒙的终生愿望,并且将这一启蒙散播给其他人。这是对狄德罗和达朗贝尔的拙劣模仿,他们在伟大的《百科全书》中提出要追求普遍知识,但在布瓦尔和佩库歇的例子中一切都最终失败。康德用"要勇于认识"(dare to know)这一口号帮助启动了启蒙运动。布瓦尔和佩库歇则将其完全颠倒过来。他们是福楼拜所认为的他那个时代最大幻象的无辜受害者,这一幻象就是,世界的弊病能够通过普及大众教育而得以解决。

这部小说是通常观念(*idées reçues*)——各种传统智慧——的集合,福楼拜为此编纂收录了多年,这是一部建立在陈词滥调和陈腐短语上的小说,而这些滥调和短语取代了真正的思考。两位自学者逃之夭夭,前往诺曼底以开始他们对农业和科学的学习,在那之后将继续从事对文学、艺术、政治理论、宗教的学习,最终则要达致普遍的学问。当然,他们误解并误用了他们所接触到的所有事物。在故事的某一尤为重要的时刻,他们对于科学和文学学科的学习被1848年发生的事件所打断了。革命的前景激励了他们,让他们沉浸于从罗伯特·费尔默(Robert Filmer)、洛克和卢梭到昂列·圣西门(Henri de Saint-Simon)和夏尔·傅立叶(Charles Fourier)的政治理论之中。起初,佩库歇对社会主义的前景及其关于社会的乌托邦计划感兴趣,那一计划将社会划分成各工业性团体,在每个团体中每个女人将被分配三个男人。"这很适合我。"布瓦尔回应道。当1851年路易·波拿巴政变和威权政府复辟的消息最终传到他们所在的诺曼底村庄时,两个人陷入了惨淡的绝望之中。"哼!进步,瞎扯淡!"布瓦尔嘲笑道,"还有政治,多么肮脏!"尽管未被彻底击垮,但是佩库歇赞同政治学将永远不会成为一门真正的科学。"军事技艺要好得多,"他大声说道,"你能够预见即将发生的事,也许我们应当干干这个?"[1] 在全书的结尾,两个人——当时他们已经七十多岁——已经对自己为通过教育改革人性所做的努力感到失望,并且两人回到了自己作为文书的工作岗位上去。

托克维尔同样担忧庞大的中产阶级,担忧他们的物质主义、他们对舒适的热爱,以及对人类无限进步的崇高信念。但不同于福楼拜,他并没有对他所处的时代感到彻底绝望。作为一名有着社会责任感的贵族,他拒绝退到外省去,拒绝在那儿打猎赌博,并变得默默无闻。他广泛游历,首先到了美国,随后则去了英国、爱尔兰、德国、西西里和阿尔及利亚。他以国民会议成员的身份进入公共生活,并试图将他的国家引导到革命和反动之间的中间道路之上。他的人生并不是一个致力于将我们已失去的世界浪漫化或贬低这个世界的人生,而是一个对被给予的世界承担起社会责任的人生。

福楼拜完全不是这样。他以一种托克维尔从未有过的方式嘲笑政治和社会。对于他笔下人物所过的未经检视的人生,他的态度颇有一些苏格拉底式的讽刺。但他对资产阶级的无情鄙视并没有引发他对工人阶级的同情。恰恰相反:在时代的集体性平庸中,工人和资本家是平等的伙伴。他们都处于这一平庸之中,并没有什么出路。"我用'资产阶级'一词时所指的,既

---

[1] Gustave Flaubert, *Bouvard and Pécuchet,* trans. A. J. Krailsheimer (Harmondsworth: Penguin, 1976), 168, 172.[译按] 中译本见福楼拜著,《福楼拜文集第四卷:三故事 布瓦尔和佩库歇》,李健吾等译,北京:人民文学出版社,2014。

包括穿着工装裤的资产阶级，又包括穿着长礼服的资产阶级，"福楼拜在给小说家乔治·桑（Georges Sand）的信中写道，"我们且只有我们——也就是说受教育的人——才是人，或者用一个更好的说法：才是人类的传承。"① 福楼拜认为，只有艺术家才有能力拯救世界。通往真理以及由真理通往美的康庄大道的并非哲学，而是艺术。

在福楼拜通过艺术获得救赎的想法中，存在着某些终究不能令人满意的，甚至是自私的东西。这一想法听起来很像那些资产阶级的老生常谈，而他在某些兴致高的时刻也会嘲笑这些老生常谈。无论他表现得多么苦涩与尖刻，福楼拜从根本上而言是一个受了伤的理想主义者，而他仍愿相信某种救赎的概念，即使传统的救赎道路对他而言已不再可用。像拉里维耶尔甚至是福楼拜本人在内的这些杰出个人，或许能够用科学或艺术来取代宗教甚至是取代哲学。福楼拜是某一漫漫长队中的一人，这一队列中的人认为，天才、超越善恶这些道德范畴的人，以及具有卓越感受力的个人，他们作为社会的真正良知有着特殊的地位。②

福楼拜属于某种特定的思想模式，因这种思想模式从政治竞争的世界中退回到艺术与文化的世界，乔治·阿姆斯特朗·凯利曾称其为"高蹈派自由主义"（Parnassian liberalism）："这是一种相当坚定不移的信念，它认同这种牺牲或尝试让这种牺牲变得光荣，而不是同那股将要控制它和改变其性质的政治力量讨价还价。另一方面，正是这种倔强让其怀疑甚至谴责民

---

① Flaubert to Georges Sand, May 17, 1867, in *Letters,* 1857–1880, 105.
② 关于对天才的一些思考，见 Darrin M. McMahon, *Divine Fury: A History of Genius* (New York: Basic Books, 2013).

主的精神状态。它之所以是怀疑的,不仅是因为它质疑大众政府所具有的智慧,还因为它是'批判的'、反讽的和精英主义的——在极端情况下它认为,在一个充斥着有悖常理的'真理'或盛产'真理'的世界、充斥着意见的世界里,如果存在任何信仰的话,那么信仰必须从智识之中构建而来,并且要足够灵活以随智识变动而变动。"[1] 高蹈派精神从某一角度而言是贵族的,因为它偏好一种建立在文化和教育之上的政体,但它同时是自由主义的,因为它重视个人自由、法律平等以及一个有限的宪政国家。高蹈派精神寻求一种不平庸的中庸,追求一种基于教育和品位的民主,如果这种追求不是自相矛盾的话。

福楼拜过于厌世,所以不能将他作为一个政治判断的典范。他的"公理:对资产阶级的憎恨是所有德性的开端"与其说表达了他那一时代任何可辨别的特征,不如说更多地表达了他自己想要惊吓和诋毁那一时代的需求。[2] 托克维尔或许与福楼拜共享许多关于那一时代的直觉——并且作为古老贵族的成员之一,托克维尔知道自己在说什么——但是他拒绝从历史退入到艺术和"反讽"之中。托克维尔并非从帕纳塞斯山顶(Mount Parnassas)向下介入政治世界,而是从一个有公民意识的教育者和教导者的立场出发介入政治世界。每个读者都将需要做出决定,判断民主的当下状况,究竟是引向托克维尔意义上的公益精神和公众参与,还是引向福楼拜意义上的恶心和厌恶。一个人对这两部著作做出何种反应,将决定此人是何种人以及是何种公民。

---

[1] George Armstrong Kelly, *The Humane Comedy: Constant, Tocqueville, and French Liberalism* (Cambridge: Cambridge University Press, 1992), 222-223.
[2] Flaubert to Georges Sand, May 17, 1867, in *Letters, 1857-1880*, 105.

第 12 章

末世的想象：尼采、索雷尔、施米特

"一个幽灵，共产主义的幽灵，在欧洲游荡。"这是马克思在《共产党宣言》中的名言。[1] 当他在 1848 年写下这句话时，他只讲对了一半。除共产主义之外，还有另外一个同样重要的幽灵徘徊在欧洲上空——那就是反革命的幽灵。反革命这一主题作为现代性的双胞胎，持续徘徊在其周围。[2] 同与之相关联的术语"反宗教改革"一样，在那塑造了现代性根基的最初革命过后，"反革命"这一术语才被创造出来。反革命派并不是寻求恢复过去的保守派；他们是属于右派的反动派或弥赛亚主义者。他们的目标并非复辟而是末世——如有可能，最好立即进入末世。他们的目标是通过一场更为暴力和彻底的革命来毁灭 1789 年的遗产，而那一革命将通过对现在的彻底否定以拯救人类、阶级或是民族。

反革命的观念呈现为两种通常是互相矛盾的形式。其中更为著名的那种形式与艾德蒙·柏克有关，柏克支持简单地回归

---

[1] Karl Marx, "Manifesto of the Communist Party," in *The Marx-Engels Reader,* ed. Robert Tucker (New York: W.W. Norton, 1978), 473.
[2] 对于反革命思想的最好研究，见 Darrin M. McMahon, *Enemies of the Enlightenment: The French Counter-Enlightenment and the Making of Modernity* (New York: Oxford University Press, 2001).

到秩序、稳定和制衡宪制的合法性中去。他在其影响深远的《法国革命论》中所提出的问题是，究竟是通过革命这一观念还是通过传统这一观念，政治才能够得到最佳的理解。柏克对革命的历史主义与复辟主义式的批判，是建立在对政治传统神圣且不可侵犯的信仰之上。那类试图在关于"人权"的启蒙学说基础之上重造世界的尝试，就人类的经验来说是错误的。而且该错误应归咎于那些有侵略性的文人——哲学家、各种"知识分子"，他们对构建政治共同体的实践智慧和情感纽带漠不关心。"这种人，"柏克抱怨道，"是如此接受自己的人权理论，以至于他们完全忘记了自己的天性……他们已经颠倒了在他们自身心中以及和他们在一起的那些人心中，所有安置得很好的人类心灵中的同情心。"①

柏克首先提出了如下比喻，将英国革命和法国革命比作彼此的存根。法国大革命是一个试图从头到脚重塑社会的尝试。道路和月份被重新命名，历史上的省份划分被废除，法语被正规化，并且宣布了对最高存在（the Supreme Being）的新宗教崇拜。与之相反，英国革命则并不是一场彻底的革命。柏克相信，他们的革命是一场非常保守的革命，尝试重新建立君主、贵族和普通人三者之间的平衡。"假如你们高兴，"柏克向他的法国读者演讲道，"你们也可以从我们的例子中受益，并为你们恢复了的自由赋予一种相应的尊严。"② 通过借鉴"古代宪法"这一观念，柏克在一场"好的"英国（同时也是美国）革命和一场"坏的"法国革命之间做出了对比。

---

① Edmund Burke, *Reflections on the Revolution in France,* ed. Connor Cruise O'Brien (Harmondsworth: Penguin, 1986), 156.［译按］中译本见柏克著，《法国革命论》，何兆武等译，北京：商务印书馆，1998。
② Burke, *Reflections on the Revolution,* 121.

但是，柏克对革命的保守解读与当时开始在法国出现的那些反革命学说并不完全相同——实际上是截然不同。那些反革命学说并不是重置历史轮毂的复辟主义尝试，而是其所试图推翻的大革命本身的一种镜像。对约瑟夫·德·迈斯特来说，大革命与其说是一个政治事件，不如说更多是在启示历史背景下上演的一出戏剧。大革命是上帝对这个社会的审判，而上帝认为这个社会已经高度败坏并且需要彻底净化。他同革命派使用相同的末世论语言，却让它服务于反革命的反动运动。雅各宾主义只不过是受命净化这一已然陷于罪恶之中的民族的代理人罢了。同柏克一样，迈斯特反对革命派关于人权的学说。"我这一辈子，"他曾宣称，"曾经见过法国人、意大利人、俄罗斯人等；多亏了孟德斯鸠，我甚至还知道有人是**波斯人**。至于**人**，我要说，我在哪儿也没有遇见过；就算有，我也对他一无所知。"① 迈斯特的反对意见针对的不是某一特定学说而是整个世界，而历史的天职便是救赎这整个世界。

迈斯特对革命所持的反对意见也并不仅仅是支撑社会的新"社会学"方法的证明，这一新方法专注于民族性格和有机文化等主题，而抛弃了传统上对政制和政治形式的强调。② 再一次地，迈斯特将大革命视为一起发生在神圣时代的神学-政治事件。他的观点是，权威并非由传统所赋予，而是由宗教信仰的神秘性所赋予的。针对"我们为何应当遵守法律"这一问题，他的回

---

① Joseph de Maistre, *Considerations on France,* trans. Richard Lebrun (Cambridge: Cambridge University Press, 1994), 53.［译按］中译本见迈斯特著，"论法国"，《信仰与传统——迈斯特文集》，冯克利、杨日鹏译，北京：商务印书馆，2010。
② 见 Brian Barry, *Sociologists, Economists, and Democracy* (Chicago: University of Chicago Press, 1970), 7–8; 关于社会学学派的知识来源，见 Émile Durkheim, *Montesquieu and Rousseau: Forerunners of Sociology* (Ann Arbor: University of Michigan Press, 1970)。［译按］中译本见涂尔干著，《孟德斯鸠与卢梭》，李鲁宁等译，上海：上海人民出版社，2006。

答是我们因为纯粹的权力而服从。位于政治核心的是神秘感。启蒙运动所梦想的那类理性且透明的社会,是一个自相矛盾的说法。只有由权力所支持的神秘性才能够有能力确保服从。迥异于复辟时期的正统主义者,迈斯特认为最终权威是由决断的权力所赋予的。他以一种将会被之后的卡尔·施米特所欣赏的方式认为,政治的本质就是主权,而主权者便是被授权做出决定的人。关于主权的这一观点有着虚无主义的一面,因为这一观点认为主权是某种最终会否定人类理性力量的事物。

迈斯特的这些极端观点并不是一种反常现象。正如诺曼·科恩(Norman Cohn)所表明的,末世想象在西方传统中有着深刻的根源。[①] 但迈斯特在近代政治中的确是某种首例:他代表了革命右派。他关于权威的神学基础的观点,政治决断的非理性性质的看法,以及他关于历史作为光明对抗黑暗的善恶二元斗争的历史观念,都将为一个世纪后法西斯的崛起提供智识武器。[②] 更重要的是,迈斯特那关于上帝与其敌人间永恒斗争的观念,向启蒙的历史叙事提出了根本性的挑战,那一历史叙事将历史表述为在近代科学崛起的帮助下由野蛮到文明的进步运动。进步叙事被反转过来反对它自身,只是个时间问题。进步变得看起来越来越不像是历史的主体叙事,而更像历史性的人造物,而这一人造物的命数将尽。要理解进步便意味着要历史性地理解它,这意味着我们要像看待所有其他历史性的概念

[①] 见 Norman Cohn, *The Pursuit of the Millennium: Revolutionary Millenarians and Mystical Anarchists of the Middle Ages* (New York: Oxford University Press, 1970)。

[②] 见 Isaiah Berlin, "Joseph de Maistre and the Origins of Fascism," in *The Crooked Timber of Humanity: Chapters in the History of Ideas,* ed. Henry Hardy (Princeton: Princeton University Press, 1990), 91—174。[译按]中译本见伯林著,"迈斯特与法西斯主义的起源",《扭曲的人性之材》,岳秀坤译,南京:译林出版社,2009。

一样来看待它，而那些历史性的概念是其所处时间地点的产物。尼采在收入《不合时宜的沉思》(*Untimely Meditations*)的《论历史对生活的利与弊》(*On the Uses and Disadvantages of History for Life*)一文中对历史主义进行划时代的批判时，首先提出了这一洞见。①

尼采的挑战

尼采的短文以歌德的一段话开篇，这段话清楚地表明了作者的意图："凡是仅仅教导我却不增进或者直接振奋我的行动的东西，都让我感到厌恶。"(59)尼采的重点是，知识——主要包括历史知识——不仅必须要从真理和谬误的角度来接受评估，还要从其对生命的影响、对我们生活方式的影响这一角度来接受评估。只有当历史能够服务于或增进一种积极行动的生活时，历史才是有价值的。问题是，现代的历史学术研究不仅没有增强生命力，反而阻碍了生命并让生命扭曲变形。正是由于这一原因，尼采称自己的书是"不合时宜的"，同他所生活的时代相悖。作为一个古典学者，尼采承认他不知道"古典研究在我们时代除了不合时宜以外，还有什么意义"(60)。他的目标或许看起来同希罗多德或修昔底德的目标相似，希罗多德写作以

---

① Friedrich Nietzsche, *Untimely Meditations,* trans. R. J. Hollingdale (Cambridge: Cambridge University Press, 1983); 之后对此文的引用以页码形式标出。对于这一经常被忽视的文本的卓越讨论，见 Peter Berkowitz, *Nietzsche: The Ethics of an Immoralist* (Cambridge, MA: Harvard University Press, 1995), 25–43。[译按] 中译本见尼采著，《不合时宜的沉思》，李秋零译，上海：华东师范大学出版社，2007。本文所有涉及该篇的引用均据原文所引英译本翻译，和现有中译本不完全一致。

"保存人类过去的所作所为,使之不至于随时光流逝而被人淡忘",而修昔底德则宣称自己提供了"关于过去的正确知识,借以阐释未来"。[1]但尼采宣称,他的目的主要是批判性的,意在揭露现代所产生的"恶性历史狂热"。

尼采的作品要求我们思考的问题是历史同人类幸福或人类福祉的关系。动物非历史地活着并且缺乏对过去或未来的意识,而人类,他断言道,注定要成为历史的动物。我们带着一种时间感活着,而正是我们对所有事物的形成和消逝的意识,构成了人类不满的源泉。记忆既是一种祝福,又是一种诅咒。一个不能够遗忘的人将是最悲惨的存在,就像赫拉克利特(Heraclitus)的某个信徒一样,因过于担忧那么做将带来的后果而不敢抬起自己的手指。随之而来的是,行动的可能性,尤其是做出伟大事迹的可能性,依赖于我们遗忘过去的能力,或至少是依赖于对过去刻意采取盲目态度的能力。"这是一个普遍规律,"尼采宣布,"每一个活物都只能在一个视域之内才是健康的、强壮的和能生育的。"而一个视域(horizon)——他或许会补充说——能够为我们的所有行为提供一个保护性的半影(63)。而文化便取决于是否能在记忆和遗忘之间、历史感与非历史感之间找到合适的平衡。

位于尼采著作核心的是他对三种历史的著名分析——纪念的,好古的和批判的——在不同程度上,这三种历史都既服务又不服务于生命。纪念的历史或许看起来最接近尼采对自己的

---

[1] Herodotus, *The History,* trans. David Grene (Chicago: University of Chicago Press, 1985), I.1;[译按]中译本见希罗多德著,《历史》,徐松岩译,上海:上海人民出版社,2018; Thucydides, *The Peloponnesian War,* trans. Crawley (New York: Random House, 1982), I.22.[译按]中译本见修昔底德著,《伯罗奔尼撒战争史》,徐松岩译,上海:上海人民出版社,2017。

描述，他将自己描述成希腊人的子嗣。纪念的历史学家们在过去之中寻找英雄或行为的典范。他们认为，那曾一度伟大的事物能够再次带来适当的鼓励。纪念的历史的目的是通过诉诸过去的荣耀来激励和鼓舞当下的人们，就像马基雅维利转向古罗马以为当代意大利提供榜样。这或许看起来就是尼采在寻找的那种历史，但实际上他很快就指出了它的缺点。纪念的历史的问题是，它不可避免地对过去进行纯净化，并因此扭曲过去。在寻找用于模仿的可用榜样时，它将过去浪漫化，并撇开不符合其虚构的所有事物。在错误的人手中，这种历史便能成为一支已上膛的枪。纪念的历史学通过过去和当下之间"诱人的相似"进行欺骗，并因此刺激"勇敢者鲁莽，刺激兴奋者狂热"（71）。

好古的历史则同纪念的历史恰恰相反。它属于"保存者和敬仰者"，而后者"怀着爱与忠诚，向着他所来自并在那里生长的地方"回望（72）。就像《屋顶上的小提琴手》（*Fiddler on the Roof*）中的泰维（Tevye）一样，好古历史的暗号是"传统"。好古论教导尊敬一个民族的过去，将其当作为传统赋予生命的源泉。尼采断言道，这种历史通过将"受惠较少的那几代人与那些民族"坚定地锚定于他们的过往之中，并因此让他们避免去寻求新奇事物和新的刺激源泉（73）。当然，好古论的问题是它忽视或故意隐瞒了传统的来源。传统并非通过遵循先前传统来确立，而更多是通过同先前某些传统的断裂而确立的。好古历史的危险是，它恰恰扭曲了它宣称对其保有崇敬的过去。人们在这儿会想起尼采在之后对传统主义的挖苦："在保守派的耳中——这一点先前不为人所知，而如今已为人知晓或能够被人知晓——**倒退**（*reversion*），任何意义任何角度上的回头，都是不可能的。我们心理学家知道这一点……甚至今日，还有党派的目标是梦想着所有事物像螃蟹爬行般地逐渐**回归**（regression）。但没有人可以自由地成为一只螃蟹。别无他法：人**必须**前行，而这就是说，他要**一步步进入颓废**。"[1] 传统看起来是自我毁灭的。

批判的历史——尼采的第三种历史理解——最接近现代的科学历史概念。历史成了人们在其中行使自身批判性判断力的领域。批判的历史学家"必须拥有力量"，通过"严厉地拷问并最终判决过去"来"将过去的一部分打碎和分解"（75-76）。在要将传统的源泉连根拔起或是质疑英雄们的权威时，批判的历史毫无困难。它颇为乐意去揭露纪念的历史学家与好古的历史学家所掩盖的不公正、罪行和不人道行为，却没能质疑自身批判所依据的那一基础。对尼采来说，做出判断是一项可怖（awesome）的责任。作为现代启蒙的产物，批判性的视角从未探讨过自身进行批判的权威。"各时代和各世代从未有过判断先前时代与世代的权利，"尼采写道，"这一如此令人不适的任务只会落在个人身上，并且是那些最罕见的个人身上。"（93）批判历史的问题是它能够进行摧毁却不能进行创造。它能洞穿并揭露先前的文化曾立于其上的谬误、神话和幻象，却不能够产生文化所赖以生存和繁荣的理想。批判的历史与更一般意义上的现代科学和学术类似，对文化都有着一种负面的影响。它促进了一种同文化的可能性相抵触的怀疑主义。它非但没有充当一种促成行动的灵感，相反它成了行动的一个障碍。

---

[1] Friedrich Nietzsche, *Twilight of the Idols*, trans. R. J. Hollingdale (Harmondsworth: Penguin, 1979), 96. ［译按］中译本见尼采著，《偶像的黄昏》，卫茂平译，上海：华东师范大学出版社，2007。此段据原文引用英译本译出。

尼采贯穿《论历史对生活的利与弊》全文的要点是，现代人已经变得如此彻底地被历史所浸润——如此彻底地历史化——以至于他们丧失了创造性行动的能力，而这种创造性行动正是文化的基础。尼采本人是一名历史学家，一名古典语文学家，并且知道自己所言为何。他抱怨称，我们现代人已经变成了"那些好奇的游客或迂腐的显微学家，在属于过去伟大时代的金字塔上向上攀登"（68）。我们已经成为学识的百科全书，能够消化事物却不能创造事物。现代历史意识最危险的影响是，我们开始认为自己是后来者，"一出生就已头发花白"，没有世界可供我们征服。正是历史的这种过剩被证明对生命具有的"塑造性力量"提出了最深刻的挑战。尼采指责黑格尔["在这个世纪德国文化不存在什么危险的动摇或危机，是比起这一哲学、这一黑格尔哲学那巨大且仍旧持续性的影响要更危险的"（104）]用自己的信念推动了某种道德自满，那一信念认为现代历史意识代表了人类成就的顶点。尼采认为，这一洞见已被证明是致命的。一个认为自己不再能够进行创造的民族只能退回到孤芳自赏的反讽之中。

尼采迫使我们提出的问题是：对此我们能够做些什么？考虑到我们不能逃避历史，如何让历史变得能够为将来服务？必须要承认的是，对于这一问题他并没有提供非常确切的答案。他呼吁一种新型历史学家，那种历史学家既是一位认识者，又是一位创造者。"不要相信那些不是从最罕见的头脑中涌现出来的历史写作，"他警告道（94），"那些不曾比其他人经历过更伟大和更崇高事物的人，将不会知道如何阐释过去的那些伟大崇高事物。"（94）但在哪儿能够找到如此稀缺的一种人物，尤其是在这样一个只重视专家和其他文化的职业守护者的时代？

尼采向他的读者建议道:"让普鲁塔克满足你的灵魂吧。""直到你相信了他笔下的英雄人物,同时也相信了自己为止。"(95)然而,这看起来更像对答案的一种寻找而非答案本身,尤其考虑到普鲁塔克那种道德化的历史类型必然不能经受尼采心目中的、现代提出的重大考验,也就是说,它不能满足对智识诚实(Redlichkeit)的要求。

《论历史对生活的利与弊》以一个悖论结束。尼采同意,对历史真相("客观性")的寻找产生于伸张正义的激情欲望之中。然而对神话,理想和幻想来说,这种对真相的呼吁却是有威胁的。"一切有生命的东西都需要一种氛围围绕自己,一种神秘的雾气,"尼采肯定道,并随后补充称,"如果它们被夺去了这一包围……它们就会迅速地枯萎、僵硬和没有结果。"(97)文化预设了一个独特的视野,在这一范围内它们成长和衰退,形成和发展。这些由伟大的历史立法者们所创造的视野提供了一个个像是被施了魔法的小圈子,在这些小圈子内随后只有越来越少的凡人能够生活和行动。每一文化必然建立在一种对所有其他文化的视而不见之上。文化栖息在一个临界的世界中,这一世界既不是彻底地历史性的也不是彻底地非历史性的。于是便存在着这样一种矛盾——一种必然且致命的矛盾,这种矛盾位于关于文化的科学和对文化的需求这两者之间,前者力求变得普世和不偏不倚,后者则是主观且承载价值的。人们该如何抉择?"是生活支配知识和科学,还是知识支配生活?"尼采在他的文章末尾处问道(121)。他的答案是明确的。科学以生活为前提,但是生活并不必然以科学为前提。我们必须拥抱生活。

革命的虚无主义

尼采对拥抱生命的激情呼吁,对生活甚至高于科学或真理的呼吁,构成后世所谓"虚无主义"的基础。① 这一术语是由德国哲学家 F. H. 雅可比(F. H. Jacobi)创造的,雅可比坚持认为哲学理性主义的所有体系都必然导致怀疑主义以及信仰的丧失。② 虚无主义以一场激进反对的运动的形式,或以黑格尔所谓"抽象否定"的面目出现。虚无主义的最初爆发原本始于俄国,在那儿这一术语开始流行。对虚无主义的模仿能够在米哈伊尔·巴枯宁(Mikhail Bakunin)和谢尔盖·涅恰耶夫(Sergey Nechayev)的作品,以及陀思妥耶夫斯基小说《群魔》(*The Possessed*)的角色身上见到,在那些地方,这一术语如其字面上所述指的是不指向任何事物的意志,毁灭所有事物的意志,但虚无主义在最初更多是一种态度而非一个计划。虚无主义在 19 世纪末(fin de siècle)达到了其顶峰,并且它不能够完全同正在英国和法国浮现出来的伟大的中产阶级民主脱离关系。虚无主义意味着对资产阶级世界的一种拒绝。它意味着一种厌恶的情绪,一种恶心的情绪,一种对事物现行秩序祛魅的情绪,并因此更倾向于在如 T. S. 艾略特(T. S. Eliot)的诗歌《荒原》(*Waste Land*)或如萨特(Sartre)的小说《恶心》(*Nausea*)以及塞利纳(Celine)的小说《茫茫黑夜漫游》(*Journey to the*

---

① 关于对这一概念的有价值的历史回顾,见 Michael Gillespie, *Nihilism before Nietzsche* (Chicago: University of Chicago Press, 1995)。

② 见 Friedrich Heinrich Jacobi, *The Main Philosophical Writings and the Novel "Atwill,"* trans. George de Giovanni (Montreal: McGill-Queen's University Press, 1994), 519; 见 Frederick Beiser, *The Fate of Reason: German Philosophy from Kant to Fichte* (Cambridge, MA: Harvard University Press, 1987), 123–124; Steven B. Smith, *Spinoza's Book of Life: Freedom and Redemption in the "Ethics"* (New Haven: Yale University Press, 2003), 185–190。

End of the Night）中得到表达。

对资产阶级社会的回应有多种形式。对于左派来说，这意味着对资本主义和资产阶级意识形态霸权的反对，这种意识形态表达在如人的权利、最多数人的最大幸福以及追求幸福等方案之中；而对于右派来说，这意味着对民主制和议会制政府的反对，而这两者被理解为正在衰朽的基督教的最后喘息。列奥·施特劳斯在第一次世界大战之后几年的德国诊断出了这一态度，而据他所述，虚无主义代表了一种对开放社会或世界性社会观念的道德抗议。① 一种脱离于国家、种族或阶级之特殊性的"开放道德"观念，同一种基于忠诚、责任、荣誉和自我牺牲等老派德性的"封闭道德"相比较，前者被认为存在于较低的人类层面之上。施特劳斯发现，这一抗争运动并非在所有角度而言都是可鄙的。它是由"相当多非常聪慧且非常正派——如果说同时也非常年轻的话——的德国人"组成的，而施特劳斯似乎将自己也包括在内。"他们所厌恶的，"他写道，"是这样的一幅世界前景，在这样的世界里每个人都将幸福且满足，每个人在白天夜晚都有着自己的小乐趣，而在这样的世界里伟大的心脏不会跳动、伟大的灵魂不会呼吸，这是一个缺乏真正的、非隐喻意义上的牺牲的世界，也即一个缺乏血、汗和泪水的世界。"② 立于这由贸易、科学和人的权利所构成的平和世界背后的，是启蒙的问题。

---

① Leo Strauss, "On German Nihilism," *Interpretation* 3 (1999): 357-378；这一论文最初是一篇研讨会论文，于1941年2月26日在社会研究新学院发表。对此文有价值的研究，见 Susan Shell, " 'To Spare the Vanquished and Crush the Arrogant': Leo Strauss's Lecture on 'German Nihilism,' " in *The Cambridge Companion to Leo Strauss*, ed. Steven B. Smith (New York: Cambridge University Press, 2009), 171-192.［译按］中译本见施特劳斯著，"德意志虚无主义"，《苏格拉底问题与现代性》，刘小枫编，北京：华夏出版社，2008。

② Strauss, "On German Nihilism," 360.

对那些聚集在尼采旗帜之下的年轻虚无主义者们来说，现代文明——资产阶级文明——正越来越成为一个缺乏统治者和被统治者的世俗社会，其主要致力于生产和消费；它也是这样的一个平和世界，在其中战争、革命和"伟大政治"都已被托付给过去，而勇气、高贵和牺牲等更高的德性已不再占有一席之地。这是一个由尼采的"末人"组成的世界，而"末人"不再理解爱、创造力或是渴望。末人的真正欲望是对和平、舒适以及——首要而言——幸福的欲望。"'我们已发明了幸福，'末人说道，他们眨眨眼睛。"尼采在《查拉图斯特拉如是说》(*Thus Spoke Zarathustra*)中写道。① 正是想要幸福的欲望——并非亚里士多德意义上想要拥有一个秩序良好的灵魂的欲望，而是想要安全、受尊重且受欢迎的欲望——才构成了尼采认为的现代普世世界中最可鄙的特征。虽然拥有一项关于未来的计划或方案同虚无主义的本质相矛盾，但对于一战后的一代来说，同延续那种在永久和平、安全与仁慈治下的和平人性的观念相比较，纯粹的抽象否定——虽然它可能注定失败——似乎是一个更可取的选择。与其默认一个由末人构成的世界，不如像阿拉摩（Alamo）的守卫者们一样，在枪林弹雨和飘扬的旗帜中倒下。

然而，构成左派和右派之批评的共同核心的，并非仅仅是对现代文明的反对，还尤其是对现代文明的支柱的反对，也即对现代科学、技术，以及马克斯·韦伯所谓世界"理性化"的反对。而正是在这点上左派和右派汇合了。如果我们考虑格奥

---

① Friedrich Nietzsche, *Thus Spoke Zarathustra,* trans. Walter Kaufmann (Harmondsworth: Penguin, 1978), 17.［译按］中译本见尼采著，《查拉图斯特拉如是说》，黄明嘉译，上海：华东师范大学出版社，2009。此句依原文所引英译本译出。

尔格·卢卡奇在《历史与阶级意识》(History and Class Consciousness)中著名的"物化"(reification)理论,那么这点便尤其明显。①物化(Verdinglichung)是卢卡奇关于马克思在《资本论》中发展的异化理论或拜物教的术语。如这一德文词语的字面意思所表明的,物化意味着将某一人类活动转变为某种物,也就是说在处理作为人类互动结果的对象或活动时,以仿佛它们遵循自身法则、独立于它们的创造者那样来对待它们。这是一个人类社会关系呈现出似物之性质的过程。将特定的市场关系描述为遵循"供给与需求的法则"或遵守"工资铁律"的描述在如下的含义上是物化的,即这种描述将特定的自然或法则般的特征归于那些短暂的历史现象。甚至历史唯物主义的各个范畴也会发生变化,因为历史会朝着意想不到的新方向发展。卢卡奇认为,将马克思主义转变为某种"科学社会主义"的尝试只不过是另一个物化的例子罢了。通过揭露这些过程的物化属性,我们有可能重新确立实践(praxis)或人类能动性——尼采生命范畴的马克思主义等价物——的首要地位,而卢卡奇认为后者才是辩证法的核心洞见。

马克思的批判主要适用于商品生产的领域,而卢卡奇则以一种更广泛的方式将其运用于作为一个整体的理性和机械的社会组织。物化尤其适用于技术以及功能上的专业化和特殊化,在其中个人日益迷失。揭露社会的理性、机械及可预测的特征,正是物化理论的目标。立于这一理论背后的,是韦伯对生活世界的理性化的批判。韦伯和卢卡奇所谴责的正是资本主义下生

---

① Georg Lukács, *History and Class Consciousness: Studies in Marxist Dialectics,* trans. Rodney Livingstone (Cambridge, MA: MIT Press, 1971).[译按]中译本见卢卡奇著,《历史与阶级意识》,杜章智等译,北京:商务印书馆,1992。

活的理性主义。他们并不像反对秩序和"常规化"那样反对浪费和低效——马克思曾称之为"生产的无政府状态"。举例来说，现代工业和劳动力需要理性化的科层制和法律体系来确保它们的效率。在这些条件下，"法官或多或少像一架自动分发法律条款的机器"，并且"法官的行为大体上是可预测的"。[1] 物化过程的一个关键特征关注的是时间的连续流动——伯格森式的不间断流动观念——如何被分解成各个离散的单元。"时间就失去了它的质的、可变的、流动的性质，"卢卡奇悲叹道，并指出，"它凝固成一个精确划定界线的、在量上可测定的、由在量上可测定的一些'物'充满的连续统一体。"[2]

很容易看出，与物化理论更为有关的是对理性主义的反启蒙批判，而非马克思主义。这一批判所指的罪魁祸首便是现代科学及其在社会中的应用。因为其在总体上对科学和数量化的反对，卢卡奇的物化理论在此处被归于浪漫主义和生命哲学（Lebensphilosophie）的传统中。卢卡奇发现了位于现代科学方法和资本主义社会的需要之间的一种高度可疑的亲和性。"一个很成问题的事实是，"他在自己著作的开篇中写道，"资本主义社会的结构本来就和自然科学的方法协调，是它的精确性的社会前提。"[3] 这种倾向在伽利略对"科学的精确性"的呼吁中得到表达，它预设"各种因素始终不变"。[4] 现代科学与现代社会结构同步发展的这一事实，便已足够让人质疑其合法性。卢卡奇将"这一自然的观念，康德就其做了最清楚的解释，而从开普勒、伽利略开始便基本不变，即认为自然是掌控发生事件

---

[1] Lukács, *History and Class Consciousness*, 96.
[2] Lukács, *History and Class Consciousness*, 90.
[3] Lukács, *History and Class Consciousness*, 7.
[4] Lukács, *History and Class Consciousness*, 25.

的'规律总和'"的那一自然观念形容为"源自资本主义经济结构"。[1] 卢卡奇再次跟随尼采的指引,将"物化思想"产生过程中的主要作用归于科学——并非历史科学,而是自然科学及其方法。

卢卡奇在《历史与阶级意识》中的物化理论同海德格尔在《存在与时间》(Being and Time)中对非本真性的分析有着完美的呼应。[2] 尽管海德格尔并没有特地将自己对非本真性自我的分析同现代科学和理性化的经济制度相联系,但他明确地将其同现代民主制下盛行的日常生活的"匿名"状况相联系。与他同时代许多文化上的右派人士类似,海德格尔描绘了城市生活的状况以及它的普世主义、躁动和对新地点和新经验的强烈好奇心,并将其视作现代日常世界的典型特征。马克思主义者可能曾抱怨工人相对于生产资料的异化,而对海德格尔来说,问题则是现代生活已经变得无根并且已经遗忘了如家园(Heimat)和祖国(Vaterland)等概念。随后,海德格尔转向荷尔德林,并认为这位诗人被赋予了展示通往德国精神之新家园的道路的任务。他抱怨道,德国陷于西方的英美民主制与东方的苏联共产主义的"夹击"之中。"处于中心点上,"海德格尔抱怨道,"我们的民族经受着最猛烈的压力。"[3] 尽管他避免从自己的著作中总结出任何政治上的对策,但这仍能够且应当被解读为他对

---

[1] Lukács, *History and Class Consciousness,* 136.
[2] 对于这两者的提示性比较,可见卢卡奇学生的作品 Lucien Goldmann, *Lukács and Heidegger: Toward a New Philosophy,* trans. William Q. Boelhower (London: Routledge and Kegan Paul, 1977); 另见 Lucio Colletti, *Marxism and Hegel,* trans. Lawrence Garner (London: New Left Books, 1973), 168-173。
[3] Martin Heidegger, *An Introduction to Metaphysics,* trans. Ralph Manheim (New Haven: Yale University Press, 1987), 38.[译按]中译本见海德格尔著,《形而上学导论》,熊伟等译,北京:商务印书馆,1996。

第一次世界大战结束后几年内魏玛民主制状况的一种回应。

日常生活的关键特征体现在非人化的"他们"或"常人"（das Man）的出现上，这是海德格尔的对一种更本真的存在方式之呼吁的反题。这一匿名的"他们"构成了栖息于现代生活的城市与郊区之中的"大众"："日常生活中的此在自己就是**常人自己**（they-self），我们把这个常人自己和**本真的自己**（authentic self）亦即本已掌握的自己加以区别。一作为常人自己，任何此在就涣散在常人中了，就还得发现自身。我们知道，此在操劳地消散在最切近地来照面的世界中，而这里所说的涣散，就标志着以这种方式存在的'主体'的特点。如果说，此在所熟悉的他自己就是这个常人，那么这就同时等于说，这个常人把世界以及在世的最切近的解释描绘出来了。此在在日常生活中是为常人之故而存在的。"①

海德格尔的非本真性概念承载的许多特征，同其他反启蒙人士为资产阶级赋予的特征相同：浅薄，自我主义，从他人的意见中获取对自我的感觉。生活的这种日常模式日益被"闲谈"（Gerede）所支配。尽管海德格尔——有点不太真诚地——宣称他并没有带着任何"蔑视"地使用"闲谈"这一术语，但很显然这一术语有着深刻的道德色彩。他抱怨道，闲谈的世界"越传越广，并获得了权威性"。② 最终，想要将什么是真的（"原始领会话语之所及的存在"）与相当于"一般理解"的事物区别开来将变得不可能。此外，闲谈的世界——不妨考虑互联网和脸书（Facebook）在今天所扮演的角色——堵塞了所有原

---

① Martin Heidegger, *Being and Time,* trans. John Macquarrie and Edward Robinson (San Francisco: Harper and Row, 1962), 167. ［译按］中译本见海德格尔著，《存在与时间》，陈嘉映等译，北京：生活·读书·新知三联书店，2006。
② Heidegger, *Being and Time,* 212.

创性或独立思考的可能性。"常人,"海德格尔写道,"先行规定了人的思想状态,并且规定了人'看'什么和怎么'看'。"①

海德格尔对日常生活的分析有着很多真正给人启发的地方,但就像卢卡奇的物化理论一样,我们不清楚他建议对此做些什么。卢卡奇的物化理论仍旧仅仅是对现代社会生活的分析,而与此不同的是,海德格尔认为非本真性是一种我们只是"沉沦"(fallen)于其中的本体论状况。②我们的沉沦性质(fallenness)这一有着鲜明基督教色彩的术语,暗示了我们所栖息的世界并不是我们的创造物,而是某种被给予我们的事物,用萨特的话来说,这一世界"没有出口"。对于这幅由完全理性化的、祛魅的世界所构成的严峻图景,卢卡奇提出了自己的"总体性"理论——这一术语是从德国浪漫主义那里借来的——并暗示了另外一种生活方式,这一生活方式相较现代资本主义组织状态下所能提供的生活方式要更加整体化和更和谐。海德格尔以类似的方式提供了一番激进的批判,却没有提供一个清晰的替代方案。他的答案似乎是本真性人格这一概念,这一人格回应良心的召唤,并做好准备进入到同死亡的面对面对抗之中。③

从卢卡奇的物化批判和海德格尔对非本真性的分析出发再往前一小步,便是马克斯·霍克海默和西奥多·阿多诺的《启蒙辩证法》(*Dialectic of Enlightenment*)。④两位作者在第二次

---

① Heidegger, *Being and Time*, 213.
② 索尔·贝娄曾挖苦过这一点,他问道,如果我们已经"沉沦"于存在的话,那么之前我们在哪儿,见于 *Herzog* (Harmondsworth: Penguin, 1991), 55.[译按]中译本见贝娄著,《索尔·贝娄全集:第四卷:赫索格》,宋兆霖译,石家庄:河北教育出版社,2002。
③ Heidegger, *Being and Time*, 304–311.
④ Max Horkheimer and Theodor Adorno, *Dialectic of Enlightenment*, trans. John Cumming (New York: Seabury Press, 1972); 可参考 Colletti 的某些尖刻评论,*Marxism and Hegel*, 173–175。[译按]中译本见霍克海默,阿多诺著,《启蒙辩证法:哲学断片》,渠敬东等译,上海:上海人民出版社,2006。

世界大战结束后没过几年便出版了自己的著作，他们相较卢卡奇走得更远，他们将20世纪的恐惧归咎于启蒙，并多次将启蒙同实证主义、资本主义和法西斯主义混为一谈。他们认为位于现代暴政根源之处的正是启蒙，而这是启蒙的方法所具有的绝对主义和僵化特征造成的。通过自由使用理性以实现解放的这一最初目标，如今已翻转成一个通过科学让世界变得可计算和可预测的计划，并且这一计划惩罚任何形式的抗争。正是启蒙将思想简化成了计算和"工具理性"。培根，笛卡尔还有莱布尼茨都被指责创造了将思考变成计算的方法。他们所讲述的故事，是一个关于无休止的控制、操纵和管制的故事，并且最终只能导致压迫。从启蒙的最初目标——康德的"要勇于认识"（sapere aude）——到奥斯维辛的集中营之间是一个持续的渐进过程。"对启蒙运动而言，任何不符合算计与实用规则的东西都是值得怀疑的，"霍克海默和阿多诺写道，"启蒙带有极权主义性质。"[1]

我们已考察过的这些著作，它们的核心主题是将现代性描绘成一片名副其实的荒原，而这一图景是由科学技术，工具理性，以及世界的"物化"或之后海德格尔所谓"架构"（Gestell）等的组合所创造的。[2] 为这种否认赋予活力的事物，与其说是任何特定的邪恶或不公，不如说更多是位于社会背后、位于启蒙背后并赋予其活力的那一精神，并且这种精神的目标是致力于实现一个没有冲突、战争和悲剧的安全、和平且宽容的世界。而没有人比法国人乔治·索雷尔更好地预见了这一由

---

[1] Horkheimer and Adorno, *Dialectic of Enlightenment*, 6.
[2] Martin Heidegger, "The Question Concerning Technology," in *Basic Writings*, ed. David Farrell Krell (New York: Harper and Row, 1977), 301–305.

观念和态度构成的混合物（mélange）。

悲观主义的哲学

索雷尔同尼采一样是一个资产阶级。他生于 1847 年（晚于尼采三年），并在巴黎综合理工学院（École Polytechnique）学习工程学。他是一个历史的广泛阅读者和研究者，但很大程度上依靠自学。他的兴趣涵盖了由古典学到基督教历史再到政治理论等领域。他曾写过一本名为《苏格拉底的审判》（*The Trial of Socrates*，1889）的著作，在这一著作中他站在雅典城邦的一方反对苏格拉底，并将苏格拉底阐释为道德败坏的罪魁祸首。他的著作《进步的幻象》（1908）是一部关于进步观念的思想史，而他将进步观念视为一种中产阶级的意识形态。他最著名的著作《论暴力》（*Reflections on Violence*）表达了他关于神话，暴力和末世革命的充满争议的观点。① 索雷尔是一位兼收并蓄之人。在很多时候，他都同时是共产主义和法西斯主义在意识形态上的灵魂伴侣。

在《论暴力》的导论中，索雷尔评论称，该著作悲观主义的人性概念将引发很多读者的反感，而整个研究都立于这一概念之上（8）。他所谓的悲观主义指的是什么？悲观主义所反对的东西最好地定义了它。由悲观主义和乐观主义构成的两极同

---

① Georges Sorel, *Reflections on Violence,* ed. Jeremy Jennings (Cambridge: Cambridge University Press, 1999); all references to this text will be provided in parentheses. 之后对此文的引用以页码形式标出。［译按］中译本见索雷尔著，《论暴力》，乐启良译，上海：上海人民出版社，2005。本文所有涉及该篇的引用均据原文所引英译本翻译，和现有中译本不完全一致。

其他的两极类似，就像由现实主义和理想主义，或由威廉·詹姆斯（William James）的软心肠和硬心肠以及尼采的酒神和日神所构成的两极。乐观主义者与如下启蒙信念相关联，这一信念相信理性科学的图式或范畴能够作为现实的模式或典范。对索雷尔来说，这一信念代表了一种对现实的深刻扭曲，现实总是比我们的智识范畴所允许的要更加易变、更加自发和更加容易激怒。世界处在不断的变化和运动之中，而试图描述、控制和预测它的任何尝试都代表了一种对经验的扭曲。

索雷尔采纳了亨利·伯格森（Henri Bergson）的生命主义哲学的观点，根据这一观点，所有的思考，尤其是我们的理论概念和范畴，都代表了一种对现实的捕获，一种试图将那不断运动的事物变得静止和永恒的尝试。抽象消灭生命（Abstractions kill）；它们扰乱生命的流动。当将这一观点应用于政治时，这种乐观主义便在乌托邦主义的形式中得到了表达。索雷尔认为，各种乌托邦都是危险和贫瘠的学说，因为它们为人类的抱负假定了一个理想的终结状态或理想的静止目标，而这一状态或目标能够轻易被人类目的的不可预测性和多样性所否定。他认为，从柏拉图到马克思——或至少到他同时代的马克思主义为止——所抱有的这种对乌托邦的抱负，都有深层的僭政倾向。

同这些乐观主义的形象相对，索雷尔在使用"悲观主义"这个词的时候想要传达的意思同如下观点接近，即认为这个世界是被永恒的斗争和冲突统治的。悲观主义者尤其对如下观点保持怀疑，即人类的状况适合于零碎或渐进的改革。《论暴力》中某些最生动的时刻，出现在索雷尔对改良主义的支持者，或朝着某些有限目标的渐进议会改革支持者们嗤之以鼻之时。历史上的伟大悲观主义者们是那些早期基督徒，他们相信没有任何人类的努力能够使世界得到拯救,并因此转而选择退出俗世生活并等待基督再临(the Second Coming)。16世纪的加尔文派以及他们关于人之有罪性的苛刻观点则是这种形而上学悲观主义的另一个例子,就像——理所当然地——索雷尔所处时代的无政府主义者和革命派们一样(13)。

奇怪的是,索雷尔将马克思主义视为行动上的悲观主义的又一例子。他拒绝马克思主义是一个关于进步的理论的观念,那一观念认为马克思主义是一个遵照生产模式各阶段的逻辑发展的进步理论,并最终走向共产主义。相反,真正的马克思主义同基督教类似,是一个关于末世的学说。"悲观主义者,"索雷尔写道,"认为社会条件通过无法规避的铁律塑造了一种体系,这种体系坚如磐石,且只会因发生波及全体的大灾难才会消失。"(11)虽然乐观主义者认为人生是在变得更好与变得更坏之间的一系列权衡取舍,但是悲观主义者则将其看作一场全有或全无的存在主义斗争。乐观主义者探进深渊并从中退了回来;悲观主义者则探身进去并且说道:"来吧。"

最终来说,悲观主义更多是一种关于人类心理的教诲,而非一种历史或社会理论。乐观主义者们——今日我们或许会称他们为社会科学家,例如经济学家或政治科学家——相信人类会对理性的激励做出回应,并且相信我们内心深处都是效用最大化者,会理性地计算对我们而言什么事情符合自己的利益。更令索雷尔感到惊异的是人类行为的非理性(尽管并不必然是无理的)源泉。他思考的是:为何人们会参与到那经常是暴力的群体性社会动荡之中,并表现出相当大的勇气和自我牺牲?为何人们会甘愿为了某一事业拿自己的生命冒险,尽管从任何实用主义的意义上他们都所获甚少?举例来说,索雷尔被下列事实所震惊，即中世纪石工雕刻了极具美感的雕像却满足于自己完全默默无名，以及拿破仑军队中的士兵是如何仅为了荣耀就准备面对死亡的，还有古往今来的基督徒们又是如何去选择死亡和殉道的。在所有这些行为中，他发现了一种对完美和对绝对事物的追求，而这一追求永远不能够通过诉诸效用、自我利益或某种逐利激励而得到解释。某种理性和利益之外的事物在起作用，但是这一事物又是什么呢？

神话与暴力

索雷尔用来称呼人类行动这一非理性源泉的术语是**神话**（*myth*）。[①] 神话并非如启蒙主义所坚称的那样，仅仅是虚假的信念。尽管索雷尔拒绝了柏拉图的乌托邦主义，但他却可能在对柏拉图对神话（*mythos*）——即诗歌、音乐和歌曲的力量——的分析中发现了其激发人类行为的能力。神话并非仅仅是某种形式的虚假意识。纵观历史，神话表达了民族的集体抱负。它们并非始于个体而是始于团体，并且通常歌颂家庭、军队、共同体以及其他传统的联结形式。索雷尔对于无产阶级神话持有一种奇怪的保守的观点。他相信，只有生产者——而非胆怯的资产阶级——才是劳动、尊重家庭、牺牲、秩序和贞洁等真正价值的承载者。

索雷尔所坚持的一点是，神话与意识形态或乌托邦并不相同。"乌托邦，"他评论道，"是一种智力产物；它是理论家们观察和讨论事实之后的产物，他们企图以此建立一个现存社会能

---

① 对于这一概念的有益处理，见 Henry Tudor, *Political Myth* (London: Pall Mall, 1972)。

够与之比较的榜样。"(28)乌托邦通常是有关改革的计划；它们提供了一份关于未来社会的蓝图或路线图。因为乌托邦是智识的建构物，所以他们能够被讨论，并且在讨论中能够被反驳。神话则是一种完全不同的事物。神话"不是对事物的描述，而是行动意志的表达"(28)。它们并不将未来呈现为一种可能的社会秩序，而是将其呈现为一场灾难性的事件。不同于乌托邦，神话不能被反驳，因为它们"从根本上与一个团体的信念相同，且是以运动的语言所表达的那些信念"(29)。他那个时代的两个最有力的神话便是关于革命的马克思主义神话，以及关于"总罢工"的工团主义神话。

神话是灾难性精神状态或末世精神状态的表达。它们是同信仰有关的事物，而非基于社会主流趋势而对未来所做的预测。正如我们之后将要见到的，我们信念的源泉最终关乎信仰而非理性这一观念，将索雷尔同政治神学的传统相联系。神话所描绘的并非一种可能的未来社会秩序，而是一个关于灾难的理论。相应地，它们便是某种集体动员和集体行动的形式："经验表明，当采取特定方式时，**对某些不确定其时间的未来进行构建**，将会十分有效且没有多少不便；这发生于对未来的预期以某种形式的神话出现之时，那些神话往往包含了一个民族、一个政党或一个阶级最强烈的倾向，而在生活的所有环境里，这些倾向都会带着本能的坚定重复出现在头脑之中。"(115)

重要的是，神话并非关乎事物将如何发展的预测，因此它们不能被证伪。索雷尔注意到基督教关于末世的神话被无限期地推迟，但其力量却并未因此而削弱。重要的是，神话将自身表述为一个同此时此地相对的全面反题，一个同事物所是相对的全面反题。索雷尔告诉我们，天主教"总是把教会史描述成撒旦和基督支持的层级制之间的一系列战斗；新出现的每一困难都是这场战争中的一个插曲，而这场战争最终必将以天主教的胜利结束"（20）。

从这一角度来说，马克思主义是又一例有着末世变革愿景的这类神话，对于这类神话索雷尔用"总罢工"这一术语来描述：

> 总罢工确实是……完全囊括了社会主义的**神话**，也就是说，它是一个由想象构成的整体，这些想象能够本能地唤起所有下述情感，这些情感能够对社会主义反对现代社会的所有战争形式做出回应。各种罢工已经在无产阶级身上激发出了他们所拥有的最高贵、最深刻和最动人的情感；总罢工通过将他们糅合进一幅协调的画面，并且通过将他们聚在一起，为他们中的每个人都赋予了最大限度的紧张；通过诉诸他们对特定冲突的痛苦回忆，它给呈现到意识面前的所有构成细节都打上了紧张生活的色彩。这样我们就把握了那种关于社会主义的直觉，而语言无法将这种直觉极端清晰地呈现给我们——并且我们能在瞬间将这种直觉作为一个整体来把握。（118）

重要的是，我们要理解索雷尔使用"总罢工"这个词时，他表达的并非某种劳资纠纷或某种停工。他对于如工资、工作条件和养老金等此类经济主题完全不感兴趣。总罢工的目的并非改善工人阶级的物质条件。事实上他相当蔑视如他同时代的社会民主派让·饶勒斯（Jean Jaurès）一类的政治家，后者认为社会主义只是一种提高生活水准的手段。对索雷尔来说，每一次罢工只不过是在朝着末世的道路上更进一步，而末世到来时资产阶级将面临他们的末日。总罢工的目的并不是改进而是毁灭，是绝对否定，对事务现存状态的绝对否定。

神话依其本性是善恶二元论的。它们将世界划分成两个不可改变地对立的阵营：光明之子与黑暗之子。每个神话都必然构建一个它所彻底反对的敌人形象。对经典马克思主义来说这一敌人是资产阶级，资产阶级被呈现为剥夺无产阶级人性的阶级。对索雷尔来说，工人阶级的敌人并不是资本家——在某种程度上索雷尔甚至欣赏他们——而是知识分子，观念已经成了这些知识分子的一种新权力。索雷尔对知识分子所具有的危险的迷恋可追溯到他对苏格拉底的研究，同尼采一样，他视苏格拉底为希腊英雄伦理的伟大毁灭者。苏格拉底的现代继承者则是18世纪的人文主义者，百科全书派，而他们关于进步和人之权利的理论只不过是获得权力的一种手段罢了。"在大恐怖时期"，索雷尔在《论暴力》的导论中写道，"造成流血最多的人，恰恰是那些有着最强烈的愿望，希望他们的同类享受到他们所梦想的黄金时代的人……他们都是乐观、理想主义和敏感的人，他们越是毫不妥协，他们追求普遍幸福的欲望便越强烈。"（10）索雷尔是反动传统的一部分，这一传统认为共济会和其他知识分子团体正在塑造一个增强自身力量的阴谋。他相信，在他那个时代尝试从工人阶级手中夺取权力的，正是社会民主派人士以及他们关于科学社会主义和历史必然性的理论。应该反抗的并非资本本身，而是各类知识分子——科学家，理论家，以及形形色色的哲学家。

索雷尔关于总罢工的神话的核心是他对暴力的呼唤。《论暴力》同马基雅维利的《君主论》类似，它首先是一曲赞颂暴力之救赎力量的赞美诗。对索雷尔来说，所有有价值的东西，其所具有的意义都应归功于暴力。"正是借助暴力,"他在全书的最后一句话中写道,"社会主义才产生了崇高的伦理力量,并以这种力量为手段为现代世界带来了救赎。"(251)索雷尔展现出一种对于所有形式的暴力的人类学迷恋,这些暴力来源于世界各地,包括了从挪威的农村社区,到丹佛和新奥尔良的私刑暴徒,再到科西嘉的世仇,等等。暴力之所以得到支持,不仅是因为它具有的毁灭力量,还因为它为英雄主义提供了机会。索雷尔内心深处是一位道德学家,他深切地关注伦理在资产阶级世界内的命运。他相信,让我们显露出我们最高尚的一面的并不是和平,而是战争和暴力:"崇高道德信念的本质……从未取决于推理或个人意志的任何修养;它们取决于一种人们自愿参加且被表达为一种明确神话的战争状态。在天主教国家里,修道士继续着反对邪恶之王的斗争,后者在这个世界上得胜且让人们臣服于他的意志;在新教国家里,狂热的少数教派则取代了修道院的地位。这些便是让基督教道德得以维系自身的战场,而这些战场所具有的崇高特征在今日仍旧让许多心灵为之着迷并且为它赋予了足够光彩,这种光彩在社会中仅有少数苍白模仿者。"(207-208)对基督教来说成立的那一事物,如今对劳动者——索雷尔更喜欢称他们为生产者——也成立,而劳动者将在革命暴力的基础上建立一种新的甚至是更高级的道德。这种新道德将会是什么样的?

新道德

索雷尔将社会主义视为社会现存状态的全面反题。他否认社会主义是一个方案或计划。尽管如此，他仍然允许自己思考总罢工这一神话将会带来的某些积极理想。

首先，这一新社会将是一个由生产者构成的社会。所谓生产者，索雷尔指的是一位创造者，并且其首先是一位艺术家。每位劳动者都将被转变成一位发明家。他认为，大部分的发明发现将主要由默默无名的工人们在做出自身创新时顺手推进。"先进工坊里的自由生产者，"他写道，"决不能用外部的标准来衡量他的努力；他会觉得眼前的所有榜样都很平庸，并希望超越前人创造的一切。"（244）

然而，索雷尔将自己的想象力最多地投入到实践生活这一观念上——这是同行动和斗争有关，而非同理论有关的生活。索雷尔相信，社会主义的目标并不是舒适或幸福，而是斗争。在他恢复古老英雄精神的尝试中，有着某种前苏格拉底式的，甚至可以说是荷马式的东西。"我并不属于这样的人之列，"索雷尔写道，"他们认为荷马式的亚该亚风格必将在未来消亡，认为不屈不挠、对自己力量充满信心、把自己置于规则之上的英雄必将在未来消亡。"（233）他担忧，如果我们开始认为荷马式的伦理是某种已被封存于过去的事物，那么自由将会受到严重损害。但人们又该在哪儿寻找这种伦理呢？

索雷尔是反启蒙阵营中的独特一员，因为他认为在美国这块土地上这种生产者的新伦理已经成型。对绝大多数反启蒙的思想者来说，无灵魂的理性主义和沉闷的新教工作伦理已经在美国这块土地上扎根。在第六章中我们已见到马克斯·韦伯引用本杰明·富兰克林的《自传》，以作为支持这一观点的证据。对于海德格尔以及他的法兰克福学派继承者们来说，美国是文化消亡的地方，被大众传媒、消费主义和好莱坞所主宰。[1] 对这些思想者来说，美国只不过代表了属于某些特定欧洲观念的时代的到来，这些观念主要在英国得到培养，其中以洛克为最。对抗美国的斗争同样是一场对抗英国及其帝国的斗争。洛克式的经验主义和常识代表了对哲学中所有伟大和高贵事物的贬低，而这些事物显然地由德国哲学的精神所保留。

索雷尔显然不是由洛克代表的温和启蒙与哲学的"常识"学派的拥趸。然而，他在美国所见到的——或他认为自己所见到的——并非一个自鸣得意且欣欣向荣的中产阶级社会——这种世界的代表是福楼拜笔下的药剂师郝麦，对于这样的世界他将会报以鄙视；他所见到的是某种特定的无政府状态与自然状态在狂野西部（the Wild West）的胜利。索雷尔似乎在西奥多·罗斯福（Theodore Roosevelt）的美国中找到了一种积极生活的榜样，这是一种充满活力和奋斗的生活。[2] 他严厉地批评尼采（"那位语文学教授"）对荷马式英雄的消失感到痛惜，却没能见到他鼻子底下的事物。他宣称，主人类型的人仍然存在，并且正是这类人于此刻创造了美国那非凡的伟大。"他〔尼采〕将会注意到一种奇异的相似，"索雷尔继续说道，"这种相似存在于准备为任何事业献身的扬基人（the Yankee）和时而是海盗，时而是殖民者或商人的古希腊水手之间；最重要的是，他将会在古代英雄和出发征服美国西部的人之间建立一种平行关系。"（232）

索雷尔将美国解读为一片属于英雄式生产者的土地，这一

---

[1] 见霍克海默和阿多诺对于"文化工业"的分析，*Dialectic of Enlightenment*, 120–167.
[2] 见 Theodore Roosevelt, "The Strenuous Life," in *The Strenuous Life: Essays and Addresses* (New York: Dover, 2009), 1–10.

解读很大程度上是建立在法国经济学家保罗·德·鲁西耶（Paul de Rousiers）——他远没有托克维尔那么为人所知——的著作之上，鲁西耶曾写过一本名为《美国人的生活》（*La vie américaine*）的书，索雷尔称这本书"充满敬意地"描述了生机和德性等神秘品质："为了成为且保持自己是美国人，一个人必须把生活视为**一种斗争而不是一种享受**，并在其中寻求胜利的努力、寻求充沛高效的行动，而不是在其中寻求愉悦和休闲，以及作为点缀的，对艺术与优雅生活的培养，尽管艺术与优雅生活适合于其他的社会。到处……我们都能发现让美国人成功、构成其类型特征的事物……就是他们的道德特征，他们的个人活力，行动中的活力和创造力。"（232）在同样的语境下，索雷尔将注意力转向安德鲁·卡内基（Andrew Carnegie）、西奥多·罗斯福（Theodore Roosevelt）与尼采之间"奇怪的相似之处"。所有这三人都赞颂那种由自我努力、英雄主义和征服所构成的积极生活。我只能想象的是，如果索雷尔活得够久，那么他将会是约翰·福特（John Ford）所制作的西部片的赞赏者。

索雷尔对美国人性格的解读可被描述为某种英雄式的虚无主义。他是威廉·詹姆斯《实用主义》（*Pragmatism*）的赞赏者，那一作品众所周知地区分了"硬心肠"和"软心肠"。软心肠的人通常是理性主义、理想主义和乐观主义的；硬心肠的人则是经验主义者、实用主义者，并且是悲观主义的。软心肠的人是需求某种永恒道德秩序的那些人，而硬心肠的人则是那些不断调整和适应生活环境的人。①

索雷尔或许对此会部分地赞同，但他并不会将道德视为对

---

① 见 William James, *Pragmatism and The Meaning of Truth* (Cambridge, MA: Harvard University Press, 1978), 13-14, 127-128。

外部环境的詹姆斯式适应。唯一名副其实的道德，是在对事物之所是的抵抗和反对中浮现出来的道德，而非从对事物之所是的适应中产生。詹姆斯赞赏硬心肠的人，但或许他实际上并没有多么强硬。索雷尔将道德视为某种在战斗中铸就的事物；它只能够通过创造性毁灭的行为而产生，尤其是在对事物旧秩序的毁灭中产生。索雷尔能够同当下无缝衔接。同尼采一样，他代表了末世幻想的最极端形式。

索雷尔的遗产

索雷尔的著作对马克思主义运动没有产生显著的影响，然而人们广泛认为，他的观念同 20 世纪 60 年代新左派的政治激进主义有着强烈的亲和性。举例来说，以赛亚·伯林便识别出了索雷尔与像弗朗兹·法农（Franz Fanon）和切·格瓦拉（Che Guevara）等思想家和革命派之间的联系，对于后者来说"受压迫的人能够在革命暴力的行动中找回自我，获得自我认同和人的尊严"。[1] 据称，将索雷尔同第三世界革命运动联系起来的是他对意志的"不屈不挠的强调"，并将其作为行动的原则。"他相信，"伯林继续写道，"绝对的道德目标，相信它独立于任何辩证的或其他的历史模式……这并不是对历史决定论的一份不可变更的时间表有所意识，而是过去 20 年里大多数政治和文化

---

[1] Isaiah Berlin, "Georges Sorel," in *Against the Current: Essays in the History of Ideas* (Harmondsworth: Penguin, 1979), 328; 一个与之类似的观点，见 Irving Louis Horowitz, *Radicalism and the Revolt against Reason: The Social Theories of Georges Sorel* (Carbondale: Southern Illinois University Press, 1968), v–xviii.［译按］中译本见伯林著，"乔治·索雷尔"，《反潮流：观念史论文集》，冯克利译，南京：译林出版社，2002。

反叛者的一种情绪。"[1] 20 世纪 60 年代的激进分子们不同于大萧条时期的 30 年代人，相较社会和经济状况，他们更可能被对政权与制度的指控所打动，即指控他们所生活于其下的政权与制度的虚伪和不真诚。他们的抗议是道德上的而非经济上的。"这更为接近索雷尔的立场，"伯林坚持认为，"因此把他跟现代的革命抗议行动联系在了一起。"[2]

此类论点如今看起来古怪地过时了。它们是建立在 19 世纪末法国所处的时代与 20 世纪 60 年代文化之间的某些简单易得的亲和性之上的。对此更得要点的是另外一位思想家，索雷尔对他有真实且显著的影响。在他 1923 年的著作《议会民主制的危机》(*The Crisis of Parliamentary Democracy*) 中，卡尔·施米特（Carl Schmitt）是第一批理解且关注索雷尔对暴力、神话和总罢工的激进诉求的人之一。[3] 施米特赞赏索雷尔的论点，认为能够独立产生大众社会行动所必须的勇气和热情的不是理性，而是神话。"同战斗和斗争密切相关的战争和英雄概念，"他写道，"被索雷尔严肃对待，并被他认为是紧张生活的真正动力。"[4] 他进一步承认，布尔什维克革命证实了无产阶级的马克思主义神话所具有的力量。索雷尔甚至将 1919 年版的《论暴力》题献给列宁，称列宁为自彼得大帝以来最伟大的俄国政治家。但索雷尔对列宁的赞赏是一件喜忧参半的事。布尔什维克革命取得了成功，是因为列宁将马克思主义转变成了一种俄国民族神话，这一神话严厉批评西化的上层阶级并将其视作俄国本土

---

[1] Berlin, "Georges Sorel," 329-330。
[2] Berlin, "Georges Sorel," 330。
[3] 见 Carl Schmitt, *The Crisis of Parliamentary Democracy*, trans. Ellen Kennedy (Cambridge, MA: MIT Press, 1985)。
[4] Schmitt, *Crisis of Parliamentary Democracy*, 70。

农民的敌人。从无产阶级神话到俄国民族神话的这一转变的象征是从圣彼得堡迁都到莫斯科。俄国再次变成了莫斯科公国。[1]

施米特从索雷尔对俄国革命的描绘中得出了一个重要的经验：民族神话比阶级神话更强大。索雷尔关于总罢工的神话一直被马克思主义者的阶级分析所扭曲，而那一阶级分析本质上属于经济范畴，而从这一角度来说索雷尔同马克思一样，展现出了对他的自由主义反对者和社会主义反对者的智识上的依赖。索雷尔试图创造某种经济生产者的道德的尝试，将最终变成"一种理性主义，有着机械论的外观却空无神话的内核"。[2] 对施米特来说，他那"**政治的**"（das Politische）的著名定义的核心并非阶级敌人，而是民族敌人。在使用"政治的"一词时，施米特指的并不是（道德上）好与坏的区分，（美学上）美丽与丑陋的区分，或（经济上）有利可图或无利可图的区分，而是敌友之间的区分。"所有政治活动和政治动机所能归结成的具体政治性划分，"他断言道，"便是朋友与敌人的划分。"[3]

敌友这一施米特式神话建立在何种标准之上？众所周知，施米特对于这点含糊其辞。几乎任何人或任何事物都能够成为政治敌意的对象。然而，他对于有一点却是很明确的。敌人并不必然是我们对其有个人仇恨的某个人。他区分了私人敌人和公共敌人（hostis）。只有后者才是政治敌意的对象："政治敌人不一定非要在道德方面是邪恶的，或在审美方面是丑陋的；他也不一定非要以经济竞争者的面目出现，甚至与政治敌人拥有

---

[1] Schmitt, *Crisis of Parliamentary Democracy,* 74–75.
[2] Schmitt, *Crisis of Parliamentary Democracy,* 73.
[3] Carl Schmitt, *The Concept of the Political,* trans. George Schwab (New Brunswick, NJ: Rutgers University Press, 1976), 26. [译按] 中译本见施米特著，《政治的概念》，刘宗坤等译，上海：上海人民出版社，2015。

商业来往可能会更加有利。然而，政治敌人毕竟是外人，非我族类；他的本性足以使他在存在方面与我迥异。所以，在极端情况下，我就可能与他发生冲突。"①

施米特从索雷尔那儿得到了如下观念，即关于敌人的神话预设了一个由冲突、战争和为战争时刻做好准备所构成的世界。正是这一普遍冲突的感受，使得施米特的政治概念有着一种存在论上的紧迫感。战争是政治"始终在场的可能性"。施米特将议会政治的整个领域视为试图克服冲突并废除敌友之分的持续尝试。从霍布斯到康德的社会契约论传统，都试图寻找能够将战争状态转为和平状态的工具。通过将政治转变成对话和辩论，议会主义试图为战争状态画上句号。希望有一个和平的世界、一个没有战争的世界，便是希望一个没有政治的世界。这将同样是一个没有理想的世界，一个缺乏英雄主义、勇气和牺牲之可能性的世界。②

同宪政民主制的世界相对，施米特提出了他的"决断主义"学说，这一学说可以追溯到迈斯特。施米特所谓的决断主义指的是如下观点，这一观点认为我们最深层的道德承诺不能由理性建立，甚至不能让理性为其辩护，更别说在统计学或现有社会趋势的基础上来预测将要发生的事情。相反，我们的最高理想和最高承诺在如下意义上是无理的，即它们最终都是意志的独断表达。反过来，这些承诺处于一种相互间激烈冲突的关系之中。它们在战争年代而非和平年代才得到最清晰的揭示。由此得出的是，道德和政治并不是一个互投赞成票、妥协和相互让步的领域，而是一个各种终极价值完全发挥自身的竞技场。

---

① Schmitt, *Concept of the Political*, 27.
② Schmitt, *Concept of the Political*, 35.

同追随中庸或温和之道的古典或审慎建议相反，虚无主义者将宣称追随极端而不论其引向何处。通过宣称自己偏好意志和决断，施米特暗中将自己置于同政治哲学相对的政治神学一侧。政治不过是以另一种方式展开的神学，也即在有关善与恶——上帝与魔鬼——的各种终极问题上相互战斗以获得大众效忠的那一竞技场上展开的神学。这是对有关敌意的特定圣经剧目的重演，在那些剧目中该隐（Cain）对抗亚伯（Abel）、以扫（Esau）对抗雅各（Jacob）、撒旦对抗上帝。从施米特对这一决断时刻的拥抱再往前一小步，便是海德格尔赞扬国家社会主义"内在真理和伟大"的宣言。[1]

在施米特身上，我们能够看见反启蒙反对文明的战争中的所有主题都来到了它们的临界点。施米特在魏玛政权——第一次世界大战后被德国采用的一个自由民主主义政权——中看见了英法的**文明**（*Zivilisation*）支配德国的**文化**（*Kultur*）的迹象。施米特的决断主义在近期被视为于20世纪20年代的德国重新浮出水面的一种形式的政治神学。[2] 施米特所谓的政治神学指的并不是任何特定的宗教教义或信条。尽管被作为天主教徒抚养长大，但施米特与他同代的其他年轻虚无主义者类似，认为自己是个无神论者。这些右翼虚无主义者追随尼采，相信自由主义、社会主义与和平主义的当代信条，以及它们对权利平等和所有人类尊严的信念，全都是腐朽的基督教残余。为了面

---

[1] Heidegger, *An Introduction to Metaphysics*, 199.
[2] 施米特思想中的神学维度，对其最完整的发展见 Heinrich Meier, *The Lesson of Carl Schmitt: Four Chapters on the Distinction between Political Theology and Political Philosophy*, trans. Marcus Brainard (Chicago: University of Chicago Press, 1998); 另见 Mark Lilla, *The Reckless Mind: Intellectuals in Politics* (New York: NYRB, 2001), 49–76. ［译按］中译本见里拉著，《当知识分子遇到政治》，邓晓菁译，北京：中信出版社，2014。

对现实——为了"以清醒的感觉"（马克思）在白天的完全光照下看到现实——就必须在完全没有宗教幻象以及其对正义的人道主义诉求的情况下看待现实。但是，这种无神论并没有同下述另一种信念相矛盾。这深深嵌入反启蒙之中的另一种信念就是，我们所有的终极价值和决断在最终的分析里都是同信仰而非同理性有关的事物。施米特的政治神学在根本上并非一个宗教学说，而是一种同我们信仰的非理性基础相关的认识论理论。

正是列奥·施特劳斯首先识别出了施米特《政治的概念》的"神学-政治"本质。[1] 如我们先前所见，施特劳斯是施米特对自由主义的批判的年轻赞赏者之一，但他的赞赏并非毫无保留。施米特曾经抱怨称，一个没有战争的世界将是一个非政治的世界。这样的世界将缺乏人性中的一种重要元素。这将是一个有着文化、文明、法律、道德和艺术的世界，却将同样是一个没有道德严肃性的世界，这种道德严肃性只有在严重的民族危机期间，在社会的未来受到威胁之时才能够产生。[2] 施米特把自己的思考归功于霍布斯，是霍布斯将自然状态表述为一个有着最大程度的可怕与恐惧的状态。但是霍布斯的愿望是克服战争状态，并用建立在经济发展、科学以及艺术之上的公民社会来取代它，而施米特却对这样的一个世界感到担心，而这恰恰是因为这一社会建立在下述虚幻的信仰之上，即人性是可以被教育的，并且人这一危险的动物能够被转变成温顺的资产阶级。[3]

施特劳斯质疑施米特这一洞见的基础。将人类分隔成相互抱有敌意的阵营的，并不是敌友之分本身，而是同正义和人类

---

[1] Leo Strauss, "Comments on Carl Schmitt's 'Der Begriff des Politischen,' " in *The Concept of the Political*, 81–105.
[2] Schmitt, *Concept of the Political*, 53; 见 Strauss, "Comments," 98。
[3] Strauss, "Comments," 89–90.

之善有关的各种相互竞争的概念。在这儿,施特劳斯提出了苏格拉底问题——"我们应当如何生活?"——并认为这才是真正划分人类的问题。在他批判中的关键之处,施特劳斯引用了柏拉图的两个文本——《游叙弗伦》(*Euthyphro*)和《菲德罗篇》(*Phaedrus*)——意在表明冲突的基础同敌友的武断划分并不相关,而总是涉及关于正义或非正义的理性判断。"带有任何代价的同意,其形式只能是以生命意义为代价的同意,"施特劳斯断言道,"因为只有当人放弃了他的任务,不再提出同什么是正当的有关的问题时,这类同意才有可能。而当人放弃了这一问题时,他便放弃了人性。"① 只有在什么是对的——这个道德问题——上存在的分歧才能正当化将人划分成敌友的分隔。

施特劳斯承认,施米特对自由主义试图绕过最终价值这一问题的批判是有价值的,但他否认施米特把握了这些问题的核心。施特劳斯认为,充当命运最终裁决者的并非是以信仰和委身为主导的政治神学,而是以理性和判断为主导的政治哲学。更紧逼一步,施特劳斯下结论称施米特对严肃性的追寻终究缺乏严肃性。施米特的决断主义是某种形式的寻求惊险刺激与娱乐的政治美学,也就是说,它仍旧是其努力推翻的那种资产阶级自由主义的俘虏。"我们的意思是,他对自由主义的批判仍旧在自由主义的领域内进行"——而这正是对其最无情的一击。② 施特劳斯对施米特的批判指出了通往另一种现代性的道路,那种现代性不那么激烈且更人道,并且更符合托克维尔的中庸精神。这种现代性致力于寻找位于启蒙及其批评者之间的**中庸之道**(*juste milieu*)。

---

① Strauss, "Comments," 101.
② Strauss, "Comments," 104–105.

第 13 章

以赛亚·伯林：悲剧性的自由主义

人们通常认为反启蒙是一种属于政治右派的现象。先前的章节试图表明，反启蒙所涵盖的范围要更为广阔，它包括了许多有着不同政治观点——无政府主义、革命派和虚无主义——的极端主义者，包括了从迈斯特和施米特到索雷尔和卢卡奇等一系列人。然而仍旧存在这样一种深层信念，认为对启蒙的攻击必然同时是对自由民主制的攻击，并且必然是滑向法西斯主义和其他右翼意识形态的第一步。似乎仿佛只要启蒙跌落神坛，那么支撑起近代自由主义的所有脚手架也都将塌落。这一观点得到了泽埃夫·施特恩霍尔（Zev Sternhell）所著的《反启蒙传统》（*The Anti-Enlightenment Tradition*）等学术作品以及科里·罗宾（Cory Robin）的《反动的心灵》（*The Reactionary Mind*）等学术巨著的强烈支持。[①] 然而这种观点对启蒙运动同自由主义间的联系过于夸大了，正如以赛亚·伯林的例子所充分说明的那样。

当有学识的人论及自由主义时，他们总会想起以赛亚·伯林的名字。乍看起来，两者间的关系并不明显。伯林从未写

[①] Zev Sternhell, *The Anti-Enlightenment Tradition,* trans. David Maisel (New Haven: Yale University Press, 2010); Cory Robin, *The Reactionary Mind: Conservatism from Edmund Burke to Sarah Palin* (New York: Oxford University Press, 2013).

过一部关于政治的系统性论著。伯林并没有写过类似于洛克（Locke）的《政府论》（*Two Treatises of Government*）或罗尔斯（Rawls）的《正义论》（*A Theory of Justice*）那样的作品。在 20 世纪 30 年代完成了关于他早期有关马克思的传记后，严格意义上说伯林从未写过另一本书。或许正是这一点，使得他的同事，牛津大学古典学家莫里斯·鲍勒（Maurice Bowra）调侃称："就像我们的主和苏格拉底一样，他著述不多，但他思考且说了很多，并且对我们的时代有着巨大影响。"[1]

当然，这不太正确。伯林写了不少东西，相当大的一部分只有在他死后才为人所知。就正式论著而言，他写作的话题相当宽泛，并且采用了观念史、哲学分析，以及一系列对知名朋友和同时代人（包括先前提及的鲍勒）的精彩人物素描——也即法国的葬礼演说伟大传统中的赞词（éloges）——等各种文体。他能够描绘宏大画作，同时又能绘制小型画作。在上世纪的哲学作家中，只有迈克尔·奥克肖特才能与他竞争英文散文大师这一称号。伯林曾称自己不是一位哲学家，而是一位观念史学家。[2] 同样地，这也只是部分正确。尽管他从事观念史研究，撰写关于思想家和政治家的论著和专著，这些思想家和政治家非常多样，包括马基雅维利、维科（Vico）、赫尔德（Herder）、托尔斯泰（Tolstoy）、屠格涅夫（Turgenev）、密尔（Mill）、迪斯雷利（Disraeli）、魏兹曼（Weizmann）和丘吉尔。但是这些论著和他的其他作品仍旧传达了一种深刻的哲学教诲，并且专注于一个单一的主题：自由在人类生活的整体组织中所处的

---

[1] 在 Noel Annan, "A Man I Loved," in *Maurice Bowra: A Celebration,* ed. Hugh Lloyd-Jones (London: Duckworth, 1974), 53。

[2] 见 Isaiah Berlin, *Concepts and Categories: Philosophical Essays* (Harmondsworth: Penguin, 1978), vii–viii。

地位。

伯林的自由主义因其对一种浪漫主义反启蒙运动的拥抱而独一无二，这种拥抱使得他与大多数主流的自由主义学说不一致。当然，自由主义并不是某种能够用一个词或一个短语定义的事物。同其他"主义"一样，它发展、演变，并且在不同时期表现出不同的面向。① 在洛克、休谟以及《联邦党人文集》作者的著作中所见到的那类古典自由主义，很大程度上是一种关于个人自由的学说，用伯林的话来说，是一种关于"免于……的自由"（freedom from）的学说。自由主义就其古典形式，或就其原初形式而言，是一种将个人自由置于前列和中心地位的学说，并认为人的需要和欲望——他们认为这些最有助于实现人类福祉——是政府唯一的道德基础。政府的任务并不是告诉人们他们应当想要什么，而是尽可能少地干扰人们实际拥有的需要和欲望。如果不那么做的话，就是把成年人当作儿童来对待，并且认为理性的人也需要监护。自由之于自由主义，就像正义之于柏拉图，或平等之于马克思。

但这类原初自由主义经常变成另一种版本的信条，持那类信条的英雄们是康德、黑格尔与马克思。这种完善论的自由主义更多地关注社会环境的塑造而非个人欲望的满足，而正是在社会环境中这些欲望才能够被满足。根据这一解释，个人有义务尽其所能培养自身的身体、智识、道德和美学能力，而不仅仅是有权选择如此。只有当我们充分并且完全实现了我们的自然能力后，我们才处于一个能够行使自身自由的地位。自由更多是一项成就而非一种天赋。无可否认的是，完善论的自由主

---

① 下述评论来自 J. David Greenstone, "Against Simplicity: The Cultural Dimensions of the Constitution," *University of Chicago Law Review* 55 (1988): 428−449。

义有着集体主义的成分。在此处，自由并非仅仅被理解为一种受保护免受外界干扰的权利，而是被理解成一种能力，这种能力需要以文化和道德上的自我发展为中介，进行训练和培养。而这最终成了对社会进行理性控制的计划。①

这几种自由主义都不足以处理道德冲突的问题。原初自由主义——我们能在《联邦党人文集》第十篇中见到其标准版本——认为所有冲突都是利益冲突。这当然是许多冲突的典型特征，但并非全部冲突都如此。利益这一说法是经济学的和数学的。利益终究是可量化并且是可分割的。原初自由主义是一种同予取、妥协和公平交易有关的政治学。当各种利益出现分歧时，原则上来说有可能借助适当的制度混合，为冲突的各方至少部分地给予各自所欲求的事物，从而找到一种包容各种利益的方法。这一策略得到了自由主义政治理论家的备受关注的支持，其中包括詹姆斯·麦迪逊（James Madison）所著的《联邦党人文集》第十篇和罗伯特·达尔（Robert Dahl）的《民主理论的前言》(A Preface to Democratic Theory)。② 与之相反，完善论的自由主义将道德分歧视为一个教育问题。根据这一解释，利益之所以会出现冲突，是因为至少有部分人不明白自己的真正利益究竟是什么。道德冲突的解决方法是黑格尔意义上的教育（Bildung），也即让人们正确地认识到他们的真实自我或理性自我是什么。在此处，冲突被认为是一种道德缺陷，而

---

① 关于完善论的自由主义的兴起，见 Shirley Robin Letwin, *The Pursuit of Certainty: David Hume, Jeremy Bentham, John Stuart Mill, Beatrice Webb* (Cambridge: Cambridge University Press, 1965).
② 见 Robert A. Dahl, *A Preface to Democratic Theory* (Chicago: University of Chicago Press, 1956); 一个对达尔的尖锐批判，见 Harvey C. Mansfield, "Social Science and the Constitution," in *America's Constitutional Soul* (Baltimore: Johns Hopkins University Press, 1993), 137–162.
［译按］中译本见达尔著，《民主理论的前言》，顾昕译，北京：东方出版社，2009。

通过发现实现解放或自我改善的恰当技术,并以此建立社会和谐与社会共识,这一缺陷就能够被克服。

伯林发现这两种自由主义都有缺陷。原初自由主义正确地将政治视为一种处理冲突的方式,却肤浅地认为所有冲突仅仅是某种形式的基于利益的冲突。完善论的自由主义同样未能理解冲突的持久性,它将冲突简化为我们在理解自身"真正"或"客观"利益上的失败。伯林提供了第三种形式的自由主义,这一自由主义起源于对道德冲突之难以解决性的一种更为深刻的理解。这并不是说我们要做的是独自一人追求自己的目的,或者说我们的目的需要一个严谨的道德培养过程,而是说我们的目的是多样的,经常互不兼容,并且彼此公开冲突。对伯林来说,矛盾不仅与利益有关,还与身份认同有关。身份认同并不仅仅是我们所拥有的事物,它们还定义了我们是谁。我们能够就利益做出妥协和权衡。但我们却不能如此轻易地评判自己的身份。

对伯林来说,自由主义不仅仅关注对个人权利与个人自由的保护,使其免受其他个人或如国家等集体机构的侵扰。除此之外,它同样关注对人类根本多样性的尊重和延续,这种多样性包括了民族性格,而民族性格表达在语言、文化或维特根斯坦所谓的"生活形式"之中。[1] 这一从德国浪漫主义人物——弗里德里希·H. 雅可比(Friedrich H. Jacobi),约翰·戈特弗里德·赫尔德(Johann Gottfried Herder),以及约翰·格奥尔格·哈曼(Johann Georg Hamann)——那里得到的洞见,为

---

[1] Ludwig Wittgenstein, *Philosophical Investigations,* trans. G. E. M. Anscombe (New York: Macmillan, 1968), sec. 19: "而想象一种语言便意味着想象一种生活形式。"〔译按〕中译本见维特根斯坦著,《哲学研究》,李步楼译,北京:商务印书馆,2000。

伯林的自由主义赋予了一种心理和道德上的复杂性，这比启蒙运动的主流学说要更加深刻，并使得伯林成了某种多元文化主义这一术语出现之前的（avant la lettre）多元文化主义者。伯林似乎愿意尊重各生活方式间的某种更深刻和更根本的多样性，这种多样性通常为大多数自由主义者所尊重，但他们认为冲突要么能够被包容，要么能够在某种更高级的合题中被解决。问题在于，伯林对自由的承诺是否同他对某种深刻的道德多元主义的辩护相一致。自由是不是最高的目标，或者只是诸多"价值"之一？这一困境直指伯林的悲剧性的自由主义的核心。

自由

伯林于1957年被任命为牛津大学的社会和政治理论齐切利（Chicele）讲座教授。他的就职演讲《两种自由概念》（Two Concepts of Liberty），是英美哲学传统内被最广泛地讨论和分析的作品之一。《两种自由概念》显然是伯林最著名且最具代表性的作品。[①] 在这部作品中伯林列出了两个伟大主题，这两个主题将成为他作品的标志：观念在历史与政治研究中的中心地位，以及自由——尤其是他所称的消极自由——作为一个文明共同体最重要的价值所具有的首要地位。第一个主张意在反驳各种马克思主义思想家和决定论思想家的意见，他们认为物质原因

[①] Isaiah Berlin, "Two Concepts of Liberty," in *The Proper Study of Mankind*, ed. Henry Hardy and Roger Hausheer (New York: Farrar, Straus and Giroux, 2000); henceforth cited as *PSM*. All references to this essay will be provided parenthetically in the text. 之后对此文的引用以页码形式标出。[译按] 中译本见伯林著，"两种自由概念"，《自由论》，胡传胜译，南京：译林出版社，2011。

和物质环境是主导人类行为的因素。在他讲座一开始,伯林便强有力地指出观念不只会带来后果,它们还可能带来毁灭性的后果。"奇怪的是,"他写道,"我们的哲学家似乎没有意识到他们的活动的这些毁灭性的后果……政治学仍然与每一种形式的哲学探索发生扯不断的关联。"(192)伯林在此处的陈述所反对的并不仅是唯物主义思想家们,还包括他的那些同事,牛津的分析哲学家们,他们认为哲学是一种"元"话语——一种关于语言的语言——并且只关乎概念的分析与澄清,而不关乎这些概念与政治实践间的关系。

在他认为自由居于中心地位的信念中,伯林同样采取了一个有争议的立场。在此处,他让自己与一系列立场对立,那些立场认为社会正义、平等或是民主构成了社会的最高目标。他并没有反驳这些目标的真正价值——关于这一点我将在之后会有更多的讨论——尽管他强烈否认最大化其中任何一者便会自然而然地导致人类自由的增加。在这一文本最引人注目的一个段落中,伯林断言如下:"任何事物是什么就是什么:自由就是自由,既不是平等、公平、正义、文化,也不是人的幸福或良心的安稳。如果我、我的阶级或我的民族的自由依赖于其他巨大数量的人的不幸,那么促成这种状况的制度就是不公正与不道德的。但是如果我剥夺或丧失我的自由以求减轻这种不平等的耻辱,同时却并未实质性地增加别人的个人自由,那么,结果就是自由绝对地丧失了……说虽然我的'自由主义的'个人自由有可能失去,但某种其他的自由('社会的'或'经济的')有可能增加,这是混淆了价值。"(197-198)

伯林演讲的核心是两种自由,他分别称这两种自由为消极自由和积极自由。这一充满争议的区分意在表明什么?消极自由首先是免于外部阻碍或外部控制的自由。当我们孤身一人或无人看管时，也就是说当我们不受其他人、其他制度或其他机构干扰时，我们便是自由的。消极自由关注的是某一空间，在这一空间内人们能够在不受他人强迫的情况下自由行动。它被描述成消极的，是因为它代表了不受外部阻碍来行动的自由。这一自由概念的本质是一种关于选择或意志的理论。我们在某种程度上是自由的，不仅是因为我们能够运用自己的意志去**做**这件事或那件事，更是因为我们能够运用自己的意志去**成为**这样或那样。消极自由预设了人是可塑的和不确定的，还预设了我们不仅在各种价值和生活方式间做出抉择，而且我们是这些价值和生活方式的积极创造者和塑造者，如果用伯林的一个著名比喻来表达的话，那便是我们是马夫而不是马。[1] 自由的这一观念中有着一种英雄的品质，随后我们将回到这一点上来。

另一方面，积极自由的理论最终而言更多同人类理性，而不是意志和选择有关。根据积极自由的理论，只有当我们控制自己的选择时我们才是自由的。伯林认为，积极自由的经典理论家正确地理解了这一点，即我们的选择或许会受一系列变量约束甚至由其决定，而我们无法控制这些变量，例如家教、教育、社会条件等诸如此类。除非且直到我们能够控制这些约束我们选择的决定因素，我们才是自由的。伯林将这种自由同一种自我控制或自我决定的概念相联系。我们不仅因自己所做出的选择而自由，而且是当我们依照某一计划或某套规则来过自己的生活时我们才是自由的，而这一计划或这套规则是我们为

---

[1] Isaiah Berlin, "John Stuart Mill and the Ends of Life," in *Liberty,* ed. Henry Hardy (Oxford: Oxford University Press, 2002), 222.［译按］中译本见伯林著，"密尔与生活的目的"，《自由论》，胡传胜译，南京：译林出版社，2011。

自己制定的,并且我们认为自己值得为之而活。这一关于自由的观点其本质更多是理性选择而不是简单的选择,也即依据使生活值得过下去的某个目标或原则作出选择。

积极自由可被称为目的论或完善论的自由。它同某种善或理想相联系,而我们的所有选择都可以依据这种善或理想而得到判断。实际上,从苏格拉底到密尔的每位道德哲学家都分辨了更有价值的生活方式和不太有价值的生活方式,并认为自由存在于选择过更有价值而非不太有价值的生活之中。即使是消极自由理论最坚决的支持者密尔,也发现在我们"悲惨的个体性"——一个很说明问题的短语——和真正的自由之间做出区分是有必要的。[1] 在此处,自由不仅存在于选择这一行为之中,更存在于选择那最能充分实现我们人性的事物之中。

伯林并没有简单地在关于积极自由和消极自由的辩论中居于中立。他将消极自由同政治自由主义的传统相联系,并将积极自由同由暴政和社会控制的广泛网络相联系。他认为积极自由包含一种强制性的成分,这一成分随着时间推移会导致暴政。他并不是在说在积极自由的观念与社会强制之间存在着一种必然的逻辑蕴涵;他也没有宣称(如他有时似乎表现的那样)两者间存在着某种不变的历史联系。许多积极的自由主义者——仅举其中最著名的斯宾诺莎和康德为例——强烈地反对任何形式的家长主义。对伯林来说,存在着一种心理学上的联系——用另一个词来说是"有选择的亲和性"——由积极自由出发导

---

[1] 见 Joseph Hamburger, *John Stuart Mill on Liberty and Control* (Princeton: Princeton University Press, 1999), 168−175, 226−228。

向极权主义。① 积极自由包含了一种武断的信念,认为自己知道人类应当是什么样的或者什么是最好的生活方式;那些达不到这一理想的人便被认为是无知的、败坏的、有罪的或是贪婪的。在其促使我们更加理性、更加开明、更加有德性的努力中,积极自由的支持者们必然会侵犯个人的自主性。这必然会使得积极自由主义者们将个人作为手段来推动实现他们的目标,而无论这些目标价值几何。并且,当他们被要求使用国家或其他制度性的强制手段来实现这些目标时,其结果只能是独裁披上自由的伪装而出现。

伯林式自由主义的伟大英雄们,是像孟德斯鸠、《联邦党人文集》诸作者、贡斯当、托克维尔和密尔一类的思想家,他们所有人都最大程度地捍卫人类选择和人类行为的空间。与之相反,由卢梭及其追随者(费希特、黑格尔和马克思)所支持的积极自由传统,则应当对历史上一些最恶劣的社会控制实验的诞生负责。伯林从未停止过探索的悖论是,为何那旨在将我们从暴政中解放出来的政治观念,竟然会成为形式上更为广泛的强制的根源,而这些强制全都是以政治自由的名义进行的。伯林的《两种自由概念》曾被某位读者形容是"反共产党宣言",不可谓不准确。②

自其首次出版以来,《两种自由概念》一直受到各种批评。分析哲学家们认为只存在一个自由概念,这一概念有着积

---

① 关于伯林对自由的观点在心理上的深度,最近的探讨见 Gina Gustavsson, "The Psychological Dangers of Positive Liberty: Reconstructing a Neglected Undercurrent in Isaiah Berlin's 'Two Concepts of Liberty,'" *Review of Politics* 76 (2014): 267−291。
② Leo Strauss, "Relativism," in *The Rebirth of Classical Political Rationalism*, ed. Thomas Pangle (Chicago: University of Chicago Press, 1989), 16.[译按]中译本见施特劳斯著,"相对主义",《古典政治理性主义的重生》,郭振华译,北京:华夏出版社,2017。

极和消极两个变体,但这两个变体只不过是两种不同的解释罢了。[1] 具有历史意识的哲学家们最近认为有着第三种概念,即作为"不受统治"的"新罗马式"自由概念。[2] 然而尽管存在所有这些批评和改进意见,伯林的区分却被保留了下来,很大程度上这是因为它抓住了我们自然经验中的一个重要面向。伯林对消极自由的总结,一部分是从他对任何形式的家长主义的真确厌恶中和他的康德式个体观,即个体本身即为目的中派生而来。所有将个人作为手段或材料以实现其目的的道德或政府制度都是不道德的。在此处,伯林同意约翰·梅纳德·凯恩斯(John Maynard Keynes)的著名格言,"长远地看我们都会死去"。这就意味着利用某个人以实现他人更大的善,或利用一代人以实现之后某代人的善,这种利用在道德上永远不会得到证成。

然而我们仍有必要思考,伯林为自由进行辩护时是否有些多此一举。就像麦考莱就密尔的《论自由》所说的那样,密尔正在挪亚的洪水中喊叫着说起火了。[3] 这一判断或许为时过早。麦考莱并没有活到看见共产主义、法西斯主义和其他现代暴政兴起的时候,这些暴政将会用自由的语言来帮助实现它们进行社会统治的目标。伯林是以色列政治理论家雅各布·塔尔蒙(Jacob Talmon)的密友,后者的著作被揭示性地命名为《极权主义民主的起源》(*The Origins of Totalitarian Democracy*),这一著作认为卢梭以及法国革命派完全是 20 世纪极权主义社会

---

[1] 见 Gerald MacCallum, "Negative and Positive Freedom," *Philosophical Review* 76 (1967): 312–334。

[2] Quentin Skinner, "A Third Concept of Liberty," *Proceedings of the British Academy* 117 (2001): 237–268;一个对此更完整的解释,见 Philip Petit, *Republicanism: A Theory of Freedom and Government* (Oxford: Oxford University Press, 1997)。

[3] 引自 Gertrude Himmelfarb, *On Liberty and Liberalism: The Case of John Stuart Mill* (New York: Knopf, 1974), 163。

工程的广泛实验的先驱。① 但即使我们很清楚伯林反对的是什么，同样重要的是了解他赞同什么。什么使得自由在人类之善的万神殿中立于如此高位？相较于正义、秩序、卓越、平等或其他同样有价值的道德愿望的目标，为何自由要更可取？一个较好的论据是，自由本身并不是一种德性而是所有德性的前提，就像所有道德品质都预设其核心是选择那样。某种德性如果是强制或未经反思之习惯的产物，那么其就不能被认为是完全值得赞扬的。这一观念很早就在亚里士多德《尼各马可伦理学》（*Nicomachean Ethics*）的第二卷中首先出现了。

伯林对任何形式的目的论或完善论是如此抗拒，以至他不情愿问出像"自由是为了什么？"和"自由是做什么的自由？"这样的问题。他的自由概念有着某种形式主义特征，这使得他的自由概念似乎没有任何内容，且对语境和环境漠不关心。自由是否在所有情况下都是好的？是否可能会有好的事物过多的情况？无可争议的是，现代生活的病态并非来自自由的缺乏，而是来自自由的过量。广泛弥漫在当代生活中的无根感、异化感和道德飘散感——不妨考虑乔纳森·弗兰岑（Jonathan Franzen）的小说《自由》（*Freedom*）中的人物——这些感受并非源自对自由的限制，而是源自权威人物的缺乏和来自道德传统的限制的缺乏，后两者单凭自身便能赋予生活以意义感。对于一位因重视判断的作用以及担忧政治生活中的宏大抽象概念而出名的思想家来说，伯林对自由的赞美有着尤其抽象的色彩。对于"我有自由去做什么，或去成为什么？"这一问题，伯

---

① Jacob Talmon, *The Origins of Totalitarian Democracy* (New York: Norton, 1970); 关于伯林同塔尔蒙（Talmon）之间的联系，见 Joshua L. Cherniss, *A Mind and Its Time: The Development of Isaiah Berlin's Political Thought* (Oxford: Oxford University Press, 2013), 171–174.

林的回答似乎是"我怎么可能知道？"。当柏克反对法国大革命中对实现绝对自由的要求，认为这一要求过于抽象时，他所提出的正是这一点："是否因为抽象的自由可以列为人类的福祉，所以对一个逃脱了监禁室的防护性约束和保护性黑暗的疯子，我就可以认真地祝贺他能够重享光明和自由？对于越狱的强盗和杀人犯，我是否要祝贺他们恢复了天赋权利呢？如果我这么做，就会重新上演由被罚作船奴的罪犯们以及他们那位英雄的解放者（那位面容忧伤的玄学骑士）所演出的那一场面。"[①] 伯林对自由的辩护同他自己的主张存在着一些冲突，那一主张认为自由或许不是最高的德性却是一个极有价值的目标，尽管这一目标仍旧会发现自身同其他已被证明同样重要的目标相互冲突，我现在将要考察的便正是伯林的这一主张。

一元论与多元论

伯林对消极自由和自由传统的辩护最为人所知，但这却只是其教诲的一个方面，且就某种奇特的意义而言，它甚至可能不是最重要的一面。在伯林对积极自由和消极自由的描述背后，存在着一套关于人类天性以及知识之局限的共同假设，而这套假设使他的观点会比乍看之下要更为复杂也更有争议。伯林式自由主义的核心并不仅仅是一种关于消极自由的教诲，还同样是对伯林所谓"价值多元论"的一种辩护。他的观点是，我们

---

① Edmund Burke, *Reflections on the Revolution in France*, ed. Connor Cruise O'Brien (Harmondsworth: Penguin, 1986), 90.［译按］中译本见柏克著，《法国革命论》，何兆武等译，北京：商务印书馆，2010。

的各种价值——也即我们最深切关注的那些理想和渴望——处在一种永久且根深蒂固的冲突状态之中。

伯林首次提出这一关于价值多元论的论断是在《两种自由概念》的第八节也即最后一节中，那一节的标题是"一与多"。这一论断随后在他之后的《维科与赫尔德》(*Vico and Herder*)这本书以及他关于反启蒙的许多不同著述中得到了发展。当下关于价值多元论的辩论很大程度上取代了上一代人关于积极自由和消极自由的辩论。尽管关于积极自由和消极自由的辩论似乎根植于冷战环境以及反抗极权主义的斗争之中，对价值多元论的关注则已经介入了近期自由主义与文化多元主义的争论之中。终极目的之间不存在和平的趋同而是激烈的紧张斗争，正是这一信念为伯林式的自由主义赋予了悲剧性的——甚至是英雄主义的——维度。

伯林将积极自由传统和消极自由传统与两种非常不同的社会本体论形式相联系，尽管伯林并不会使用社会本体论这一术语。积极自由预设了某种哲学一元论，也即如下信念，该信念认为道德和政治问题能够像科学与技术问题一样，采用相同的方法来解决，并且有着相同程度的确定性。这便是启蒙的科学理性主义，伯林认为这是许多相当不同的社会与思想家的特征，可上溯至柏拉图和希腊人。积极自由被认为是一种根深蒂固的谬误，伯林认为它将西方传统置于一个灾难性的进程之中。西方因一种"爱奥尼亚式的谬误"而面目全非，这一主张——伯林与海德格尔都持有这一观点，而与海德格尔共享一个观点让伯林相当不舒服——能够被简化成三条命题，这三条命题可以被表述如下：

1. 所有真正的问题都能够被回答,如果一个问题不能被回答,那么它就不是一个真正的问题。

2. 存在着一种方法能够让我们发现我们问题的正确答案,这一方法能够被我们学习并被传授给他人。

3. 所有问题的答案相互之间都是兼容的,并且各自构成了一个单一真理体系的一部分或一方面。①

有时伯林在作品中仿佛表达了如下观点,即整个道德与政治哲学的历史都立足于一个错误之上——这一错误的信念认为,关于最佳生活方式或理想政体的问题只有一个唯一的正确答案。他认为,柏拉图、亚里士多德、斯宾诺莎和康德等诸多不同思想家所提出的那些基本问题是错误的。在这些问题之下的下述错误假设导致了滑坡谬误,这些假设便是:(a)对每个问题而言,都必然存在着一个答案;(b)如果存在着一个正确答案,那么从原则上说它是可知的;(c)如果这样的答案是可知的,那么它们就能够,甚至就应当被落实,甚至就连试图回答这些问题的尝试也包含了强制和暴政的萌芽。在认为存在道德真理的理性主义观点与想要教育、强制或胁迫他人接受道德真理的欲望之间,存在着一种牢不可破的联系。积极自由的学说或许会始于一种想要成为自己主人的欲望,但总是以尝试将这种学说强加于他人而告终。伯林认为这种一元论谬误是所有暴政形式的根源,这些暴政包括了从"维多利亚时代的校长和殖民地官员"到"最晚近的民族主义与共产主义独裁者"在内的各种形式,

---

① 见 Isaiah Berlin, "The Decline of Utopian Ideas in the West," *The Crooked Timber of Humanity: Chapters in the History of Ideas,* ed. Henry Hardy (Princeton: Princeton University Press, 1990), 24-25.[译按] 中译本见伯林著,"乌托邦观念在西方的衰落",《扭曲的人性之材》,岳秀坤译,南京:译林出版社,2009。

"以这种方式,理性主义的论证及其对于唯一真正解决方案的假定,一步一步地从个人责任与各人自我完善的伦理学说,转变为一种服从柏拉图式的卫国者精英指导的极权国家理论,这种步骤,如果说在逻辑上是无效的话,在历史上与心理学上却是可以理解的"(223)。

同他所认为的积极自由的启蒙传统所具有的一元论理性化倾向相对,伯林将消极自由同价值多元论的反启蒙论题相联系。在政治科学里,多元主义通常与关于政治秩序的麦迪逊式观点相关联,它认为在一个政治秩序内不同的利益与团体和平地为了得到政治统治的份额而相互竞争。伯林的多元论指的是相当不同的事物。多元论并非只是一个关于不同利益如何相互竞争的描述性陈述,它还是一个更深刻的关于道德世界之结构的哲学论断。多元论是这样一种观点,这一观点认为我们的根本价值和信念处于一种不可协调的相互冲突状态之中,此外它们相互之间不会在某种度量上具备可比性。如果说一元论是如下一种尝试,它试图将我们的不同简单地视为属于单一整体的部分且不完整的各个侧面,那么多元论——这一术语可能是从威廉·詹姆斯(William James)的实用主义哲学那儿借鉴而来的——便是对多样与差异的庆祝,这种多样与差异表达在个人生活的选择、独特的民族共同体以及完全不同的生活方式之中。①

对伯林来说,各种善之间**有着**根深蒂固的冲突:冲突存在于自由与安全,公正与民主,以及对卓越的尊重与对有需要之人的关心之间。并不存在一个单一方案,使得这些相互竞争的

---

① 见 William James, *Essays in Radical Empiricism: A Pluralistic Universe* (New York: Longmans, 1958);关于伯林多元主义的其他来源,见 Cherniss, *A Mind and Its Time,* 44–52。

价值能够在一个更高的合题中和解。价值间的冲突并非一种属于有缺陷政制的症状，而是与人类生活密不可分。对终极目的间冲突的承认，构成了伯林理解人类状况的悲剧本质的基础。"如果正如我所认为的那样，"伯林写道，"人的目的是多样的，而且从原则上说它们并不是完全相容的，那么，无论在个人生活还是社会生活中，冲突与悲剧的可能性便不可能被完全消除。于是，在各种绝对的要求之间做出选择的必然性，便构成人类状况的一个无法逃脱的特征。"（239）

伯林的价值多元论经常被人与某种形式的相对主义联系起来，尽管伯林曾奋力就这一认识提出异议。在《两种自由概念》的结论中，他就自己的消极自由理论和价值多元论提出了一个准马克思主义的反对意见，根据这一意见"自由地选择目的而不宣称这些目的具有永恒的有效性，这种理想以及与此相联系的价值多元论，是我们衰颓的资本主义文明晚近的果实"（242）。于是他接着宣称，"原则并没有因为它们的有效期限不能得到保证，而变得不那么神圣"，并引用奥地利经济学家约瑟夫·熊彼特（Joseph Schumpeter）的一个短句来做最后总结："'认识到一个人的信念的相对有效性，'我们这个时代的一位令人尊敬的著作家说过，'却又能毫不妥协地坚持它们，正是文明人区别于野蛮人的地方。'在此之外要求更多，也许是种根深蒂固且不可救药的形而上学的需要；但是让这种需要来决定一个人的实践，却是一种同样根深蒂固且更加危险的道德与政治不成熟的表现。"（242）

列奥·施特劳斯曾用上面引用的这段话来作为证据，证明伯林支持无条件的相对主义。"在我看来，"他写道，"伯林的表述就是自由主义危机的典型文献——此危机源于自由主义已抛弃了其绝对主义根基,而且试图变得完全相对主义化。"[1]他对伯林的主张感到尤其愤怒,那一主张认为正是相信人的信念具有"相对有效性"这一点,将文明人同野蛮人区别开来。针对这一主张,施特劳斯提供了下述反驳:"伯林不能逃脱每个思想存在者都服从的必然性:采取一个最终、绝对的立场,此立场与他所谓人性,或人类状况的本性,或决定性真理相一致。"[2]我们为我们的道德信念所赋予的绝对感,对施特劳斯来说并非不成熟的标志或某种病态的标志("一种根深蒂固且不可救药的形而上学的需要"),而是本身就是文明的标志。"如果[相对主义]是正确的,"施特劳斯下结论称,"那么每个坚定的自由主义混混或恶棍就成了文明人,而柏拉图和康德则成了野蛮人。"[3]

尽管伯林选择不回应施特劳斯,但他确实向一个类似的指责做出了回应,那一指责来自他的朋友,意大利古典学家阿纳尔多·莫米利亚诺(Arnaldo Momigliano)。[4]莫米利亚诺曾经认为维科与赫尔德——这两位都是伯林的英雄——实际上都是道德相对主义者,并且由此推出伯林也是如此。莫米利亚诺关于相对主义的指控显然刺痛了伯林,这或许是因为它出现在享有盛誉的《纽约书评》(New York Review of Books)上,而伯林自己也频繁为该杂志撰稿。作为回应,伯林选择将相对主义定义成如下信念,即认为人类的思想和行为只不过是某一个人或团体所具有的品位或情感态度的表达,并没有外在标准来决定

---

[1] Strauss, "Relativism," 17;施特劳斯的观点曾被他人复述过,见 Michael Sandel, "Introduction," in *Liberalism and Its Critics* (New York: New York University Press, 1984), 1–11。
[2] Strauss, "Relativism," 17.
[3] Strauss, "Relativism," 17.
[4] 见 Arnaldo Momigliano, "On the Pioneer Trail," *New York Review of Books,* November 11, 1976, 33–38。

其客观上是否真实或虚假。根据这一标准，伯林否认维科或赫尔德是相对主义者，并由此推论，否认自己因支持他们的观点而是相对主义者。他们应当更准确地被描述为多元主义者。区别何在？相对主义的观点认为我们的品位和价值观是不可通约的。"我喜欢咖啡，而你喜欢香槟"便是伯林关于相对主义的例子。① 除此之外便没什么可说的了。多元主义接受了道德与美学多样性的事实，却认为这只是关于人性的不同且客观的模式罢了。

伯林尤其强调，我们有能力去想象地理解非常不同于自身的那些价值观、理想和生活形式。这并不意味着对这些观点的支持，而是意味着接受了有许多人之为人的不同方式这一事实。柏拉图对话，中古时期日本的宗教，以及简·奥斯丁的小说也许表达了不同的道德观点，但他们都是被认可的人之为人的不同方式。"在不同时空的文化之间，交流之所以可能，仅仅在于使人之为人的东西对它们来说是相通的，是它们沟通的桥梁。"伯林写道。② 我们的价值观或许不同，并且它们间的冲突或许不可避免，但这并没有阻止我们尝试进入并理解彼此的观点。如果我们不能这么做或者我们甚至都不去尝试的话，那么我们就将永远不再是人类。尽管我们的生活形式或许不同，伯林认为它们并非"无限多数"并且仍旧存在于"人类的视域"之内。③

---

① Berlin, "The Pursuit of the Ideal," in *The Crooked Timber of Humanity*, 11; 另见 "My Intellectual Path," in *The Power of Ideas*, ed. Henry Hardy (Princeton: Princeton University Press, 2002), 11-14。[译按] 中译本见伯林著，"理想的追求"，《扭曲的人性之材》，岳秀坤译，南京：译林出版社，2009。
② Berlin, "The Pursuit of the Ideal," 11；另见 "Alleged Relativism in Eighteenth-Century Thought," in *The Crooked Timber of Humanity*, 76-78。[译按] 中译本见伯林著，"18世纪欧洲思想中所谓的相对主义"，《扭曲的人性之材》，岳秀坤译，南京：译林出版社，2009。
③ Berlin, "The Pursuit of the Ideal," 11。

如我先前所提及的那样，多元论并非仅是对各价值与利益间竞争的描述性陈述。这是一个关于人类处境的哲学论断。伯林是如何知道这一点的？它又建立在何种洞见之上？它是一个巨大的跨越，从我们的目的相互冲突这一陈述跨越到了我们的目的必然冲突这一观点。伯林用他哲学上的多元论论断来作为证据，证明为何各文明彼此不兼容以及为何文明间的冲突不可避免。在某种程度上，他对多元论真理性的信念是从他的如下信念派生而来的，即认为它的对立观点是不融贯的，也即认为所有善都相互兼容的一元论主张是不融贯的：

> 完美的整体，最终的解决方案，在其中一切美好事物和谐共存，这样的观念对我来说，并不仅仅是无法实现的——这是不言自明的道理——而且在概念上也是不能一以贯之的。我并不知道这种和谐究竟意味着什么。有些至善（Great Goods）是不能够共存的。这是概念上的事实。我们注定要面对选择，而每一次选择都伴随着无可挽回的损失。有些人是知足的：按照不加质疑地接受的某种规训来生活；或者欣然服从精神领袖或世俗领袖的统治，把他们的话当作金科玉律；……但我只能说，满足于这些教条的人是受到自我招致的近视眼伤害的牺牲品，护目镜或许会起到改善作用，却无助于理解人之为人的实质。[1]

从这段话能够清楚地看到，多元论不仅被表述为一个同道德世界有关的真理，它还是对人性的某一特定观点的断言。伯

---

[1] Berlin, "The Pursuit of the Ideal," 13-14.

林痛苦地认为我们是"注定自由"（condemned to be free）的存在，这一观点有着某种存在主义，甚至是萨特式存在主义的成分。伯林将这表述为一种悲惨的状况。每一种选择都不仅仅是对某一事物的确认，它还是对某一其他事物的否定，而这一事物或许同样地可取或有价值。**一切规定都是否定**（*Omnis determinatio est negatio*）：肯定某一事物便是否定另一事物。我们的自由正是存在于这一选择的必然性中。回避选择的必然性——在如决定论和历史主义等否认自由之首要地位的庞大哲学体系中寻找慰藉——就是在否认在我们身上使我们成为人的根本事物。这一洞见最为切近伯林思想的道德核心。

反启蒙及其问题

伯林的价值多元论概念是由伯林称之为"反启蒙"的一系列作品所支持的。正如他用这个术语所表明的那样，反启蒙直接反对启蒙思想的一元论和理性主义前提。一种相当有合理性的看法认为，伯林的启蒙概念是一个笨拙的建构，是一个稻草人，创造出来便是为了被驳倒的。他对法国启蒙运动整体性质的描述得到了有些人的热情支持，但对其他人来说，这一描述因其彻底的还原论而看起来"有一点点尴尬"。[1] 举例来说，他未能解释孟德斯鸠是如何将文化多样性赞扬为启蒙的中心价值之一的，而人们通常认为这一点能够证明伯林对启蒙的处理是

---

[1] Robert Wokler, "Isaiah Berlin's Enlightenment and Counter-Enlightenment," *Isaiah Berlin's Counter-Enlightenment,* ed. Joseph Mali and Robert Wokler (Philadelphia: American Philosophical Society, 2003), 18.

削足适履的。对启蒙的任何解释如果不能将孟德斯鸠纳入它的万神殿，那么这种解释就需要被重新加以考虑。当然，伯林通常更多作为一位历史哲学家而非一位细致的思想史学家来写作，而一位历史哲学家关注的是如何描绘整个时代和整个思想运动。

同启蒙的许多批评者一样——例如阿拉斯代尔·麦金泰尔以及他在《追寻美德》(After Virtue) 中对"启蒙计划"的描述——伯林经常夸大了它的一元论特征，与此同时却拒绝否认他所相信的正是理性、宽容、法律面前人人平等和信仰自由等启蒙运动的关键价值。在一个简短的智识自传中，他回忆自己对法国大革命的兴趣最初源于为关于马克思的书所进行的研究。正是在这里，他"对于法国百科全书派的思想家为自己设定的伟大任务，以及对于他们为了将人从黑暗——来自教会体制的、形而上学的、政治的和诸如此类的黑暗——之中解放出来所做的伟大工作，表示了钦佩"。[1] 尽管他随后对于这些启蒙信念所立足的基础开始变得持批判态度，但他承认"我从未对那一时期的启蒙运动失去钦佩之情和团结之感"。[2]

伯林对启蒙运动有意的一元论解读，被用来作为他的反启蒙形象的完美二重身。不同于法国哲学家——据说他们设想人性在不同的时间地点下都是基本相同的，反启蒙——德国浪漫派最好地表达了这一点——认为存在着许多不同的、却仍旧是理性和合乎逻辑的人之为人的方式，并且认为文化与民族彼此不同，就像人与人彼此不同一样，而只有通过某种形式的将所有人类制度和组织视为自我表达形式的历史解释才能理解这一多样性。就像伯林围绕三条原则来组织启蒙思想那样，他认为

---

[1] Berlin, "My Intellectual Path," 4.
[2] Berlin, "My Intellectual Path," 4.

反启蒙的挑战也立于一套相反的假设之上,这套假设能够被简化成三条假设:

1. 启蒙运动相信一种共同人类本性的一致性和持久性,这一信念是虚假或肤浅的;只有那独特的、个体的或特殊的事物才是真正可靠和真实的。[1]

2. 个人是抵抗统治、抵抗一致性、抵抗被简化成某些一般法则中的"例子"或"实例"的存在。成为个人便是要自我创造,要成为目的——同时也是手段——的塑造者;这意味着将生活变成艺术。[2] 人的生命是**富有表现力**(*expressive*)的,并在诗歌、神话和文学等媒介中得到了最充分的揭示。[3]

3. 对个体而言成立的,对民族和文化来说也同样成立——它们并不遵循某一总体的发展模式,不论这一模式是循环的或渐进的;它们构成了其成员独特且不可或缺的生活方式。文化的特点是多样性。每一种文化都有其追求幸福的独特路径,而这种路径只能够从"内部"来进行研究和欣赏,也即通过一种想象性的同情行为,维科称其为**幻想**(*fantasia*),而赫尔德称其为**移情**(*Einfuhlung*)。[4]

在伯林对消极自由和文化多元论的理解中,反启蒙处于核心地位。启蒙的理性主义蒙蔽了自身,使得它不能看到自由所

---

[1] Berlin, "The Counter-Enlightenment" and "Herder and the Enlightenment," in *PSM,* 250, 392.
[2] Berlin, "The Counter-Enlightenment," in *PSM,* 252, 261–262.
[3] Berlin, "Herder and the Enlightenment," in *PSM,* 386–387.
[4] Berlin, "The Divorce Between the Sciences and the Humanities," 354–356; "Herder and the Enlightenment," in *PSM,* 403–404.

具有的表达与自我创造的维度；它的自由主义则使它不能看到价值和文化的多元性。伯林称赞反启蒙，并且尤其称赞像维科、孟德斯鸠和赫尔德这样的人物，因为他们承认并没有某种理想的文化或人之为人的理想方式，有的只是各种价值和文化，而所有这些价值和文化都揭示了人性的多面性。① 典型的反启蒙人物或许是法国反动哲学家约瑟夫·德·迈斯特。伯林尤其喜欢引用迈斯特对多元主义的称赞以反对启蒙运动均变论式（uniformitarian）的人性观念。"在我有生之年，我见过法国人，意大利人，俄罗斯人，等等；感谢孟德斯鸠，他让我知道**还有人可能是波斯人**，"迈斯特写道，"然而谈到人，我可以断言，我从来没有见过他；即便他存在，对我来说他也是未知的。"②

反启蒙尤其有争议的一面是其关于民族主义的教诲，伯林在一定限度内对这一概念进行了探索并予以辩护。③ 再次地，反启蒙不同于启蒙的个人主义和还原论的理论，后者尝试通过如自利或对权力的欲望等常见且统一的特定原因来解释人类行为，而反启蒙尤其敏锐于人类生活的集体维度。个人选择和个人创造力总是在由特定的共同文化形式或特殊生活方式所构成的语境下发生，而这一语境不能够被各个体行为实例之间的相互作用所解释。对哈曼和赫尔德等浪漫派的民族主义者而言，成为人类便是成为某一文化、某一团体或某一民族认同的一部分。孤立的个体是裸露的、抽象的，缺乏任何可辨认的人类身份。

---

① Berlin, "The Counter-Enlightenment," 254–255; "Herder and the Enlightenment," in *PSM*, 426–427.
② 引自 Berlin, "Joseph de Maistre and the Origins of Fascism," in *The Crooked Timber of Humanity*, 100。[译按] 中译本见伯林著，"迈斯特与法西斯主义的起源"，《扭曲的人性之材》，岳秀坤译，南京：译林出版社，2009。
③ 可见他的论文 "Nationalism: Past Neglect and Present Power," in *PSM*, 581–604；以及 "The Bent Twig: On the Rise of Nationalism," in *The Crooked Timber of Humanity*, 238–261。

团体或民族是个体的集体表达,而个体在团体之外便一无所是。民族主义并非仅仅是一种病态,尽管它有着病态的一面,但它同样是对归属于某一团体这一真实人类需求的表达。[1]

伯林似乎认可这种民族主义,对于这种民族主义的最早也是最精彩的表述,可以在赫尔德关于语言民族主义的理论中找到。对于赫尔德和浪漫派来说,语言并非仅仅是人性诸多方面中的一个特征,而是人之为人的本质。我们说的语言决定了我们是哪种人。语言并非一个帮助我们实现我们欲望的目标的工具或战略手段;它是一种集体自我表达的形式,通过这种形式,不同的民族在诗歌、音乐、故事和神话中表达出他们的独特"天才"(genius)。每一种语言都是独特的。并不存在像世界语一样的普世语言;如果真的有这样一种语言的话,那它将会难以忍受地沉闷和乏味。对赫尔德而言并且在事实上(ipso facto)对伯林而言,正是我们自然语言的特殊性构成了各独特民族文化和共同体的边界,并赋予我们的生活以意义。[2]

对于民族主义——作为一种正当人类需要的表达——的诉求,伯林在写作时抱有同情。这在他关于犹太复国主义的著述中尤其明显,他认为犹太复国主义是民族主义情感的一种人道且自由主义的表达。[3]他无论如何都不是一位宗教思想家,并且对于宗教音乐他甚至表达了某种不能欣赏,但他相信犹太复国主义的正义性并认为以色列国家的建立是对欧洲迫害犹太人的

---

[1] Berlin, "Herder and the Enlightenment," in *PSM*, 412-413.
[2] Berlin, "The Counter-Enlightenment," in *PSM*, 254.
[3] 关于伯林对犹太复国主义和以色列的观点,尤其可参见"The Origins of Israel"和"Jewish Slavery and Emancipation," in *The Power of Ideas*, 143-161, 162-185;关于伯林对此的毕生挣扎,最近对这方面的研究可见 Arie Dubnov, *Between Zionism and Liberalism: Isaiah Berlin and the Dilemma of the Jewish Liberal* (New York: Palgrave Macmillan, 2012)。

一种正当回应。尽管就个人的例子而言同化或许可能,但将同化作为反犹主义问题的一种集体回应已被证明是不可行的。19世纪——同化主义的伟大时代——同样以迄今未曾有过的规模出现了反犹主义。尽管他可能对以色列政策的某些特定方面持批判态度,但对于以色列在世界各民族中占有其一席之地一事,伯林从未怀疑其根本的正义性。他曾回忆过一则自己同俄裔法国哲学家亚历山大·科耶夫(Alexandre Kojève)对话的精彩故事,而科耶夫对于犹太复国主义抱有怀疑。"你是一位犹太人,"科耶夫对他说道,"在世的所有民族中,犹太民族的历史最令人感兴趣;而如今你们想要变成像阿尔巴尼亚一样?""是的,我们想要那样,"伯林回答道,"就我们的目的而言,对犹太人来说,成为阿尔巴尼亚便意味着向前迈进了一步。"①

伯林将反启蒙作为多样性、个体性、对一致性的抵抗以及对自由的热爱的根源,此处的自由不仅是选择何种手段的自由,还是创造何种目的的自由。② 但这并不是事情的全部。就像伯林提出了某种"启蒙辩证法",在这一辩证法中理性和自由的观念转变到了它们的对立面那样,反启蒙同样面临化为各种形式的集体主义和群体暴政的危险。反启蒙不仅是我们道德多元主义理念的根源,它同样是现代非理性主义的根源,而非理性主义则是对科学、理性和"启蒙了的"道德的一种抵抗甚至是憎恨。它经常与信仰高于理智的至高地位相关联,以及更糟糕的,与团体施加于个体的权力相关联。

伯林经常将集体主义的兴起同拒绝科学和拒绝使用实证方法相联系,而对这种拒绝他总是保持敬意。这可追溯到维科的

---

① Ramin Jahanbegloo, *Conversations with Isaiah Berlin* (London: Pater Halban, 1992), 86.
② Berlin, "Herder and the Enlightenment," in *PSM*, 425-426.

"幻想"方法，亦即对于某一制度或活动的想象性建构。为了理解一种生活方式，我们有必要从"内部"来看待它，来理解它对那些最受其影响的人而言意味着什么，而这么做需要一种特殊的历史同情心，伯林自己有时将这种同情心称为判断力。他坚持自然科学方法和人文科学方法之间存在重大区别，并且拒绝接受启蒙的如下信念：认为一种统一的科学方法平等地适用于自然和社会，这一谬误被称为实证主义。当对实证主义的拒绝变成了对科学知识和经验主义的无条件（*tout court*）拒绝时，危险随之而来。

对科学的敌意之所以兴起，一个关键且令人惊讶的源头是苏格兰哲学家大卫·休谟（David Hume），尽管这听起来不太可能。[①] 休谟对于包括宗教在内一切事物所持的怀疑态度，从气质上看起来同伯林相近，但是伯林有办法表明即使是最好的想法也会有着意想不到的后果。在《人性论》（*A Treatise of Human Nature*）中，休谟非常好地表明了仅凭理性不足以解释因果关系或事物间的必然联系。休谟认为，从某一事物看起来紧随另一事物的观察出发，我们永远不能下结论称它们之间有着实际的因果关系。相反，我们最多只有资格推论称它们有联系，而这种感觉源于我们在看见两个事物如此紧密相关时的惯例或习惯。休谟无意否认科学的重要性，但他具有侵蚀性的怀疑主义却有着这种效果，尤其是对那些之后的人来说更是如此。他的目标是表明并没有支配着世界的必然性，有的只是被惯例简化成秩序的偶然。

[①] 见 Isaiah Berlin, "Hume and the Sources of German Anti-Rationalism," in *Against the Current: Essays in the History of Ideas* (New York: Viking Press, 1980), 162–187.［译按］中译本见伯林著，"休谟和德国反理性主义的起源"，《反潮流：观念史论文集》，冯克利译，南京：译林出版社，2011。

正是德国的浪漫派——哈曼和雅可比——扩展了休谟对于因果关系这一范畴的批判，并将其运用于全部知识。对这些思想家来说，我们所拥有的包括科学知识在内的所有关于现实的知识，都是基于先前的某一**信仰**（*Glaube*）行为。他们所谓的信仰指的并不是任何教义意义上的宗教信仰，而是指一种对理解事物运作方式的直观洞察，这一洞察超越了我们理性的概念与范畴。那被哲学家徒劳地称为"充足理由律"——也即认为每一事物都必然有原因或起因的信念——的事物，只不过是一座筑在流沙上的城堡罢了。认为每一事物都有起因的信念是这样一种信念：它是一种同信仰有关的信念或行为，并先于一切理性。理性并不如休谟所认为的那样是惯例与习惯的奴隶，但它却依赖于特定的非理性"给定条件"，而这些"给定条件"构成了所有知识主张的基础。从指出所有知识的非理性核心——也即理性自身预设了一种对理性的信仰或信念——再往前一步，便是将包括科学在内的一切知识视为不过是某种形式的"意识形态"（马克思）、"神话"（索雷尔）或"世界观"（weltanschauung）（雅思贝尔斯）。

有观念认为，所有知识、所有哲学不过是某一特定民族、阶级、种族或历史时期的一种表达，这种观念是反启蒙的一种极端产物。所有理论都是阶级斗争的表达这一列宁主义口号，同用血缘进行思考的可憎的法西斯主义禁令相比，两者在作用上没有什么不同。在两个例子中，批判性判断所起的作用都从属于某一运动或某一事业。实际上，思想的集体化似乎正是伯林最强烈反对的。当反启蒙不仅将关于表达自由的赫尔德式自由主义教诲转变成了一种关于个人繁荣与自我创造的理论，还将其转变成了一种关于文化和民族的学说时，这种思想的集体化便发生了。当民族变成了自我表达的场所时,它便常常变成了一项沙文主义和帝国主义事业。它让个人从属于自我表达的集体行为,而个人则据称"属于"这一行为。就其极端形式而言,反启蒙同非理性运动的兴起,甚至与20世纪法西斯主义和极权主义的兴起相关。

那么,我们是否要相信反启蒙同时既是自由的根源,又是导致暴政的原因?赫尔德和维科关于文化的理论究竟是道德多元论的根源,还是集体对个人行使的一种新的非理性主义的起因?同启蒙的理性主义和普遍主义相比较,反启蒙是不是一个更人性的替代选择,还是说它对团体身份重要性的意识,使得个人在对抗潜在地不自由的集体主义形式时落于手无寸铁的境地?

伯林的自由主义遗产

这些问题迫使我们考虑,在面对(vis-à-vis)自己如此雄辩地分析和描述过的启蒙与反启蒙的潮流之时,伯林究竟立足何处。伯林的思想中对消极自由以及多样性的重要性这两者的理解中间似乎有着一种悬而未决的张力。这两者或许乍看起来是相互一致的,但是它们能够引向完全不同的方向。有时候,伯林在写作时仿佛认为消极自由并非仅仅是诸多价值之一,而是最高的人类价值。我们是有选择天赋的存在,而成为人便意味着变得能够运用这一能力。因此,自由在所有人们可能选择去拥有的善之中有着一种优先地位,因为如果没有自由的话,所有其他善都没有价值。个人自由因而便是用以衡量所有其他价值的度量标准。如果这成立的话,那么伯林似乎为自由赋予了一种绝对和一元论的价值,而他曾批评启蒙思想家所支持的,正是这同一种价值。

然而,如果我们认为多元主义是关于人类状况的真理的话,那么就如伯林所经常坚持认为的那样,我们必须承认自由是一种——且仅仅是一种——所有人类甚至是所有不同的完整文化都希望拥抱的价值。存在其他的善——安全、正义、忠诚、卓越、团结——它们可能都将自由作为其最大化的目标。事实上,严肃对待价值多元论将意味着要承认存在着这样的完整文化或生活方式,对它们来说——如我们所理解的那样——自由仅是一种次要的善。基于塔木德律法的首要地位的正统犹太教只是这种生活方式的一个例子,对其而言消极自由——选择在祖先的法律之外生活的自由——不是最高的善而是一种异端。因此,价值多元论以如下观点为前提,亦即不仅消极自由只是一种次要的善,并且不同的文化以不同的价值尺度为基础,而这些价值尺度可能难以撼动地彼此相互对立。

关于价值多元论的辩论在近些年陷入了一种僵局。据约翰·格雷(John Gray)这位伯林最具争议的门生所述,在支持价值多元论与支持自由民主制之间存在着一个明显的脱节。对格雷来说,我们越是严肃地将价值多元论的主张作为一种对道德世界的解释来对待,那么各种自由民主制的理论看起来将越不可信。大多数当代的自由主义理论家都将某一特定的标准——正义(罗尔斯)、权利(罗纳德·德沃金)、自由(罗伯特·诺齐克)——作为社会的永恒核心,所有其他标准都必须依此排序。但如果接受了价值多元论,试图让其中一种善具有优先于其他善的优先地位的任何尝试,其最好也不过是任意武断的,最糟糕的情况下则是胁迫性的。格雷并没有必然拒绝自由主义，但他认为它仅应当被作为权宜之计（modus vivendi）来理解，它是裁定价值间冲突的务实手段，仅此而已。如果格雷是正确的话，那么必须将自由主义作为一种处理价值间不可避免的冲突的局促方式来看待。①

正如我们先前所看到的，对于格雷对价值多元论的解释可能会导致的那种相对主义，伯林知道并且予以关注。如果价值和文化的多元性不可改变，那么人们又该如何解决它们之间的冲突？是否存在给各种生活方式排序的方法，又或者它们完全不可通约？伯林的问题是，有着完全不同价值尺度的人（和民族）如何能够以某种方式共同生活，从而能够公正评判多元的目的并同时承认他们共同的人性。如果说各利益与信念和谐地和解这一"柏拉图式"的观念不仅是不切实际的，并且由于各种基本价值总是会碰撞，这一观念还是不连贯的，那么什么是最好的政治秩序呢？或许这是一个被错误地提出的问题。正如 F. 斯科特·菲茨杰拉德（F. Scott Fitzgerald）的名言所说的那样，"检验某人是否有头等的智识，就要看他是否有能力在脑中同时拥有两个相对立的观念，而与此同时仍旧有能力维持运作"。②但菲茨杰拉德把它弄反了。正是天才才会痛恨矛盾，才会要求逻辑、系统和连贯性。我们中没有蒙受"头等智识"的其余大多数人，都能设法在保有一系列矛盾的信念和观点的同时相当好地运作。我们各个伟大的政党难道不就是各种冲突的原则和倾向的聚集吗？道德上的纯粹是哲学家和僧侣的特权；日常生活则要求妥协以及接受一定程度的道德不一致。我们中

---

① 见 John Gray, *Isaiah Berlin* (Princeton: Princeton University Press, 1996), 141-168; 关于对格雷（Gray）论文的一个回应，见 William A. Galston, "Value Pluralism and Liberal Political Theory," *American Political Science Review* 93 (1999): 769-778。
② F. Scott Fitzgerald, *The Crack Up*, ed. Edmund Wilson (New York: New Directions, 1945), 69.

的大多数似乎能够容忍平凡生活中相当多的悖论和混乱，在这一点上我们有些像大黄蜂——按照空气动力学法则它本应不能够飞行，但无论如何它还是设法做到了。①

然而，格雷的下述观点仍是正确的，即对价值多元论的接受将迫使我们实质性地修正对自由主义政治理论的通常理解。但似乎同样清楚的是，他将伯林的思考推进到了远超伯林本人会感到舒适的程度。伯林对自由主义制度和自由主义生活方式有着深深的依恋，它们对伯林来说不仅是一种权宜之计，伯林更多地将它们视为依其本身便值得欲求的事物。伯林把对消极自由的渴望描述为"在个人和共同体两方面都是高度文明的标志"，贯穿整个历史，它一直是属于"人类中高度文明且自觉的一小部分人"的欲望（201，232）。这绝非仅是修辞上的矫枉过正。它表明了当涉及到为文明辩护以对抗相对主义时，伯林和施特劳斯观点相同。

伯林为消极自由辩护，认为它是某种特定高级文明的标志，这有时同他的如下主张不一致，即认为政治制度不应当被设计以产生最高善（summum bonum）或产生某种关于最大的善的完美主义理想，而应当被设计以防止最坏的事物，即防止对公民的系统性虐待、公民的堕落和受辱。"或许，"伯林写道，"我们所能做的最佳选择就是，努力在不同的人类群体的不同渴望之间寻找某种平衡（显然是一种不稳定的平衡）——至少要阻止他们相互排除对方的冲动，而且要尽可能地去阻止他们相互伤害——在最大程度上促进他们相互的同情和理解，尽管这是永远不可能彻底实现的事情。"②伯林承认这并不是"一个非常激

---

① 我要就这个例子感谢已故的约瑟夫·克罗普西。
② Berlin, "The Decline of Utopian Ideas," 47.

动人心的计划"，也不是一个旨在激发英雄行为的"那种热情的战斗号角"，而是意在防止人们互相残杀。他甚至希望如果这样的政策被采纳的话，其或许还能够"阻止彼此残杀，并且最终使得世界得以保存"。①

关于多元主义的大争论为伯林思想的另一方面——不太显眼却同样重要的一个方面——蒙上了阴影，也即他对历史中政治家作用的理解。②价值和利益都不会自动地相互冲突，也不会自动地凝聚在一起。这都是由于创造性的治国术所具有的力量，以及政治能动性（political agency）所具有的力量所致，而伯林为它们辩护以对抗在他的时代占据主导地位的决定论。他意识到，在一个越来越由数据驱动的时代里，政治家这一观念或许看起来不过是一个"浪漫的幻觉"。然而他的一些最精彩的文章却恰恰是致力于确定如丘吉尔（Churchill）、哈伊姆·魏茨曼（Chaim Weizmann）、富兰克林·D. 罗斯福（Franklin D. Roosevelt）以及爱因斯坦等领导天才所具有的性格。③正如他区分了两种自由理论——积极自由和消极自由——那样，他认为有两种非常不同的政治家类型。"至少有两种政治上的伟大，它们互不兼容且有时在实际上相互反对，"他解释道，"第一种由简单的视野与强烈的（有时甚至是狂热的）理想主义混合而成，拥有这种理想主义的人，构成他的属性要比普通人要少，但这些属性却比生命还重要。在最好的情况下，这些人崛起成

---

① Berlin, "The Decline of Utopian Ideas," 47–48.
② 关于将政治家才能的作用重新放回到伯林作品中去的尝试之一，见 Ryan Patrick Hanley, "Political Science and Political Understanding: Isaiah Berlin on the Nature of Political Inquiry," *American Political Science Review* 98 (2004): 327–339。
③ 见 Berlin's *Personal Impressions,* ed. Henry Hardy (Princeton: Princeton University Press, 2001)。[译按] 中译本见伯林著，《个人印象》，林振义等译，南京：译林出版社，2013。

为伟大的高贵庄严之人,成为古典时代的英雄。"①

很清楚的是,伯林将丘吉尔——至少是战争期间的丘吉尔——归属于这一类型。这一类人——伯林将加里波第(Garibaldi)、赫茨尔(Herzl)、戴高乐(de Gaulle)、托洛茨基(Trotsky)和弗拉基米尔·亚博京斯基(Vladimir Jabotinsky)等其他人也归于这类——"倾向于通过光与暗、善与恶等一系列简单对立来看待世界",并且因为"他们心灵的强度和纯洁,他们无所畏惧和不屈不挠的性格,他们为之奉献了自己一切的那一核心原则的简洁和高贵"而能吸引到追随者。他们非常像托尔斯泰笔下的刺猬,能够通过"信念的纯粹力量"在一个单一的统率性视野下统一任何情况下的各种细节。②

但是还存在着另一种政治家的类型,这一类型更接近于狐狸:"第二种政治天才属于那些拥有普通人天赋的人,但这些天赋却达到了几乎超自然的程度。他们不仅不会忽略围绕着自己的生活的无限复杂性,而且他们拥有一种无法被分析的能力,能够将构成生活的细小碎片整合成某个连贯和可理解的模式。他们不仅能将自身的形式施加给各种事件而不关注质料的性质,并且通过意志力和热情理想的纯粹力量来塑造它,这第二种政治天才能够敏锐地意识到最小的波动,意识到他们生活于其中的社会和政治元素的无限多样性。"③

关于第二类领袖,伯林将威茨曼(Weizmann,以色列的首位总统)作为其典型,但其同样包括米拉波(Mirabeau)、加富尔(Cavour)、林肯(Lincoln)、扬·马萨里克(Jan Masaryk)以及

---

① Berlin, "Chaim Weizmann's Leadership," in *The Power of Ideas,* 186.
② Berlin, "Chaim Weizmann's Leadership," 186.
③ Berlin, "Chaim Weizmann's Leadership," 187-188.

罗斯福（Roosevelt）。这一类人或许看起来与第一类人相比要不那么鼓舞人心，但他们同样重要。丘吉尔的伟大源于他对英国历史的不断阅读以及他对其中伟大英雄，包括他自己的祖先马尔博罗公爵（Duke of Marlborough）在内的认同，而威茨曼则是被身为东欧流亡犹太人的经历所塑造的，作为一名流亡的东欧犹太人，他需要学会如何在权力的走廊内运作。威茨曼的天赋是外交上的，而非某种远见卓识。伯林谈论丘吉尔时用的是一种近乎普鲁塔克的语言，这种语言适用于一个横亘于世界的巨人，但他谈论威茨曼时却带着一种更加温暖的感情，这正是因为他过于人性的品质。那些像威茨曼一样的人"不会被人带着敬仰或宗教信仰来对待——他们并非被非尘世的光芒所笼罩的人物——而是被带着喜爱、自信、钦佩来对待，有时则带着一种欣赏式的讽刺——他们的易打交道、他们的民主品质、他们的人性缺陷都令人愉悦"。[1] 伯林或许会说，简而言之一切都是由于他们的人性。

伯林认为历史是由一系列鼓舞人心的政治家、诗人和哲学家所塑造的。这本身就是对反启蒙力量的见证，这一力量总是越来越相信个人在历史中的作用。正是伟大思想者们和政治家们所具有的观念与富有想象的同情，为民族和国家赋予了形式。伯林拒绝接受任何认为历史是由匿名的因果力量或结构塑造的历史观。他喜欢引用亚里士多德的格言，历史就是亚西比德（Alcibiades）所为和所遭受的事。[2] 他仍旧是一个坚定的方法论上的个人主义者，对他来说历史是一个剧场，具有伟大天赋的风云人物与个体在其中占有优先地位，而无论其好坏。在

---

[1] Berlin, "Chaim Weizmann's Leadership," 188.
[2] Berlin, "Winston Churchill in 1940," in *PSM*, 614.

轻浮和倦怠的时期，正是丘吉尔的天才撑起了英国人的道德脊梁。丘吉尔对语言所具有的变革和激励的力量有着独特的理解。他的演讲和写作唤醒了那一由柏克、吉本（Gibbon）和麦考莱构成的古老修辞传统，其对自由重要性的发声只有伯里克利和林肯才能够与之竞争。

　　伯林经常受到批评，原因在于他提供的并不是一种属于他自己的实质性的政治哲学，而是对著名的哲学、文学和政治人物的一系列生动的人物素描。这一批评很聪明，但并非完全准确。伯林向我们展示了如何能够不通过宏大理论或抽象模型来论证自由的价值，而是通过表明观念如何与生活互动，通过表明以极端复杂形式呈现的好观念如何会有坏结果，甚至通过表明对自由的爱——从人类追求的所有其他善中将其抽象出来——如何能够带来相反的结果来实现这一点。伯林思想的核心是他对以下两者间冲突的承认，即道德多样性、多元主义和开放的主张同对秩序、永恒和稳定的需要之间的冲突。如何在彼此竞争的善之间实现某种平衡？伯林并没有提供一个能够得出答案的公式——没有定言命令，也没有"最大多数的最大幸福"——而只是提供了如下一种意识，即意识到并非所有好的事物都会汇聚在一起，并且意识到生活往往是一场相互竞争的善的集合之间的冲突，而非好与坏的冲突。生活就是抉择而且并非所有的目的都相容，正是这一意识构成了以赛亚·伯林的自由主义遗产的基础。

第 14 章

列奥·施特劳斯：论作为生活方式的哲学

"哲学的终结，"牛津哲学家斯图尔特·汉普希尔（Stuart Hampshire）曾写道，"已多次被现代哲学家们宣布过。"[1] 黑格尔主义和马克思主义的"实现哲学"的计划试图缩小现实和理性之间的差距。在未来的理性国家中，对正义的要求与社会存在的现实之间的"矛盾"将不复存在。作为沉思事业的哲学将会消亡。类似地，对逻辑经验主义者来说，未来的哲学将会变得越来越科学化，并且被限制在数理逻辑领域，自然科学方法论，以及对日常语法形式的研究之中。作为对存在之研究的哲学，或作为对政治和伦理之首要原则进行探究的哲学，将会不再存在，而从柏拉图到斯宾诺莎的宏大形而上学体系同样也将不再存在。路德维希·维特根斯坦（Ludwig Wittgenstein）抓住了这种科学经验主义的自我否定特质，他在其所著的《逻辑哲学论》（*Tractatus Logico-Philosophicus*）末尾处宣称道："对于不可说的东西我们必须保持沉默。"[2]

汉普希尔和维特根斯坦所说的关于一般而言的哲学走向终

---

[1] Stuart Hampshire, *Thought and Action* (London: Chatto and Windus, 1970), 270.
[2] Ludwig Wittgenstein, *Tractatus Logico-Philosophicus,* trans. D. F. Pears and B. F. McGuiness (London: Routledge, 1971), 7.［译按］中译本见维特根斯坦著，《逻辑哲学论》，贺绍甲译，北京：商务印书馆，1996。

结的内容，也同样适用于具体而言的政治哲学。据所谓 20 世纪中叶的主流观点所述，政治哲学正处在被现代行为科学取代的过程中。这些学科——经济学、心理学、政治科学——关注的是在人类行为中发现经验规则，而这些规则随后能够被测试并被作为普遍理论或涵盖一切的法则而提出。这些学科并不关注"应当做什么"这一规范性问题，而只关注"是什么"这一严格意义上的经验问题。正如社会科学实证主义最伟大的解释者马克斯·韦伯曾宣称的那样："在今天，学问是一种按照专业原则来经营的'志业'，其目的，在于获得自我的清明及认识事态之间的互相关联。学术不是灵视者与预言家发配圣礼和天启的神恩之赐，也不是智者与哲学家对世界意义所作的沉思的构成部分。"[1]

韦伯对于事实-价值之区分的支持，并没有排除做出价值判断的可能性甚至是必要性。他的要点在于，对于我们在道德与政治上的选择来说，并不存在理性或科学的依据，这些选择是意志的行为，就像宗教信仰一样。自此以后理性将仅限于确定手段，以实现个人和社会为自身所设立的目标。至于对目标本身的实质性反思，社会科学必须对其保持沉默。根据这一解释，一位社会科学家或许更喜欢一个自由宽容的社会而不是一个封闭威权的社会，但这仅仅是一种偏好或一种欲望；社会科学不能证明一种社会比另一种社会更优越。古典哲学家付出了巨大努力，以立法确定何种事务的状态应当存在，但这种工作被正式宣布终结。正如彼得·拉斯莱特（Peter Laslett）在《哲学、

---

[1] Max Weber, "Science as a Vocation," in *From Max Weber: Essays in Sociology*, ed. H. H. Gerth and C. Wright Mills (New York: Oxford University Press, 1958), 152.［译按］中译本见韦伯著，"学术作为一种志业"，《学术与政治》，钱永祥译，桂林：广西师范大学出版社，2010。

政治和社会》（*Philosophy, Politics and Society*）的第一辑中所宣告的那样："至少目前，政治哲学已死。"①

列奥·施特劳斯生活在政治哲学被认为垂死挣扎之际。"今日，"他在自己的经典文章《什么是政治哲学?》（What Is Political Philosophy?）中写道，"政治哲学如果说还没完全消失的话，也已处于衰微或是腐烂的状态。"②正如我们刚才所见，施特劳斯的许多最杰出的同时代人——即使他们几乎没有其他共同点——都相信，政治哲学不是已死便是正在消亡。政治哲学研究者剩下的唯一任务——假设还有任何任务的话——便是成为一种文化守护者，将属于过去的伟大著作和观念作为历史文物埋葬，以确保它们有一个体面的葬礼。施特劳斯将他所有的智识努力都投入进去，试图从这种考古研究中复活政治哲学的严肃研究，在这一点上他超过了其他任何人。

"原初意义上的怀疑"

对社会科学来说，施特劳斯因批评先前提及的晚期现代思想中的两个主流学派——历史主义和实证主义——而最为人所知。他已故的同事和曾经的文稿编辑——约瑟夫·克罗波西曾写道，对于其视为现代性的决定性前提的事物，施特劳斯首先且主要是一位批评者，那事物就是"一种没有固定参考框架来确认进步的历史主义，以及一种与其现象失去联系、宣称自

---

① Peter Laslett, ed., *Philosophy, Politics and Society* (New York: Macmillan, 1956).
② Leo Strauss, "What Is Political Philosophy?" in *What Is Political Philosophy and Other Studies* (New York: Free Press, 1959), 17.［译按］中译本见施特劳斯著，"什么是政治哲学"，《什么是政治哲学》，李世祥译，北京：华夏出版社，2011。

己是无条件的并且陷入怀疑主义与教条主义两难困境的科学主义"。[1] 认为现代性已迷失了道路的主张,最初并不被学院内的成员视为一则受欢迎的新闻。"不可避免地,"克罗波西用他特有的轻描淡写评论道,"施特劳斯充满争议。"[2]

针对施特劳斯的一些常规指控是:他试图传授某种包含危险的反民主情绪的隐秘教诲,他偏爱哲学精英的统治,以及他认为应该明智地使用宗教和其他"高贵谎言"以控制民众。[3] 关于施特劳斯的辩论——或所谓施特劳斯之战,就像某些人称呼的那样——随着新保守主义运动的兴起而浮出水面,尤其是在"9·11"事件之后。一大堆书籍、文章和专栏文章声称,施特劳斯在自己身边聚集了一群志同道合的追随者,而在他去世30年后他们在乔治·W.布什政府任内在美国外交政策上获得了权力和影响力。反对施特劳斯运动更奇特的边缘现象是,有人声称施特劳斯以一种自然法的传统教诲为伪装,隐秘地引入来自海德格尔和施米特的国家社会主义意识形态。[4]

这些论战并没有抓住要害。除非站在极端进步主义的立场

---

[1] Joseph Cropsey, "Leo Strauss," in *International Encyclopedia of the Social Sciences (Biographical Supplement)*, ed. David Sills (New York: Free Press, 1979), XVIII:747.

[2] Cropsey, "Leo Strauss," 747.

[3] 近年来对施特劳斯最尽全力的批评是 Shadia Drury, *The Political Ideas of Leo Strauss* (New York: St. Martin's Press, 1988);[译按] 中译本见德鲁里著,《列奥·施特劳斯的政治观念》,张新刚等译,北京:新星出版社,2010。更近的则见 Nicholas Xenos, *Cloaked in Virtue: Unveiling Leo Strauss and the Rhetoric of American Foreign Policy* (New York: Routledge, 2008);对于诸多政治攻击的回应,见 Catherine and Michael Zuckert, *The Truth about Leo Strauss: Political Philosophy and American Democracy* (Chicago: University of Chicago Press, 2006);[译按] 中译本见凯瑟琳·扎科特、迈克尔·扎科特著,《施特劳斯的真相》,宋菲译,北京:商务印书馆,2013。另见 Peter Minowitz, *Straussophobia: Defending Leo Strauss and Straussians from Shadia Drury and Other Accusers* (Lanham, MD: Lexington, 2009)。

[4] 见 Stephen Holmes, *The Anatomy of Anti-Liberalism* (Chicago: University of Chicago Press, 1993), 61–87;更近的可见 William H. F. Altman, *The German Stranger: Leo Strauss and National Socialism* (Lanham, MD: Lexington Books, 2010);对这两本书的一个值得赞赏的回应,见 Robert Howse, *Leo Strauss: Man of Peace* (Cambridge: Cambridge University Press, 2014)。

来看,否则施特劳斯并非一位反动派。如我在后文中所试图论证的,他是一位古典自由主义者,认为当下的自由主义如果想要维持下去,需要某些前现代的权威来源予以支持。他显然认为,相较任何现存的其他选择,自由主义或自由民主制有着实践上的优越性,并试图在左派和右派的诋毁者面前寻求为其辩护的方法。他赞扬自由民主制,认为这是一种与混合政府、法治以及——最重要的是——某一特定人性理想这些古典概念最大程度地保持一致的政体。不同于尼采、海德格尔还有其他启蒙运动的激进批评者,他将最佳状态下的现代性同英格兰以及英美的生活方式相联系。他是德裔亲英派之一,对他来说莎士比亚、奥斯丁、麦考莱和丘吉尔所使用的语言,意味着某种比陀思妥耶夫斯基、詹姆斯、普鲁斯特和 T. S. 艾略特所属的晚期现代主义要更高级——也更高贵——的事物。绅士这一英国理想在欧洲大陆完全缺席,但它同古典传统保持着联系,施特劳斯认为这一传统能够将自由主义同浪漫主义与历史主义的进步主义狂欢隔离开来,而我们或许还会认为,今日它也使自由主义免于毁灭。

英国批评家迈尔斯·伯涅特(Myles Burnyeat)在一代人以前所提出的指控具有重要意义,他在《纽约书评》上发表了一篇文章严厉攻击施特劳斯。其中除了其他方面以外,伯涅特还宣称尽管施特劳斯的作品包含许多对"哲学家"的讨论,但是"没有任何迹象表明,他知道,从一个内部的角度,积极的哲学思辨是怎样一回事"。[1] 如果这是真的,那么这将是一份证据确凿的控告。然而问题在于这是否属实,以及伯涅特在确认其

---

[1] Myles Burnyeat, "Sphinx Without a Secret," *New York Review of Books,* May 30, 1985, 32.

所谓"积极的哲学思辨"时所抱有的信心是否有道理,而伯涅特并没有费心去定义这一短语。

施特劳斯对哲学的理解,其标志是回归到哲学一词所具有的一种古老——非常古老——的意义上去。哲学所拥有的最古老的含义是**爱智慧**(philosophia),字面意思即是对智慧的爱。但是,爱智慧又意味着什么?早在哲学成为人文学科内一门学科的名称以前,它同一种生活方式相关。对哲学的实践并不必然意味着坚持一套特定的学说或方法,更不是坚持类似于一个观念体系的事物,而是实践一种特定的生活方式。哲学并非只是一种理论活动,而是一种实践活动并旨在回答下述问题:我该如何生活?又即什么是最好的生活方式?或者简单地说,为什么有哲学?

有证据表明,对哲学作为生活方式的这一古老观念的兴趣,正重新受到关注。在《作为生活方式的哲学》(Philosophy as a Way of Life)里,法国古典学家皮埃尔·阿多(Pierre Hadot)认为,古代的哲学宗派——柏拉图主义者、斯多葛派、伊壁鸠鲁主义者——都首先且主要将哲学理解为一种"灵魂实践",旨在解放思想并将人从激情的掌控中解脱出来。① 他们的目的是创造一个灵魂的共同体,在这一共同体中每位成员都能够追求自由生活,并能同选择了相似生活方式的人建立友谊。与此相类似,亚历山大·内哈马斯(Alexander Nehamas)试图复兴作为"一种生活艺术"的哲学观念。尽管他否认要求读者回归到一种哲学的生活方式中去,但他尤其想要提醒分析哲学家们,提醒他们一个人所支持的哲学类型会影响到他们是何种类型的人。同

---

① 见 Pierre Hadot, *Philosophy as a Way of Life,* trans. Michael Chase, ed. Arnold I. Davidson (Oxford: Blackwell, 1995).

伟大的文学作品一样,哲学的话语会塑造性格,而认为哲学是一种生活方式的伟大支持者们则包括苏格拉底、蒙田、尼采和福柯。①

只有当我们从这一古老的含义上考虑哲学,我们才能够开始领会施特劳斯在最近有关哲学的辩论中所起的角色。对施特劳斯来说,哲学并非那种被阿多同某些古代禁欲崇拜相联系的"灵魂实践";而哲学的生活方式也并非如内哈马斯所坚持的那样,是一种浪漫主义的自我创造形式。根据施特劳斯的理解,哲学并非一种建构性的或构造性的活动,而更多是一种怀疑性质的活动。正如他所说,哲学是"原初意义上的怀疑",也即知道自己不知道,或知道知识的局限。②哲学家的任务更多是预见到问题,而非给出问题的答案。当我们所给答案的确定性超过了对于解决方案存在问题的意识时,哲学家便不再是一位哲学家。这时他便加入了某一党派的阵营。从许多方面来说,这都是一个严格且苛刻的哲学概念。如果用现代范畴来表达一种苏格拉底式的洞见的话,哲学家必须成为一名"消极辩证法"的实践者。③施特劳斯将哲学定义为"原初意义上的怀疑"的那一

---

① 见 Alexander Nehamas, *The Art of Living: Socratic Reflections from Plato to Foucault* (Berkeley: University of California Press, 1998).
② Leo Strauss, "Restatement on Xenophon's *Hiero*," in *On Tyranny: Including the Strauss-Kojève Correspondence,* ed. Victor Gourevitch and Michael S. Roth (Chicago: University of Chicago Press, 2001), 196;[译按]中译本见施特劳斯著,"重述色诺芬的《希耶罗》",《论僭政》,彭磊译,北京:华夏出版社,2016. 另见 Strauss, "Progress or Return?" in *The Rebirth of Classical Political Rationalism,* ed. Thomas Pangle (Chicago: University of Chicago Press, 1989), 259−260.[译按]中译本见施特劳斯著,"进步还是回归?",《古典政治理性主义的重生》,郭振华等译,北京:华夏出版社,2017.
③ 关于对施特劳斯作为一位探究性或怀疑性思想家的强调,见 Daniel Tanguay, *Leo Strauss: An Intellectual Biography,* trans. Christopher Nadon (New Haven: Yale University Press, 2007);"消极辩证法"这一说法,当然归属于西奥多·阿道尔诺。[译按]中译本见唐格维著,《列奥·施特劳斯:思想传记》,林国荣译,长春:吉林出版集团有限责任公司,2011.

段落，是我们解开施特劳斯将哲学理解为生活方式的关键。问题在于：这是种什么样的生活？它对其追随者提出了什么承诺和责任？而且最根本的是：什么能够证明选择哲学作为生活方式是正确的？

作为探求的哲学

当然，施特劳斯以其作为政治哲学研究者的身份而最为人所知，但是他对政治哲学的理解也并不能省却对哲学的通常解释。他解释道，哲学是对"普遍知识"的探求，或者说是对关于"整体"的知识的探求。[①] 他所谓的整体，指的并不是某种百科全书式的清单，一个关于所有存在事物的范畴；他指的是一种关于"事物本质"的知识，也就是由这样一类存在构成的基本范畴，对于这些存在我们能够提出"什么是……？"这样的问题。我们通过知道事物的本质或其所属的范畴来了解一个事物。哲学力求范畴性的知识，而非关于特殊事物的知识。关于这类范畴，施特劳斯所举的例子是关于上帝、人和世界的知识。[②]

哲学作为一种独特的事业出现，是因为这类性质的知识并非即刻可以得到。我们对于各种事物或多或少都有各种可靠的意见，但此类意见经常展现出内在的不一致，甚至可能会彼此矛盾。在施特劳斯的表述中，哲学是"有意识的、连贯且不懈的努力，试图用有关政治基本原则的知识取代有关政治基本原

[①] Leo Strauss, "What Is Political Philosophy?" 11; 另见 Strauss, *Natural Right and History* (Chicago: University of Chicago Press, 1953), 30–31.［译按］中译本见施特劳斯著，《自然权利与历史》，彭刚译，北京：生活·读书·新知三联书店，2006。

[②] Strauss, "What Is Political Philosophy?" 11.

则的意见"。①但即使哲学力求关于整体的知识,整体从根本上说也是难以捉摸的。我们或许有关于部分的知识,但整体仍旧是神秘的,并且在缺乏关于整体的知识时,关于部分的知识仍旧是不完整的知识。施特劳斯承认,对一致性与完整性的崇高雄心和结果的微不足道,这两者间的不一致"可能会显得哲学像是西西弗斯式徒劳或丑陋",但是他继续肯定说,哲学"必然由爱欲(eros)陪伴、维持和提升"。②换句话说,哲学首先且主要是一项充满爱欲的活动,更多由对知识的追求与欲望构成,而非由智慧的完成或实现构成。

有时候,施特劳斯会将哲学同某一类型的因果知识联系起来。"哲人的主导性激情是对真理的欲求,即欲求关于永恒秩序、永恒原因或有关整体的原因的知识。"③施特劳斯再次强调欲望或激情——也即爱欲——构成了哲学的特征。这种激情是对整体原因的知识所抱有的激情,而非对任何特定事物的知识所抱有的激情。实际上,对知识的这种激情会让哲学家对人类事物不屑一顾,而人类事物同永恒秩序相比则只会显得"微不足道且短暂"。④由于哲学主要关心事物的原因——以及事物的**形式**(*eidos*),这让哲学显得不关注事物——包括人类在内——的特殊性。

施特劳斯知道——并且深知——对这一哲学概念存在着一个显然的反对意见。古代的或苏格拉底式的哲学概念认为哲学是"关于整体的知识"或一种关于"永恒秩序"的知识,这似乎预设了一种"过时的宇宙论",在这一宇宙论下世界表现得像

---

① Strauss, "What Is Political Philosophy?" 12.
② Strauss, "What Is Political Philosophy?" 40.
③ Strauss, "Restatement," 197–198.
④ Strauss, "Restatement," 198.

是一个有秩序的宇宙，在这宇宙中人类和其他物种都有各自预先决定的角色。这样的观念同物种进化与宇宙无限膨胀的现代科学概念完全不一致。[1] 如果一切都处于不断变化之中的话，那么整体知识这一观念也就变得不连贯了。是否存在一个能够获得关于其知识的整体？关于自然的目的论概念，如今看起来就像神创论和其他伪科学的主张一样过时。对这一非常尖锐的反对意见，施特劳斯是否有答复？

对于这种对古代哲学的现代批判，施特劳斯提供了一个非常有趣的回应。他否认人性的古典概念预设了任何特定的宇宙论或潜在的形而上学。举例来说，有主张认为古典伦理学和古典政治哲学被一种目的论的物理学或一种形而上学的生物学扭曲，该主张是完全偏颇的。它将现代启蒙运动的修辞强加给过去，这一修辞认为自然科学知识是所有知识形式的基础或前提。施特劳斯认为，对于整体知识的欲望仍旧恰如其所是——它只是一种欲望。它并没有教条地预设这种或那种特定的宇宙论，更别说声称表明了某种宇宙论。施特劳斯宣称，古代哲学以"寻求宇宙论"的名义来理解人类的处境，而并未就宇宙论的问题给出任何特定答案。正是古代哲学对整体知识所抱有的开放性或怀疑态度，使古代哲学免于受到教条主义和天真烂漫（naïveté）的指控："无论现代自然科学的重要性是什么，它都无法影响我们对何为人身上的人性的理解。对现代自然科学来说，以整全的眼光来理解人意味着以次人（sub-human）的眼光来理解人。但从这一角度来看，人作为人完全不可理解。古典政治哲学以不同的眼光看待人。这肇始于苏格拉底。苏格拉底绝没

---

[1] Strauss, *Natural Right and History*, 7–8; "What Is Political Philosophy?" 38–39.

第 14 章　列奥·施特劳斯：论作为生活方式的哲学　427

有服从一种特定的宇宙论，因此其知识是关于无知的知识。关于无知的知识不是无知。它是关于真理和整体难以捉摸这一特性的知识。"[1]

施特劳斯对哲学的理解是：它始于一种对整体知识的欲望，并以意识到"真理难以把握的特征"而结束。在关于整体的知识之前的必然是关于部分的知识。由于我们不可能立刻获得关于整体的知识，仿佛"从枪管里射击"（shot out of the barrel of a gun）一样（这是黑格尔的著名比喻），我们必须以一种"上升"的形式到达整体，这一运动过程是从我们立即便能知道的事物——由"前哲学"经验构成的世界——上升到那些仍旧晦涩且被神秘所笼罩的事物的过程。哲学必须从普遍同意的前提出发，"辩证地"向前行进。[2] 这一上升过程从我们所共享的意见出发，这些意见"对我们来说位于首位"，也即这些意见关乎政治共同体的基础，共同体成员的权利与义务，法律与自由的关系，以及同战争与和平有关的律令。正是"政治"为我们的这一上升过程提供了最清晰的出发点。为什么会这样？

政治哲学并不仅像伦理学、逻辑学或美学一样，仅仅是整体哲学的一个分支。对施特劳斯来说，政治哲学是某种第一哲学。对政治事务的探究要求我们首先探究关于更好事物与更坏事物的意见，关于正义与非正义的意见，这些意见塑造了政治生活，并赋予其意义。所有政治都被意见所统治，而政治哲学将研究统治一个共同体的意见——这通常是写入法律、法规和其他官方文件的权威意见——作为其出发点。我们的意见在**其核心处**（in nuce）包含了关于政治生活本质的核心假设。如果

---

[1] Strauss, "What Is Political Philosophy?" 38.
[2] Strauss, "What Is Political Philosophy?" 93.

没有做出关于法律和权威的特定假设,一个人不会将警察看作警察。[1]只有从意见出发,我们才能够开始这一向政治哲学的上升过程。

如果说所有的政治都被意见所统治的话,那么所有的意见都关注维持现状或做出变革。变革是想要使事物变得更好的愿望;维持现状则是想要防止事物变得更坏的愿望。于是由此可见,所有政治都预设了某些关于好和坏的意见,并据此评判变革。"政治事物依其本性,"施特劳斯写道,"便是支持与反对、选择与抵制、称赞与指责的对象……如果一个人没有严肃地对待它们或含蓄或明确的主张,那么他就没有理解政治事物之所是,没有理解政治事物之为政治事物。"[2]但关于好和坏的判断预设了某种关于善的思想,某种关于共同体或社会的善的思想。这些意见尽管本身并非哲学,但其仍然与哲学共享某些事物,也即对政治的善、对共同体的善的关注。但将政治哲学家同最好的公民或政治家区别开来的事物,并不是对这个或那个政治共同体的幸福的关注,而是其所拥有的特定视角:政治哲学家寻找塑造"好的政治秩序"的"真正标准"。[3]

从某一角度来看,政治共同体是一个存在的范畴,其仅不过是整体的一方面或一部分,但从另一个角度来看它则是整体的缩影。政治是自然秩序内对人类进行分组的最完整方式。因此,政治秩序为其他所有秩序提供了基本的结构,或确定了它们的排序。在所有易毁灭的事物中,政治秩序所具有的异质性,最接近地表达了永恒秩序的异质性。关于整体的知识必须始于

---

[1] Strauss, "What Is Political Philosophy?" 16.
[2] Strauss, "What Is Political Philosophy?" 12.
[3] Strauss, "What Is Political Philosophy?" 12.

政治哲学。而政治哲学究竟是成了终点本身，还是成了一种理解形而上学的手段，施特劳斯并没有明确地解决这一问题。

古典政治哲学的自由主义

可以明确的是，施特劳斯对古典政治哲学的回归并非这样一种尝试，即试图发现适用于当代的处方或配方，而更多是这样一种努力，即试图阐明对政治的任何充分理解所必需的基础或首要原则。因此，施特劳斯经常称他的方法是"暂时性的"或"实验性的"，是某种思想实验而非一种教条的结论。① 这样一种方法必然会遇到困难，最显而易见的事实是古代哲学家拒绝认为民主制是一种可行的或合法的政权。"古典作家，"施特劳斯写道，"反对民主制是因为他们认为，人类生活乃至社会生活的目的不是自由而是德性。"② 对柏拉图和亚里士多德来说，自由从属于德性；自由并不意味着做我们喜欢之事的自由，而是对自由的受过良好教育的使用。根据古代人的理解，只有少数人才能够接受教育，这部分是因为教育要求闲暇和财富，而这并非普遍可得。最佳的政体将是一个贵族共和国，自一个宽阔或平坦的基础开始并上升至人类卓越的巅峰。③

然而，施特劳斯同样清楚表明，古典政治哲学并非如其乍看上去那样，如此地精英主义或反民主。柏拉图或许在《理想

---

① Leo Strauss, *The City and Man* (Chicago: University of Chicago Press, 1964), 11.
② Strauss, "What Is Political Philosophy?" 36.
③ Leo Strauss, "Liberal Education and Responsibility," in *Liberalism Ancient and Modern* (New York: Basic Books, 1968), 12. [译按] 中译本见施特劳斯著，"自由教育与责任"，《古今自由主义》，马志娟译，南京：江苏人民出版社，2012。

国》(*Republic*)第八卷中撰写了有史以来对民主制"最严厉的控诉",但他无论如何都没有对雅典民主制的美丽之处视而不见。柏拉图形容民主制是一件"五彩斑斓的外套",在其中包括哲学在内的每一种生活方式都被允许蓬勃发展。苏格拉底直到七十岁之前都能够实践他的技艺,而这在斯巴达是不可想象的。施特劳斯引用柏拉图的《第七封信》,大意是那场他亲戚也牵涉其中的 30 人僭政使得名誉扫地的民主制看起来像黄金时代。[1] 类似地,亚里士多德也赞扬城邦达成集体决定的能力,而这一决定或许比单个人的判断要更加明智。

施特劳斯声称,他在古典政治哲学的原则中找到了一种同捍卫自由民主制之间的"直接联系"。"自由民主制或宪政民主制,"他写道,"比当今时代可行的所有其他备选方案都更接近古典作家的要求。"[2] 卡尔·波普尔(Karl Popper)以及冷战期间兴起的共识认为柏拉图是现代极权主义的先驱者,与之相反,施特劳斯一直强调古人作为现代民主制的支持力量所具有的价值。纵然最好的政体或许是哲人王不受拘束的统治,但所有现实中的政体都需要在对智慧的需要和被统治者的同意这两者之间取得平衡或妥协。每个恰当的政体都会是一个法治的宪政政府。"智慧,"施特劳斯宣称道,"要求对精良的宪法甚至是宪政事业有着绝对的忠诚。"[3]

施特劳斯认为在现代世界中,美国宪法最接近于亚里士多德式或波里比阿式的古典"混合政体"模式,它是一种在一人、少数人和多数人之间的权力分享安排:"对于真正的贵族制成为

---

[1] Strauss, "What Is Political Philosophy?" 55.
[2] Strauss, *On Tyranny,* 194.
[3] Strauss, "Liberal Education and Responsibility," 24.

第 14 章　列奥·施特劳斯：论作为生活方式的哲学　431

现实的可能性，古典作品并不抱幻想。就所有实践目标而言，它们对绅士与平民共享权力的政体感到满意：民众从绅士中选举地方官员和立法会议员，并要求他们在任期将满时对民众述职。这种政体可能的一个变体是混合政体：绅士组成参议院，在众议院和作为社会军事力量首领的君主（选举产生或是世袭）之间，参议员把持关键职位。"① 即使在此处，施特劳斯也注意到了古代和现代的混合政府概念之间的"重要不同"。古人认为社会的三个部分构成了社会领域内的固定阶级，而其中的每一部分都要求在决策中获得某种程度的代表。现代学说则由所有人的自然平等出发，并断言了人民所具有的绝对主权。

最重要的是，施特劳斯发现，按照古典作家的方式来考量的话，现代自由民主制是在教育上最为开放的政体。如上所述，古人对于民主制抱有疑虑，因为他们怀疑那种对自我统治所必须的教育是否对所有人来说都有可能。他们将民主制同未受教育者的统治相联系，并且正如施特劳斯注意到的那样，"心智健全的人不会希望生活在这样一个政府下"。② 但是，由现代科学兴起所塑造的现代社会状况，或许已经改变了这一切。受助于技术进步的现代科学，已经使经济上的丰裕变得可能，或者至少丰裕到了可以让很多人接受教育的程度。处于其最佳状态下的现代民主制，看起来便是古人所设想的贵族制在扩大自身范围、成为普遍贵族制后得到的事物。③ 以一个惊人的表述，施特劳斯断言道："古典作家和我们对民主制所持观点的不同，完全由于对技术的德性（the virtues of technology）的不同估计。"④

---

① Strauss, "Liberal Education and Responsibility," 15.
② Strauss, "What Is Political Philosophy?" 37.
③ Strauss, *Liberalism Ancient and Modern,* 4.
④ Strauss, "What Is Political Philosophy?" 37.

同大多数冷静的观察者一样,他怀疑将技术从道德和政治的控制下解放出来的这一行为究竟是为所有人提供了更多的机会,还是导致了人类的"去人性化"。技术是否真正地让人类的活动环境变得更好了?它是否创造了条件,使得一种面向所有人的自由教育变得可能,还是使得伟大和高贵事物变得平凡无奇?在似乎是表达对环境的自我认知的某一时刻,施特劳斯问道:"难道那些使美丽宏伟的森林变成坟墓的成堆印刷品不使我们感到挤压、恶心和堕落吗?"[①]

对于现代科学是否已经创造了一个真正自由且受过教育的公民阶级这一问题,施特劳斯有很强的保留意见。现代教育被现代科学的需求所深刻地塑造,而现代科学从一开始便被"控制自然"和"解放人的地位"的命令所统治。它因其所具有的力量而具有合理性,而不论这一力量是致力于善或恶的目的。现代科学是成年了的马基雅维利主义。它的目标并非沉思,而是"普遍启蒙"。然而正如卢梭首先注意到的那样,这一启蒙也是有代价的。科学产生了愈发增加的专业化,这一专业化关注"方法"而以牺牲视野和灵感为代价。它实现了进步,但代价却是想象力变得短浅。现代科学带来了一个属于大众文化的时代,而这一时代也必然是属于大众的时代。现代的大众便是韦伯笔下"没有灵魂的专家,没有心肝的纵欲者"。施特劳斯注意到,民主制倾向于产生一种非常片面的性格观念。在一个几乎会被误认为是托克维尔所著的段落中,施特劳斯写道:"存在着一种非常危险的趋势,把好人等同于有风度的人、有协作精神的家伙和'老好人',也即过分强调社会德性中的某一部分,相应地

---

① Strauss, *Liberalism Ancient and Modern*, 5.

忽略另外一些在私下、更别说在孤独中成熟起来（即便不是繁盛起来的话）的那些德性；通过教育人们以一种友好的精神彼此合作，一个人并不能教育出不落俗套者，不能教育出那些准备独自承受、独自战斗的人，也即'粗鲁的个人主义者'。针对渐渐出现的因循守旧和民主制培养出的越来越多的对隐私的入侵，民主制还没有找到一个抵御的办法。"① 关于这一点，似乎并没有什么争论。

尽管有上述惨淡的看法，但施特劳斯认为自由教育——并非必须是严格意义上的哲学教育，而是艺术与文学上的培养——一直存在于美国和英国那些伟大的大学之中。"剑桥和牛津比其他任何地方都更好地保存了古典的人文理想。"他在第二次世界大战即将开始时写道。② 教育的任务仍旧是作为大众文化影响的一剂"解毒剂"。但即使自由教育也并非自由政治的保证。"共产主义之父卡尔·马克思，以及法西斯主义的继祖父弗里德里希·尼采，都接受自由教育，他们达到的水平是我们根本无法企及的。"③ 古典教育并非一剂解决我们所有问题的灵丹妙药，但它能够作为抵抗我们身上某些最糟糕倾向的预防措施。它的目的是在民主制内部发展起一个贵族阶级——一个有天赋和有学识的贵族阶级——并因此将民主制恢复到才智的民主制这一理想状态。

---

① Strauss, "What Is Political Philosophy?" 38.
② Leo Strauss, "On German Nihilism," *Interpretation* 3 (1999): 372.［译按］中译本见施特劳斯著，"德意志虚无主义",《苏格拉底问题与现代性》，刘小枫编，北京：华夏出版社，2008.
③ Strauss, "Liberal Education and Responsibility," 24.

洞穴以及洞穴之下的洞穴

在他的各种作品中，施特劳斯都强调他研究哲学的方法在柏拉图和亚里士多德的作品里有着最典范的表达。这不仅是因为他们的作品按时间顺序排列位于首位，还因为就塑造其共同体的政治意见而言，古人处于优势地位。这些意见——施特劳斯称它们构成了"自然意识"或"前哲学的意识"——塑造了道德的视野，政治哲学的基本概念和基本范畴由这一视野产生，而根据这一视野也能够检查这些概念与范畴。① 正如施特劳斯所呈现的那样，古典政治哲学同政治生活直接相关，而所有之后的哲学都相当于对这一传统的修正，并因此只能间接地体验它们的世界，也就是说相当于透过一块玻璃在暗中看世界。自然经验透过哲学传统被进一步地扭曲了，而哲学传统在不同的时期与神学、科学交织，以及在近期则是与历史交织在一起。于是，我们如今是透过一个由各种概念组成的棱镜来体验世界，而这一棱镜阻碍我们到达哲学与城邦相对（vis-à-vis）的——冒昧借用约翰·罗尔斯的表述——"原初位置"。②

施特劳斯寻求通过柏拉图关于洞穴的著名隐喻来解释哲学的自然状况。③ 施特劳斯认为，柏拉图的洞穴并不仅是一种黑暗和迷信的状态。它代表了日常生活的自然视野，代表了我们都在其中生活和行动的世界。洞穴中的"囚徒"——柏拉图认为

---

① Strauss, "What Is Political Philosophy?" 75–76.
② 认为关于经验仍旧存在某些原始的前哲学基础的观念，源自胡塞尔（Husserl）同"生活世界"有关的观念，但其仍旧未在施特劳斯这儿完全地理论化；见 *Natural Right and History*, 31–32；对这一问题的一些有趣评论，见 Robert Pippin, "The Unavailability of the Ordinary: Strauss on the Philosophic Fate of Modernity," *Political Theory* 3 (2003): 335–358, esp. 341–344。
③ Plato, *Republic*, trans. Allan Bloom (New York: Basic Books, 1968), VII.514a–517a；这一段摘自我的 *Political Philosophy* (New Haven: Yale University Press, 2012), 60–63。

他们就是如此——被互相束缚，并且只能够看见投射到墙上的头像，而火在他们身后燃烧。苏格拉底称，这些人——消极且迷醉——"跟我们一样"。这一隐喻类似于现代的电影院或电视荧幕，观察者在其中消极地接受自己眼前看到的图像，却永远不被允许去看产生这些图像的原因。这些图像反过来又受"傀儡操纵师"控制，后者只允许洞穴里的居民看到自己允许他们看到的东西。傀儡操纵师首先是城邦的立法者，是城邦的创建者、政治家和立法者，是带来关于正义的法律和法典的人。与他们并列的则是诗人、神话作者、历史学家和艺术家；而在他们之下的则是匠人、建筑师、城市规划者和设计师。所有这些匠人都贡献了自己的一份力量，来装饰构成政治生活的各式各样的洞穴。

我们所处情况的新颖之处——也是施特劳斯在使用洞穴隐喻时的原创性所在——是我们不再居住在柏拉图的洞穴之中，而是为自己在天然的洞穴之下挖了一个洞穴，这个人造洞穴为追求哲学制造了进一步的阻碍。这就仿佛是：

> 人们有可能变得十分害怕上升到有阳光的地方，并且很想使得自己的任何后代都不可能实现这一上升。于是他们就在他们出生的洞穴下方挖一个深坑，并退入这一深坑里。如果某个后代想要上升到有阳光的地方，他就必须首先到达与自然洞穴平行的高度，为了做到这一点，他就必须发明新的、彻底人工的工具，而生活在自然洞穴中的人并不知道这一工具，这一工具对他们来说也毫无必要。如果这人固执地认为，通过发明新工具，他已经超越了他的穴居祖先，那么他就是一个傻瓜，就永远不可能见到阳光，

将会失去对太阳的最后一点记忆。①

造成这个新坑、这个洞穴之下的洞穴的原因是什么？

对于造成这一全新且前所未有的状况的原因，施特劳斯追溯至现代哲学本身所经历的错误路径，以及其"孪生姐妹"科学和历史所经历的错误路径。必须要说的是，他并不反对科学和历史本身。他反对的是将科学和历史转变成两种以实证主义和历史主义之名展开的伪哲学，而这构成了恢复哲学的最大障碍。实证主义是如下信念，即认为"现代科学拥有或渴望的那类人类知识，是知识的最高形式"。② 实证主义必然贬低所有非科学形式的知识所具有的价值，而不论其是传承而来的传统信仰、民间智慧还是简单的常识。只有能够经受科学的审查和控制的考验的事物，才能够算得上知识。在社会科学里，实证主义者们通常坚持事实与价值间的根本区别，认为真正的知识只关注事实以及事实之间的关系。价值和"价值判断"据称是个人选择的问题，并因此不在知识的范围之内。因此，试图对不同的政治制度和关于正义的不同主张进行排序或评价的尝试，从一开始便被认为是不可能的。③

实证主义的问题不仅在于它不信任所有前科学形式的知识并试图与之决裂，还在于通过复杂的科学手段它只不过确认了那些"每个智商正常的十岁小孩"都已经知道的事情。科学的还原论["从望远到显微（telescopic-microscopic）的知识"]

---

① Strauss, "How to Study Spinoza's 'Theologico-Political Treatise,'" in *Persecution and the Art of Writing*, 155-156.［译按］中译本见施特劳斯著，"如何研读斯宾诺莎的《神学政治论》"，《迫害与写作艺术》，刘锋译，北京：华夏出版社，2012。

② Strauss, "What Is Political Philosophy?" 23.

③ Strauss, "What Is Political Philosophy?" 18-26; *Natural Right and History*, 34-80.

或许在某些领域是有价值的，但当它被运用于社会和政治世界时则并非如此："有些事物只有从与科学观察者截然不同的公民眼中来看，才能看到它们的本来面目。"① 带着对斯威夫特的致敬，他宣称要求科学般的准确性并不会使事物更清晰而只会导致失真，只会引向"令［格列佛（Gulliver）］在浮岛（Laputa）深感惊愕的那类研究项目"。②

导致我们下降到自然洞穴之下的第二个也是更显著的原因来自历史主义。我们不应将历史主义同历史混淆，后者是施特劳斯赞赏的一门学科；而与之相反，历史主义则涉及到历史的败坏。历史主义是如下信念，这一信念认为所有知识——科学的或是哲学的——都是历史性的知识，也即是其所处时间、地点和环境的一种表达。实证主义坚持认为有一种知识，即科学知识，是真理的源泉。实证主义至少仍旧同哲学传统有着些许联系，而不论这一联系有多脆弱。历史主义则认为，甚至就连提出关于真理的问题，提出同"人性的永久特征"有关的问题，都是某种"腐朽的柏拉图主义"的旧病复发，这种"腐朽的柏拉图主义"有着永恒真理的观念并且认为社会有着一个正确秩序。③

根据施特劳斯的解释，历史主义依其自身的标准也是失败的。历史主义是如下信念，即认为所有思想都是其时代的产物。但如果所有思想都是其时代产物的话，这必然对历史主义自身也成立。然而历史主义却前后矛盾地将自身从历史的审判中排除出去。所有的思想似乎都是历史性的，但历史主义的观念却除外，也就是所有的思想都是历史性的这一观念除外。同样存

---

① Strauss, "What Is Political Philosophy?" 25.
② Strauss, "What Is Political Philosophy?" 25.
③ Strauss, "What Is Political Philosophy?" 25–26.

在问题的是,历史主义未能就过去的思想提供一个充分的解释。现代历史方法要求按照过去实际——**本真**(*eigentlich*)——发生的那样,或按照其实际理解自身的那样去理解过去。但如果将柏拉图的《理想国》或卢梭的《社会契约论》(*Social Contract*)这样的著作作为其时代产物来阅读的话,就没能像柏拉图和卢梭理解自身那样来理解它们。他们并非历史主义者,因此将历史主义强加在他们的作品之上,便是对真正的历史性理解的一种扭曲。而在思想史上强加某种形式的历史主义,这本身便是一种现代的建构。

对于这些构成了柏拉图洞穴之下的洞穴的教条,我们如何能够让自己从中抽身而出?施特劳斯承认,我们不再能够直接知晓经验的原始意义,不再能够直接了解城邦及其神祇的原始意义,而这些是哲学的前理论条件。它被掩盖在一层层凝固了的传统之下,这些传统成功地从我们的视野中掩盖了它。但是讽刺的是,施特劳斯认为这并不完全是一件坏事。由于历史主义摧毁了先前的所有哲学,我们生活在这样的一个时代,这一时代中传统的破灭使得对传统的反思得以可能。正如施特劳斯在之前引用的段落中所主张的那样,如果我们想要从地下二层走出并上升到那构成所有哲学前提的自然洞穴,这样的一种反思将要求创造"完全人造的新工具"。自相矛盾的是,这些新工具是从历史主义的同一个工具箱内取出的,而历史主义则是施特劳斯看起来在反对的。尽管历史主义或许会教条地将哲学局限于其时间和地点所构成的环境,但它同样能够被用来反对自身。施特劳斯认为存在如下可能,即通过关注哲学所处的环境,历史主义或许在不知不觉中走向自我毁灭:"历史学家或许相信,对人类思想的真正理解就是按照特定的时代理解每一种学说,或者将每一种学说理解为其特定时代的一种表达。如果历史学家从这一信念出发开始其探究工作,他就必然十分熟悉这样一个观点,即他的最初信念是没有根据的。事实上,正是他所探究的主题不断向他强调这一点。不仅如此,他还被迫意识到,如果受那一最初信念的引导,就不可能理解过去的思想。历史主义的这种自我毁灭并不完全是一个意料之外的结果。"[1] 施特劳斯的答案是,只有通过历史研究,我们才能够让自己回想起哲学的原初处境。具有讽刺意味的是,为了变得更具历史性,我们必须首先让自己从历史主义的迷惑中解脱出来。只有重新获得仔细阅读的技艺,我们才能够由自己如今所栖居的人造洞穴,朝着作为未来哲学之基础的"自然洞穴"开始这一缓慢且痛苦的上升过程。[2]

哲人与城邦

古典政治哲学对施特劳斯来说拥有特殊地位,因为它揭示了哲学的原初或自然状态。这一状态由哲人与城邦之间、心灵的需求和城邦的政治需求之间的一种张力构成。施特劳斯将这一张力用三段论的形式表述如下:

> 大前提:哲学是用知识取代意见的尝试,而意见包括同政治事务有关的意见;
> 小前提:意见是社会的媒介;
> 结论:哲学必然同社会相冲突。

---

[1] Strauss, "How to Study Spinoza's 'Theologico-Political Treatise,' " 158.
[2] Strauss, "How to Study Spinoza's 'Theologico-Political Treatise,' " 157.

正是哲学和社会之间的这一张力——柏拉图的《苏格拉底的申辩》(*Apology of Socrates*)对其有着最生动的表达——构成了哲学的自然处境。哲学家的生活方式被迫向政治表示敬意。施特劳斯进一步得出了下述结论：哲学必然是属于"少数人"的职能，而"少数人"作为精英必须隐藏其活动以免于"多数人"的敌意。①

施特劳斯就哲学与政治间张力这一议题最成熟的思考，出现在他同黑格尔-马克思主义哲学家亚历山大·科耶夫关于现代僭政本质的交流之中。施特劳斯的《论僭政》(*On Tyranny*)便是试图复苏僭政这一古代概念的尝试，这一概念出现在色诺芬的对话录《希耶罗》(*Hiero*)中，而这一尝试是为了更好地理解20世纪的极权主义现象。不同于他的许多同时代人强调极权主义的新颖之处，施特劳斯却有点反直觉地看到了古代僭政和现代僭政之间的连续性。他并没有否认在技术与意识形态的支持下，现代僭政相较以往的僭政已经变得要危险得多，但他思考的却是，这是否改变了这一现象的根本性质〔"僭政是一种与政治生活同步发生的危险"(22)〕。② 在他们交流的过程中，施特劳斯和科耶夫将关于僭政的辩论转变成了一场关于哲学家对城邦所负责任的讨论。③

---

① 这是"迫害与写作艺术"的核心论题，见于 *Persecution and the Art of Writing,* 22-37；又见 Strauss, "On a Forgotten Kind of Writing," in *What Is Political Philosophy?* 221-222。
② 后文对《论僭政》的引用将以页码形式标出。
③ 对于这一细节，最好的评论仍旧是 Victor Gourevitch, "Philosophy and Politics, I and II," *Review of Metaphysics* 22 (1968): 58-84, 281-328；另见 Robert Pippin, "Being, Time, and Politics: The Strauss-Kojève Debate," *History and Theory* 22 (1993): 138-161; Steven B. Smith, "Tyranny Ancient and Modern," in *Reading Leo Strauss: Politics, Philosophy, Judaism* (Chicago: University of Chicago Press, 2006), 131-155。〔译按〕中译本见斯密什等，"古今僭政"，《阅读施特劳斯：政治学、哲学、犹太教》，高艳芳、高翔译，北京：华夏出版社，2012。

施特劳斯从思考哲学家的动机,也即推动哲学探索的那一独特欲望或爱欲开始。对科耶夫来说,这首先是一种知识分子所渴求的承认,也即想要通过付诸实践而"实现"自己想法的欲望,而无论这是通过宫廷、总统或是僭主来实现。检验观念的真理性的试金石是其在公共领域内的成功。然而对施特劳斯来说,哲学自身的奖赏并非公众的承认,而是来自哲学自身的满足感。哲学的正当理由完全内在于哲学之中。"不必非要窥探某个哲人的内心,我们就能知道,一旦哲人由于肉身的弱点变得关心他人的承认,他就不再是哲人,"施特劳斯反驳道,"依照古典作家的严格观点,这样的哲人就变为了智术师(sophist)。"(203)

科耶夫的抱怨是,施特劳斯对哲学的理解仍旧同城邦生活、政治实践和历史进程相孤立。这种后退在历史上曾以伊壁鸠鲁的花园、文人共和国或是学术象牙塔的形式出现。这些都代表了试图通过退回某种内部堡垒以逃避历史审判的努力。施特劳斯承认哲学家的任务是孤独的,并且其需要从依附城邦所具有的"最强烈的自然魅力"中解放出来,但这并没有让其变得完全自私自利。哲学家充分意识到思想是易犯错的,因此哲学家必须寻找他的同类人,同他们分享自己的想法,并让他们挑战和检验这些想法。培养友谊也就成了哲学的最高职责之一(194-195)。

当然,就自我指涉的危险而言,施特劳斯同意科耶夫的看法,这一危险源自"一个志气相投、紧密团结的群体培育了共同偏见并使其持续存在"(195)。他似乎完全了解之后那些同"施特劳斯主义"相关联的所有危险。但如果说哲学的一个危险来自"宗派自命不凡的沉默或窃窃私语"的话,那么一个更大的危险则源自想要将哲学变成大众学说("宣传")的欲望。公共哲学的观念是自相矛盾的。"如果我们必须在宗派和党派之间选择,"施特劳斯写道,"我们必须选择宗派。"(195)此处,有条件的"如果"表明施特劳斯对这一选择并不满意,但这或许是一种必要。总是存在相互竞争的哲学宗派,它们在寻找真理的过程中相互制衡。哲学的真正危险并非来自宗派,而是来自将哲学转变成意识形态——一种公共学说——的尝试,而这一意识形态最终将垄断对话。

正是在这一语境中,施特劳斯确认了先前曾提及的哲学的怀疑性质或他所谓的"探寻"(zetetic)性质。哲学是一件同知识有关的事务,但此处的知识是知道人的无知,知道知识的局限:"哲学本身不是别的,而是真正意识到某些问题,即那些根本的、全面的问题。思考这些问题,不可能不变得倾向于一种解决方案,倾向于非常少的解决方案中的一种或另一种。然而,只要没有智慧而仅仅有对智慧的追求,所有解决方案的证据必然要小于这些问题的证据。因此,当某一解决方案的'主观确定性'强过哲人对这一方案存在的问题的意识时,哲人就不再是一位哲人。"(196)

这是施特劳斯关于哲学本质最大胆的声明,并且显然驳斥了伯涅特的指控,后者指控施特劳斯的写作"没有任何迹象表明,他知道,从一个内部的角度,积极的哲学思辨是怎样一回事"。然而施特劳斯仍留下了许多尚未回答的问题。尽管他钟爱苏格拉底式的节制和非宗派主义,但知识与无知间的界线又该如何划分?即使我们接受如下主张,认为哲学的问题要比该问题的解决方案有更多的证据支持,但这是否就使得所有解决方案都相等地有问题?即使解决方案缺乏确定性,难道我们就无权声称某些方案相较其他方案要更可取吗？是否唯一的选择只存在于教条主义和探寻性的怀疑主义之间？更严肃地说，施特劳斯对哲学的探寻性理解似乎削弱了政治判断的基础。如果正如他在上面评论的那样，人们不可能在思考问题时不"倾向于"某一解决方案，那么人们的这种倾向又是建立在何种基础之上呢？如果关于正确政治秩序或良好政治秩序的知识从根本上而言是有问题的，那么什么标准可用于在政治生活中做出判断呢？

施特劳斯或许夸大了哲学同城邦关切之间的彻底分离。他认识到哲学家"忍不住作为一个就其本身而言无法对人的关切寂然心死的人而生活"（199）。这些关切也包括了哲学家对哲学和城邦的双重责任。哲学家的首要关切必然总是对哲学本身的关注，关注如何确保它即使在最危险的时代也能存活。"哲学家必须到市场上去，是为了在那里钓到潜在的哲学家。"（205）这些钓鱼探险将必然被城邦视为败坏青年的尝试，因为这会让他们从政治和商贸中脱离并转向哲学。这样一来，哲学家不仅被迫要在其他哲学家面前，而且还要在公共舆论的法庭面前，为自己和自己的生活方式辩护。

哲学家对城邦的责任究竟由何构成？意识到哲学只能在城邦的语境中发生之后，哲学家必然会对城邦所立足的观点表达一种得体的尊重。当然，哲学家的公共责任完全是公开的。这一责任足以满足城邦，使其相信"哲人不是无神论者，他们不会亵渎对城邦来说是神圣的任何事物，他们敬城邦之所敬，他们不是颠覆者，简言之，他们不是不负责任的冒险家，而是好公民，甚至是最好的公民"（205-206）。在知道真正的幸福只能在哲学活动中发现后，哲学家将会发现很容易让自己适应城邦的法律（nomoi）。柏拉图的洞穴寓言一直都是施特劳斯最常使用的例子，用以说明哲学即使是和最佳的社会秩序间也存在着无法妥协的敌意。施特劳斯的哲学政治学（philosophic politics），提出了哲学家适应城邦的界线何在这一令人不安的问题。这种适应是否包括默许僭政是某种"与政治生活"同步的事情？哲学家需要将如下虚构之事维系到何种程度，即哲学并非无神论的而是对城邦的神报以尊敬？是否必须要容忍僭政政权，认为其是一种"同人的处境不可分割的"恶（200）？

施特劳斯对这些问题的答案，可以用他在讨论犹大·哈列维（Judah Halevi）时所用的一个短语最好地概括："在不同的时代，胆怯与负责任的划界很不相同。"[1] 他或许还会补充说："并且要依照每一个体的脾性与判断。"这对施特劳斯本人显然成立，因为他本人的哲学政治学便展现出一种内在激进主义与外在遵从的结合。对于他在何种程度上向他自己的读者推荐隐微教诲这一策略，这将会一直是一个挥之不去的问题。正如雷米·布拉格（Rémi Brague）所观察到的那样，"施特劳斯在为保守和'古板'意见提供修饰和表达口头尊敬这一点上表现出色"。[2] 在何种程度上，隐微教诲仍然是一种解释过往思想的历史论题，抑或它即使在当下仍旧是一种属于哲学的责任？对于这一主题施特劳斯保持了一种引人入胜的模糊，而我相信这是有意为之。但可以明确的是，一种被哈列维、法拉比（Al-Farabi）和迈蒙尼德（Maimonides）所采纳，并在一个对哲学有

---

[1] Strauss, "The Law of Reason in the *Kuzari*," in *Persecution and the Art of Writing*, 110.［译按］中译本见施特劳斯著，《〈卡扎尔人书〉中的理性之法》，《迫害与写作艺术》，刘锋译，北京：华夏出版社，2012。
[2] Rémi Brague, "Athens, Jerusalem, Mecca: Leo Strauss's 'Muslim' Understanding of Greek Philosophy," *Poetics Today* 19 (1998): 238.

着相当敌意的时代进行写作时所采纳的策略，是否在现代的民主时代，在这个对智识上正直且"透明"的要求不仅是私人德性，还是公共德性的时代里仍旧适用，这远非显而易见。①

神学-政治困境

哲学家或许会认为——甚至连施特劳斯或许也会认为——哲学的生活是最好的生活。问题在于，什么事物使得它是最好的生活。施特劳斯提到了哲学家感受到的那种近乎"自我钦佩"的满足感。但这与其说是一种证明，不如说是对哲学生活的一种表达。同样不太清楚的是，关于无知的知识如何造就了哲学家体验到的那种满足感或幸福感，但正如施特劳斯所说的那样，"随它去吧"。在面对最严肃的替代方案时，哲学是否能够为自己以及自身的生活方式辩护？这或许是施特劳斯的哲学著作的中心问题。

哲学最严肃的替代方案是由神圣启示所提出的挑战，而这实际上也是施特劳斯考虑过的唯一真正的替代方案。② 其他选择

---

① 关于"正直"（probity）的重要性，见 Strauss, "Preface to *Spinoza's Critique of Religion*," in *Liberalism Ancient and Modern,* 255-256；关于施特劳斯提及这一概念起源于尼采，见他在第258页的注释24-28。［译按］中译本见施特劳斯著，《《斯宾诺莎的宗教批判》序言》，《古今自由主义》，马志娟译，南京：江苏人民出版社，2012。

② 关于施特劳斯对这一主题的处理，见 "Progress or Return?" 227-270; "Preface to *Spinoza's Critique of Religion,*" 224-259; "Jerusalem and Athens: Some Preliminary Reflections," in *Studies in Platonic Political Philosophy,* ed. T. Pangle (Chicago: University of Chicago Press, 1983), 147-173;［译按］中译本见施特劳斯著，"耶路撒冷与雅典：一些初步的反思"，《柏拉图式政治哲学研究》，张缨等译，北京：华夏出版社，2012; "Reason and Revelation," in Heinrich Meier, *Leo Strauss and the Theologico-Political Problem* (Cambridge: Cambridge University Press, 2006), 141-180。

和其他人生方案——甚至是哲学生活和政治生活之间的古典冲突——与之相比都相形见绌。理性和启示之间的抉择，或用施特劳斯的惯用说法，雅典和耶路撒冷之间的抉择，一直是哲学在为自身及其生活方式辩护时，所要面对的最尖锐也是最全面的问题。雅典和耶路撒冷之间的区别关键在于，它们对道德在人类生活的整体安排中所起的作用有着各自的不同看法。对耶路撒冷的支持者来说，正是对正义的热情追求代表了人类的巅峰，而对雅典这一派的人而言，道德对于达到一种沉思的自主性来说至多只是工具性的。这一对比甚至超越了著名的"古今之争"而作为**真正的**哲学问题（the philosophic question）存在，因为如果哲学不能为自己辩护以对抗启示的拥护者的话，那么哲学自身便有成为另一种立于武断决定或意志行为之上的信仰的危险。①

施特劳斯在《自然权利与历史》（*Natural Right and History*）中再鲜明不过地表述了这一对比："没有了光明、指引和知识，人是无法生活的；只有具备了对于善的知识，他才能找寻他所需要的善。因此，根本问题就在于，依靠他们的自然能力来进行孤立无助的努力，人类是否能够获得有关善的知识——没有了这种知识，他们就不能个别地或集体地指导自己的生活；或者，他们是否要依赖于有关天启的知识。没有什么选择比这更

---

① 有主张声称，施特劳斯的整个计划都建立在一种尼采式的"权力意志"上，斯坦利·罗森（Stanley Rosen）曾煽动性地提出这一主张，Stanley Rosen, *Hermeneutics as Politics* (Oxford: Oxford University Press, 1987), 107–123; 另见 Laurence Lampert, *Leo Strauss and Nietzsche* (Chicago: University of Chicago Press, 1996); 朗佩特（Lampert）认为施特劳斯是一位弱化了的尼采主义者。朗佩特（Lampert）认为施特劳斯是一位弱化了的尼采主义者。[译按] 中译本见朗佩特著，《施特劳斯与尼采》，田立年、贺志刚译，上海：上海三联书店，2005。

为根本：人的指引还是神的指引。"① 于是，在哲学和启示之间似乎存在着一种对峙。其中的任何一方是否能够驳倒另一方？

施特劳斯以一种苏格拉底式的方式考察了论辩双方的各种观点。他首先从神学方面考察了此事。在犹太传统内人们常说，被称为上帝召唤（the Call of God）的事物得到了悠久传统的验证。在一个延伸到拉比的未曾断裂过的传统中，西奈山（Mount Sinai）上的摩西（Moses）受到了这一召唤，随后这一召唤传给约书亚（Joshua），之后则是各位长老和先知。这一传统是否可信？

施特劳斯质疑这种历史证明的有效性。从那些声称体验到召唤的人身上，我们无法分辨出上帝的召唤。换句话说，只有对那些声称受到过召唤的个人来说，召唤才是真实可信的。但这使得召唤依赖于信徒的解释，而这种解释必然不可避免地因人而异、因教派而异。一位有信仰的犹太人对召唤的解释将会非常不同于一位有信仰的穆斯林。更进一步，声称见证了启示的那些人或这一启示的传承者们，在所有已知的例子中都已经是信仰的拥护者。除了信仰者自身以外，并不存在公正或中立的见证者。②

施特劳斯考察并反驳了各种为启示的首要地位进行辩护的论点，但如果从哲学的立场来看又会如何呢？情况并没有更好。哲学要求启示在人类理性面前为自身辩护。但是启示坚决拒绝这样做。要求启示必须理性地为自己辩护这一观点是循环论证的。它预设了需要被证明的事物是什么，也即启示是一种理性经验。哲学至多只能驳倒为启示辩护的各种神学论证；但它并

---

① Strauss, *Natural Right and History*, 74.
② Strauss, "Progress or Return," 261–262.

没有驳斥启示本身的可能性。

施特劳斯考察了一些更具体的反对启示的论证，其中一些来自对《圣经》的历史和考古批判，另一些则来自现代科学理论（达尔文主义），但他最尊重的则是哲学神学（philosophical theology）的主张，亦即那一有着自然神学之名的事物。根据自然神学的论证，对人类理性而言上帝的各属性在原则上是可知的和可达到的。斯宾诺莎的《伦理学》(*Ethics*) 第一卷开篇的公理和说明是这一论证路径最清楚的证明文本。按照斯宾诺莎的说法，我们能够知道上帝的属性是因为上帝**就是**自然，而自然的运作能够通过独立运用人类智慧而知晓。就像一切事物存在于有序的自然界中一样，一切事物也能够依据充足理由律而被了解。根据这一原则，在理性与自然之间存在着一个完美的统一，而这个统一便是上帝。

施特劳斯以最严肃的态度对待斯宾诺莎的论点，但最终他发现它同启示的主张一样独断。斯宾诺莎所提出的上帝的属性全都是预先选定的，用以证明上帝具有完美的理性和可理解性，并用以否定宇宙的一切神秘之处。斯宾诺莎对宇宙的祛魅究竟代表了一种隐藏了的无神论形式还是一种更高的虔诚，这并不是施特劳斯关心的问题。他的要点是，将上帝作为"神即自然"（*Deus sive natura*）的斯宾诺莎式概念或许完全遵循了清晰性和明确性的标准，但清晰性和明确性却并非真理的保证。一个关于上帝存在的清晰且明确的证明，只有从我们的观点出发，从哲学的立场出发才是清晰和明确的；它并不能就此开始向一个无限存在的存在渗透，因为这一无限存在的方式可能与我们不同。《伦理学》仍旧是一座立于浮沙之上的城堡。

雅典和耶路撒冷之间的冲突似乎以平局结束。施特劳斯写道:"所有所谓对启示的驳斥都预设了对启示的不信仰,而所有所谓对哲学的驳斥都预设了对启示的信仰。"① 似乎并没有可行的共同基础或中立立场。然而,哲学和信仰之间尽管存在僵局似乎将偏向于信仰一方。如果哲学不能理性地证明其相较启示的优越性,如果反对启示的所有论证都被证明是有前提的,或者是基于"并非显然的前提"之上的,那么人们必须接受的是,哲学生活自身基于信仰也即意志行为,或者是基于某一最终也未能确定其理性基础的决定之上。在这样的一场竞争中,信仰的拥护者从技术上说将会获胜。②

施特劳斯竭尽全力寻找支持启示的最强有力的理由,而这等同于为哲学创造尽可能高的障碍。他对来自哲学的证据所提的要求,经常看起来要远多于来自神学的证据。神学只不过需要确保启示的可能性,而哲学则被要求驳倒这种可能性的前提。但又如何能反驳这种可能性呢?但凡有一点不能做到这一点都必然会被认为是对失败的承认。施特劳斯自己是 20 世纪早期"神学复苏"的产物,这一"复苏"同卡尔·巴特(Karl Barth)和弗朗茨·罗森茨维格(Franz Rosenzweig)等名字相关,而这些人"使得如下考察变得有必要,即对正统神学——犹太教的和基督教的——的批评究竟在何种程度上可以称为取得了胜利"。③ 施特劳斯显然理所当然地认为,并没有证据表明对神学

---

① Strauss, "Progress or Return," 269.
② 对施特劳斯思想的有神论解释,见 Kenneth Hart Green, *Jew and Philosopher: The Return to Maimonides in the Jewish Thought of Leo Strauss* (Albany: SUNY Press, 1993); Susan Orr, *Jerusalem and Athens* (Lanham, MD: Rowman and Littlefield, 1995)。
③ Leo Strauss, "Preface to *Hobbes Politische Wissenschaft*," in *Jewish Philosophy and the Crisis of Modernity,* ed. Kenneth Hart Green (Albany: SUNY Press, 1997), 453.[译按]中译本见施特劳斯著,"《霍布斯的政治学》德文版前言",《霍布斯的宗教批判》,杨丽等译,北京:华夏出版社,2012。

的批判已被证明理所当然地取得了胜利。

尽管神学的复苏提醒施特劳斯注意到启蒙运动在批判宗教上的失败，但是如果像某些人试图做的那样，将施特劳斯置于反启蒙的政治神学阵营之中，将他视为一位信仰的辩护者，这么做则是错误的。借着自己对斯宾诺莎的不满，施特劳斯奋力找到一种回归的方式，这一回归并非对正统的重申，而是回归到探寻性的哲学这一远为古老的哲学概念之上。我认为这便是他如下声明的含义，他声称对前现代哲学的回归并非不可能，而只是存在巨大困难。①

正如我们先前所见，施特劳斯对古典政治哲学的"回归"并不是在支持自然的等级制或任何形式的形而上学生物学。施特劳斯对古代哲学的理解更多地同哲学的政治问题或哲学生活的议题相关，而不是像通常理解的那样与一种关于政治的哲学（a philosophy of politics）相关。这当然没有阻止各式各样的解释者将各种学说立场归于施特劳斯身上，而那包括了从新保守主义到虚无主义的反现代性等各种立场。他关注的是哲学作为一种提问方式所处的原始状况，而并不关注对任何特定哲学学派或哲学宗派的辩护，更别说某一政治运动或政治事业了。

施特劳斯清楚地表明，哲学生活必须被理解为某种形式的探寻式提问。这便是"柏拉图式政治哲学"在其原始意义上所具有的含义。②即使在此处，探寻也并非回归到廊下派（the Stoa）所提的问题上去，而是回归到古人所未知的一整个话题领

---

① Strauss, "Preface to *Spinoza's Critique of Religion*," 257.
② 这或许有助于解释为何施特劳斯计划出版一本名为《柏拉图式政治哲学研究》的书，而这本书只包含了两篇专门处理柏拉图的论文。"柏拉图式"这一术语对他来说意味着一种哲学思考的特定方式，而非一种可归因于柏拉图的学说或体系。

域中去，而其主要是雅典与耶路撒冷之间的问题，也即后来被施特劳斯称之为"神学–政治困境"（"我探究的**那一**主题"）的问题。[1] 探究式的或柏拉图式的哲学并没有声称找到了答案，更别说对于理性/启示问题的**那一**答案；相反，它使这一问题在后代面前保持活力。正是探寻式的理解让哲学免于陷入信或不信这一双重教条之中。这两者都不能经受住理性辩护的考验。只有对雅典和耶路撒冷之间的冲突保持不断的了解并经常参与其中，并且能够让每一方都接触到对方主张的哲学家，才能够为作为生活方式的哲学进行辩护。[2]

结论

如果施特劳斯在我们已经忽略了哲学生活的问题这一点上是正确的话，那么今日许多人未能将他作为哲学家来看待，而是经常误认为他是一位解释者、一位观念史学家，甚至是一位政治导师（guru），这完全不令人惊讶。他的兴趣并不在于哲学所采用的技术或方法，更不是推进同概念和命题有关的知识。他的兴趣在于先前的问题："哲学为何？"这显然不是一个会向军事战略和商业事业等活动提出的问题，这些活动的目的（胜利、利润）并不存在根本的争议。哲学的目的，是且将永远是一个开放的问题。施特劳斯仍旧是一个哲学上的怀疑论者，他

---

[1] Strauss, "Preface to *Hobbes Politische Wissenschaft*," 453.
[2] Strauss, "Progress or Return," 270；另见施特劳斯在《卡扎尔人书》中的理性之法"中所引用的歌德的评论，于"The Law of Reason in the *Kuzari*," 107, n. 35："世界和人类历史中的真正且唯一深刻的主题，并且所有其他主题都可归于它的那一主题，一直是信仰者和不信者之间的冲突。"

的任务是复兴同困扰政治生活的问题有关的意识,而非为这些问题提出政治上的解决方案。更具体地说,施特劳斯关注的是什么是哲学生活,以及如果它有为共同体生活赋予任何价值的话,这种价值又是什么。他对这一问题的专一研究最高程度地履行了哲学家的职责。

第 15 章

兰佩杜萨所著《豹》的政治教诲

为何一本对现代性的研究著作竟然会包括对《豹》的讨论？这并非显而易见。这部作品由一位意大利贵族朱塞佩·托马西·迪·兰佩杜萨（Giuseppe Tomasi di Lampedusa）创作，故事全部发生在西西里岛上，而大部分人都同意西西里岛位于现代世界的边缘地带。① 然而尽管其故意有着非常地方化的设定，这一著作仍是对现代性问题的深刻沉思。《豹》中的情节被设定发生在意大利复兴运动（Risorgimento）时期，在那一时期意大利半岛自罗马帝国时代以后首次得以统一。这一时代的革命动荡与政治动荡构成了此书主要人物身后的背景。尽管朱塞佩·加里波第（Giuseppe Garibaldi）对西西里的入侵或许不大称得上是一个世界史事件——它并非托尔斯泰的《战争与和平》中拿破仑对俄国的入侵那个级别的——但它仍旧向作者提供了足够充分的材料以描绘小说的宏大主题，即贵族的衰落。

《豹》的情节很简单。主人公堂·法布里契奥·科尔贝拉（Don Fabrizio Corbera）是一位西西里亲王，一位拥有广阔

---

① Giuseppe Tomasi di Lampedusa, *The Leopard*, trans. Archibald Colquhoun (New York: Random House, 1960); 之后对此文的引用以页码形式标出。[译按] 中译本见兰佩杜萨著，《豹》，费慧茹、艾敏译，胥戈编，济南：山东画报出版社，2016 年 5 月。

土地的地主，并且是一位卓有成就的天文学家。小说所关注的焦点是亲王最喜爱的侄子唐克雷迪（Tancredi）同安琪莉卡（Angelica）之间的婚事，安琪莉卡是一位暴发户（nouveau riche）商人阶级成员的女儿，这一商人阶级随着新政权而一同掌权。主要矛盾存在于以科尔贝拉家族——这一家族的徽章是豹——为代表的贵族与以堂·卡洛杰罗·塞达拉（Don Calogero Sedàra）——美丽的安琪莉卡的父亲——为代表的新近崭露头角的商人之间。堂·法布里契奥不情愿地意识到，确保他贫穷的侄子取得成功的唯一方式便是向这一结合送上自己的祝福；这一婚姻将会向唐克雷迪提供他在新秩序下取得成功所需要的金钱，同时它将向安琪莉卡赋予一个贵族头衔，而安琪莉卡的父母是脱离祖辈农民身份的第一代人。正是唐克雷迪说出了这部著作中最著名的句子。"如果我们希望事物保持原样，"就在前去加入加里波第的军队之前他对他的舅舅说道，"则事物将不得不做出改变。"（40）

然而《豹》不仅仅是一部历史浪漫小说，它同样是一部深刻的政治著作，尽管兰佩杜萨的政治态度远称不上清晰。作者是一位哀叹传统统治精英衰落的反动派吗？抑或这部作品是对一个处于最终衰老状态的阶级的无情描绘？又或者如我所认为的那样：这部作品是一位有学识的怀疑主义者反思政治改革局限的著作？我不太关注这本书的艺术价值——尽管其相当可观——而更关注兰佩杜萨笔下西西里的形象，在这片土地上自然、历史和心理的各种力量结合起来挫败了我们对于变革的现代期望。这本书根本上与一个世界向另一个世界的过渡有关，从托克维尔所谓的贵族时代过渡到民主时代，或者用马克思主义的分类法来说，从封建世界过渡到近代资产阶级世界。最后，这还是一本关于集体记忆的丧失的书。

"我的主角究其根本,就是我"

关于作者以及该作品出版的故事几乎已经变得同这部作品本身一样著名。[①] 朱塞佩·托马西·迪·兰佩杜萨——第十一代兰佩杜萨亲王——于1896年出生在巴勒莫(Palermo)。第一次世界大战期间他服役于意大利军队,但却被俘虏并在匈牙利的一个俘虏营内度过了战争的大部分时间。在战后他返回西西里,并随后与一位能够分享他对书籍和文学追求的热情的拉脱维亚贵族结婚。两人断断续续地在巴勒莫一起生活,在那儿他们结交了一群朋友,并与朋友们一起花时间用原文来阅读和讨论欧洲文学的伟大作品。这对夫妇没有子女。在意识到兰佩杜萨家族的世系即将走向终结后,兰佩杜萨便开始写作一部小说,以着手描述属于他祖辈的贵族世界。

《豹》是兰佩杜萨的第一部也是唯一一部作品。它完成于1956年,且被兰佩杜萨生前所投稿的每一家出版社都退稿了。它被认为过于传统且对贵族制抱有过多怀旧而不能被当时主宰意大利文学界的马克思主义精英所接受。兰佩杜萨在1957年去世,享年六十岁,而次年这部作品终于被费尔特里内利(Feltrinelli)接受出版。它立即取得了成功,并自那时起便被认为是一部欧洲文学的经典之作。《豹》的电影版本在1963年由意大利制片人卢基诺·维斯康蒂(Luchino Visconti)(他本人

[①] 关于传记资料,见 David Gilmour, *The Last Leopard: A Life of Giuseppe di Lampedusa* (London: Quartet Books, 1988)。

也是一名贵族地主）执导并由伯特·兰卡斯特（Burt Lancaster）担任主演。

《豹》是一部关于兰佩杜萨曾祖父的虚构传记，但它同样包含了强烈的自传成分。在一封1957年的信中，兰佩杜萨否认这部作品是一部"历史小说"，称"堂·法布里契奥完全表达了我的想法"。[1] 同福楼拜——他曾就他最著名的创作说"包法利夫人，就是我"——一样，兰佩杜萨在另一封信中宣称，"我的主角究其根本，就是我"。[2] 同堂·法布里契奥一样，兰佩杜萨是一个阴沉的忧郁之人。他过着一种边缘贵族的生活，唯一的奢侈就是买书。他更多的是一名读者而不是作者。他的早上是在咖啡馆度过的，他坐在那儿读几小时书后再坐公交回家。除意大利文之外，他还能够读写英语、法语、德语和俄语。他尤其喜爱英语文学——莎士比亚的《量罪记》（*Measure for Measure*）是他的最爱——并且他的妻子曾说过他总是随身携带一卷莎士比亚的作品，以便在他漫游的时候"在见到某些让自己感到不快的事物之时，能够借之安慰自己"。[3]

除描绘兰佩杜萨自己的人格与亲王人格之间的相似之处外，《豹》还经常包含有含蓄的自传性旁白。例如，兰佩杜萨居住的祖宅在第二次世界大战期间毁于盟军轰炸。在书的后半部分，当描述巴勒莫某处贵族住宅屋顶上画着的壁画时，他写道："天花板上，众神安坐在金光闪闪的宝座上，微微俯身向下注视着跳舞的人们。虽然他们的脸上泛起淡淡的笑容，却跟夏日天空一样严峻无情。他们认为自己是永恒的；但是1943年，宾夕法

---

[1] 引自 Eduardo Saccone, "Nobility and Literature: Questions on Tomasi di Lampedusa," *MLN* 106 (1991): 160。

[2] 在 Saccone, "Nobility and Literature," 160。

[3] 在 Javier Marías, *Written Lives*, trans. Margaret Jull Costa (New York: New Directions, 2006), 30。

尼亚州匹兹堡制造的一颗炸弹将会证明事实恰恰相反。"亲王同唐克雷迪的关系是基于兰佩杜萨与他侄子兰扎·托马西(Lanza Tomasi)的关系而创作的,他收养了他的侄子,而他侄子在他死后成为他的书稿委托管理人。

如果将兰佩杜萨对《豹》是一部历史小说的否认搁置一旁的话,那么历史和语境对理解这一著作来说是至关重要的。小说情节始于1860年的意大利半岛,这一年标志着加里波第对西西里的入侵以及那不勒斯王国——又被称为两西西里王国(Kingdom of the Two Sicilies)——的统一。统一运动始自意大利北部的萨伏伊州。复兴运动(Risorgimento)背后的力量是卡米洛·加富尔(Camillo Cavour),他担任萨伏伊国王维克托·伊曼纽尔(King Victor Emmanuel)的首相。复兴运动是一场试图为分裂的意大利各国带来某种现代君主立宪制的民族主义运动。①

统一意大利的梦想面临的最大绊脚石就是南部的两西西里王国,而其首都就是那不勒斯。西西里仍旧是波旁王朝的前哨,该地区有着最强烈的地方主义传统,并因此对加富尔的现代化和国家化努力最为抵抗。波旁王朝随着加里波第及其"红衫军"(Redshirts)对岛屿的入侵而崩溃,加里波第攻下了巴勒莫并驱逐了国王弗朗切斯科二世(Francis II)。随后加里波第航向那不勒斯,在那儿他受到热烈欢迎。尽管在真正的民主领袖加里波第与更加保守的加富尔之间存在不和,但加里波第心甘情愿地将权力移交给维克托·伊曼纽尔。全国各地举行了一系列全民投票,于是西西里同意加入由维克托·伊曼纽尔所领导的意大

---

① 对于这些事件之前的历史,见 Benedetto Croce, *History of the Kingdom of Naples,* trans. Frances Frenaye (Chicago: University of Chicago Press, 1970)。

利王国，而后者先前曾在都灵宣告为意大利国王。当然并非所有人都对这些变化感到高兴，而贯穿《豹》全书，我们都能听见那些在新政权之下被剥夺的人所发出的郁积不满的声音。

"内在的生命之形状"

位于故事中心的是堂·法布里契奥·科尔贝拉，萨利纳亲王（Prince of Salina）。关于堂·法布里契奥，值得注意的第一件事是他是一位君主（prince）。当然，他并不是一位"马基雅维利式"的君主，充满德性与活力。他是一位传统的亲王，是一位贵族成员，以遗产继承和古老的家族关系为基础掌握自己的权力。确切地说，堂·法布里契奥属于"绅士"阶级，而用马基雅维利的术语来说"他们借着从自己的产业中获得的丰厚收入而闲适地生活"（《论李维》，I.55）。亲王是一位有着巨额财富的人，他拥有三座城堡，一座位于巴勒莫外的圣洛伦佐（San Lorenzo），他的宫殿则位于城墙之内，而他广阔的乡村庄园位于多纳富伽塔（Donnafugata）。他是一位封建领主，用一种仁慈的冷漠态度来统治他庞大的家族、无数的仆人和房客，而这种冷漠只能从对旧财富的拥有中生出。他是一位糟糕的生意人，而这并非因为他没有经商的头脑，而是由于"他对这些他认为的低下之事抱有一种轻蔑的冷漠"（160）。

但是，兰佩杜萨告诉我们的第二件事则是亲王天生的忧郁。在他那"朱庇特式的愤怒"之下，亲王生活在一种"经常性的不满"状态下，眼看着"自己的阶级没落、家产毁灭，却没有做出任何拯救措施，甚至也没有这么做的愿望"。（19）似乎只有他的狗本迪科（Bendicò），他的这一忠实伙伴（也是小说中的一个关键角色）才能给他带来些许乐趣。

将老贵族区分出来的特征——并且是某种金钱所不能买到的事物——是某种特定的优雅和礼仪。亲王的分寸感体现在他让别人放松舒适的能力上。"有一位神是亲王们的守护神，"我们随后读到，"他就是'礼貌'。"（146）正是这种品位和判断上的精致将堂·法布里契奥同小说中的其他角色区别开来。这是通过各种或大或小的方式所传达出来的。不妨考虑在多纳富伽塔的如下场景，亲王和他的家族邀请他们未来的姻亲，几乎难以称得上体面的塞达拉家族前来共进晚餐：

> 亲王深知，在内陆小镇招待西西里客人进晚餐时先上汤是行不通的，所以他违反了高级料理（haute cuisine）的规则，而他自己也不喜欢那些规则因此也更乐意如此。然而由于在多纳富伽塔的上流人士中已经流传着传说，称外地人有着将清汤作为前菜的野蛮习惯，所以在像这样一场庄重的晚餐开始前，他们还是有所顾虑。所以，当三个穿着金绿色制服、扑着粉的仆人，每人托着一只装了高耸的成堆通心粉的巨大银盘走进来时，二十位就餐的人中只有四人没有露出惊喜的神色：亲王和王妃早已知晓，安琪莉卡故作姿态，而贡切达（Concetta）则食欲不佳（96）。

或者我们可以考虑堂·卡洛杰罗在熟识了亲王之后所做出的思考。到那时为止，我们知道塞达拉作为一位白手起家的百万富翁，已经习惯于（有点像同柏拉图著作中的色拉叙马霍斯那样）认为贵族"完全由像绵羊一样的生物所构成，其存在只是为了给羊毛剪贡献羊毛",但同亲王的交往使得他改变了自己的想法。我们被告知,他在亲王身上所发现的最吸引人的事物是"一种对于抽象思考的倾向,一种从自身内在出发寻求生命之形状的气质,而非在可以从他人那里掠夺的事物中寻求生命之形状"。逐渐地,甚至连塞达拉也开始意识到"一个有良好教养的人是多么讨人喜欢,而说到底这样的人不过是这样一个人,他消除人所处境况中如此多的令人不愉快的方面,并行使一种有好处的利他主义"(161-162)。我们或许能够称亲王是一位灵魂弘大之人。

正是亲王的分寸感使得他能够向在他之下的那些人表达一种慷慨。多纳富伽塔的人民对他们的主人抱有一种强烈的喜爱,我们被告知称他经常"忘记"向他们征收微薄的租金(75)。当家庭牧师彼罗内(Pirrone)神父拜访他在圣科诺(San Cono)的故乡时,他被人急切地问到生活在贵族中是什么感觉。尤其是他们对于最近的革命有什么看法?他们是支持还是反对?亲王的许多仆从都强烈反对共和国新的没收式税收政策,并且正在寻求贵族的领导〔他们所不知道的是,亲王实际上在全民公投中对新共和国投下了赞成票(130)〕。这些事情牧师显然已经思考过,但对于这些事情他甚至很难向自己解释。贵族和你我不同。"他们生活在一个自己的世界里,一个由他们自己的喜怒哀乐所构成的世界;他们有一种强烈的集体记忆,所以那些对你我而言完全无关紧要的事情会惹恼他们、让他们沮丧。"他向当地的草药师解释道(226)。这样的人偶尔会有些残忍,但他们从来不是小气或狭隘的〔"盛怒是有绅士风度的;抱怨则不是"(230)〕。

尽管他们有着内向的性格——"一种难以捉摸的祖传本

能"——但贵族们为他人带来好处。他们为贫穷的家庭提供庇护所，即使他们的动机并不那么容易理解。"就像他们偶尔会做的那样，当他们待某人不好时，"牧师承认道，"这与其说是他们的个性在犯罪，不如说是他们的阶级本性使然。"（28）

然而，堂·法布里契奥并不是他那一阶级的典型代表。他不仅因为自己的身高和庞大体型在物理上同他们相分开，还在智识上同他们相分离。我们得知，他是这一古老家族中首位也是最后一位对数学有着真正激情的成员（19）。他被他的同辈认为是"怪人"，很大程度上是因为他在智识和美学上的品味。如果不是因为他同样熟练掌握了骑马、打猎和追逐女色的绅士技艺，他对数学和天文学的激情被认为近乎亵渎（256）。但是亲王同兰佩杜萨自己一样，是一位阅读者。在多纳富伽塔的夜晚他向他的家族成员朗读，尽管狄更斯（Dickens）、艾略特（Eliot）、桑（Sand）、福楼拜和大仲马（Dumas）等人的现代文学作品已经被波旁王朝的审查所禁止（169）。

最重要的是，亲王是一位审美主义者，他赞赏美丽事物，因为它们赋予了生活以优雅和装饰。在他生命的最后一刻，他在自己的脑海中回顾一个清单，这一清单中的事物并非他所未能做成的事情，而是那些曾在人生中给予他最大乐趣的事物。这是一份非凡且揭示性的清单，列出了最让人生值得活下去的事物：他婚礼前后的几周，他的第一个儿子出生后的大约30分钟，索邦神学院（the Sorbonne）因他的天文学发现而授予他的奖项，以及"一两条精美丝绸领带的精致触感"和"摩洛哥革的气味"（290）。

但最让亲王与众不同的是他对抽象的数学与天文学探究的激情。在著作的开篇，我们了解到他已经发现了两颗小行星；

他将其中一颗命名为"萨利纳"以纪念他的家族领地,并将另一颗命名为"斯毕迪"(Speedy)以纪念他尤其喜爱的一条猎犬(19)。亲王对天文学的激情展现出了一种对永恒的向往,对超越了短暂与粗俗的事物的向往。这并不是某种形式的逃避现实——尽管它包含了某些与这相关的成分——而是一种高尚精神的表达,这种精神在纯粹的思想领域中寻求满足。亲王有着某种哲学家式的气质。他在天空中找到的并不是某种对个人不朽的基督教式渴望,而是某种对自主和自足的哲学式追求。同斯宾诺莎类似,他用一种永恒的形式(*sub specie aeternitatis*)来看待自己和世界:"亲王的灵魂此时已飞向它们[星球们],飞向那触碰不到、不可企及的星球们,它们给人以欢乐却没有要求任何回报;和其他许多时候一样,他幻想自己作为一位纯粹的学者到这些冰冷的星球上,带着一本笔记本用于计算:那是困难的计算,但它们总能被计算出来。'它们才是唯一真正真诚、唯一真正体面的存在呢。'他按照自己世俗的方式思考道。"(101)

对亲王来说,对于天堂的沉思总是意味着一种逃离,逃离存在的微不足道,逃离对家族和政治的担忧。这是他对存在所具有的痛苦和苦难的解药(44)。"让本迪科在下面追捕乡间的动物去吧,让厨师的刀子剁烂无辜畜类的肉去吧。"亲王心想。从他所处的天文台的角度来看,在其下方的所有事物看起来都融入了某种"安静的和谐"之中:"彗星如通常一样准时出现,分秒不差,出现在观察它们的任何人眼中。它们并不是灾难的使者……相反,它们在预料的时间出现,这正是人类思维的胜利,人类思维有能力投射自身并参与到天空那崇高的日常运转之中。"(54)

在一场通宵舞会上，唐克雷迪以及他的未婚妻安琪莉卡被介绍给了巴勒莫的社交界名流之后，亲王同一位宾客开展了一番令人不安的谈话，那位宾客哀叹新的意大利国所处的状况。亲王并没有选择同他的家族成员一起坐车回家，而是选择独自步行回家，并称自己需要透透气。"其实，"兰佩杜萨写道，"他想通过凝视星星而寻求一些慰藉。天穹上，还有几颗星星高高地挂在空中。如同往常一样，看见星星令他感到精神振奋。它们远在天际、无所不能，但与此同时它们却遵从他的计算；而这恰恰同人类相反，人类总是近在咫尺，却又那么软弱且纷争不断。"他在想，那"裹在秋天雾霭里"的金星，"……什么时候才会在她经常出现的地方，同他进行一次不那么转瞬即逝的会面呢"（272-273）。

"他迎合潮流，仅此而已"

在堂·法布里契奥这个人物身上，兰佩杜萨为我们描绘了旧制度（ancien régime）——也即由贵族所构成的世界——最好的一面。但亲王有着抽象且有些疏远和分心的性格，这些品质将不会受到堂·卡洛杰罗所代表的新秩序的欢迎。如果旧阶级还有什么希望的话，那就只能是同正当其时的新政治力量保持一致，而不是抵抗它。同托克维尔类似，兰佩杜萨意识到平等的时代已经来临。抵抗是徒劳的。平等的力量能否被贵族时代所代表的某些习惯和风俗缓和？这种可能性，在小说中由唐克雷迪和安琪莉卡的结合所暗示。

唐克雷迪是亲王的外甥，是他姐姐及其挥霍无度的丈夫的儿子,这两人让这个孩子成了孤儿。亲王将他视为自己"真正的儿子"甚至超过了他的亲生儿子保罗(Paolo),而保罗则是个平庸之辈。最重要的是,唐克雷迪微妙的风趣和反讽,以及他精明和善于计算的智慧,非常吸引亲王。"除非我们插手干预,否则他们将会强加一个共和国给我们。"唐克雷迪对他的舅舅说道。"如果我们希望事物保持原样,则事物将不得不做出改变。"他说道,而当他出发加入加里波第的军队时,堂·法布里契奥情不自禁地向他外甥的口袋中悄悄塞入一卷金币(40-41)。

唐克雷迪继承了亲王的分寸感和精致感,但他并没有足够的金钱以继承亲王的生活方式。唐克雷迪是书中真正的"马基雅维利主义者",他支持加里波第的革命更多是出于机会主义而非理想主义。同马基雅维利的君主类似,当唐克雷迪看见一个机会时,便能够认出这是一个机会,即使抓住机会的代价是辜负亲王自己的女儿贡切达:"亲王非常喜爱他这个女儿。但他更喜爱他的外甥。被这个年轻人充满深情的嘲弄劲儿所永远征服后,他在最近几个月也开始欣赏起他的才智:快速适应能力,沉浸于世俗,与生俱来的艺术般的细致,他能借助这些去使用当下流行的话来哗众取宠,同时又让人能感觉到对于他——法尔科内里亲王——来说,这不过是一时消遣而已……他认为,唐克雷迪有着远大的前程;他能够成为贵族进行反击的旗手,穿上新外衣的贵族反击新社会状态的旗手。"(87)

当然,唐克雷迪所缺乏的是金钱,而这解释了他的野心。不同于堂·卡洛杰罗,唐克雷迪并不仅仅是一位机会主义者。他是一位有城府且有魅力的男人。"如果他的先辈没有挥霍掉过半的财富,是不可能造就像他这样一位与众不同、精致、迷人的男孩的。"亲王向唐克雷迪未来的岳父解释道(152)。堂·卡洛杰罗被迫表示认同。对于唐克雷迪,亲王"发现自己正意外地同一位像自己一样愤世嫉俗的年轻贵族交往",而这位年轻贵族能够"用自己的笑容和身份来换取他人的注意力和财富"(161)。唐克雷迪知道如何与时俱进:两个人都能够在对方身上看到某些自己所仰慕的特征。

唐克雷迪实现自己野心的唯一希望是同美丽且富有的安琪莉卡建立婚姻关系——即使这意味着下娶。但为了做到这一点,他将不仅需要舅舅的支持,还需要他的共谋。所以尽管唐克雷迪远在加里波第的军队之中,但他仍向他的舅舅写信,告诉他自己对安琪莉卡的爱并请求他向她父亲提亲。唐克雷迪知道这将会让他的舅舅感到厌恶,因此他提供了下述事物以作为甜味剂:"唐克雷迪继续漫谈法尔科内里和塞达拉两家联姻的合理性,而且尤其是必要性(在某处他甚至斗胆写成'塞达拉家族'),认为应当对此加以鼓励,以便为古老的家族带来新鲜血液,拉平阶级差异,而这些也是意大利当下政治运动的目标。信里唯有这部分内容使堂·法布里契奥读着感到愉快……因为这种预言风格以及其所暗示的悄然讽刺,神奇地在他脑海中唤起了他外甥的面庞:带有诙谐鼻音的语气,蓝色的眼睛中闪烁着恶意,嘲弄般的礼貌微笑。"(118)随后,当亲王向他的妻子玛丽娅·丝苔拉(Maria Stella)吐露信的内容时,尽管他的妻子强烈反对这桩婚姻,但亲王却为唐克雷迪辩护:"他不是个忘恩负义的人;他在跟随潮流,仅此而已。"而丝苔拉对拥有这样一位"充满活力而高傲"的丈夫而感到欣慰(121-122)。

尽管堂·法布里契奥赞成唐克雷迪的方案,但欢迎新贵塞达拉一家到自己家的想法并没有进展得很顺利。他将这比作"咽下一只癞蛤蟆"。他的一位下属,管风琴手堂·齐齐奥(Don

Ciccio),对于萨利纳家族和塞达拉家族结合的这一想法感到非常震惊(143)。亲王并没有试图让他相信这桩婚姻的合理性,但当塞达拉真正出现在庄园门口时,兰佩杜萨将这一幕场景描绘成了一场投降:"当他[亲王]穿过两间房间走向书房时,他试着把自己想象成一只雄伟的豹,有着散发香气的光滑皮肤,正准备将一只胆怯的豺狼撕成碎片;但是,不由自主的联想对他这种天性的人来说是一种鞭笞,而他发现自己的记忆中浮现出某幅法国历史画:佩戴勋章、头戴长翎的奥地利元帅和将军们,正在向面带嘲弄的拿破仑投降;毫无疑问他们更优雅,但这个穿灰大衣的矮子才是胜利者。"(145)

当安琪莉卡首次被介绍给我们时,她只有十七岁并且已经被认为是一位大美女。我们知道,她曾被她的父母送到佛罗伦萨的女子精修学校,在那儿她彻底地转变了。"她已经变成了一位真正的淑女。"堂·法布里契奥的一位仆人说道(142)。她已丢弃了绝大多数刺耳的西西里口音(除了元音)并称呼堂·法布里契奥为"亲王"而非老派的"阁下"。但如果说首先吸引了唐克雷迪的是安琪莉卡的美貌的话,她同样也拥有她父亲的精明和野心,甚至连亲王也不得不承认尽管他自己的女儿贡切达也对唐克雷迪感兴趣,但她决不是安琪莉卡的对手(87)。

安琪莉卡学得很快,并且渴望学习。在小说中最浪漫的一幕中,当她和唐克雷迪不受干扰地探索多纳富伽塔宽敞的宫殿房间和公寓时,她将一切尽收眼底。唐克雷迪随后向她解释她的新生活将会对她有何要求。"你可以在我面前流露感情,大声说话,"他对她说道,"但对其他人来说你都必须是未来的法尔科内里王妃,比很多人都高贵,和任何人都平起平坐。"(251)

安琪莉卡在庞泰莱奥内宫殿（Palazzo Ponteleone）舞会上的出场——有点像《卖花女》（*Pygmalion*）中伊丽莎·杜利特尔（Eliza Doolittle）在大使馆舞会上的出场——是一个巨大的成功。她的出场被描述为"极为出色地混合了处女的谦逊、贵族的傲慢和年轻人特有的优雅"（251）。自那天晚上起，她敏锐的观察力和判断力将为她赢得"作为一名文雅却坚持己见的艺术专家的声誉"，而这将伴随她度过她余下的人生（253）。

在安琪莉卡身上，我们在她的欲望和野心中发现了一种同唐克雷迪一样的完全马基雅维利式的性格〔"他们两人都自私自利，有着秘而不宣的目标"（259）〕。我们了解到尽管充满了希望，但这桩婚姻并不是一桩幸福的婚姻。"一年的火热爱情，三十载的灰烬般冷清。"便是亲王对其的预测（88）。有暗示表明唐克雷迪将会成为一名成功的大使，而安琪莉卡则将会在新议会和新参议院中成为一位无情的政治操纵者（167）。

"新人"

对于由新兴中产阶级构成的资产阶级世界，兰佩杜萨是通过堂·卡洛杰罗·塞达拉这一角色来进行描绘的。我们了解到，塞达拉是镇上的自由派领导人。他是一个白手起家的人，通过购买法拍屋而获得了大量的房产。我们进一步了解到，他还做其他有利可图的买卖并且是一位发战争财的人，通过在革命动荡期间贩卖粮食赚取丰厚利润（80–81）。他有许多租户，那些租户以苛刻条件从他那儿租赁土地，而他正在成为省内最大的土地所有者。甚至有人预测称只要教皇的土地一开始出售，塞达拉就会以最低价格买下它们（138-139）。他是一个有着无限能量的人，并且他也有政治野心。作为他所在城镇的镇长，他将会成为位于都灵的新议会在该地区的议员（在首都搬到罗马前，都灵是新意大利国的首都）。简言之，塞达拉是属于未来的人。他又代表了什么呢？

塞达拉被形容为"新人"（the new man）(139) 并且代表了"资产阶级革命"（114）。兰佩杜萨并没有在任何地方准确地给这些词下过定义。但对他来说，就像对许多艺术家和知识分子来说一样，"资产阶级"是一个已被滥用的术语。当然，马克思同这个词有着最知名的联系——"某位我记不起名字来的德国犹太人"便是亲王对马克思的描述（213）——他的《共产党宣言》（Communist Manifesto）将近代史描述为一场资产阶级和无产阶级间的宏大斗争。但现在，当塞达拉首次出现在小说中并身穿自己不合身的燕尾服在堂·法布里契奥家的楼梯里向上走时，他已然代表了胜利的阶级（92-93）。

然而兰佩杜萨对塞达拉的描述并非全都是负面的。尽管他衣着不合身且胡子邋遢，但塞达拉因自己的某些品质唤起了亲王的一种"惊奇的赞赏之情"。他被描述为是一位有着"非凡才智"，精力充沛且无限自信的人："许多在亲王看来无解的问题都被堂·卡洛杰罗迎刃而解；他生性自由不受束缚，而许多其他人都受诚实、体面以及纯粹的良好礼仪等约束，他穿越生活的丛林，抱着大象般的自信径直前行，将树连根拔起，践踏巢穴，甚至都没注意到荆棘留下的痕迹以及被践踏的动物的哀嚎。"（159）

塞达拉随后向亲王就如何更高效地管理亲王的大庄园提出建议，而这些建议最终却被证明对亲王不利。兰佩杜萨用这一场合以说明两个阶级在根本上的不兼容:"这些建议在构思上是严厉有效的,但这些建议由随和的堂·法布里契奥来执行却很无力,而这些建议的最终结果是在几年内给萨利纳家族带来了苛待属民的恶名,这一恶名同实际相比很不合理,但它摧毁了这一家族在多纳富伽塔和盖尔切达这两个地方的声望,却没有阻止家族财富的崩溃。"(160)

塞达拉并不邪恶,尽管他曾三次被描述成豺狼(145,214)。当他和安琪莉卡到达位于庞泰莱奥内的舞会时,他被描述成仿佛是"一只护送着火红玫瑰的耗子"(251)。尽管他的衣着缺乏优雅,但至少这次唐克雷迪向亲王保证塞达拉将会刮干净胡子并且皮鞋发亮。"安琪莉卡的父亲缺少风度(chic)。"是唐克雷迪对他的描述(248)。他唯一明显的失礼行为(faux pas)则是在他的扣眼上佩戴一枚新意大利国颁发的皇室十字勋章。这一物件必然会令亲王的宾客反感,而观察到这一点的唐克雷迪很快将它装进了口袋(251)。当塞达拉和亲王在舞会上站在一起时,塞达拉那"敏捷的眼睛"据称"在房间里左顾右盼,对它的魅力无动于衷,却关注其货币价值"。他就像奥斯卡·王尔德(Oscar Wilde)所描述的那类人,知道所有东西的价格,却不知道它们的价值所在:"突然之间堂·法布里契奥对他感到厌恶;正是由于这位男人以及其他百来位同他类似的人崛起,以及他们见不得人的勾当和顽固的贪婪与吝啬,带来了死亡的气息,很明显这种气息正黑暗地笼罩在这些宫殿之上。"(258)当最后听到他讲话时,塞达拉正在同另一位宾客讨论奶酪价格可能上涨(260)。

"我们认为我们是神"

《豹》的政治教诲是什么？作为遵循了孟德斯鸠和托克维尔的行事方式的一名有思想的贵族，兰佩杜萨关注从贵族世界向资产阶级世界的转变，以及这一转变有何意味。这一著作完全可以用托克维尔伟大著作《旧制度与大革命》的名称作为其副标题。这一著作以堂·法布里契奥对进步与政治改革之局限的忧郁且冥想的反思为背景，表达了（尽管可以肯定，这一表达并不总是公允）复兴运动对于国家化和现代化计划所抱有的伟大自由主义希望。它着眼于现代国家的创造同时带着一丝深刻的古典主义伤感，这种伤感并不是由于已经取得的成就，而是由于那些将会消逝的事物。

亲王政治观的核心是一种深刻的怀疑感，这种怀疑感伴随着对改革的不信任。让我们首次体会到这种怀疑感的是亲王与他的会计堂·菲拉拉（Don Ferrara）间的一场对话，堂·菲拉拉"在给人以安慰的眼镜与完美无瑕的领结之后隐藏了一颗'自由主义者'狂迷的心"（44）。他以一通关于当下的恶意警告（"许多我们的好小伙子被杀了"）向亲王打招呼，但他仍然预言"我们的西西里仍将迎来新的光荣岁月"。同塞达拉一样，菲拉拉代表了由会计、商人和生意人所构成的新阶级——想想柏克笔下的"诡辩者、经济学家和算计者"——而这一新阶级将很快会掌权。亲王拒绝加入谈话，但他随后心想："自尼西阿斯（Nicias）以来我们遭受的数千次入侵，都许诺我们这些［变化］，但它们从未实现。再说无论如何，它们又为什么会发生呢？"（45）

随后在同狩猎伙伴堂·齐齐奥的一番谈话中揭晓了亲王怀

疑的原因。堂·齐齐奥和其他一些忠于旧波旁君主制的人，在投票决定是否批准由维克托·伊曼纽尔所组成的新革命政府的全民公投中投出了"反对"。在多纳富伽塔的515位登记选民一共投出了512张选票，而当清点选票时512张都是"赞成"票。我们发现，"反对"票被塞达拉宣布无效，而这让堂·齐齐奥等人直接面对大众的敌意。新的意大利国是通过故意操纵而得到批准成立的，而这预示了其是一个腐败和不真诚的政权。

在他们狩猎远征的过程中，两个人停下进午餐，午餐包括了红酒、烤鸡和当地的一些葡萄。而当他们随后打瞌睡时蚂蚁开始攻击他们，而这一幕是兰佩杜萨关于新政权最生动也是最令人难忘的隐喻："没有任何事物能够阻止蚂蚁。被堂·齐齐奥所吐的几块葡萄皮，吸引了密密麻麻的蚂蚁，它们士气高涨，希望吞下那块被唾沫所浸润的垃圾。它们充满信心，混乱却坚定不移；三五成群，不时停下来谈话，或许在赞扬马尔科山（Mount Morco）山顶上第四棵栓皮栎下的第二号蚁丘所拥有的古老荣耀与未来的繁荣；随后它们再次向着一个蓬勃的未来进军；这些帝国主义者发光的背上似乎颤动着激情，而从它们的队列中毫无疑问地发出赞歌的音调。"（125）

全书中最长的政治讨论发生在亲王和阿伊莫内·谢瓦莱·迪·蒙泰尔祖洛（Aimone Chevalley di Monterzuolo）之间，后者是来自意大利北部的一名副官，他来到西西里是为了向亲王提供一个位于新参议院内的席位。谢瓦莱被描述为是"生性有官僚气质"且"感到很不自在"，仿佛就像一位北方的掮包客带着帮助（或强迫）西西里人的生活方式现代化的想法来到西西里（195）。谢瓦莱所听到的关于这一地区土匪、绑架和谋杀的故事，更进一步助长了他的偏见。"这种事物的状态将

不会持续，"谢瓦莱自信地心想，"我们充满生机的新政府将完全改变它。"（214）

谢瓦莱向亲王做出的提议以一则意味深长的口误开场。谢瓦莱提到西西里最近的"被吞并"并随后自己做了纠正，称其是同大陆的一场"辉煌统一"。他随后继续用夸张的语言向亲王提供一个位于参议院的席位，争取到最古老的统治家族之一参与其中将毫无疑问为新国家增加一定程度的合法性。当亲王向他提问要求解释这一参议院的作用——是否与古罗马元老院（the Roman Senate）类似？——时，谢瓦莱则继续称它集中了"意大利出类拔萃的政治家们"并且将为了国家的进步而负责批准或否决法律。随后，亲王开始了他最长的政治讲话。

堂·法布里契奥的讲话付诸文字近十页，而这勾勒出了他反对自由主义改革的可能性的各论点。第一个论点由西西里人的脾性或民族特征衍生而来。亲王告诉谢瓦莱，改革精神同此处人民的本土性格相违背。要想治理一个民族，一个人必须要知道他们的性格，而这便是新政府所未能掌握的。"在西西里，"堂·法布里契奥说，"事情做好做坏，都无所谓；我们西西里人永远不能饶恕的罪恶完全只是'做'事。"（205）西西里人已经遭受了两千五百年的征服和殖民，因此他们对于在当下加入现代世界几乎没有什么兴趣或能力。西西里并不是一个新兴社会，它已经筋疲力尽了。堂·法布里契奥以一副挑衅的形象，将西西里比作"一位百岁老人，被人塞到躺椅里用马车拖到了伦敦的万国工业博览会（the Great Exhibition）上去"。

亲王随后继续将这种衰老同政治上的沉睡相联系。这就是西西里的悲剧所在。亲王将对现代化的这种抵抗同一种原始的死亡愿望相联系，同一种对不动和永恒的渴望相联系："所有西西里式的表达，即使是最激烈的，也都真正是满足愿望的；我们的纵欲是对忘却的渴望，我们开枪动刀是对死亡的渴望，我们的懒惰、我们那加了香料和药物的果汁牛奶冰，是对那令人愉悦的恒定的渴望，也即又是对死亡的渴望；我们冥想的神态是一种空虚感，而这种空虚渴望探究涅槃的谜团。"（206）[①]

抵抗改革精神的并不只有历史和集体心理的力量；其同样还包括自然的力量。这一岛屿的独特地理环境阻止变化。酷热，贫瘠的土地，以及"气候的严酷"被形容是"无可救药的"，并且它们已经创造了一种同"可怕的狭隘心灵"相匹配的惯性。

最后，亲王认为他自己的家族传统和他自己的家族忠诚阻止他加入到新秩序中去。我们得知，对于自己阶级和旧君主制的失败他并非无动于衷。在小说的早期段落中，他回忆了同现任国王的一场会面，而对于这位国王他并不抱有多少尊重（26-27）。"在旧世界与新世界之间来回摇摆，"他说道，"我发现自己在两个世界都感到拘束。"（209）尽管他们失败了，但只有同他自己阶级的成员们，同那些与他分享特定集体记忆的人们在一起时，他才能够真正地感到放松。亲王是一位现实主义者，他不能（或者说将不会）陷入那种对政治统治来说所必须的有意自我欺骗之中。

在试图说服亲王的最后尝试中，谢瓦莱要求亲王将自己的反对意见暂搁一边。他分享了典型的自由主义信念，认为地理环境和历史等障碍可以被克服。如果"正直的人们"自身对支持新秩序有所保留的话，那么就没人能够保护这一秩序免受世

[①] 兰佩杜萨对弗洛伊德式属于"愿望满足"（wish-fulfillment）的使用，是该著作中的少数几个时代错置之一，或许这是受他妻子莱西（Licy）的影响，他的妻子是一名精神分析师。难以想象亲王会使用精神分析的语言。

上像塞达拉这样的人的侵害。亲王认真考虑了这一说法,但最后这也无法打消他的保留意见。他将自己最具揭示性的回答保留到了最后。在一个近乎尼采式的坚持己见的时刻,他称自己不能接受参议院内的一个席位,因为作为一名西西里人"**我们认为自己是神**"(212;**着重号为原有**)。

堂·法布里契奥认同自己属于旧统治阶级,而不论这一阶级有多么不完美。无论如何,是否有任何证据表明一个新的统治阶级将会带来改善?这其中区别何在,在某刻亲王向自己问道:"难道事物不还是一样吗?只不过都灵口音取代了那波利口音罢了。仅此而已。"(27)他对改变的抗拒并非厌世所造成的产物;这源于对历史的深刻沉思。在一个等级逐渐降低的波里比阿式循环中,一个统治阶级将取代另一个。"我们是豹,是狮,"他心想,"那些将取代我们位置的是豺狼,是鬣狗;而我们很多人,豹也好,豺狼也好,羊也好,我们都将继续认为自己是社会中坚。"(214)

"木乃伊般的记忆"

《豹》在 1910 年结束,这时距主要事件的发生已经过去了半个世纪。亲王多年前便已离世,而萨利纳姐妹们如今已七十多岁,终身未婚,生活在家族庄园褪色的荣耀之中。巴勒莫正在为加里波第入侵 50 周年庆做准备,而安琪莉卡——唐克雷迪也已经离世——是这次活动的主办人之一。她负责为革命中的老兵安排住宿,并且她有票能让自己和贡切达在游行时坐在皇家包厢中观看。"难道你不觉得这是一个好主意吗?"她问道,

"一位萨利纳家族的成员向加里波第致敬！新老西西里的融合！"（308）贡切达对于前景看起来并不感到满意。安琪莉卡则正在陪同参议员塔索尼（Tassoni），他先前曾是唐克雷迪的同伴，而在那之后他作为丝线制造商在新政权下赚了一大笔钱。兰佩杜萨对于新意大利的评价如何，对于资产阶级民主时代的评价如何？

同托克维尔和尼采一样，兰佩杜萨认为新社会是扁平的、丑陋的，缺乏贵族气质、缺乏传统。世界已经变得卑微了。一位为整个意大利缝制纽扣的丝线制造商已经成了新秩序下的英雄。由安琪莉卡和塔索尼所代表的新兴统治阶级——多年前他们有过一段短暂的风流韵事——已经摆脱了其低微的出身。在嫁给唐克雷迪四十年后，安琪莉卡已彻底丢弃了自己遗留的本土口音和举止，读着最新的小说，并已经被人认为是一位法国建筑方面的权威人士。她成功地彻底摆脱了自己的农民出身，就像她所代表的民主共和国所做到的那样。对于自己所塑造的这一最令人难忘的形象之一，兰佩杜萨评论称这一转换过程与"历经三代人，由一无所知的农民向无法自卫的绅士转变的过程"是相同的（162）。

最重要的是，兰佩杜萨所谴责的是传统的丧失。当彼罗内神父在早些时候尝试解释贵族的行事方式时，他提到如下事实，即他们拥有"一种强烈的集体记忆"（226）。正是记忆让家族和传统相结合，并保证其随时间推移的持续性。记忆的丧失只能导致与传统的决裂。当堂·法布里契奥躺在巴勒莫一间旅店房间并思考关于他孙辈的命运时，这个想法再次进入了他的脑海："因为一个贵族家族的意义完全存在于它的传统之中，存在于它的生命记忆之中；而他则是最后一位拥有不同寻常的记忆，拥有不同于其他家族之事物的家族成员。法布里切托（Fabrizietto）恐怕只会有着和他同学一样的平庸记忆，关于零食的记忆，关于对老师恶作剧的记忆，购买马匹的时候更多地考虑价格而不是品质；而他名字所具有的意义则将越来越成为空洞的排场……他将会寻求一个使人富裕的婚姻，那即将成为司空见惯的例子，而不再像唐克雷迪的婚姻那样是一桩大胆的狩猎冒险。"（286）

这部著作的最后一章题为"遗物"，这个词很好地描述了幸存的萨利纳姐妹们。只有孤独且愤愤不平的贡切达——她的父亲姗姗来迟地确立她为萨利纳一脉真正的继承人——同过去有着一丝联系，而如今却已被永远打断了。正如托克维尔所认识到的那样，只有贵族社会才会保留这些记忆；民主社会倾向于让它们消散。就传统甚至还存在而言，传统以"一座由木乃伊般的记忆构成的炼狱"残存，它被锁在四个巨大的木制板条箱内，这四个板条箱装载了贡切达半世纪前的嫁妆，或者它仍存在于本迪科的遗体之中，那是一堆在四十五年前做过防腐处理的"一块破烂的皮毛"（305）。当她下令丢弃本迪科的遗体，将其丢到那"所有事物都被盖上一层厚厚的铁青色灰尘"的地方时，这些记忆终将被人遗忘。

第16章

赛姆勒先生的救赎

《赛姆勒先生的行星》(*Mr. Sammler's Planet*)或许不是索尔·贝娄最伟大的作品。[①]这一称号几乎必然属于他那部关于一个现代堂·吉诃德的流浪汉小说《赫索格》(*Herzog*)。摩西·赫索格(Moses Herzog)并没有装备上堂·吉诃德的骑士指南,相反他则装备了黑格尔、托克维尔以及芝加哥大学哈钦斯学院(Hutchins College)的整个"伟大著作"课程,他本人便是那一课程的产物。他曾写过一部以英国和法国政治哲学中的自然状态为主题的博士论文,还曾写过一本题为《浪漫主义和基督教》(*Romanticism and Christianity*)的书,以及一份很长的关于浪漫主义者之社会观念的未尽手稿。赫索格并没有挑战风车,但他却发现自己狂热地向自己的情人、向自己的前妻,还有向阿德莱·史蒂文森(Adlai Stevenson)、马丁·海德格尔和 J. 埃德加·胡佛(J. Edgar Hoover)等著名人物写信。

但即便《赛姆勒先生的行星》不是贝娄最伟大的小说,他的这一小说仍旧最深刻地介入了当下的问题。同赫索格一样,赛姆勒是一位"知识分子"。作为一名波兰犹太人和有文化的亲

[①] Saul Bellow, *Mr. Sammler's Planet* (New York: Penguin, 2004). 之后对此文的引用以页码形式标出。[译按] 中译本见贝娄著,《索尔·贝娄全集第五卷:赛姆勒先生的行星》,汤永宽、主万译,石家庄:河北教育出版社,2002。

英派，阿图尔·赛姆勒——他以叔本华的名字命名——在两次世界大战期间在伦敦当记者，在伦敦期间他生活在罗素广场（Russell Square）并同约翰·梅纳德·凯恩斯（John Maynard Keynes）、里顿·斯特拉奇（Lytton Strachey）、H. G. 威尔斯（H. G. Wells）以及其他布卢姆斯伯里圈子（the Bloomsbury Circle）的人物有来往。返回波兰并在大屠杀中幸存后，赛姆勒和他的女儿苏拉（Shula）被他的侄子伊利亚·格鲁纳（Elya Gruner）从一个流离失所者营地救出，而赛姆勒如今同他的内侄女玛戈特（Margotte）一起住在她上西区（Upper West Side）的公寓里，他每天从公寓出发坐公交到纽约公共图书馆，并在他所剩不多的时间里，用自己好的那只眼睛阅读迈斯特·埃克哈特（Meister Eckhart）以及其他属于德国神秘主义传统的作品。在他沿着百老汇大街漫步时，他沉思奢侈与野蛮的结合。赛姆勒已经经历过一个文明的崩溃。那是否可能再次在这儿发生？这便是这部著作要求我们去考虑的问题。

当他首次被介绍给我们时，赛姆勒先生刚过七十，并且正在回忆一件事，他在从四十二街的图书馆坐公交返回自己房间的途中每天都见到那件事发生。一位衣着优雅的黑人扒手在哥伦布环岛（Columbus Circle）与七十二街之间的公交上行窃，而这吸引了赛姆勒的注意。吸引赛姆勒的不仅是这一行为的厚颜无耻，还有扒手身上的骆驼毛大衣、名牌眼镜、真丝领带和单耳的黄金耳环，但这都不能彻底掩盖"一只巨兽的无耻"（2）。除此之外，扒手知道赛姆勒知道自己在做什么。他已经看见一位拿着收拢的英式伞的白种老人在看着他扒窃。赛姆勒并不是懦夫（我们随后了解到，在参加波兰抵抗运动期间他甚至曾一度杀人），但是"他在生活中碰到的麻烦已经够多了"。当他尝试报警指控这名男子时，他被告知警方对此毫无办法，而他自己也因举报犯罪而受到怀疑。

这一幕以如下场景收场，扒手跟着赛姆勒下了公交回家，并在他自己的大楼大厅里攻击他。扒手默不作声，将赛姆勒压在墙上，解开自己的裤子，并向他露出自己的生殖器。这是黑人力量（black power）的终极表达。"这段间隔的时间很长，"贝娄写道，"那人的表情并不直接表示恐吓，而是古怪地、平静地表示专横跋扈。那玩意儿是带着一种令人迷惑的确定性被展示的。权势十足。随后它被放回了裤子。**证毕**（*Quod erat demonstrandum*）。"（40）这一事件启动了小说的运作逻辑。

自《赛姆勒》出版至今已经超过了四十年。它一直是贝娄最具争议的作品。赛姆勒与黑人扒手之间的可怕对抗让某些读者认为这本书是种族主义的。贝娄对伊利亚（Elya）女儿安吉拉（Angela）滥交的富有画面感的描写，曾被认为是对20世纪60年代女性主义和性革命的攻击，而赛姆勒尝试在哥伦比亚大学做一场演讲时，一位激进学生大声呼喊要求他下台的那一令人难忘的场景，则被视为是对那一时期左翼政治运动的公开谴责。对于其他人来说，这本书过于说教，主人公仅仅被用来作为贝娄自己想法的喉舌。回顾过去，这部著作似乎是反革命的第一炮，而这场反革命在几年后阿兰·布鲁姆的《美国精神的封闭》（*Closing of the American Mind*）中得到了宏亮的表达。[1]

当然，所有上述对《赛姆勒》的描述都部分属实。但我们如今阅读这一著作时，我想要说的是，这一著作似乎更同赛姆

---

[1] 关于认为"布鲁姆"只不过是贝娄自身想法的表达的主张，见 Robert Paul Wolff's review in Robert L. Stone, ed., *Essays on "The Closing of the American Mind"* (Chicago: Chicago Review Press, 1989), 18-21；另一篇将布鲁姆和贝娄联系起来的评论，见 Louis Menand, "Mr. Bloom's Planet," *New Republic,* May 25, 1987, 38-41。

勒的个人救赎、同他从文明边缘向生活的回归有关，而不那么地同种族、性或者政治有关。赛姆勒曾两度被流放：一次是作为犹太人生活在被纳粹占领的波兰，而另一次则是作为一名难民游荡在曼哈顿的上西区。但正如标题所暗示的，《赛姆勒先生的行星》是一个呼吁，呼吁拥抱世界——我们所有人共同生活的星球——并拥抱其所包含的人类之善的可能性。相较小说刚面世时，赛姆勒在小说末尾所经历的转变，在如今表明了更为深刻和丰富的信息。

"窝囊废"

最重要的是，《赛姆勒》一书是贝娄对文明脆弱性最长篇的思考。标题中的角色自身在诸多意义上都是一个流离失所者。他不仅在大屠杀的恐怖中存活下来，而且作为一个"波兰籍牛津人"，他从未完全适应移居国的生活方式。赛姆勒有着"一张大英博物馆的讲师那样的面孔"，并坚持一种"对一个住在曼哈顿的难民并不特别有用"的生活态度（3）。

赛姆勒不仅自身流离失所，他还生活在一个由流离失所者构成的世界之中。他的女房东玛戈特·阿尔金（Margotte Arkin）是他已故妻子的侄女，而她依靠德国政府支付的赔偿金为生。玛戈特已故的丈夫厄谢尔（Ussher）曾是亨特学院（Hunter College）的一位政治理论教授，在前往辛辛那提的希伯来神学院发表演讲的途中因飞机失事而丧生。玛戈特很善良却令人绝望地糊涂——"似乎做了一个犹太人还不够麻烦似的，这个可怜的女人还是个德国人"——并且喜欢抽象观念。当首次被介绍给读者时,玛戈特正在强迫赛姆勒参与一场讨论,那一讨论的主题是汉娜·阿伦特在其著作《耶路撒冷的艾希曼》(*Eichmann in Jerusalem*)中所提出的"恶之平庸性"的论题,而这一著作在最近不久出版。赛姆勒回忆了玛戈特的丈夫可能会说的话["够啦,这种魏玛式的**感伤**(*schmaltz*)够啦"],但赛姆勒是一位绅士并且寄人篱下,因此他不能允许自己享受这种残酷真诚所具有的奢侈(11-12)。

在此处,贝娄得以引出这部小说的伟大主题之一,也即我们在智识上自我欺骗的能力。这一著作所试图暴露的一个巨大妄想便是启蒙的如下信念,即认为我们生活在一个能够仅由人类理性便能解释的理性宇宙之中。在这一著作的开篇,当赛姆勒在他的公寓中醒来时,他便思考解释的无所不在:"父亲向孩子解释,妻子向丈夫解释,演讲者向听众解释,专家向外行解释,同事向同事解释,医生向病人解释,人向自己的灵魂解释。"我们生活在一个由解释组成的世界,一个由智识的建构物所组成的世界。"但大多数是左耳进右耳出,"赛姆勒沉思道,"灵魂自有它需要的事物。"(1)人已经变成了解释的动物。尽管"对解释所具有的危险和耻辱抱有戒心",但赛姆勒"自己不是一个平庸的解释者"(14)。

《赛姆勒》在许多方面都是贝娄对霍克海默与阿多诺所著《启蒙辩证法》的回答。这是一本关于理性自我毁灭的著作。年轻的赛姆勒自己曾是启蒙运动所抱希望的伟大信徒,启蒙运动希望废除战争并创造一个国际社会,但是大屠杀和战争已使得"大多数无意义的废话被他所抛弃"。在审视他现在所移居的城市时,他回想起了自己还是学生时所翻译的圣奥古斯丁的话("撒旦在北方为自己建立了他的城市")。对文明的攻击如今以启蒙的下述主张的名义进行，这一主张要求建立一个由自由平等的各民族组成的普世联盟，每个民族都由自由平等的男女构成：

> 清教主义的劳作现在正在结束。黑暗的撒旦磨坊正变成光明的撒旦磨坊。为上帝摈弃的人转变成了欢乐之子，伊斯兰后宫和刚果丛林里的性爱方式，被纽约、阿姆斯特丹和伦敦那些解放了的大众所采用。老赛姆勒满眼扭曲荒唐的景象！他看见启蒙运动正日益取得胜利——自由，博爱，平等，通奸！启蒙运动，普及教育，普选权，为一切政府所承认的多数人的权利，女性的权利，儿童的权利，罪犯的权利，已经确认的各个不同种族之间的团结，社会治安，公共卫生，人的尊严，要求正义的权利。（25）

启蒙许诺了一个自由、开放和繁荣的社会，对这一许诺的实现已经产生了一种结合了"凡尔赛那奢侈的创造力与萨摩亚群岛芙蓉覆盖下那色情的闲适"的新型的野蛮主义。贯穿全书，赛姆勒都一直在发现证据，表明一种新型的原始主义占据了文明的中心："19世纪诗人们的美梦污染了纽约大市区和郊区的谨慎气氛。在这之外，还有狂热分子那些横冲直撞的、令人惊愕的危险暴力行为，带来的麻烦非常深重。同许多已目睹过一次世界崩溃的人一样，赛姆勒先生认为世界有再次崩溃的可能性。他并不同意自己难友的看法，认为这种毁灭不可避免，但是自由主义的信念似乎并不足以自卫，而你已经能够闻到腐败的气息。你能看见文明自杀的冲动正猛烈地向前推进。"（26）

赛姆勒与那些帮助阻止这些冲动的知识分子远为不同，他思考的实际上是"文明最凶恶的敌人也许会被证明并不是它所宠爱的知识分子,但是这些知识分子却在它最虚弱的时候攻击它——以无产阶级的名义,以理性的名义,还有以非理性的名义,以内心深处的名义,以性的名义,以瞬息可得的完美自由的名义,对它进行攻击"(26)。

当赛姆勒接受了门生莱昂内尔·弗菲尔(Lionel Feffer)请他在哥伦比亚大学发表客座演讲的邀请时,他对于一种新的野蛮主义即将开始的担心得到了充分的证实。弗菲尔在书中是一个更多彩并且奇怪地有同情心的角色。赛姆勒的女儿苏拉曾雇佣多位大学生为她的父亲朗读,以让父亲的那只好眼睛得以放松。大多数大学生都没被他父亲接受,但弗菲尔却是赛姆勒喜欢的那些朗读者之一。他被形容是格外"狡猾、精明、爱多管闲事,但同时又精力充沛、富有魅力、充满活力"(97)。作为那个时代的一位典型代表,他更多是一名"机敏的投机取巧者",而非一位学生。

我们随后了解到,由于他在入学考试中取得了优异成绩,弗菲尔没有读完高中便被哥伦比亚大学录取。他在股市中投机,并且是一家为铁路工人提供保险的危地马拉保险公司的高管。他的学术领域是外交史,并且他属于一个与之相关的名为外交部长俱乐部的学会。除此之外,他善于勾引女人,但仍旧有时间为残疾儿童做义工。他在 NBC 有一个朋友,并正试图让赛姆勒在一场脱口秀上露面["你应该谴责纽约。你应该像一位先知那样讲话,像一位从另一个世界来的人那样讲话。"(99-100)]。弗菲尔"过着一种高活力的美国生活,甚至到了无政府状态和崩溃的地步",而这种生活理所当然地包括了心理治疗。"没有任何事物,"贝娄不无讽刺地观察道,"被遗漏。"(31)

赛姆勒同意了弗菲尔的要求，答应在一个研讨会上就20世纪30年代的英国做一场讲座。但直到后来他才发现，他只是在最后一分钟填补了另一个演讲者的空缺，那位演讲者曾答应就索雷尔和暴力进行发言。赛姆勒关于奥威尔（Orwell）的讲座以俄国革命以及如威尔斯与奥拉夫·斯塔普尔顿（Olaf Stapeldon）等英国知识分子所宣扬的关于世界国家（"世界都市"/Cosmopolis项目）的乌托邦式希望来开场，讲座开始时看上去很有希望成功，但讲座开始半小时后，赛姆勒逐渐意识到他正被一位激进学生所打断。赛姆勒所说的关于奥威尔和英国海军的内容显然遭到了反对。大胡子的革命分子转向听众，"像希腊舞蹈家一样举起他的手掌"，并喊道："你们为何要听这个老废物胡说八道？他能告诉你们什么？他的蛋蛋早就干啦。他已经死啦。他来不了事啦。"（34）与此同时弗菲尔却无处可寻——随后我们知道他正在打电话，并尝试就一辆机车达成交易！——为了他自身的安全，赛姆勒被护送出大楼并返回到百老汇大街。

革命学生和黑人扒手是这部小说的一对完美书立，其结合了黑人力量和青年文化。权力、青年和性，作为新时代的标志，它们共同使得赛姆勒变得无关紧要，成了"**窝囊废**"（*hors d'usage*），正如他在之后所说的那样（111，255）。他是幸存者，是**亡灵**（*revenant*），来自旧世界并设法以某种方式在新世界生存。

"时代"

《赛姆勒》更少为人所注意的一个主题是，作为文明基本单位的家庭崩溃了。赛姆勒自己的家庭已经因欧洲大火灾而四分五裂。除了他的内侄女玛戈特，他和他的女儿苏拉也受他富有的侄子伊利亚慷慨支持。苏拉是一位尚能走路的战争伤员。她在战争中于波兰的一座修道院内幸存下来，在自己的犹太身份和天主教身份之间挣扎并且有两个名字，苏拉-斯拉娃（Shula-Slawa）。她戴假发以表明犹太人的正统身份，却在随后参加复活节礼拜。苏拉曾与艾森（Eisen）短暂结婚，后者是斯大林格勒的一名幸存者而如今以艺术家自居，两人在以色列建了一所房子，但是艾森却有偏执症并且好虐待，因此赛姆勒为了她自身的安全将她带回纽约。在这儿，她能够以伊利亚提供的临时工作为生，但她也是一个在城市游荡的游魂，在垃圾桶里淘东西，参加免费讲座和讲道（"她似乎认识许多在著名寺庙和犹太教会堂里的拉比"），在那些讲座和讲道中她总是第一个提问的人。更糟糕的是，她刚刚偷窃了一位哥伦比亚访问学者的手稿，手稿的主题是在月球上建立殖民地的可能性，而她认为她的父亲会对这感兴趣，因为她仍旧确信父亲仍旧有意写作威尔斯的传记。

赛姆勒之家这出家庭剧的中心是伊利亚。在许多方面来说他都是赛姆勒的第二人格。他是一位有思想的人的对立面，是一位在房地产上取得巨大成功的退休妇科医生。他是一位向上婚娶的东方犹太人（Ostjude）（他的妻子已经去世却仍旧在不断改善他的社会状况），生活在威斯特彻斯特（Westchester）的一幢大型豪宅中，且有一辆由司机驾驶的劳斯莱斯。赛姆勒情不自禁地回想起伊利亚艰难困苦的出身和他自己的优越童年之间的区别，回想起在弗朗茨·约瑟夫（Franz Josef）时代的克拉科夫（Cracow），家庭佣人会给小赛姆勒提供巧克力和可颂，而他会坐在自己的房间里阅读特罗勒普（Trollope）和白芝浩

(Bagehot),并试图成为一名英国绅士(49)。伊利亚是一位多愁善感的人,而赛姆勒满足了他对拥有一位来自旧世界的亲戚,以及这所代表的一切事物的渴望。["赛姆勒先生有着一种具有象征性的性格。他,就个人而言,就是一个象征……他又象征着什么事物呢?就连他自己也不知道。"(74)]伊利亚体现了美国梦所提出的一切事物——财富,向上流动,物质成功——但他现在却因血管瘤而躺在医院并且有着两位忘恩负义的子女,而这两位子女体现了赛姆勒所称的"时代"所具有的躁动不安的能量。

伊利亚的女儿安吉拉是一个性方面的探索者,是"那些漂亮、热情、富有的女孩之一,她们这个类别总是社会和人类的重要组成部分"(7)。安吉拉在莎拉·劳伦斯学院(Sarah Lawrence College)接受教育(或接受错误的教育),拥有一个法国文学学位,她将赛姆勒作为她进行各种恶作剧的传声筒。她的父亲说她有着一双"做爱过度的眼睛"。安吉拉现在的痴情对象是沃顿·霍里克(Wharton Horricker),一名有着"考究的第三代犹太名字"、在麦迪逊大道工作的营销主管。沃顿是加利福尼亚人,是一名体育文化支持者,并且是个花花公子。他从伦敦和米兰购买订制服装,并且"你能够在他理发(不,应该说是'做发型')的时候演奏圣乐"(55)。沃顿似乎代表了现代美国中所有年轻、无忧无虑和充满活力的事物,但外貌或许是骗人的。安吉拉向她的舅舅承认两人曾前往墨西哥旅行,在那儿他们同在沙滩上碰见的另一对夫妇勾搭上了,并且沃顿如今对他们的关系有了别的想法。安吉拉很明显在寻求赛姆勒的支持,但赛姆勒却不想要在她的问题上陷入纠缠。"这是不是一次想要使人类存在'自由化'的努力,并表明并没有什么人与人之间发生的事情是真正令人作呕的？是想要确认人之间的兄弟情谊吗？"他问自己（130）。对赛姆勒来说，安吉拉的事情不过是社会朝着民主化方向上迈出的又一步罢了。他反思认为，这种行为只不过表明了这一时代"这代人的意识形态"，且就这一角度而言是"非个人的"。

但真正构成了这一现代美国家庭的疯狂中心的，是安吉拉的哥哥华莱士（Wallace）。"华莱士，"贝娄写道，"是个天生的赌棍。"他早就花光了自己的第一笔50 000美元，将它投资于一个拉斯维加斯的黑手党集团（62）。当他首次被介绍给读者时，他正在同他父亲的主治医师讨论体育运动中的让赛，而主治医师是一位来自格鲁吉亚的著名前足球运动员。他显出一副"有着精神力量、男子气概和高贵气质，且略被宠坏的面貌"，他的人生由一系列将得未得的事物所构成。华莱士是一位准物理学家，一位准数学家，且近乎是一名律师，开了一间办公室只是为了玩填字游戏，但最终也放弃了那一做法以成为一位准神经科学家。他曾一度在马背上访问过摩洛哥和突尼斯（"应该从马背上看落后的民族"），却曾在自己的宾馆房间内在枪口威胁下遭到过抢劫。他成功进入了俄国却被亚美尼亚警察扣留，且只有在参议员贾维茨（Javits）干涉之后才被释放。如今返回纽约后，他大意地丢失了他父亲的劳斯莱斯且不得不从事一份驾驶城际巴士的工作，以向博彩公司支付赌债。他目前的项目是与莱昂内尔·弗菲尔的一项商业合作项目，拍摄乡村别墅的航拍照片然后将照片卖给房屋主人，并在照片上同时用英语和拉丁文标注他们的树木和植物的名称。

华莱士想要赛姆勒代自己向他的父亲说情。他需要资金投入他的摄影事业——租借飞机，雇佣植物学和其他学科的研究生以做出正确的鉴别——并且伊利亚不情愿为另一个项目提供资金支持。此外,华莱士确信他的父亲在他们位于新罗谢尔(New Rochelle)的家的某处埋藏了一大笔钱,而这笔钱是通过给社交名媛和黑手党公主进行非法堕胎而获得的。华莱士对赛姆勒说,有了他计划从这项新事业中赚得的钱之后,他就可以花时间阅读哲学并完成他的数学博士学位。随后,弗菲尔这个天生的骗子对他们的商业计划甚至更加感到膨胀。如果这一项目被证明成功的话,那么他们就能在全国各地开设地区办事处并雇佣当地的植物专家以做出正确的鉴别。弗菲尔让赛姆勒回想起亚里士多德《形而上学》(*Metaphysics*)里的第一句话——"求知是所有人的本性"——而从这句话中他得出如下经验,即"如果他们渴望求知,那么要是他们不能说出自己地产里灌木的名称,他们便会十分沮丧。他们觉得自己是冒牌货"。(90)

"分辨,分辨又分辨"

这本书中最长的意见交换发生在赛姆勒和 V. 高文达·拉尔博士(Dr. V. Govinda Lal)之间。拉尔博士是《月球的未来》(*The Future of the Moon*)一书的作者,这本书抓住了 20 世纪 60 年代所有对乌托邦和对变革的渴望。他曾在哥伦比亚大学做过讲座,在那儿他手稿的唯一副本被苏拉所偷窃,这接着又引发了一场疯狂的搜寻工作,搜寻工作最终在伊利亚位于威斯特彻斯特的家中结束,而玛戈特、苏拉和赛姆勒都聚集到了家中。我们了解到,拉尔博士是一位生物物理学家,受雇于美国国家航空航天局(NASA)和一家名为"全球工艺"(Worldwide

Technics）的公司，在那家公司里他是"射击假说"（bang bang hypothesis）的支持者。尽管在书中并没有明确提到登月，但他将空间殖民视为一种培养"新亚当"（new Adam）的方式，这是一种脱离地球限制以创造人类新开端的尝试，而科学进步使得这一尝试得以可能。

拉尔博士的手稿让赛姆勒回想起了他曾一度与威尔斯及其同事所热烈讨论的那种乌托邦主义。但如今当他首次听到拉尔博士关于空间殖民的计划时，他是非常怀疑的。"那可是去月球，叔叔！"华莱士热情地喊叫道，而赛姆勒对此回应称，"去月球？但是我甚至连欧洲都不想去。"（151）赛姆勒的经历使得他发展出了一种对于人类渴望之极限的感受，以及对于无边事物之幻觉所具有的危险的感受。相较空间的巨大空虚，他更偏好海洋，因为海洋至少还有海底和海平面。"我认为我是个东方人，"他对华莱士说道，"我很满足能够坐在西区（West Side）的此处，并且观察和赞赏这些向其他世界华丽的浮士德式的进发。"（151）他甚至回忆起儒勒·凡尔纳（Jules Verne）的尼莫船长（Captain Nemo）坐在位于海底的潜水艇内弹奏巴赫（Bach）和亨德尔（Handel）——两者是旧世界的代表。显然，对于新事物的渴望永远不会意味着完全放弃旧事物。

但是拉尔博士并非科学的粗俗宣教者。他是一位有文化和有学识的人，并且赢得了赛姆勒的尊重。作为一个东方人，他也预见了自己的那份人类苦难，并且正如他向赛姆勒所说的那样，"一个印度人对人类的过剩高度敏感，或许是非常自然的"（180）。他那综合了东西方的特殊身份表明了一种新类型的"共同意识"。对拉尔博士来说似乎很明显的是，人类不能够被限制在单个星球上生活。他将空间探索视为人类对探索与发明之渴望的合乎逻辑的延伸。他评论道，当然我们必须承认"人性所拥有的极端主义和狂热主义"，但是这并不是拒绝"新类型的经验所提出的挑战"的理由。他知道因空间旅行感染陌生新疾病的危险——这明显指向威尔斯的《世界之战》（*War of the Worlds*）——但因此放弃却会将地球变成一个监狱，在这个监狱里"这一物种正在吞噬自己"。

拉尔博士对空间旅行的思考提供了一个机会，让赛姆勒能够就历史和人类未来表达自己最长的反思。尽管拉尔是一位对科学进步的非凡状态感到惊叹的乐观主义者，但是赛姆勒则是叔本华的信徒，也和叔本华同名；他曾在十六岁生日的时候得到了一本《作为意志和表象的世界》（*The World as Will and Idea*）（172）。他以警告开始他的演讲，他警告称他已经变得"对于解释抱有高度怀疑"并且不喜欢"同空洞范畴有关的现代宗教"（186）。他所指的事物是历史解释的各种现代理论——由马克思、韦伯、汤因比（Toynbee）和斯宾格勒所提出——这些理论同启蒙运动一起兴起，并且创造了社会改革者这一新阶层。"多亏了普及教育和廉价印刷品，"他对拉尔博士说，"穷孩子变得有钱有势。狄更斯，成了富翁。萧伯纳，也是如此。他自诩阅读卡尔·马克思成就了他。我不懂这是怎么一回事，但是面向普罗大众的马克思主义让他成了百万富翁。如果你像普鲁斯特一样面向精英写作，你就不会变得富有，但是如果你的主题是社会正义并且你的观点激进，那么作为报酬你就会获得财富、名望和影响力。"（174）

赛姆勒在这儿提供了一幅高度尼采式的现代性图像，这一图像是"禁欲主义祭司"这一新阶层的作品，他们运用他们的知识——他们的解释权力——创造新的等级制和新的社会控制形态。赛姆勒知道他所说的是什么。他很可能一直在思考同他表姐的表弟瓦尔特·布鲁克（Walter Bruch）先前的一段对话，在那一对话中他对比了分辨（"一种更高级的活动"）和解释。"人必须通过学习才会分辨。分辨，分辨又分辨……解释是为精神上的大众所准备的。"（51）显然，分辨是贵族的；解释则是平民的。在伟大的资产阶级时期，正是作家和解释者成了统治阶层。知识成了权力。像卢梭、马拉（Marat）、圣-鞠斯特（Saint-Just）和马克思一类的作家和煽动家，他们只有"精神资本"和语言力量，却能够影响到数百万人："一位狂热的外省律师想要国王的脑袋，而以人民的名义，他也得到了脑袋。又如马克思，一位学者，一位大学研究员，写出过轰动世界的书籍。他确实是一位卓越的记者和政论家……像许多记者一样，他从其他报纸文章中、从欧洲的新闻报道中拼凑出文章，但是他做得极其出色，并且就印度或是美国内战写作，尽管他对这些事情实际上一无所知。但他却惊人地敏锐，是一位天才的猜测者，一位强有力的雄辩家和修辞学家。他的意识形态麻醉剂是非常强烈有效的。"（175）

正是这一新的公共知识分子阶层创造了对个性、解放与无限自由的现代激情，而这已经成为赛姆勒在自己四周所观察到的混乱与无序的原因。他清楚地看到，这种自由曾是正义的凯歌，但当人们为了运用这一新发现的自由而挣扎时，它也同样带来了自己的苦难与痛苦。个体的解放导致了对解放的更新的且更过分的呼吁。对有些人来说，这意味着逃进异国宗教崇拜〔如俄耳甫斯教（Orphism）、密特拉教（Mathraism）等〕之中，而对其他人来说这意味着一场酒神式的庆祝，这一庆祝由毒品、性，以及其他"在邪恶、怪异与放纵之间往返，并在往返中通过猥亵接近上帝的行为"所构成，与此同时现代的男女们寻求新形式的体验。对原创性的渴望、对过有趣生活的渴望，进一步引向了关于残忍和亵渎的萨德式实验。"**有趣**的生活，"赛姆勒观察道，"是愚人的最高观念。"（189）

对原创性的这种激情，其最滑稽的表达是哈伊姆·拉姆科夫斯基（Chaim Rumkowski），他是洛兹（Lodz）犹太人贫民窟里的疯癫"国王"，赛姆勒将他同对戏剧性和"戏剧演出"这两者的需求相联系。作为人生的失败者，拉姆科夫斯基被纳粹任命为**犹太长老**（*Judenaltester*）并负责执行他们的计划。他创造了一整个宫廷，这是在戏仿欧洲皇室，而与此同时人们则在等待被送往集中营。

赛姆勒认为，正是同一种对超越平凡的激情，构成了拉尔博士想要殖民月球这一希望的愚蠢之处。这是试图逃脱人类状况所处的极限的另一次尝试。在更早的一个场景中，当华莱士和赛姆勒坐在伊利亚驾驶的劳斯莱斯中时，赛姆勒在考虑由拉尔博士代表的新科技精英，和那些寻求通过毒品、性和其他生活实验以寻求逃避的人群之间的巨大差距："由技术专家、工程师，以及那些让庞大机器、比这汽车要复杂得多的大机器运转的人，由他们所组成的寡头统治，将会统治这些充满了放荡不羁的青年的庞大贫民窟，这些青年被麻醉了，被鲜花装饰着，并且是'完整的'。赛姆勒先生明白，自己则只是一个碎片。并且很幸运地如此。"在进步和文明的名义下，世界被无情地划分成了两种人，非常像威尔斯《时间机器》（*Time Machine*）中的"莫洛克"（the Morlocks）和"埃洛依"（the Eloi）。

赛姆勒的沉思被小说中最滑稽和最荒谬的场景所打断。当赛姆勒在伊利亚的家中讲话时，突然间所有人都注意到水正在涌入楼上的起居室。他们都认为水管爆裂了，但实际上是华莱士在拆卸水管以寻找他所相信的父亲藏起来的财宝。没有人知道该干什么，直到拉尔博士找到了关闭的阀门。

四季之人

次日早晨是一出由各种错误构成的喜剧。拉尔博士和玛戈特一起乘坐拉尔博士租来的跑车前往城市，华莱士前往机场租用飞机以为他的新事业进行试飞，赛姆勒则同苏拉一起被困在家中，苏拉发现了伊利亚在坐垫里的隐秘藏物处，而赛姆勒曾在这个坐垫上坐过。随后赛姆勒终于被伊利亚的司机埃米尔（Emil）[曾担任幸运的卢西安诺的司机]带回了纽约以看望在医院的侄子。当他们沿着亨利·哈德逊公园大道快速行进并进入百老汇大道时，赛姆勒在思考他透过劳斯莱斯的窗户所看到的事物。

在贝娄的其他任何小说里，城市本身都从未起到过如此重要的作用。大多数读者都认为贝娄是一位典型的芝加哥小说家。《奥吉·马奇历险记》（Augie March）、《洪堡的礼物》（Humboldt's Gift）、《院长的十二月》（The Dean's December），以及《赫索格》的大部分故事都发生在芝加哥。但《赛姆勒》的主人公的故事则发生在纽约。在接近小说开篇处，当赛姆勒尝试找到一个电话亭向警察报告扒手时，他情不自禁地思考起公共设施的腐败状况。一种腐朽感和文明的"东方化"便是本书的一个核心主题："纽约正变得比那不勒斯或萨洛尼卡（Salonika）还要糟。从这一点来看，它像是一座亚洲城市或非洲城市。就连这座城市的繁华区域也不能幸免。你打开一扇宝石装饰的大门便置身堕落,从高度文明的拜占庭式繁华直接进入到自然状态之中,进入到一个光怪陆离从下方喷涌而出的野蛮世界。而很可能这扇宝石大门的两侧都是野蛮的。"(4)随后赛姆勒注意到:"纽约使人想到文明的崩溃,想到索多玛(Sodom)和蛾摩拉(Gomorrah),想到世界末日……我并不确定这是所有时代中最糟糕的时代。但现在有传言说事物正在分崩离析。"(252)

当赛姆勒思考自己在战后逃离波兰的事情时,他又回到了这些想法上来。他在自己身边所见到的是一种对个性和自我表达的欲望,这种欲望实际上是一种狂热。在这儿,他再次沉湎于一种关于由贵族时代向民主时代转型的尼采式沉思之中。那在古代曾一度是特权的事物——自由且创造性地生活——在现代已经变成了一项权利。这便是现代革命所做到的,它将属于贵族的权利向下重新分配给其他人,但这一转变也付出了代价。"中产阶级,"赛姆勒反思道,"并没有形成关于荣誉的独立标准。"(119)这一转变的结果是,夺取生命的权利曾是少数人的特权,如今变成了多数人的权利,不论其是以陀思妥耶夫斯基(Dostoyevsky)笔下的拉斯柯尼科夫(Raskolnikov)或是克尔凯郭尔(Kierkegaard)笔下的信仰骑士(Knight of Faith)的形式展现。如今剩下的只是创造性地或真实地生活的欲望。

当赛姆勒在等待城际巴士时,他所观察到的正是对原创性的这种激情:"所有类型的人类都被复制再现:野蛮人,印第安人,斐济人(Fiji),纨绔子弟,水牛猎手,亡命之徒,酷儿(queer),性幻想者,印第安女人;又或者是才女,公主,诗人,画家,淘金者,吟游诗人,游击队员,切·格瓦拉(Che Guevara),以及新近的托马斯·贝克特(Thomas à Becket)。而

那些没有被模仿的则是商人、士兵、牧师和古板的人。(是否被模仿)标准是美学的。"(120)

幸运的是,赛姆勒对城市所进行的消化不良般的,甚至是厌世的思考,并非他对这一主题的最后想法。在他乘车前往医院的途中,劳斯莱斯在车流中停了下来,而令赛姆勒惊恐的是他看到弗菲尔同那位扒手打起了架。弗菲尔曾对扒手的故事很感兴趣,尤其是扒手向赛姆勒暴露自己的那部分故事,并且弗菲尔曾在巴士上跟随赛姆勒以抓拍照片。赛姆勒希望有人制止这场打斗,但众人却站在那里嬉笑,等待警察到来。最后,赛姆勒向艾森(苏拉的前夫)求助,但艾森非但没有将两人分开,还拿起自己随身携带的一袋沉重的金属奖章——事实上奖章被塑造成了大卫之星(Stars of David)和其他宗教符号的形状——砸向扒手的脸。"对这样的一个人你不能就揍他一顿,"艾森向赛姆勒说道,"你是一位游击队员。你有一把枪。所以你难道不知道吗?"(241–242)

这最后一幕已经被赋予了很多象征意义——《赛姆勒》在被创作时,在黑人与犹太人之间日益增长的裂痕,还有犹太保卫同盟(Jewish Defense League)的创立都为它笼罩上了一层阴影——但正是这一事件中所展现的暴力,在赛姆勒身上激发了一种突然的变革性效果。"那是一种恐惧的感觉,"贝娄写道,"它的力量不断增长,越来越强。它是什么呢?如何把它表达出来?他是一个从死亡中生还的人。**他已经重新加入了生活。**"(240;强调为后加)厌世的赛姆勒已经重生了,而他获得救赎的动力恰恰是那先前曾加害于他的扒手。赛姆勒自己作为受害者曾被扔在波兰的一个坑中等死,而对于如今正在受害的另一个人他情不自禁地感到源源不断的同情。扒手在他看来不再是野兽或掠夺者；他是一位值得我们关心、同病相怜的受苦者。

有主张认为贝娄的小说表明了某种种族主义，而这种主张被上述这一幕彻底削弱了。更引起麻烦的是他对艾森的描绘，艾森在小说中是以色列的唯一代表。① 显然失常且肯定疯了的艾森，曾在斯大林、希特勒的手下以及中东战争中幸存，而他从中得出残酷的教训认为这关乎非此即彼、你死我活。"如果卷进去了——就卷进去。不对？如果没卷进去——那就不卷进去。"他向赛姆勒嘲讽道（242）。但如今他发现，正是这种非常鲜明的非此即彼的逻辑非常可憎。"赛姆勒对艾森感到愤怒不已。至于那个黑人？那个黑人是一个狂妄自大的人。但他有着某种——某种君主的气质……并且赛姆勒多同情他啊——他会做出多少事情来制止如此凶残的打击啊！"（243）最终，赛姆勒回归了生活。尽管其有着种种的小缺陷和愚蠢之处，赛姆勒学会了拥抱我们称其为家园的"星球"。

赛姆勒同世界的和解在本书的最后一幕里完成。到达医院时，他在等候室遇见了穿着"性感幼儿园服装"的安吉拉。她正处于激动状态，但并不是因为她的父亲快死了，而是因为沃顿向她父亲透露了他们在墨西哥四人滥交的秘密（也许她担心自己被剥夺继承权）。在意识到伊利亚死后自己在经济上必须依赖安吉拉之后，赛姆勒豁了出去，他说道，错误并不在伊利亚而是在安吉拉。她应该与她的父亲恢复原来的关系。"直到四十岁左右，"赛姆勒对安吉拉说道，"我还只是一个亲英的波兰犹太知识分子和文化人士——相当无用。但是伊利亚通过情感上

---

① 对此的一个更完整的反思，可见贝娄的非虚构作品 *To Jerusalem and Back: A Personal Account* (New York: Viking Press, 1976)。[译按] 中译本见贝娄著，《索尔·贝娄全集第十三卷：耶路撒冷去来》，王誉公、张莹译，石家庄：河北教育出版社，2002。

的重复，通过——你愿意的话可称之为——特定方法，并部分地通过宣传，他做成了一些好事。"（251）伊利亚或许并不完美，但他作为好人过完了一生，而没有人能期待更多。

伊利亚作为医生、父亲、朋友和捐赠人所具有的纯朴善良，为曾经是赛姆勒的人生的"碎片"恢复了一些平衡与秩序。赛姆勒将"感性的"这个词同伊利亚联系在一起。他并不是一个饱读书籍或有学识的人，却是一个有着无师自通的感情的人，他已经实现了"他的契约上所列的条款"。在伊利亚的死被宣布后，赛姆勒坚持看望遗体并为伊利亚吟诵犹太教的珈底什祷文（Kaddish）。在此之前赛姆勒对宗教都没有表现出多少兴趣，但如今他则回到了神父们的上帝那儿。在一场"内心耳语"中他请求上帝记住伊利亚·格鲁纳的灵魂。在"这场人生所具有的种种混乱和令人丢脸的闹剧"之中，他展现了简单的人性善良的可能性。赛姆勒最后的话是"我们都知道的是，主啊，这一点我们都知道，这一点我们都知道，我们知道，我们知道"，而这暗示在所有的解释、智识建构和自我欺骗之下，我们仍旧能够在见到一个好人时认出他。

第四部分

结　论

第 17 章

现代性及其二重身

有人经常声称我们正在经历一场现代性的"危机",并且我们正在对于赋予西方以生气的那些奠基性原则丧失信心。人们经常将这种信心的丧失追溯到历史主义或相对主义在18世纪晚期和19世纪早期的兴起,追溯到认为西方只不过代表一种"文化"或生活方式的信念之上,而西方的"文化"或生活方式也只不过是实际或可能存在的诸多文化中的一种罢了。他们声称每种文化都是特殊的,都建立在某一关于包容或排斥的原则之上。西方也并无不同。它那关于自由、开放和宽容的主张只不过代表了一种新形式的帝国、一种"虚假的普世主义",而这需要被拆穿和揭露。结果便是西方的一种缓慢而稳定的"去中心化",以及对于西方不知何故失去了目的感的感受。已得到确认的是,解决这场危机所需要的是对那些基本原则再次做出强有力的承诺,从而恢复我们对改善西方人性的进步使命所抱有的信心,而这些基本原则不仅包括美国建国文献——《独立宣言》和美国宪法——所包含的原则,还包括《联合国人权宣言》等某些国际宪章所包含的原则。

但是正如我所设想的那样,问题要比这深刻——要远比这深刻得多。它并不是像我们所感受到的那样,仅仅是悲观主义或缺乏信心的问题,仿佛只要通过某一意志行为,我们先前对西方独特——如果不称其为卓越的话——特质的信仰,就能够被带回到生活中一样。相反,这一问题恰恰同现代性的特征有关,而现代性则是我们诸多不满的汇集之处。这些不满主要有两种形式。政治上的左派,尤其是其马克思主义和进步主义的分支,接受了启蒙运动的基本纲领——它对等级制和不平等的批判,以及它对一个完全理性且彻底解放的社会的追求——但认为市场和国家的制度没能实现这些目的。实际上,它们只是通过创造新的形式的不平等和异化加剧了我们的不满。要点在于改变这些制度,如果可能的话尽量采取和平的方式,但如有必要也可采取暴力,这样一来,理性的要求与社会生活的必然性之间的冲突也就不复存在了。进步左派的理想社会或许会采取康德的国家间联盟的形式以确保"永久和平",或者是黑格尔**法治国家**(*Rechtsstaat*)的形式——其有着截然不同的市民社会领域和国家领域,甚至还有可能是马克思的无阶级社会形式。在任何一种情况下,人们都相信自由将不再是一个理想——我们靠得越近它便越往后退;相反,自由将成为现实,并且体现在一个完全理性的社会所拥有的制度和生活方式之中。理性和现实最终将完全一致。

但是,启蒙运动还催生了一种反启蒙,这种反启蒙对资产阶级社会进行了更深入且更深刻的批判。反启蒙源于对社会进步改革方案的一种深刻怀疑。就反启蒙最极端的形式而言,有人曾主张要彻底解构启蒙运动以及它所代表的资产阶级个人主义传统。迈斯特、尼采、索雷尔和海德格尔——今日我们还能往这个列表里加上福柯和德里达(Derrida)的名字——等反革命派期待现代性被一个属于"后人"或"超人"的新未来所彻底推翻，而这通常以后现代主义的名义进行。"后现代"这一术语暗示了一个人类历史的新时代，这一新时代用关于我们基本概念图式有着无限可塑性的务实信念，取代了现代性对知识和社会（"自然之镜"）所具有的理性或科学基础的寻找，并以此适应新现实。对确定性的追求，以及认为个人主体——也即笛卡尔的**思考着的自我**（*ego cogitans*）——是道德责任的终极试金石的相关主张，据称从一开始便使得现代性变了形。然而甚至就连后现代主义者也未能放弃现代性的一个特定方面，那就是解放的观念。不论对资产阶级的攻击是采取卢梭式的、马克思主义式的，还是尼采式的形式，这一攻击本身便是资产阶级意识形态的一部分，并且不能让自身从进步和自由的观念中完全解脱出来。就某些方面而言，后现代主义只不过是服用了兴奋剂的启蒙运动罢了。

然而对如托克维尔、伯林、施特劳斯——我们或许还会加上迈克尔·奥克肖特和雷蒙·阿隆（Raymond Aron）等人物——等其他温和的反启蒙者来说，现代性并非一个需要克服的问题，而是一个需要面对的挑战。作为生活于晚期现代性之中的人，他们并没有共享某种末世信念，那一信念认为不论是回到黑暗过去，还是幻想一个末世未来都是可取的。他们的任务是发现西方传统内部更深刻的源泉——对于托克维尔来说是贵族的中世纪，对于伯林来说是德国浪漫主义，对于施特劳斯来说则是希腊哲学——从而以此来充实启蒙运动，并且让该源泉提供材料以更好地维持自由民主制的理论与实践。这些作者试图恢复现代性的前自由主义——有时甚至是前现代——的根源，这些根源甚至直到今日仍旧幸存。他们的目标是通过将其与来自西方前现代传统的资源保持一致从而重新思考自由民主制的基础，而这些资源尤其包括在宗教和民族身份中所找到的关于道德多样性的资源。这些作者明白，中产阶级民主制尤其是英美世界内的中产阶级民主制，能够与那些更加深刻和更加古老的传统一道创造共同的事业，而他们最初便是从那些传统中汲取营养的。温和反启蒙派的这些成员并没有意图解构现代性，而是要找到必需的工具和方法，并用这些工具和方法来维系它，来将它从自身最恶劣的恶习和放纵之中解救出来。

我同意反启蒙派的主张，认为启蒙运动建立在一种虔诚的宗教信仰之上，建立在对无限进步的信仰之上。启蒙的观念最早产生于如下信念，即认为科学和科学方法的运用能够回答人类所面临的那些最紧迫的问题——战争、贫穷、无知和疾病——并且认为科学知识的进步从原则上说是永无止境的。没有人能够质疑这一人道主义计划所带来的巨大益处，但是在某些更大胆和更自信的时刻，对科学的进步功能所抱有的启蒙信念，同另一种几乎是末世论的信仰结合了起来，那一信仰认为人类正在朝着一个更加理性、安全和繁荣的未来演变，尽管这一演变时而剧烈时而平和，却总是不可避免且毫不留情，而那一未来要好于过去曾存在过的任何事物。在这一意义上，进步成为宗教信仰的一个替代物，这一信仰相信知识的力量能够将我们从过去的重担下解放出来。

从一开始，启蒙运动便同一项社会的"进步"转型计划有关。一旦人们接受了进步的叙事，唯一的问题便是如何调整变革的节奏或速率。实际上，人们并非仅限于适应变革，为加快进步的速度而努力付出成了一种职责甚至是义务。如果不去努力实现人类在任何时刻所能达到的最完善的发展状态，那么这甚至是一种不言而喻的不道德行为。进步的领导者必须成为社会的喉舌，时刻准备解释公共意见或公共情绪，而不论意见或情绪如何。成功的领导者不仅能够适应变化，还能够在社会朝着全新且意想不到的方向前行时预见到变化。由于历史总是致力于人类福祉的不断改善，那些未能拥抱未来的人——更糟糕的情况是他们拒绝拥抱未来——将有被贴上"保守派"标签的危险，在那之后则是"反动派"，而最终则是"人民的敌人"。

进步主义与进步并不相同。进步主义是这样一种信念，这一信念认为文明所面临的所有重要问题本质上都是技术性的，因此我们能够通过运用正确的科学方法来解决它们。当然，这一信念更多地根植于所谓"科学主义"或"实证主义"的意识形态之中而非根植于科学自身，根据这一意识形态，无论是在科学之外的，还是不同于科学的任何事物，简单地说都不能算是知识。这一意识形态的根源在于笛卡尔、培根和霍布斯的哲学，但只有到了20世纪，随着社会科学和行为科学以及它们的知识观念开始兴起，这一意识形态才趋于成熟，那一知识观念将知识视为一种研究者团体共同努力，并且是在先前研究者的工作上逐步建立的结果。这些科学越来越强调"大数据"的作用、"大样本研究"以及学习在各方面上的量化，甚至就连人文学科的传统领域也未能免于经济学和计算机化的入侵；而这一领域也见证了今日所谓"数字人文学科"的兴起。

启蒙运动的进步主义已经使得我们的政治概念有了深远的变化。在美国，同进步主义相联系的是约翰·杜威的哲学以及相对温和的福利国家政治，但在其他地方伴随它的是远为激进的社会实验。根据这一解释，政治不再是一门艺术——一个需要审慎和实践判断的领域——而是一种需要专家进行统治的技术活动。这种技术使得领导者能够摒弃作为知识的瑕疵基础的经验，并让领导者转而依靠数学计算、博弈论和其他能够预测未来概率的技术。科学、统计和理性选择模型在决定公共政策中所被赋予的角色，同一个新精英主导的政府完美地一致。正如托克维尔所担心的那样，由专家所构成的这一新阶级，其任务更多是改革和指示，而非统治和引导。我们所见证的是政治的终结与行政国家的兴起。政治一旦被视为让国家之船在水上维持漂浮的技艺，那么它便已经被行政所吞没。在这些条件下，从政治家这一古典观念（或者说这一概念的残余物）中升起了专家或政策专家的观念，而他们则是新时代的英雄。这种新的祭司制度——其本质就是如此——由社会学家、经济学家和其他专家构成，他们处在一个试图了解社会和市场如何真正运作的地位，并基于这类信息告诉人们应当如何表现。

当然经常有辩护称，对进步的信念总是比上文所表达的要更具经验性和临时性，它并没有支持某种步步紧扣的历史发展理论，也并没有同专家统治的观念相联系，而是基于一种无固定目标且不确定的未来观念。根据这一解释，进步从原则上说是无法确定的；我们并不知道将被后代视为进步的事物，在我们看来是否也是如此。实际上我们能够确定的是，今天所取得的进步将以成为明日的保守力量而结束，因为品味、潮流甚至是理性自身的变化，都在朝着不可预见的新方向持续演化和发展。对于这一主张，总是必然被提出的问题是：要以什么标准来衡量变革或进步？在什么时候我们才知道进步到达了自身的极限？我们如何准确知道，进步多少便已足够？除非我们拥有据以判断的某些标准，我们又该如何知道进步是真正"进步的"？对于这一问题，进步主义意识形态尚未形成一个满意的答案。

我想要表明的是，今天对于进步的怀疑更多同启蒙运动的成功而非与它的失败有关。共产主义和法西斯主义等不复存在的意识形态，其失败已无须赘述。对于所有明眼人来说，这些失败是显而易见的。然而，正是启蒙运动观念的成功，使得现代性成为一处我们不满持续存在的场所。对于科学和技术的解放力量所抱有的信念已经造成了如下担忧，即这一信念已经带来了新形式的支配和控制。商业和市场有能力推广在程度上前所未有的繁荣和幸福，而这不仅产生了一种关注文化的庸俗和低级化的反资产阶级的反弹，还同时产生了一种对新形式不平等的创造所抱有的高度敏感，甚至就连进步的叙事本身也产生了一种关于衰亡的不可避免的反叙事。我们的不满更多地源自现代政权在兑现其承诺上所取得的巨大成功，而并非源自它们在此事上的失败。正是这一由科学、市场和民主塑造的制度所取得的成功，使得它成为嫉妒、恐惧、憎恶和愤恨的目标。这应该完全不足为奇。现代性已经变得同我们对它的怀疑形影不离。

如果进步的叙事已经不再可持续的话，这是否意味着启蒙运动已死？当然不是。它仍旧是我们道德和政治词汇中的很大一部分，以至于它不可能完全消亡。我敢说，不论来自哪一政党，任何一位美国总统都无法谴责进步的观念，或是承认那些我们看起来最棘手的问题超出了我们的理性能力。这种值得用一位郝麦先生来表述的简单乐观主义同如下信念存在联系，即相信科学所具有的开化力量能够征服自然并带来国家间和平。这种乌托邦主义——其本质就是如此——以其所具有的各种变体形式成为西方的共同信仰。

然而，甚至就连美国——现代性在这一国家中达到了最全面和最完整的表达——也未能完全免于自己对自身所产生的怀疑、自我质疑甚至是绝望。除在有意保持无知的某些时刻之外，对于西方的统一和人道使命，我们不再抱有一个世纪前稀松平常的那种信心。那些公开地致力于追求幸福的政体，发现幸福的获得成了一件越来越难以达到的欲求目标。我们生活在混合文明中，它是由相互竞争的启蒙和反启蒙各派别所构成的，而这些派别使得理性和科学所具有的解放力量看起来愈发虚幻。进步叙事永远不能完全摆脱其二重身。我们将永远被我们的各种不满所困扰——而这是一件好事。

出版后记

"现代性是个难题。"史蒂文·史密斯在本书开篇处这样说道。"现代"既意味着一个历史分期,又意味着一整套迥异于古代的社会、经济、政治形态,更包含着一系列心态、思维方式、伦理要求和审美取向。无论在哪个意义上,它都标志着与一种"传统"或"过去"的断裂,以及对自己在线性时间中所处位置的强烈自我意识。位于现代性之核心的是一种独特类型的人,即 bourgeois。我们在本书中将其翻译为"资产阶级"。这一阶级表现出诸多鲜明特征:"欲求着自主性和自我引导,渴望在习惯、风俗和传统的支配之外独立生活,仅当在经过了自己的批判思维考察后才接受相应的道德惯例和道德实践,并且为自己的生活和行动承担最终责任。"正是这一阶级塑造了所谓的现代世界,而其被造与被毁的内在发展也位于现代性之难题的核心。现代性本身汇集了诸多不满,启蒙运动本身催生了反启蒙。现代性是否濒临解构?"后现代"是否代表新的未来?现代性的危机有着深远的根源,史密斯这本书便为我们揭示了其错综复杂的图景。

我们中国的政治哲学读者对史密斯并不陌生。早在2015年,北京联合出版公司就曾引进过他的耶鲁大学公开课讲稿《政治哲学》。2019年,华东师范大学出版社推出了他的专著《黑格尔的自由主义批判》。另外,他介绍其老师列奥·施特劳斯的专著《阅读施特劳斯》也曾被收入华夏出版社的"经典与解释"书系。现在推出的这本新作,也为中文世界的"史密斯著作系列"添上了一个重要成员。

图书在版编目（CIP）数据

现代性及其不满 / (美) 史蒂文·史密斯著；朱陈拓译. -- 北京：九州出版社，2021.12（2023.10重印）

ISBN 978-7-5225-0519-0

Ⅰ.①现… Ⅱ.①史… ②朱… Ⅲ.①政治哲学—研究 Ⅳ.①D0-02

中国版本图书馆CIP数据核字(2021)第200626号

MODERNITY AND ITS DISCONTENTS: MAKING AND UNMAKING THE BOURGEOIS FROM MACHIAVELLI TO BELLOW by STEVEN B. SMITH
© 2016 by Steven B. Smith
Originally published by Yale University Press

版权登记号：01-2021-0862

现代性及其不满

作　　者	［美］史蒂文·史密斯　著　朱陈拓　译
责任编辑	周　春
出版发行	九州出版社
地　　址	北京市西城区阜外大街甲35号（100037）
发行电话	（010）68992190/3/5/6
网　　址	www.jiuzhoupress.com
印　　刷	天津雅图印刷有限公司
开　　本	889毫米×1194毫米　　32开
印　　张	16.5
字　　数	370千字
版　　次	2021年12月第1版
印　　次	2023年10月第4次印刷
书　　号	ISBN 978-7-5225-0519-0
定　　价	88.00元

★ 版权所有　侵权必究 ★